THE RISE OF WESTERN POWER

A COMPARATIVE HISTORY OF WESTERN CIVILIZATION

现代西方的兴起

Jonathan Daly

[美] 乔纳森 · 戴利——著

童文煦——译

文匯出版社

新经典文化股份有限公司
www.readinglife.com
出　品

目 录

前言　为什么是西方

公元1000年左右，一位来到巴格达的旅人如此形容这座繁华的巨型城市：它拥有宽阔的街道和花园、商品丰富的市场、以大理石铺就的宫殿、运作良好的下水道设施和供水系统，以及数不清的清真寺和数以千计的船只，其中一些船停靠在底格里斯河沿岸，来自遥远的印度和中国。另一座有着50万人口的大都市科尔多瓦，伊比利亚半岛倭马亚哈里发国的首都，拥有当时全球藏书最多的图书馆，生气蓬勃的贸易网络四通八达，城内号称有千座清真寺，包括整个伊斯兰世界最宏伟的大清真寺，内部拥有856根抛光石柱。学者涌向这两座城市以及其他伊斯兰学术中心，寻求智慧与知识。往东4000英里*，中国宋朝刚拉开序幕，其辉煌的首都开封将很快在人口与财富上超越巴格达及科尔多瓦。作为世界上最早使用纸币的经济体，宋朝生铁产量是欧洲700年后才有的规模。开封城无比富庶，大约一个世纪后，一位生活于此的居民回忆往昔时写道，城内有72家大酒楼和难以计数的小馆子，客人可选择在室内或宜人的庭院中宴饮。

在相近年代里，整个西欧可能只有两个城市的居民数达到4万——威尼斯和德意志地区的雷根斯堡，后者当时是巴伐利亚公国的首府。那时候，伦敦还未成为英格兰的首都，而直到公元987年才成为法兰西首都的巴黎规模更小，大部分地区尚因885年到886年的诺曼人围攻**而破败不堪。伦敦与巴黎以及其他西欧城市，常常只是由一些教区或小村镇组成的集合，森林、沼泽、农田和葡萄园散布其间。在这里，你大概找不到带有别致庭院的餐馆，就算有也寥寥无几。

与之对照，当1793年马戛尔尼伯爵作为大不列颠使节首次到访中国时，他满怀同情地发现，即便是那些富丽堂皇的“上流之家”，

---

* 1英里约等于1.6公里。——本书脚注均为译注。

** 公元9世纪，来自北欧的维京人常沿欧洲海岸线和河流劫掠。部分维京人在法国北部的诺曼底地区定居，他们与其后代被称为诺曼人。

依然缺乏许多英国人早已习以为常的便利设施和物件，例如化妆台、灯具、镜子、室内房门、床单、桌布、餐巾、刀叉、勺子、玻璃杯、舒适的床垫和轻便的马车。尽管去到英国的中国人可能会对它的物质文化不以为然，但与500年前马可波罗对中国的富裕繁华大为赞叹相比，今天的情况已不可同日而语。大英帝国自不必说，整个西欧——至少在他们自己眼中——已经在物质上赶上了中国和其他先进社会。

再过100年，西方，尤其是欧洲和北美，在技术上和经济上已经没有对手——这在公元1000年时是无法想象的。西方还带来许多珍贵的东西，包括代议制政府、自由企业制度、个体解放、现代科学和法治。但同时，我们也注意到西方对人类历史的负面影响，例如对数千万美洲原住民的肉体和文化灭绝、成体系且惨无人道的跨大西洋贩奴贸易、盛气凌人的帝国主义、犹太人大屠杀和两场带来巨大破坏的世界大战，等等。显然，历史上没有其他任何一个区域、帝国、文化或文明曾经给世界留下如此深刻的印记。

如何解释欧亚大陆板块上这小小一角出人意料的崛起？本书试图回答这个问题。

大约15年前，贾雷德·戴蒙德在《枪炮、病菌与钢铁》中认为，那些率先涌现文字、冶金术、先进工艺和专业化政府的复杂社会，无一不出于那些天然拥有可驯化动植物的地区。从地中海东岸到新月沃土，分布着世界上56种最高产的野生禾本植物中的32种（与之对比，东亚地区有6种），和5种主要家畜中的4种——绵羊、山羊、猪和牛，而东亚地区有1种。与世界上其他地区相比，这些地区显然得天独厚。这就是文明最早出现在西亚与东亚，然后才扩展到印度、北非和欧洲的原因。但戴蒙德没有解释，为何那么多地区都有取得突飞猛进的巨大发展的潜力，唯独西欧脱颖而出。

学者对西方的崛起提供了两种基本解释：一种是物质上的，另一种是文化上的。有些学者，包括许多研究世界历史的史学家，强调经济状况、阶级冲突、对自然资源的控制以及帝国主义。他们认为，欧洲的崛起是由于它离美洲大陆近，便于海外殖民，他们掠夺成性，从亚洲借鉴技术和思想，大量煤炭和铁矿石资源唾手可得，崇尚暴力且好战。西方并非胜在某种文化上的优越。而且，它的崛起仅仅只是对亚洲临时甚至迟来得多的取代。用某位历史学家的话来说，西方“用来自美洲的金钱（来自南美的白银）给自己买了一张搭上亚洲列车的火车票”。中国依旧更为富裕，人口更为稠密，总体来说更为发达，直到19世纪50年代，欧洲才最终成为世界第一。这些因素虽然有助于解释西方的崛起，但无法说明为何其崛起如此突然，人类历史上最强势的主宰仿佛凭空出现一般。

另一些常被反对者冠以“欧洲中心主义者”帽子的学者，则将欧洲的崛起归功于欧洲的文化活力、创造性、对外开放、知识上的好奇、尊重个人权利、保护私产，以及相对较高的女性地位。许多持这种基本看法的学者强调西方特有制度与机构的影响，这些制度与机构通常被视为欧洲文化的具体显现。在这类解释中，罗马帝国衰亡后欧洲政治的碎片化以及随之而来的基督教会的强大影响常常受到重视。教会与各个世俗领主为了政治和社会的主导权纷争不休，一些学者认为，在这种纷争的间隙中，涌现出一个充满非凡活力和创造力的社会，个人享有极大的自主权，行会联合起来对抗统治者，促进自身的利益。在这种视角下，西方之所以崛起，是因为欧洲人（以及后来的美国人和其他西方殖民者）释放的人类创造力比历史上任何其他文明都要多。然而这种解释往往忽略了其他地区人民对欧洲崛起所作的贡献。在这些学者眼中，西方的崛起就像发生在真空中一样。

演化生物学的一个理论能帮助我们理解人类创造力：存活并演化意味着与自身所处的环境互动。所有生物——从细菌到人类——从其适应环境的能力上来看都颇具创造性。我们每分每秒都必须处理来自环境、自身肉体及精神上近乎无尽的信息，从而建立起对这个世界的有限感知。在这个基础上，我们行动、反应、发明、建造和合作。如果单一个体就具备如此出色的创造力，可以想见他或她在群体中能获得多大程度的成就。所有人类集体——从狩猎采集部落到成熟文明——在其内部以及与环境之间都存在有机的联系。仅凭这点，就足以让他们获得最高程度的尊重甚至敬畏。

因而，根据演化的生态学模型，任何生物都无法孤立地茁壮成长,而必须与最大范围内的生物和非生物产生复杂的相互关系。然而，在不同的发展阶段，许多文化与文明的领导者会出于各种原因禁止更多的尝试与创新。例如，明朝皇帝朱元璋（1368 ～ 1398 年在位）颁布禁令，禁止民众私下出海及与外国交易。此类禁令可能限制了创新，但后者并未被完全扼杀。明朝时期的中国几乎在每个领域都高度发达。而欧洲，虽然人口不多，却以更快的速度崛起，相较于其他伟大文明，以更生态和有机的方式发展——它对其他文化和自身物质环境都更加开放。这是其成功的秘密所在。

可是，为何欧洲能够以如此有机的方式发展呢？关键的解释需从地理、历史和文化入手。现代智人诞生后的几万年间，世界各个角落的人类都以类似的创造性方式与各自的生态打交道。然而，在几千年前城市文化与文明兴起后，不同的族群各自建立起迥乎不同的社会形态与政治组织。文明间的沟通与交流极大地推进了人类进步。因此，生活在地球上最大且连接最紧密的陆地板块——欧亚大陆上的民族具有更多优势。这就是欧亚大陆，尤其是亚洲能够最早孕育出成熟文明的原因之一。欧洲与世界上最富裕和持续繁荣时间最长的中国文化遥相背立，这是一个极为有利的条件：远到免于被征服，却又能就近汲取亚非欧三地的观念、智慧、技术、发明、概念、文化成果、宗教理念和知识。最关键的是，欧洲人乐意接受这些财富。

欧洲自身被错综复杂的水系分割为许多各自独立的地区。这些河流提供了极好的运输途径，但没有一条重要到能够哺育一个中央集权国家。相反，欧洲的地理条件助长了政治上的分崩离析。除去古罗马时期，以及查理曼、拿破仑和希特勒的三次短暂的集权统治插曲，欧洲一直被分割为几十个高度独立的政权。高强度的竞争、交易、互动和相互效法为创新创造了条件，其规模与活力日益增长。

欧洲对外来影响极为开放，文化上的原因较为微妙，但可以肯定的是，欧洲自身的地理和历史是理解这方面原因的条件。在过去的 1000 年中，欧洲人彼此混战的次数高于和其他地区交手的次数，部分是因为他们的文化基础大多源自横跨亚欧的游牧民族大迁徙。哥特人、匈人、汪达尔人、法兰克人*和其他好斗且自治的民族构成统治精英，在长达数世纪的时间中遍及欧洲大部分地区。同时，欧洲知识分子秉承源自希腊的理性主义传统、罗马的帝国范式和铭刻在思想与法律中的个体观念，以及一些经犹太教与基督教流传而来的重要价值观。这些价值观将精神与道德上的善置于物质之上，鼓励反抗不公权威，以线性时间观取代轮回说，号召人们改进乃至完善自我及体制，坚持物质现实的内在善，认为宇宙是合理性的且能够被人类心智所理解。中央集权统治的缺失令欧洲人能够挑战权威，在生活的各个方面追求创新与改变。

从中世纪起，欧洲人便乐于向他人学习并尝试新事物，之后其规模、范围和强度都不断增长。在过去的 1000 年间，欧洲一次次被重塑，在最近的几个世纪更是一再经历重大变革。有些剧烈而迅速，而在另一些例子里，则是量变引起质变。几百年来，它们持续嬗变，就像可控的链式反应，神奇般延续至今，展现出一个将不断创新与改变刻入基因的人类社会。

---

* 哥特人（Goths）、匈人（Huns）、汪达尔人（Vandals）、法兰克人（Franks）均为公元 4 至 7 世纪欧亚民族大迁徙中从东向西进入欧洲的部落和游牧民，他们的迁入直接导致了西罗马帝国的衰亡。

欧洲人的创造才能源于人类天性：群体中的每一个人都具备同样的创造力。然而，他们的竞争精神和进取心则受地理环境、历史和文化等偶然因素所影响。这些因素使他们在经济和军事上获得成功，在对待敌人时可怕而残酷，对传统文化与社会极具破坏性，但同时又使他们创造出许多为现代社会所珍视的价值：如个人权利、宗教宽容、法律面前人人平等以及性别平权。几千年来，人们学会了在前人的成就上创新。欧洲人在人类文明的浩瀚传承上获益匪浅，并继续为此添砖加瓦。然而，在这一发展的过程中，他们人类天性里的创造力和创新性取得大量关键性的成就，其他地区的民族无法轻易复制。这其中既有技术原因，也因为欧洲人坚持某些特定的价值观，如社群主义、亲近自然、注重精神性等。

话说回来，我绝不认为或暗示西方在现代独一无二的成功崛起盖过了其他人类文明。正因为它们的成就，西方的崛起才成为可能，更何况它们本身就值得尊敬。几十年前历史学家马歇尔·霍奇森就已指出，任何伊斯兰世界对“对现代社会的实在‘贡献’，都必然不如它作为一种富有活力、无可取代的人类活动来得重要”。换句话说，那些伟大的非西方文化既对现代社会的崛起有着显著影响，自身也是人类成就的卓越体现。

定义

一些重要概念——欧洲、西方、西方文明和文明，应该在一开始就被明确定义。“欧洲”不仅是一个地理实体，还是一种社会建构。没有一条自然边界将其与亚洲隔开，而且许多人对它包含哪些国家都有不同意见，将俄罗斯划入欧洲所产生的争论尤甚。18 世纪以前，欧洲通常被称为“基督教世界”，这个概念部分是对应伊斯兰中东而形成的。后来，与奥斯曼帝国结盟的地缘政治，以及启蒙运动带来的世俗化思潮，渐渐让“欧洲”成为一个更常用的概念。公共知识分子这才开始仔细审视他们所处大陆的性质。

1748 年，孟德斯鸠（1689 ～ 1755）首次将欧洲描述为“一个具备自身历史和自身特质的地理、文化、政治和知识实体”。1752 年，苏格兰哲学家大卫·休谟（1711 ～ 1776）强调了强大的中产阶级对于欧洲文化的重要性。四年之后，伏尔泰（1694 ～ 1778）主张西欧在其他一些方面有别于奥斯曼帝国，包括气候、政府与宗教，但主要区别在于对待女性的态度。欧洲的自我形象开始浮现，以如下的特征为人所知：温和的气候、政治自由、财产权利、受贵族约束的专制政府、生机勃勃的中产阶级、相对较高的女性地位、科学进步以及随后的经济繁荣。

学者还依据影响其发展的文化源流来定义欧洲，包括古埃及和巴比伦根基、波斯的善恶二元论、阿拉伯的感性抒情、犹太教和基督教关于自省与普遍正义的理念、希腊的哲学与和谐观、凯尔特式神秘主义、罗马法及公民制度与帝国理念、日耳曼人的自治，等等。

有位历史学家将那些彻底改变欧洲的特定运动作为刻画欧洲形象的途径，如宗教改革、启蒙运动、浪漫主义、民族主义、帝国主义、共产主义、法西斯主义和极权主义。* 另外，也可以将欧洲视为那些参与过重要历史事件的国家，这些事件包括十字军东征、地理大发现、科学革命、印刷术早期开发、修建铁路和建立政治代表制度。广义来说，从葡萄牙到苏格兰、从瑞典到波兰、从俄罗斯到直布罗陀的诸民族都可依此分类划入欧洲范畴。甚至前欧洲殖民地，如美国和其他一些国家都被认为是“西方”的一部分。

“西方”作为与“东方”相对的地理与文化实体的观念出现于古希腊。后来欧洲知识界采纳了这种说法，并常常带有贬低的态度，认

* 指英国历史学家诺曼·戴维斯（Norman Davies）和他的代表作《欧洲史》（*Europe: A History*）。

为西方优于东方。作为回应，非西方土地上的民族理所当然地反对这种说法。这种修辞上的争论确实令人遗憾。即便如此，“西方”还是经常不带争议和偏见地被用来指称欧洲以及美国和其他欧洲移民社会,如加拿大和澳大利亚。本书也以此方式使用“西方”这一概念。

“西方文明”在本书中有着与“西方”同样的含义，尽管它本身也有着漫长和波折的历史。有学者认为西方文明这一概念只是出于政治和宣传需要的“知识建构”。然而，大多数历史学家还是认为这是一个有价值的概念。“西方文明”这一说法出现在一战后的美国。当他们的欧洲弟兄在战壕里自相残杀，甚至可以说是在毁灭其自身文明（见本书第十三章）时，许多美国学者认为，他们文化的精髓必须建立在比现代欧洲历史更好的基础之上。因此，哥伦比亚大学几个院系的学者将美国关于自由、法制、政治参与和个人权利等观念的发展源头沿着欧洲历史上溯到古希腊与罗马，甚至古埃及与美索不达米亚。他们秉持的是一种进步史观，希望在那个充满民族主义暴行的年代“让文明存活下去”。

文明有好几层意思。第一，它指较高的行为准则、礼貌、礼仪、自控等,即德国社会学家诺贝特·埃利亚斯所理解的“文明进程”。第二，始于一万年前的动植物驯化所带来的复杂社会，表现为高水平的经济、城市、书写文字、社会政治等级的急剧分化、劳动分工与剥削、包罗万象的神话或宗教体系，以及相当的艺术与科学成就。第三，形成明确的文化圈，其中所有成员有着一些相似的特质，如价值观、人生观、历史意识、语言与族群亲和、社会规范，有时还包括政治上的统一。这个意义上的文明是一种“放大了的文化”，以至于“如果不参照文明的整体，它们的任何构成单位都不能被充分把握”。这也是我在本书中对“西方文明”的理解。英国历史学家阿诺德·汤因比曾经列出 21 种不同的文明，从埃及、苏美尔到中国、伊斯兰、西方，以及安第斯和墨西哥。像这样由学者所编制的文明清单自然还有很多。

不同的文明与文化在许多方面互动，既有正面的，也有负面的。例如，它们的交融促进了创新。威廉·麦克尼尔认为这是历史进步的主要源头。它们之间也发生冲突。在中世纪和近代早期，基督教欧洲与邻近的穆斯林互相敌视——在后者的语言中便有“伊斯兰世界”和“异教徒世界”（又称“战争之地”）之分。直到18世纪后期和19世纪，才有一些穆斯林开始将欧洲看作值得尊重和可以学习的对象。近代早期的欧洲人对伊斯兰世界有着更多的好奇与了解，但也抱有相当的敌意。

最近的研究揭示出当今的文明互动。美国政治学家塞缪尔·亨廷顿列出八种主要“文明”，其中对他来说最重要的有三种：西方、中华和伊斯兰。他认为令它们彼此有别、各自凝聚的因素是文化，特别是宗教。不过这些文化如此不同，其覆盖的人口、资源和领土又非常巨大，它们之间的暴力冲突几乎无法避免。美国政治理论家本杰明·巴伯所分析的文明境况同样令人沮丧。在他看来，一方面，许多国家出现宗教对立和族群分裂，内战无止尽；另一方面，整个世界正在变成“处处都一样的全球性主题公园，一个通过通讯、信息、娱乐和商业联系起来的麦当劳世界”。无须认同他们的观点也能看出，理解世界文化过去的发展与当前的形态迫在眉睫。为增进这种理解，本书提供一种西方文明——最具活力的现代文化——的比较史研究。

第一章　世界文明中的创新

从公元前32000年到前12000年，克罗马依人在比利牛斯山北麓和南麓的洞穴里创作了上千幅马、牛、鹿和其他大型哺乳动物的岩画，其中的一些留存至今，成为人类历史上最了不起的艺术作品之一。巴勃罗·毕加索1940年在拉斯科附近参观刚被发现的洞穴时惊叹道："我们（在艺术上）全无长进。"在随后的新石器时代，人类以群体狩猎采集为生，技术和文化成就大同小异。不过，随着文明在近东、印度和中国形成，相较于尼罗河下游两岸和新月沃土，欧洲就像一潭毫无生气的死水。

如何解释一个文明的崛起或衰落呢？为何早在4万年前人类就造出了经得起风浪的船只漂洋过海，从亚洲移居到新几内亚和澳大利亚，可在此后3万年间却没有一个地球人能成功再现这一技术上的壮举？

创新——孕育并实现绝妙的想法——似乎能够在很大程度上解释文明的崛起和人类文化的成就。那些能够想出办法更好利用现有资源，让自己变得比敌人更聪明，增强信心与团结，积累并利用知识和信息——总之，让自己变得更强大——的人繁荣起来。其他那些墨守成规、无法开拓新思路的，则注定无法跟上创新者的步伐。

有些地区自然条件得天独厚，但资源并非决定成功的唯一因素。想想世界第三大经济体日本，其自然资源非常匮乏，再想想作为地球资源宝库的俄罗斯，其经历的苦难远多于幸运。不，比资源更重要的，是人或社会凭借自身力量取得伟大成就的能力。在一个民族的成功和崛起过程中，现有的资源、地理环境、气候、价值观和信仰、习惯和传统、统治精英、个人天赋和纯粹的运气都起到作用。

然而，只有当其中一些因素能串连起来并发展出创新，成功才会实现。就像基因组的随机突变能让物种在特定环境下迅速繁荣一样，能帮助一个民族巩固自身文化的随机创新也能让他们在所栖居的世界大获成功。之所以说"随机创新"，是因为人们总在尝试新方法，期望借此获得更便利、幸福、健康和富足的生活，但只有很偶然的一些被证明具有重要的历史意义。事实上，如同基因突变一样，它们中的绝大多数最后变得无用，甚至有害。两者之间的关键不同点在于，生物并不任性拒绝那些能增加自身适应能力的突变，而整个人类历史中将极具潜在价值的创新拒之门外的例子比比皆是。这么做吃亏的只是自己，毕竟，最具创新精神的社会通常是最成功的。

史前时期

人类的第一次创新给后来的所有成就打下了基础。尽管只有一些零星证据，学界争论也一直存在，但研究者基本同意下述结论：大约 700 万年前，我们的远祖开始物种形成，也就是说，在遗传上区别于同样生活在撒哈拉沙漠以南的其他类人猿。大约 400 万年前，人类最近的祖先既能在树枝间摆荡，也能在地面上直立行走。他们继续进化，其中的一些名字较为古怪，如非洲南猿（*Australopithecus africanus*）。在大约 230 万年前的东非，他们的后代能人（*Homo habilis*）开始制造简单的石器，这得归功于他们逐步进化而变得灵巧的双手。没有其他类人猿掌握这种技能。（有趣的是，这并不是说类人猿不能学习打制石头。人类自 1990 年后教会了倭黑猩猩或“俾格米猩猩”这项技能。）大约又过了 50 万年，直立人（*Homo erectus*）开始移居亚洲，然后是欧洲。

上述的三大创新——直立行走、制造工具，还有相对复杂的思维，都得归功于有益的基因突变。一些学者现在认为，我们的祖先或许在制造工具的早期就已经开始通过手势来传递信息，这一技能先于并影响了声音语言，后者出现的时间要晚得多。时至今天，我们依然能够看到遗留至今的手势交流：婴儿很早就会比比划划，而其他灵长目动物从来不这么做。

再往后——至少 79 万年前——人属下的一个或几个物种，很可能包括直立人，学会了用火，后来又学会了生火。这可算是世界上第一个非生物性质的进步，它引入了第一种强大工具，极大地增强了那些能够驾驭它的人的生存能力。从长远看，火能被用来清除森林、吓退捕食者、保持温暖、照亮黑暗，还能帮助人们摄取许多食物中的营养，特别是块茎和肉类，火使它们变得更易咀嚼和保存。当然，如果使用不当，它也会毁坏人类的栖息地并造成伤亡。

所有的人类演变，将我们从自然的统治中解放出来、以工具和想法代替本能行为的进步，都是双刃剑。人类的一个基本特征就是在每一步中判断应如何行动、考虑什么是有用的，而非像其他非人类生物那样跟从本能。工具，包括那些观念上的工具，使人类胜过动物，也使一部分人胜过另一部分人。工具让人类能够以各种方式——有好有坏——应对自己所处的环境。因此，对火的掌控在一定程度上不仅预示了创新能够带来伟大文明，同时也预言了人类无休止的压迫与征服。

下一个突破发生在大约 20 万年前，这次是生物学演化的结果。解剖学意义上的现代人类，或者说智人（*Homo sapiens*）开始出现于东非，他们头骨隆起，眉弓不再那么凸出，智力也大大发展。与他们的祖先或同时代的尼安德特人相比，智人身形更小，肌肉也不够发达。显然，大自然调整了智人的生理机能，将重心从力量转移到智力。历经数万年，这一发展才结出了果实。

我们祖先影响最深远的进化，要么显著增强自身的力量，要么大幅提升利用信息的能力。上面提到的两次人类历史上最早的主要进步——使用火与进化成智人——就是典型例子。火构成了一种力量无匹的新工具，而成为现代人类让我们的祖先能够处理比以前多得多的信息。另一次重大改变，则发生在距今 5 万至 10 万年前，发声器官的进化引发了语言的出现。它的重要性无与伦比。复杂的语言让我们的祖先能够更好地合作、分享观点、解释宇宙、保存并传递知识与文化——成为真正意义上的人类。（与人类的所有进步一样，它也有着“阴暗面”，例如在沟通中存在着难免的误解。）

新诞生的现代人类能够极好地适应各种环境，他们已不再需要更多的基因飞跃（它们大概依然以与过去一样的节奏继续发生，只不过看起来有些缓慢）。文化上的需要开始取代生物学上的需要。当其他生物的活动大多出于本能时，人类开始发展文化模式，以习俗、传统、价值和理念指导自己的行为。文化代代相传，后人能够从前人身上学习，不时还能有所超越。

大约10万年前，我们的直系祖先开始展现出更复杂的行为，5万年后，许多学者所认为的完全现代的行为开始出现。在这段时间里，智人开始从非洲进入亚洲和欧洲，摆脱了许多致命的疾病，发现充满野生动植物、更有利于生存的环境。大约5万年前，他们发展出掩埋死者的仪式，纪念自己社群成员的生命与死亡。在这一阶段，他们开始捕鱼，打造固定样式的石器。稍晚一些，出现了骨制与角制工具。渐渐地，他们制造出更多不同用途的工具，包括投掷尖状器和用来雕刻、切割、钻孔和穿刺的器物。如果没有语言的帮助，让人类实现更高水平的合作，要制作这些专业性工具恐怕很难。具有这些能力的晚期智人分化为一支独立的人类亚种，许多古人类学家誉之为“人类革命”。

大约3.2万年前，有些地区的人类社会已经非常成熟，文化发展水平相当之高。其中最令人惊叹的就是前面提到的洞穴岩画。在大约350个已经发现的洞穴里，史前艺术家勾勒了几万幅取材于自然的场景，大多是各种动物，有些极具美感。今天的观看者赞叹它们的形式很“现代”，学者则争论它们的含义——这表现的是神话，还是仪式？真相我们几乎永远不会知道。抛开这些争论不谈，无论怎么说它们都见证了一个精致的文明，第一个持续了2万多年保持形态不变的文明。与这些岩画同时存在的其他种种文化产物显然已经湮没，如诗歌、音乐、神话故事和宗教信仰。一个在绘画艺术上获得如此成就的社会，难道会有人认为它在其他领域毫无建树吗？虽然这样的史前洞穴岩画艺术目前仅见于欧洲，但欧亚大陆与非洲的其他史前人类应该多多少少都有过卓越的文化成就，其中一些促成了后来那些为人所知的文明的出现。

这类创造力的大爆发代表着质的飞跃——新人类诞生了。我们早期的祖先发明了石器、学会了生火用火，或许还能用相当复杂的手势交流。因此他们与其他生物有显著不同，但他们与晚期智人之间的差距却要更大。第一个人属种群用了100多万年的时间学会使用效率稍高一点的工具，有可能更好地交流，突然之间，在仅仅10万甚至5万年的时间跨度上，解剖学意义上的现代人——事实上唯一可被严格称为“人”的物种——发明了复杂的语言、创造了精美的艺术、驯化了植物与动物、创立了伟大的宗教，并建立了早期文明。很显然，我们很难在这些新人类与他们的生物学祖先之间找到太多共同点。

一些学者认为，区分新旧两种“人类”的主要特征并非物质技术甚至智力差别，而是精神性的感知。例如，哲学家戴维·马特尔·约翰逊就曾指出，人类进化上的重要转折是约10万年前出现的“宗教意识”。他认为，正是这一转折带来了所谓的人类革命。确实，石器时代晚期的洞穴岩画看上去表达的精神意义要甚于物质意义。但对那时候的人来说，狩猎是他们赖以为生的手段，很难说对宏伟现实的敬畏比分享狩猎所带来的乐趣和成就更令他们印象深刻。

大约在最早的洞穴岩画出现之时，晚期智人的寿命大大延长，紧接着，他们在欧洲最主要的竞争者尼安德特人灭绝了。后者既没有复杂的语言（学者无法确定他们到底能不能说话），也缺乏高级工具，他们显然无法在与我们祖先所处的相同环境中长期存活。（科学家对这两个物种在演化上的确切关系以及遗传物质的相似程度并无确切把握，他们的相似度可能在25%左右。）学者对尼安德特人的灭绝提出许多不同的理论，其中最具说服力的是他们在适应环境的能力上弱于我们的祖先，这或许是因为他们生活在规模更小的群体中。

在接下来的几千年里，我们的祖先造出越来越精巧的工具和器械。2.5 万年前刻有印记的骨头或许是一种日历。缝衣针也在相同时期出现，莫斯科附近发现了随后数千年中以兽皮缝制而成的裤子、衣服和鞋。到了 1.5 万年前，长矛、钩子和渔网变得更为普遍。史前时期最精致的武器——弓箭大约发明于公元前 10000 年。所有这些进步都直接来源于对语言的掌握。散居全球各地的人类群体在数千年里的周期性接触，必定在技术和知识上带来极具成果的交流。但不管怎样，创新发生的速度过于缓慢，没有一个社群能在物质能力方面显著占优。

下一个伟大的人类变革是对植物与动物的驯化，始于大约 1 万年前。驯化独立发生了数次，最初在亚洲，然后是非洲、澳大利亚和美洲，其影响巨大。狩猎采集的小规模聚居演化为更大、更复杂的社会。多数成员的饮食更趋同，以谷物为主，动物蛋白的摄取减少了。他们更易生病，更弱小，过着寿命更短、更不健康的生活。然而，精英阶层开始出现，他们能够处置富余农产品，发展出协调政治与经济行为的计划与远见。知识学习、技术创新、制造和资源管理等活动也开始分工。没过多久，更大的社群出现了。有据可查的第一个城市是位于约旦河附近的杰里科，大约存在于公元前 9000 年。很快，不仅地中海东部地区，印度河谷、中国北部，最后在非洲和新大陆，城市也相继出现。

在接下来的几千年时间里，许多更进一步的创新发生在城市之中，尤其是多个城市聚集的核心区域。表意文字和早期的助记符号——它们大多表达了某种含义，但尚未发展为完备的书写语言——开始出现在多个地方，最早的可追溯到公元前七千纪的中国河南。文明的摇篮出现在近东、印度和中国。

古代近东

在美索不达米亚南部，迄至公元前 5000 年，人们已经开始种植橄榄和葡萄，并掌握酿酒技术。1000 年后，工匠发明了犁和轮子，先是用于制陶，很快便服务于运输。轮子这一巨大的技术进步在欧亚大陆得以广泛传播，却是前哥伦布时代的美洲文明所缺失的。大约公元前 3000 年，古代苏美尔人学会将锡与铜融化后浇铸在一起做成青铜器。对于那些还只会砍削石块的人来说，这种新材料能迅速制成实用且美观的器具，种类之多让人眼花缭乱。青铜冶炼技术传播开来，大概在公元前三千纪晚期进入欧洲，紧接着是非洲和中国。在青铜时代初期，图形文字——象形文字和楔形文字诞生于埃及与苏美尔。随着时间推移，它们变得更为精细并更具表现力。这两个文明还发展出相当成熟的天文学、气象学和数学，包括几何、代数和三角学知识。公元前三千纪晚期，苏美尔地区有了律法。其中保存最完整的就是古巴比伦统治者汉谟拉比颁布的法典，时间约为公元前 1790 年，上有 282 条法律，大多数是对人身和财产（包括奴隶与家畜）犯罪的处罚，还有许多针对婚姻关系的规定。

由于大多数古埃及人用来书写的纸草在漫长的岁月中损坏了，人们无法完全了解古埃及的社会与文化。不过，通过对间接证据的分析，马丁·贝尔纳认为古埃及文明造就了古希腊乃至西方文明的繁荣。他的观点引发学术界的激烈争论，至今未平息。不管最后的结果如何，几乎没有学者会认为现代先进技术与制度不依赖古代中东、北非文明所打下的社会、经济、政治、文化和科学基础。

话说回来，这些伟大的古代文明也有所缺失。书写只是接受过高层次教育的人的特权。或许政治与经济的集权本质逐渐阻碍了更进一步的发展。甚至在大约公元前 1200 年地中海北部的神秘“海上民族”* 入侵并征服他们之前，这些文明看起来就已走进死胡同。

此后，规模较小的文明担当起创新的重任。有些没什么影响，

---

* 海上民族（Sea Peoples），据推测是青铜时代末期来自南欧地区的海上劫掠者组成的同盟，其身份尚不明确。

有些则作出巨大的贡献。例如凯尔特人，他们在公元前300年左右建立起第一个泛欧洲铁器时代文化，并留下影响深远的叙事传统，包括亚瑟王和特里斯坦的英雄传说。冶铁技术的发明尤为重要，它最早出现在安纳托利亚或高加索北部，至公元前12世纪，传播到整个地中海东部、非洲及其他地区。铁虽然比青铜脆，但铁器能直接打磨，青铜却只能重铸。此外，铁矿石要比铜矿石或锡矿石多得多。大约在相同时期，腓尼基人在地中海最东岸建立起一种海上贸易文化。为了出海贸易，他们发明了带有两排桨的单层帆船，以及一套表音文字书写系统。后者出现于公元前1000年左右，意义远较前者重大。与象形文字包含数百个表意字符不同，腓尼基文字只有22个字母（见第六章），闲暇时间不多的普通人也能很快掌握。每个字母对应着一个单独的音素，可以方便地套用在其他语言上。加入了元音的希腊字母可能是古希腊文化得以繁荣的重要原因。

下一组变革发生在德国哲学家卡尔·雅斯贝尔斯所称的“轴心时代”。从公元前800年到公元前200年这段时期，中国、印度、中东和欧洲的思想家与先知创造出了世界历史中最主要的宗教、哲学和伦理体系，包括儒教、道教、印度教、佛教、耆那教、琐罗亚斯德教、犹太教，以及柏拉图和亚里士多德的哲学。没有哪一个500年像这一时期出现如此之多令人惊叹、富含创造力的探索，试图理解这个世界以及人类在其中的位置。雅斯贝尔斯补充说，“自那以后，在精神与物质上同样深刻的全新历史阶段只有过一次……（现代西方的）科技时代。”轴心时代出现的世界观中，有一部分着眼于普遍适用性，另一部分则关心一小部分人群和地域。其中一些思想为世界上的伟大文明打下基础，包括中国、印度和波斯。而塑造了大部分欧洲文明的文化源流则流淌自古代以色列和希腊。

古希伯来人是地球上最早体验到与一个完全超越人类理解和偶然现实的存在建立具体、个人而又充满爱意的关系的人群，他们称这个存在为耶和华或上帝。大部分人类似乎都曾体验过世界的神秘，那是一种超越我们所见所感的存在。他们将其描绘为力量、精灵、存在物甚至人。但在此之前并没有人将这种存在当作某种单一的全能神祇，它创造万物，为了追求造物的完美而持续不断地干预历史进程。学者意识到犹太教对西方崛起的影响，列举出它对西方文明的许多具体贡献，例如首次有意识地记载一个民族的历史、对体力劳动的尊重、自然对人类的从属关系，以及一种线性时间观——这种观念与循环式的、非进步式的时间观相对。诚然，如果没有犹太教，另两种亚伯拉罕一神教——基督教与伊斯兰教——可能根本不会出现。被造物主选中，受命使世界趋于完美，若不是这种当仁不让的意识，我们很难想象基督徒和穆斯林会接受如此艰巨的挑战，要将他们的信仰传遍世界，殚精竭虑地去领会自然奥秘、探索心灵生活。

古典世界

古代雅典人提供认识世界的工具。他们比其他任何古代民族都要重视对世界的理性的、系统化的研究，引领了一场名副其实的思想革命。无疑，古希腊的成就离不开美索不达米亚、非洲和埃及的文化奠基，甚至可能有赖于一些特定的接触——柏拉图和其他许多生活在公元前 4 世纪、有教养的希腊人都曾在埃及求学，并对之仰慕不已。然而，希腊人，并且只有希腊人，整合了这些宝贵影响，形成一种独特的文化综合体。

这一切发生在一个高度务实的社会中。他们热衷航海，以贸易为生，在由数百个遍布地中海和黑海盆地的城邦和殖民地——大多数都临海——所构成的泛希腊文明中脱颖而出，雅典人建立了世界上第一个依法而治的参与式民主。在这个背景下，古希腊重要的哲学家，尤其是柏拉图和亚里士多德，以严谨且系统的方式分析了生活与现实中的方方面面。他们首先设立思考的规则——逻辑与修辞，然后从头到尾地考察了各类基本问题，涉及美学、伦理学、法律、医学、政治学、信仰、社会关系、心理学、形而上学、自然科学以及许多其他方面知识。其他文化也提出过关于这个世界的问题，但都未能给出如此透彻的答案。

甚至可以说，在此之后，除了发生在欧洲的科学革命（见第八章），地球上再也没有民族能够成就如此的知识变革。况且，若非雅典人在2000年前打下基础，科学革命也无从谈起。任何真正吸收了古希腊思想的文明都经历了一场思维革命。但这并不多见。伊斯兰学者从希腊思想源泉中汲取大量灵感，他们在哲学与科学上非凡的成就在很大程度上都归功于此。然而，依赖纯粹的理性威胁到了他们的宗教信仰，大多数人最终在恐惧中退缩了。

并非只有雅典人留下了古希腊遗产。亚历山大大帝（公元前356～前323）征服了从北非到印度河谷的广袤土地，建立起规模宏大的帝国。在吸纳了埃及、波斯和印度文化之后，希腊化文明最终形成。其最重要城市、位于埃及北部的亚历山大城建于公元前331年，是当时赫赫有名的学术重镇。它以拥有世界上第一座研究型图书馆闻名于世，希腊、埃及以及犹太学者在那里取得了许多重要突破，尤其在文本分析方面。公元前300年左右，欧几里得（公元前325～前265）在他十三卷本的巨著《几何原本》中系统归纳了大量数学知识，构建了欧式几何以及其所依赖的公理体系。在稍后的公元前3世纪，很有可能也在亚历山大城学习过的阿基米德（约公元前287～前212），计算出圆周率的数值，并发现圆、抛物线、圆柱体、球体及其他立体与平面图形的体积与面积的计算方法。亚历山大图书馆馆长埃拉托斯特尼（公元前276～前194）计算出了相对精确的地球周长。

在接下来的几个世纪里，希腊文化持续影响着地中海世界的观念和艺术创造。罗马帝国扩张的时候，它的统治精英彻底希腊化。诗人贺拉斯写道："被征服的希腊反而征服了她那狂野的征服者，将自己的艺术注入了未开化的拉丁姆。"在他的描绘里，罗马人依据希腊的课程设置建立自己的正式教育体系，照搬希腊的学院制度，还常常以希腊语授课。

罗马人向希腊人学习哲学、科学和数学，而他们的巨大贡献则在其他方面。罗马人极其务实，他们在整个地中海世界建立起有效的行政管理，并利用道路体系将各地联系起来，1000 多年后人们仍在使用这些道路。他们在工程和水利方面的许多技术创新为之后穆斯林和欧洲人的技术突破提供了便利。他们建立了强大而稳定的货币体系（尽管在公元 3 世纪时通货膨胀成了大问题），其贸易网络横跨欧亚。为了管理这个幅员辽阔、民族众多的国家，罗马人建立了世界上第一个精致且复杂的法律体系，它包含了在习俗、宗教和种族方面极为不同的民族间解决冲突的手段。

罗马的法学家创造出一套抽象的法律术语，精确且明晰地阐释了法律的含义及其区分。法学教授们编写出程序手册、法律评注以及法学文集。希腊斯多葛学派关于普遍人性和普世性的自然法思想对罗马法产生巨大影响。罗马的法律体系里普遍包含着当地的习惯法，即便在公元 212 年所有罗马帝国统治下的自由民都被赋予公民权之后，也依然如此。帝国境内的法官除了援引成文法，还享有遵循并建立判例的权力。通过几个世纪的实践，他们创造出一套浩瀚无边、既系统又灵活的法典，架构出大多数我们今天所使用的现代法律体系的主干与分支，虽说直到不久前，还只有西方法律体系享受着这一成果。

罗马人——只有罗马人——发明了“个人”这一概念。在古希腊和其他早期文化里，每一个人类个体，都首先是家庭、家族、部落、城邦或其他社会组织的成员。作为自我的个体，在思想家如苏格拉底的哲学思辨以外，相对来说并不重要。罗马法挑战了这种成见。它规定了“法人”这一概念，并制定了详细的规则以管理私有财产，让精英个体能够增进个人财富，开拓私人空间。古罗马文学艺术创造出个性十足的人物形象，反映了这种观念变化。

古代中国

欧亚大陆的另一头，历史上存续时间最长的社会已经出现。秦朝（公元前 221 ～前 206）以及它的后继者、统治时间长达 400 年的汉朝统一了中国。尽管经常面临毁灭性的入侵、内战和叛乱，中华文明依然延续了 2000 多年。

实践哲学、政治机构、学术研究、数学、技术和科学繁荣兴旺。在和其他学说竞争数百年后，儒学脱颖而出。汉武帝（公元前 156 ～前 87）独尊儒术，强调建立在家族基础上的等级制度，要求人们遵从权威、礼让谦恭、认清自己的社会地位。熟读儒家经典成为入仕的主要评判标准。皇帝统一了货币和度量衡，普查人口，修筑道路、运河和防御工事，并向中亚地区派出许多使节和考察队伍，为日后通往地中海地区的著名的丝绸之路打下基础。学者编纂了大量历史典籍来追溯直至上古神话时期（公元前三千纪）的帝王系谱。数学家设计出解决复杂问题的算术方法（但没有设立公理体系），提出了一些西方数学家直到几个世纪后才给出的数学证明，并且发明了位值这一极具意义的概念。在气象学和天文学上，中国学者也取得了相当的成就，例如，他们解释了日食与月食的成因。在公元初的几个世纪里，中国人发明了纸、地震仪、弩、鼓风炉、马颈轭、条播机和马镫。

唐朝（618 ～ 907），分级科举制建立，“官僚”阶层形成。二者都持续到 20 世纪初期。学者编纂了大量史籍、百科全书、地理志，并绘制出精确的地图和星图。工匠发明了雕版印刷、擒纵器和天然气炉。唐朝不仅是诗歌的鼎盛时期，还是绘画的黄金时代。到了宋朝（960 ～ 1279），学术、科学、技术和数学进一步繁荣，同样繁荣的还有物质文化、工业和经济。另两个伟大的中国发明——火药和指南针在这个时期被广泛应用。11 世纪后期的铁产量达到了欧洲在

7 个世纪后才赶上的高度。同样领先 700 年的还有中国 1.25 亿的人口。社会生活在整体上变得更“文明”，更注重风雅与修养。非官方著作，如笔记、日记和话本大量涌现。

随着北方游牧民族在公元 1127 年以及 1271 年到 1279 年之间的入侵，中国经历了短暂的衰微，在明朝（1368 ～ 1644）再次崛起，财富、力量、文明与声名都臻至巅峰。部分得益于印刷术的普及，识字率大大提高。学者编纂了大量的文选、注疏、百科全书，以及各类事实与知识汇编，既有纯理论的，也有实用性的。明朝早期代数的应用可能是当时世界上最先进的。绘画、戏剧、散文、诗歌和书法艺术大为繁荣。许多官宦名流用考究的漆器、瓷器、珐琅、刺绣及其他以翡翠、象牙等材料雕成的华丽饰品装饰自己的家宅。其他国家对于这些物品以及茶叶等货物的追求让白银大量涌入中国，令中国成为世界上最大的经济体。中国的人口在 1600 年已超过 1.5 亿，而当时整个欧洲的人口不过 1 亿左右。不过，随着明朝的覆灭，欧亚大陆另一端的文明开始慢慢赶上。

有两个因素能帮助我们解释中国在 1000 多年的时间里所展现的无与伦比的创造力。最重要的是它庞大的人口，比历史上任何其他文明都多得多。如果说所有人类个体都拥有相似的创造力，显然更多人口意味着更多发明的出现。其次，良好的交流、共同的文化、充足的教育机会，以及一个巨大而且相对统一的市场，使得中国大量有才华的人拥有无数机会来分享想法和相互学习。

然而，自北宋之后，中国的工匠再也没有创造出改变世界的技术（虽然他们在许多领域进行了渐进性的改进，尤其是农业方面）。这背后的原因是什么呢？毕竟人口依然在增长，学习和创新的机会依然充足。最重要的是，中国最伟大的发明——印刷术、火药和指南针，虽然改变了世界，却没有改变中国。我们或许可以假设，中国文化中的某些因素阻止了改变的发生，比如说，这些因素妨碍了指南针引导中国人进行跨越大洋的航海。

中国文化里的哪个方面产生了这种影响呢？随着时间发展，中国的精英阶层越来越偏好将自己的天赋用于读书。他们的努力主要是为了科举考试——在1000多年的时间里，它是全世界最严格缜密的人才选拔方式。在科举取士的大多数历史时期里，不管一个人的社会背景如何，只要是男性，通过一个基本测试就能应试。难怪18世纪那些有民主思想的欧洲评论者对此体系赞不绝口。学生们花6年时间背诵长达431286字的四书五经，然后学习相关注疏和其他哲学、历史和文学著作。符合条件的考生若能通过长达一周的院试，展现出自己在书法、诗歌和策论方面的写作才能，就能获得参加每三年举办一次的乡试资格。通过者——录取比例极微小——就能确保获得在帝国官僚体系中的职位。志向高远者通常再参加更为残酷的会试，以期成为一名“进士”。这将是一个中国人在社会里所能获得的最高或最有利可图的荣誉。有些杰出人才学习数学、天文和法律，但他们的努力往往得不到太多官方鼓励。有些文人追求文学之外的研究与探索，但几乎没有制度上的支持。考试制度因而成为中国文化中的一股凝聚力，但代价却是扼杀了大量创造性思考。

我们该如何比较中国与罗马帝国？首先，中国文明延续下来了，而罗马帝国在公元500年之前就已崩溃。罗马帝国的经济更为货币化，但或许只是略微领先了一点。罗马可被看作一个由私产者构成的帝国，中国则是一个由官僚构成的帝国。奥古斯都时代（公元前63～公元14）的罗马帝国人口与同时期的中国相似，都在5500万左右。工程学方面，古典时代的中国大概从未达到罗马高架水渠的水平。罗马帝国通过几个世纪的领土扩张来积累财富，古代中国也积累了相当财富，但后者更依赖高出生率。宋朝甚至还经历了适度的集约型经济增长，这是现代经济的核心特征，而几个世纪前几乎从未出现过。

比较中国与罗马——以及希腊——对世界历史的贡献绝非易事。仅中国的四大发明——纸、印刷术、指南针和火药——可能就已超越了任何其他国家的成就，除了18世纪的英国或19世纪的美国。中国的行政管理模式是一个奇迹，它影响了东亚的许多国家，在19世纪，还给英国和其他西方政府设立公务员考试制度提供灵感。学者通常将始于16世纪的世界经济大发展的主要催化剂归于中国巨大国内市场对于白银无尽的需求。然而，从人类生活的其他方面来审视，中国是否提出过任何激励世界范围内变革的观点、体系或制度？除了对佛教发展的重要贡献以及在东亚地区文化上毋庸置疑的领导地位，中国对更广阔的现代世界的影响有限，尽管它有着巨大的财富与威望。

不像古希腊人，中国人没有发展出具有重大影响的哲学体系或方法来推动如科学革命（见第八章）般的巨大变革。希腊城邦的体制不停发生变化，在政治与法律领域形成一种对抗性文化，这让任何事件的正反双方皆能够畅所欲言地辩论，也导致了知识上的怀疑主义，而中国历史上只有少数人对数学公理与哲学确定性进行不懈求索。在中国，几乎所有精英阶层都怀抱着一个单一的理想，认为统治者是仁慈而睿智的。儒家思想——中国知识分子对中国历史的最伟大贡献——巩固了这一理想，比起创新与批判性思维，它更强调和谐、稳定和群体意识。最重要的辩论上演在宫廷而非法庭，对于后者，大多数中国人就像看待瘟疫一般避之唯恐不及。刑法及行政法（延续自秦，并得到儒家学者的承认）在中国都高度发达，但这不包括民法。通常情况下，儒家更喜欢调解、劝说、习惯与示范，而非判决或制裁。当然，中国人不需要详尽的民法也一样可以在社会组织、文化延续、技术进步和艺术发展上取得惊人成就。但考虑到民法在现代公民社会、成熟商业体系和宪政政府的出现上所起到的重要作用，它在中国的缺失或许是一件憾事。

罗马还有着另一个伟大贡献。通过统一从北非到亚美尼亚、从苏格兰到波斯湾的广袤领土，将它们置于唯一的统治者、法律体系、行政机构和官方语言之下，罗马人促进了基督教的兴起与传播。奂国历史学家爱德华·吉本认为基督教弱化了人民的尚武精神、播下了宗教分裂的种子，将财富更多地分配给追求节欲的僧侣，从而降低了本已不高的出生率，正是这些因素导致罗马帝国的衰亡。其实，早在公元313年君士坦丁大帝（306～337年在位）颁布法令结束对基督教的迫害时，罗马帝国就已走向衰弱。实际上，基督教信仰给这个正在分崩离析的帝国提供了向心力，它是欧洲最强大的统一力量，并极大地启发了随后几百年内的改革。无论如何，罗马教会继承了罗马的行政体系、文明教化使命和帝国理念。

其他伟大文明

其他民族也给世界文明提供了有益的贡献。印度人建立了世界上最古老和复杂的文明之一，可追溯到将近7000年之前。耶稣诞生之前，印度就已在医药、工程、农业、纺织和工业方面取得了瞩目的成就。大约2000多年前，希腊与中国的学者来到位于印度河上游的塔克西拉朝圣，那里有一个学院，大概是地球上第一个高等学府。阿育王（公元前269～前232年在位）凭借其统治初期的赫赫战功和余下大部分时期倡导和平、宽容以及社会融合而闻名。从公元280年到550年，开明的笈多王朝统治北部印度，这是印度古典文化的黄金时代，学术、科学和数学都臻至顶峰。随后，来自中亚和欧洲的一系列入侵持续了数世纪，粉碎了印度民族的统一，让他们的光辉黯然失色。但印度次大陆依然富足，人口稠密，勤勤恳恳，后来还有过数次复兴。莫卧儿帝国皇帝阿克巴（1561～1605年在位）是一个军事战略天才，倡导宗教宽容（但这不是为了他年轻时所信仰的伊斯兰教），提倡理性，并废除了对非穆斯林的歧视性税收。依靠几千年来的传统秘方，印度一直生产着世界上最漂亮的印染棉布。到了17世纪，这种棉布风靡欧洲。仅仅是1680年到1684年，荷兰和英国的东印度公司就从印度进口了超过100万匹印染棉布，包括色彩亮丽的平纹棉布和擦光印花棉布。然而，与中国不同，印度失去了自己的独立与威望。在将近 200 年的时间里，它都是英国王冠上的一颗明珠。

话说回来，印度对于世界历史的贡献也许几可媲美中国，有人曾经用计算机来比喻两种文化：中国生产硬件，印度编写软件。它不仅精确地道出当前两国的商业现实，还提出了一个从历史角度来说值得琢磨的观点。当中国人一次次地在物质上实现巨大突破时，印度人则变革人们的灵魂与思想。乔达摩·悉达多是印度远北地区（今尼泊尔）的富有王子，生于公元前 400 年左右，29 岁开始四处游学，6 年后在菩提树下开悟，成为“佛陀”，又名“觉者”。随后近半个世纪，直至涅槃，他都致力于传道、收徒、说法、组建僧团。无论属于什么种族、种姓甚至性别，都是佛陀宣道教化的对象。这是人类历史上第一个普世宗教。在接下来的几百年里，佛教传播到阿富汗，遍及整个东南亚及东亚地区。

特别在中国，佛教空前繁荣。公元 6 世纪初，大约 3000 名来自印度与中亚的佛教僧侣在中国积极传教。到了唐朝后期的公元 907 年，尽管受过几次官方的严厉打压，融合了中国传统价值和信仰的佛教已然是中国人认识自身和世界的基本方法论之一，当然它还激励了后来宋朝发生的文化融合。儒家规定了处世原则，但对于许多中国人来说，只有佛教才能触及灵魂。然而，这两种教义都不寻求变革世界，两者都主张社会和谐甚至清净无为。

印度对于人类文化演进的第二个伟大贡献是数学。从古代开始，印度数学家几乎在每一个数学分支上都引领人类认知的进步。在算术上，他们的突破包括发明位值（独立于中国的发明）、分数、负数和无理数，以及人类思维中最简单同时又是最深奥的概念之一——数字“零”。在几何学上，他们的成就包括计算平方根、立方根和勾股数组；在代数上，使用二次、三次与四次方程表达式；在三角函数上，定义了正弦、余弦以及反正弦函数；在微积分方面，他们发现了导数与无穷小的概念。或许，在现代欧洲时代到来之前，除了希腊人，没有任何民族对数学知识的贡献比得上印度人，而希腊人也是从印度人那里学会了许多数学知识然后再反向影响后者。

以君士坦丁堡为中心的地中海东部留下了罗马帝国的余晖。直到 7 世纪中期，拜占庭帝国——从小亚细亚和北非一直延伸到意大利——保持着当时世界上最发达的文化，在艺术、科学、学术和商业上都成就非凡。不过，它对世界历史最大的贡献，除了保存古希腊文化，就是保护欧洲免受世界三大宗教中最后一个的入侵。

伊斯兰教发源于阿拉伯半岛，它吸收了世界上另两个亚伯拉罕宗教——犹太教与基督教——的传统与信仰。创教者穆罕默德（570 ～ 632）是一个有魅力的商人和军事家，具有预言的天赋。他在生命的最后二十年所接受的启示后来被编为《古兰经》。伊斯兰教宣称世界上只有一个神，而穆罕默德是该神最后和最伟大的先知，人们想要得到拯救，就必须履行几项简单的宗教义务，其中最重要的就是按时礼拜和洁净身体。这位伟大的先知领导了几场战役，用自己的宗教观念挑战那些既有的宗教权威。到他去世时，整个阿拉伯半岛都已臣服在他的统治之下。追随者在他身后开始自相残杀，暗杀、反叛、内战，层出不穷。尽管如此，最初的四位继任者——四大哈里发——依然能够带领军队横扫东到阿富汗、西至大西洋的广袤土地。伊斯兰教法要求其信众参与吉哈德*，其部分含义是以武力扩张穆斯林的领地。因此，穆斯林的军队不停前进。公元 732 年，法兰克领导人查理·马特（688 ～ 741）于法国中部指挥了图尔战役（亦称普瓦捷战役），将他们赶了回去。在这次挫败之后的几十年里，穆斯林依然将他们的统治扩展到从比利牛斯山脉到印度河谷的巨大疆域。一如既往，穆斯林统治者并未急于改变被征服者的信仰（从非穆斯林

* 吉哈德（jihad），字面意思为“斗争”或“奋斗”，在伊斯兰法学中，军事上的吉哈德通常指以保卫伊斯兰为目的的对非穆斯林采取的军事行动。

身上获得的高税收是一笔利润极大的生意），甚至在许多名义上属于穆斯林的土地上，几百年来基督徒依然占大多数。即使不被主动接纳，基督徒、犹太人和其他非穆斯林通常也享有普遍的宗教宽容。

伊斯兰教早期的暴力扩张与佛教和基督教形成鲜明对比。后者的传播主要依靠说服与皈依。不见于伊斯兰教义的隐修制度在佛教与基督教里意义非凡，它们慢慢在精神领域攻城略地，将信仰的疆域扩展到离诞生地越来越远的地方。

穆斯林统治者通常是视野广阔的战士加商人，统治着世界上最灿烂辉煌的文明之一。他们极大地促进了社会流动，对贡献了不少资本与才智的异教徒采取有效的宽容管理。伊斯兰教法管理着人们生活的几乎所有方面，是一种相当平等的法律（虽然在性别方面并不如此）。其商业法和合同法相当详细，极大地促进了贸易的发展。事实上，伊斯兰社会在很大程度上属于精英政治，社会地位的获得很少靠继承。个人的品性和领导力比制度化的合法性更为重要。可延续性纽带较弱，而社会和政治上的灾难时有发生。精英们依赖个人成功与官方支持。他们的财富来得快，去得也快。奴隶制在伊斯兰社会中根深蒂固，正是因为精英阶层缺乏其他方式来展示自己的社会地位。

自古以来，贸易的大车就穿行在阿拉伯半岛上。尽管罗马帝国崩溃了，整个地中海东部地区却依然保留着自美索不达米亚时期以来的商贸中心地位。以此为基础，穆斯林商人建立了一个巨大的贸易网络，覆盖范围远超本已非常广阔的伊斯兰世界。他们的商路与贸易站一路穿过撒哈拉沙漠，南至非洲东海岸，东跨印度洋，进入中国海。很多时候，伊斯兰信仰也随着贸易关系扩张。这个网络将亚洲的重要作物传到地中海世界，包括柑橘、大米、棉花和甘蔗。穆斯林从中国进口丝绸和纸张，并学会了制造技术。他们出口陶器、玻璃、纸张、糖、肥皂、织物、香水、化妆品、药物和其他发明创造。除了来自亚洲的奢侈品，最有利可图的是从地中海地区、东斯拉夫地区和非洲拐卖的奴隶。巨大的交易市场在巴格达、开罗和其他大城市遍地开花。有些时候,他们订立期货合约来预购谷物。信贷、汇票和商业贸易公司日益发展。从10世纪晚期开始，我们称为“阿拉伯数字”的印度计数系统开始普遍被用来记账、衡量货物与服务。但穆斯林统治者在缺钱的时候总是肆意掠夺商人的财产，即便那些在生意良好时借钱给他们的富商也无法幸免。通常情况下，城市商人既没有独立的地位，也没什么政治影响。他们与其他人一样，任凭统治者发落。

穆斯林工匠的工艺水平令人瞩目，在伊斯兰世界各地，人们广泛使用水力来研磨谷物、锯木、捣碎原材料和进行其他生产。匠人们发明或改良了许多实用器具，包括块状肥皂、自来水笔、金属釉陶瓷、彩色玻璃、精致的油灯、各种管弦乐器、用于土地测绘的照准仪、计时器以及用来计算天体位置的星盘。

伊斯兰世界最大的贡献在于数学和科学。希腊哲学对伊斯兰思想有着巨大的影响。穆斯林学者还翻译了大量中国、印度和波斯的文献。事实上，伊斯兰是历史上第一个直接或间接地将旧世界所有伟大文明所贡献的知识和技术综合起来并系统化的文明。数学家提出表示未知量的符号，直到今天代数一词依然使用它的阿拉伯语词根*。穆斯林科学家进行精确而仔细的观察、实验与记录，在实质上创立了化学。他们开发了十几种化学过程，如蒸馏、结晶、升华和提纯，并发现几千种化学物质和衍生物。这些发现带来许多实际应用，包括香水、染料和化妆品，以及厨用、医用、卫生和其他家庭用品。

穆斯林科学家在医学、光学和天文学上都作出了相当贡献。他们逐步发展出严谨的观察与实验方法，在各个方面推动医学的进步，包括解剖学、治疗学、生理学、病理学、产科学、药理学、眼科学和外科手术。精确的外科手术技术在很大程度上得益于精密手术器

* 代数的英文表达 algebra 源自阿拉伯语 al-jabr。

械的发明。波斯博学家伊本·西纳（981～1037）将所有这些探索以及来自古希腊和印度的知识总结出来，编纂了《医典》一书，直到17世纪，该书依然是欧洲医学院的教科书。“现代光学之父”海什木（965～1039）通过他的多卷本《光学》几乎改变了人们对光学的所有认识。阿拉伯天文学家伊本·沙提尔（1304～1375）做出了许多欧洲科学家多年以后才发现的预测，包括日心说和月球运动理论（见第八章）。

伊斯兰知识界的阿喀琉斯之踵是哲学。为了赢得依然占据中东地区人口多数的基督徒的支持，穆斯林神学家系统地利用亚里士多德思想来解释伊斯兰信仰。从8世纪到12世纪，伊斯兰哲学家对古希腊学者在逻辑学、伦理学、知识论和形而上学领域所提出的主要问题进行了细致的研究。值得一提的是伊本·西纳认为信仰与理性可以完全合一。一个半世纪后，安达卢西亚的智者伊本·路西德（即阿威罗伊，1126～1198）进一步认为，对自然界的理性研究能够帮助人类认识造物主。不过，另一支有影响力的伊斯兰哲学流派不同意这种观点，其中最有力的阐述来自杰出的波斯学者安萨里（1058～1111），他宣扬对真主的体验只能来自直接的神秘经验（即伊斯兰的苏菲派传统），引发人们质疑理性在理解与体验伊斯兰这一最重要的信仰中所能起的作用和可靠性。数学和自然科学的研究只要与宗教完全分离，便能够进行。然而，要贯彻这一严苛的标准，就得净化伊斯兰世界唯一教授希腊哲学与自然科学的高等教育学院——立足于信仰的伊斯兰学校。几个世纪以来，有影响力的精英阶层仍可资助出色的学者进行研究。但因缺乏体制上的可靠支持，伊斯兰世界在哲学与科学上的成就逐渐黯淡下去，尽管穆斯林学者还是在不少科学和学术领域获得了相当进步，比如天文学。另外值得一提的是伊本·赫勒敦（1332～1406）所著的《历史绪论》，它被英国历史学家阿诺德·汤因比誉为“迄今为止人类构想出的”最杰出的历史哲学。

我们该如何评价伊斯兰对世界历史的贡献？对希腊文化的保存

和发扬绝对应该排在前列。在技术与科学方面极为实用的成就也一样重要。在工业方面，穆斯林的发展程度不及中国人，但在伊斯兰世界的黄金时代（8 世纪中期到 13 世纪中期），他们的创造力也不落人后，而且由于继承了希腊传统，他们的创造更具哲学性。回到前面提到过的比喻，伊斯兰世界的进步既有软件方面（思想与灵魂的生活），也有硬件方面（物质领域）。相对而言，中国人对过去及同时代文明所积累下来的成就的吸收与转化远不如穆斯林——这在很大程度上是因为他们认为自己的文明已经是人类成就的巅峰。因此，在对下一个伟大文明——西方文明——的崛起所贡献的影响方面，中国文化比伊斯兰世界要少很多。穆斯林这位邻居在文化与政治上的先进性极大地刺激了欧洲人的想象力，令后者的创新充满挑战。

所有这些，并不是要说明中国人、穆斯林、印度人、拜占庭人或其他民族创造了绝对优异的文化或文明。这种评价是绝不可能客观准确的。每一个文明在各自的价值观和生活方式上，都拥有非凡的原创性和创造力。有些繁荣的时间更长，更强大或更富足。他们都值得我们尊敬。他们中的每一个都为现代世界人类知识和技术作出了独特贡献——尽管有多有少。对本书而言更为重要的是，在历史上所有伟大文化中，对近几个世纪欧洲文明乃至西方文明的出现贡献最大的有三个：伊斯兰世界、中国和印度，他们对欧洲的影响程度或也依此顺序排列。

惊人的人类创造力

我要再一次重申，地球上每一个民族与文化都成就了适应和创新的奇迹。他们中的每一个都当得起任何有思想的人深刻而持续的敬意。即便是那些地球上最与世隔绝、最微小、发展水平最低、看起来最贫穷的民族，也展现出令人惊异的创造力与发明能力，以在其所处的环境中生存繁荣。贾雷德·戴蒙德在新几内亚土著部落生活了几十年，离开时满怀敬畏。当地人的社会结构、对于周边环境中动植物的细致认知以及出色的观察力，让戴蒙德认为他们拥有比西方发达国家居民更高的智力水平。你无需认同他这一看法，也能相信全世界的人都拥有令人钦佩的创造力与智慧。

如果所有人类，作为整体，都具有一样的创造力，为什么他们对世界文明的贡献大小不一？在这方面，没有哪个地区的贡献比得上撒哈拉沙漠以南的非洲地区，因为那里是现代人类的诞生地。没有非洲，地球上就没有人类文明、没有西方、没有工业革命，也没有我用来写这本书的计算机。然而几个地理因素限制了这块最古老的大陆。沙漠占据它超过 40% 的面积。持续不断的高温让致病微生物毫无阻碍地在大多数地区肆虐。几乎所有的土地都相当贫瘠。我们或许可以说，非洲在历史上就更适合野兽、昆虫和细菌而非人类生存。

非洲面积大概是 1200 万平方英里，是欧洲的 3 倍，但在 2000 多年以前，其人口只有 1600 万，约为欧洲的一半。这 1600 万人口中的一半居住在北非和尼罗河谷。因为所有人类都极具创造力，而且文化能够巧妙地适应生活环境，更高密度的人口意味着更多的发明。单单这一因素或许就足以让欧洲在过去 2000 年比非洲更具创新力，更何况欧洲还是欧亚大陆的一部分，后者在进入公元纪年时人口已达到 1.46 亿。此外，技术发展和其他进步的另一个主要刺激因素是人群间的交流。我们从别人身上学习、分享想法、交换产品、体验文化的机会越多，自己实现突破的可能性就越大。不可避免地，所有伟大的早期文明都出现在地域广袤、人口密集、交通便利的欧亚大陆上，它们的崛起依赖这些地理因素，而不是因为它们的开创者和居民比其他大陆上的人更具创造力或智慧。

因此，非洲人建造了数以百计的市镇和城堡，开拓了四通八达的通商路线，发展出各种各样的文化，今天还在使用的 7000 多种语言中，有 2110 种在非洲（虽然其人口只占世界人口的 12%）。非洲人也建立过幅员辽阔的帝国，发明了相当复杂的冶金术和其他技术。然而，由于地理上的限制，整个非洲大陆在大多数历史时期的交流和交通并没有得到很好的发展。其中南北向的流通尤为困难，动物与人口的移动在东西向上更容易实现，因为不需要穿越不同的气候区域。结果，除了在非洲北部和东部沿海地区，人类创造力的成果并没有像在欧亚大陆上那样迅速传播。即便如此，非洲人还是驯化了当地可利用的野生植物，如高粱、非洲稻、甘薯、油棕榈和咖啡。虽然那里野生动物遍布，但几乎无法驯化。我们唯一可确信的只是非洲人最先驯化了珍珠鸡——一种类似孔雀的鸟类。与现代智人的诞生和古埃及灿烂的文明相比，这些对世界文明的贡献看起来算不上什么——虽然许多咖啡爱好者未必同意。

中南美洲的人民也取得一些重要发展，完全独立于世界上其他核心文明，包括至少出现在公元前 500 年的象形文字、复杂的历法体系、数字“零”的概念（比东方的印度更早）以及令人敬畏的社会效率。他们创建了玛雅、印加和阿兹特克等伟大文明。勤劳的居民驯化了多种植物（和一些动物），他们对世界文明最大的遗产可能是玉米、土豆、南瓜、豆角、可可、西红柿、胡椒、橡胶树和其他许多作物。他们还教会了欧洲人与自然和谐共处的生活理念。而在近代，拉丁美洲给世界流行文化带来了巨大影响，他们独创的音乐风格风靡全球，如萨尔萨、曼波、桑巴、巴萨诺瓦、探戈、梅伦格和伦巴，20 世纪 90 年代晚期的“拉丁流行音乐大爆发”是其巅峰。南北向的地理格局阻碍了中南美洲的进一步发展，但如果没有欧洲人带来的病原体破坏了他们的人口与文化，其对世界文明的贡献毫无疑问会更大。

“历史上，欧亚大陆草原上的游牧民族‘天生’善战。”一位研究其历史的著名史学家写道。直到热兵器时代，不论是波斯人、罗马人还是中国人，几乎没有什么定居民族能够有效地抵挡他们。在游牧社会，每个成年男子都是战士，而定居社会的战士在成年男性中的比例一般只占十分之一。游牧民族生活的必需品——马匹，在战争中给了他们决定性的优势。当成百甚至上千匹重达半吨的庞然大物组成巨大战阵冲向敌人，有谁能够阻挡他们？考虑到游牧民族的生活方式，他们很少完全征服与其接壤的定居国家，但会对后者持续施以军事压力，甚至长达数世纪。从公元前6世纪的斯基泰人到公元4世纪的匈人和西哥特人，以及几百年后的阿瓦尔人、马扎尔人*再到战斗民族中最可怕的战士——13世纪的蒙古人，这些来自草原的游牧民在他们领地的每一块边界上散播恐惧，勒索“贡金”。

来自蒙古的游牧战士建立了人类历史上幅员最为辽阔的陆上帝国。它从东欧和中东直抵鄂霍次克海和南中国海。蒙古人每到一处，便烧杀抢掠，大肆破坏，但他们也将各地统一，特别是重新统一了长期动乱分裂的中国。在疆土广阔的蒙古帝国内部，贸易与文化交流自13世纪初兴旺起来，持续了一个世纪之久。他们开设通商路线，为马可·波罗（1254～1324）、伊本·白图泰（1304～1377）和其他无数旅人提供便利。蒙古人同时也传播了技术，例如由中国人最早调制出来的火药就由他们带入欧洲，并在西欧得到改良。充满讽刺意味的是，正是这个发明，让定居民族最终发展出能够对抗草原游牧民族的武器，摆脱了后者的威胁，并决定性地改变了定居民族与游牧民族之间的军事实力对比（见第四章）。

另一个对西方崛起作出巨大贡献，却从来没有建立过自己的帝国或统治过大片领土的民族，是犹太人。他们最早提出一神论的宇宙观，并首次记述单一个体的出生和成长历程。在整个犹太历史上，先知强烈谴责不公平的社会现象，并将此归咎于富人和权贵。犹太人确信，上帝为希伯来人制定的道德规范和法律高于一切，并且在

* 阿瓦尔人（Avars），古代欧亚大陆游牧民族之一，约在6世纪时迁徙到欧洲中部和东部，9世纪以前，一直统治着潘诺尼亚平原地区（今匈牙利、克罗地亚一带）。马扎尔人（Magyars），匈牙利主体民族，最初生活在西伯利亚西南，后于9至10世纪迁居东欧。

上帝眼中人人平等。而在当时其他宗教中，人类可以成为神，同时，神的行为也像普通人一样，有着激情与恶习。正是在犹太教的基础之上，两个以一神信仰为中心的文明诞生了——基督教世界与伊斯兰世界。

在这两个文明中，犹太人在商业、医学、文字、科学、艺术和各种各样的领导性岗位上施展了惊人的创造力。11 世纪商业在欧洲繁荣起来，犹太人是主要的放贷者，基督教的律法支持犹太人从事这门生意。在中世纪，犹太学者将重要的科学和学术著作从阿拉伯文翻译成拉丁文。现代文明早期的思想家与作家中，有几十位——从蒙田（1533 ～ 1592）到斯宾诺莎（1632 ～ 1677）——都有犹太血统，其他一些重要人物也很可能是皈依基督教的犹太人，如克里斯托弗·哥伦布（1452 ～ 1506）。尽管面对残酷而几乎从不间断的迫害，犹太商人依然积累了大量资本和商业经验，在欧洲主要商业中心的资本市场、银行、海外贸易和证券交易中扮演着重要角色。始于法国大革命的欧洲犹太解放运动使他们在各个领域都获得巨大成功。因此西方崛起的过程可以说与西方犹太人的崛起密不可分。

走遍世界，我们能够发现许多见证人类视野之广度、深度与高度的地方。建于 12 世纪的宗教寺庙吴哥窟，位于今天的柬埔寨，占地超过 1 平方英里，描绘印度教史诗景象的石质浮雕墙面面积超过 1 万平方英尺 *。上百尊巨大石像，其中许多重量超过 50 吨，500 多年前便屹立在距离南美大陆 2400 英里之远的复活节岛上。另一个奇迹是建于公元 751 年的日本奈良青铜大佛，高 52 英尺，重 500 吨，几百年来都让人叹为观止。

中国对于整个东亚地区的显著影响，在大小与德国相当的岛国日本可见一斑。最初，中国的影响通过朝鲜抵达日本，朝鲜距日本最近处约 100 英里，是中国到日本距离的五分之一（与此对比，英

---

*　1 英尺约等于 30 厘米。

国与欧洲大陆的最近距离才 21 英里)。公元 6 世纪，佛教自中国经朝鲜传入日本。随后 200 年间，日本统治者派遣了由学者、商人、官员、佛教僧侣和艺术家组成的大规模使团前往中国。他们全方位汲取中国的思想和制度——从儒家文化、阴阳五行到茶道和城市规划——这些文化深深扎根，极大地改变了日本。历史上，日本长期受军事贵族统治，经济的繁荣得益于贸易、高效的精细化农业以及儒家文化所倡导的工作伦理。与欧洲一样，日本与大型文明核心地带的距离足够近又足够远，能向后者学习，又可避免被轻易征服。1281 年，在一场强力台风的帮助下，日本武士阻止了 4500 条战船和将近 20 万士兵的入侵，战争发动者是当时的中国皇帝、蒙古大汗忽必烈。这一偶然的事件，被胜利者看成是神助日本以及日本例外论的象征。

在接下来的几个世纪里，封建领主(大名)各自为政，1603 年德川幕府建立后也依然如此，不过那之后内部混战便止息了。这一时期的锁国政策在很大程度上排除了欧洲人——1720 年前甚至包括欧洲书籍——的影响，日本由此孤绝。虽然官方对贸易有所限制，例如禁止使用车辆进行贸易，但商业还是发展起来，城市规模也有所增长。到了 1750 年，江户(今东京)大概已经是世界上第二大的城市(仅次于北京)。然而，与中国和朝鲜一样，日本的技术与创新落后于欧洲。尽管如此，关于西方发展的知识还是慢慢渗入日本，给很多日本人留下深刻的印象。当美国于 1853 年派遣一小支装备着最先进大炮的蒸汽舰队进入东京湾时，日本的统治精英意识到必须打开国门，对外贸易。15 年后，德川幕府垮台，两个积极引进西方军事技术的大名帮助新即位的明治天皇睦仁恢复了所有权力。

之后，仅仅几十年的时间里，日本人几乎吸收了西方所提供的每一种理念、制度和技术，从战舰、银行到现代科学和政党制度。一位学者令人信服地指出，这“可以说是近万年来人类历史上规模最大的转型”。到了 20 世纪后期，日本已成为全球第二富裕以及最具技术创新能力的国家。除了分散化政府体系下秩序井然的社会，日本最大的优势似乎在于他们愿意采纳其他文化的伟大成就——从最早 7 世纪的中国，到 150 年前的西方。

其他数以千计、遍布世界各大洲和栖息地的民族，他们所展现的卓越才智、胆识、毅力和创新能力，几百年来令学者与普通观察者为之称奇。我们可以想到的有独木舟、平底雪橇、皮划艇、雪鞋、回旋镖等成就。世界各地的原住民向探险者揭示他们周边动植物和生态的秘密。例如，因纽特人教会美国自然学家克拉伦斯·伯兹艾（1886 ～ 1956）如何用急冻技术保存鲜鱼，后者建立了至今依然以他名字命名的冷冻食品公司。所有这些在历史上默默无闻的创新者，或多或少地为我们现代文明的发展作出贡献。只不过是因为近乎完美的地理、文化和历史条件，欧洲才取得了爆炸性的创新。

在新的千年里，互相竞争但又共享同一种文化的欧洲人开始非常缓慢地团结起来，并综合地中海、欧亚大陆和更广阔世界的丰富文化成果。人类一直互相学习并分享彼此的智识。但现在，其中一个文明的成员懂得了如何在这些成就的基础上不断发展，创造出强大的工具，并开发出通路以获取复杂程度前所未有的知识。换句话说，他们引发，或者说碰巧发现了我们今日所说的“现代”。

一个后来者

欧洲从来就不属于核心文明。后者有三：中国、印度以及三者中最古老的、位于尼罗河与奥克苏斯河（阿姆河）之间的区域。每一个都经历了持续数千年的高水平发展。地球上没有其他地方可以在创新性、财富或实力上与它们相比。然而，在公元后第一个千年结束时，一个新的文明核心出现在了地中海北部地区。

罗马帝国衰亡后，相较于核心文明地区，欧洲贫穷落后，但并非完全没有发展。另外，欧洲也不乏自然优势。虽然从未孕育出任何重要文明，但欧洲几千年来一直有人居住。那里有着世界上最古老的山洞岩画，遍布不列颠群岛的几百处巨石阵，大多数地方都有公元前 2000 年之前人类使用杯状陶壶、制作铜或青铜工具的遗迹。

除了在前言中讨论过的那些地理优势，欧洲蜿蜒的海岸线是所有大陆中最长的。加上无数水量丰沛的河流，这意味着欧洲有着世界上最好的水路。直到近来，水路一直是最廉价且最有效率的运输方式。欧洲的大多数陆地也相对平坦，有助于人口移动和货物交易。降水适度而稳定，气候温和，不存在肆虐赤道地区的热带传染病。与其他大陆相比，威胁欧洲的自然灾害相对最少。最后，除了非洲外，最容易到达美洲的大陆就是欧洲。

现在的历史学家已经很少用“黑暗时代”这一名词来称呼中世纪早期，但欧洲在罗马帝国衰亡后的物质与文化水平的确很低。罗马城的人口从公元 200 年大约 100 万人的高峰跌落到公元 450 年时的大约 10 万，再到公元 1000 年时的 2 万左右。其他大城市也都经历了人口衰减。罗马时代修筑的道路与水渠渐渐荒废。除了教士，人们几乎普遍不识字；传染病频发，气候也变得更冷更潮湿，以种地维持生计日益艰难。当独立耕作变得难以维持时，自耕农投身采邑或庄园寻求庇护。横扫欧洲并给风中残烛的罗马帝国致命一击的“野蛮人”定居下来，与当地的统治阶层通婚。他们建立了数百个割据政权，即使是教会，尽管它宣称拥有普世权威，也不得不常常向实际控制主教甚至下层神职人员任命权的世俗领主让步。

在欧洲，超过 200 多年的时间里，维系文明、保存古籍、坚持信仰和非物质价值的最大功臣来自修道院。隐修制度发源于近东，公元 6 世纪初圣本笃（480 ～ 547）在意大利中部的卡西诺山创立一套新隐修准则后，它开始在欧洲兴旺起来。圣本笃会规平均分配修士祈祷、学习与工作的时间，大受欢迎。略带讽刺意味的是，它同时促进了物质成就。女性教团对更为晚近的发展也很重要，为促进女性从事各种职业开辟了道路，尽管大多数只限于女修道院的范围内。在此之前或同时代（大约相当于中国唐朝），其他社会几乎从未向女性提供过这种个人发展的可能性。这一社会特征在欧洲日后的崛起中起到了重要作用。

这一时期，主导西北欧的是日耳曼民族的一支，法兰克人。从克洛维一世（466 ～ 511）开始，几任国王成功地统一了各部落。其中最伟大的是查理·马特的孙子，查理大帝（768 ～ 814 年在位），或称查理曼。他还被称为“欧洲之父”，因为他统一了法国、德国和北意大利的大部分地区。一种观点认为，伊斯兰的致命威胁迫使欧洲崛起一支反制力量。但在现实中，若不是查理曼足够强大，加洛林帝国或许永远不会出现。可以肯定的是，教皇利奥三世（795 ～ 816 年在位）认可了这位法兰克国王的杰出贡献，并在公元 800 年的圣诞节那天加冕他为“罗马人的皇帝”。作为回报，查理曼在他那依然居住着大量异教徒的帝国里推行基督教（许多时候以武力为手段），资助学术和艺术，带来了学者口中的加洛林文艺复兴。

然而这次相对成功的统一欧洲大陆的尝试在查理去世后迅速瓦解，他的三个孙子瓜分了土地，相互攻击。随后，这些土地被缺乏魅力和力量的统治者再次分割。法兰克诸王将土地分封给功臣，而这些土地很快就成为贵族的私人财产。他们相互征战不休，将整个帝国进一步分割成不同的政权。这个时期依然涌现出一些伟大的国王，例如英格兰的阿尔弗雷德大王（849 ～ 899），他不仅统一了英格兰诸王国，打败了来自丹麦的维京人，还成功地说服后者的国王改信基督教。他大力推动智识和学术活动，亲自将罗马哲学家波爱修斯（480 ～ 524）的著作《哲学的慰藉》和其他许多学术著作译成古英语。不过，欧洲依然政治上松散，经济上贫穷，学习和文化只在小范围内受到重视。公元 900 年时，没有人想得到欧洲会在 1000 年后支配整个世界。

1000 年看起来是一段非常长的时间，但人类历史上几乎所有创新的传播都是缓慢的。真正戏剧性的变革非常稀少，常常要隔上几万年才有一次。其中最重要的三个是掌握用火、创造语言以及驯化动植物。其他变革，例如文字、冶金术、车轮、宗教等，通常先始于某一文明，然后花上成百上千年时间扩散到整个大陆。大多数文化都设法适应、吸收或拒绝这些新事物，直到新一轮变革再次出现。没有一种文化能够到达绝对先进的水平，直到欧洲崛起，它吸收了世界其他地区的成就，一口气颠覆了人类生活的方方面面，也因此永久地改写了游戏规则。

第二章　中世纪的变革

8 世纪早期	欧洲农民开始实行三圃制
742 至 743 年	周期性大瘟疫最后一次侵袭欧洲
700 至 955 年	无休止的劫掠限制了西欧人口增长
9 世纪中期	地球周期性变暖，农作物产量提高
10 世纪	源自中国的马颈轭传入欧洲
989 年	教会发起“上帝的和平”运动以限制战争和冲突
至 1050 年	大规模的城堡建筑出现在欧洲各地
11 世纪晚期	市民阶层出现在欧洲城市中心
1135 年	在欧洲发现银矿，资本流入
1140 年	巴黎圣丹尼斯大教堂完工
11 世纪晚期	音符和复调音乐在欧洲广为流行
12 世纪	汉萨同盟兴起，促进北欧城市间贸易
12 世纪中期	乔凡尼·德丹第设计的时钟引发“时间革命”；北意大利开始将商业网络扩展到整个欧洲
13 世纪中期	大多数资产阶级/市民阶级不再屈从于封建领主
13 世纪晚期	放大镜在意大利北部问世
1300 年	欧洲森林覆盖率从约 95% 下降到约 20%；10% 的欧洲人居住在城镇，在商业区城镇人口比例为 25%
1308 至 1321 年	但丁完成《神曲》

1258 年初，成吉思汗之孙旭烈兀（1217 ～ 1265）所率的蒙古军队将宏伟的巴格达变成一片废墟，屠杀与劫掠持续了 7 天，遇难的男女老少超过 20 万人。大量书籍和无数建筑遭到毁坏，奇珍异宝和实用器物被洗劫一空，沦为奴隶者数以千计。为蒙古人效力的波斯史学家和税务官阿卜杜拉·瓦萨甫（1265 ～ 1328）如此描述劫掠者：

（他们）在城市里来回扫荡，就像饥饿的猎鹰袭击鸽群、恶狼冲入羊圈，他们纵马疾奔，大肆杀戮，散布恐惧，脸上全无羞愧之色……屠杀惨烈至极，死者的血液如同尼罗河水般流淌……黄

> 金与珠宝打造的床架和靠垫被砍成小块，撕成碎片；藏身于后宫帷幕中的女眷……成了鞑靼恶魔手中的玩物。

在200多年前安达卢西亚的倭马亚哈里发国覆灭时，伊斯兰世界的颓势便已显现，它再未能恢复昔日的辉煌。而蒙古人在13世纪对中国的缓慢蚕食也同样终结了繁盛一时的宋朝。

但欧洲的轨迹却延伸向相反的方向。就在公元1000年之前，农业革命大大促进商业和城市化发展。银行业兴起，技术创新，复式记账法出现，区域性和国际贸易网络成形，经济繁荣还激起一波建筑热潮，特别是几十座巨型哥特式教堂在随后的几个世纪中保持着世界最高建筑的纪录。这个时期，欧洲社会铲除了奴隶制度，从世界历史的角度看，还赋予女性较高的社会地位，文学、艺术和音乐百花齐放。欧洲日后崛起至世界领先地位的基础形成于此时。

近来研究中世纪的史学家常常关注那个时期的奇闻异事，诸如对犹太人的暴力行径、封建领主与统治者的巧取豪夺、渗透在生活各个方面的古怪迷信、荒谬的风俗习惯、怪诞的口腹之欲、艰苦的生活条件、对同性恋的边缘化与迫害、腐朽不堪却无处不在的教会权威，以及其他让现代西方人觉得“奇特”的现象。这些主题值得关注，也的确刻画出中世纪的特征，就生活方式而言，中世纪欧洲与现代发达国家有着天壤之别。但现代并非如同雅典娜从宙斯脑袋中突然蹦出那般在瞬间诞生。有一种观点认同并强调现代体制与价值观受惠于中世纪时期的发展，这一历史传统由美国哈佛大学的查尔斯·哈斯金斯于20世纪20年代开创，一直到80年代，他的学生约瑟夫·斯特雷耶仍在普林斯顿大学继续这项工作。后来的学术研究深刻地丰富了我们对历史的理解，但有些重要的东西却遗失了，那就是对过去更为整体性的观察。

农业革命

美国的农业人口不到 50 万，生产的农作物却足以养活 3.17 亿本国人以及数千万外国人，美国人可能难以想象在某个历史时期，几乎每个男人、女人甚至孩子都得在田间劳作。然而，在人类驯化野生动植物之后的数千年时间里，这几乎是所有人类的生活常态。他们挣扎在生存的边缘，预期寿命很短。饥荒常常发生，传染病取人性命时不问老少与贫富。饮食主要由谷物构成，偶尔才能吃到肉、鱼或其他蛋白质来源，水果与蔬菜同样难得。在加洛林王朝时期（约 800 ～ 900），欧洲农民的主要食物是粗粮，如小米、糙麦、大麦、燕麦和黑麦。当然，南方地区的居民可以尝到新鲜的水果，而海边或河边的居民则能吃到鱼。

三个因素逐渐地改变了这种景象。742 年到 743 年的鼠疫之后，侵袭欧亚大陆的周期性瘟疫灾难暂时歇止；其次，自 10 世纪起，地球的周期性变暖使得农业生产时间变长，并让更多原先难以耕作的北方土地变成良田；第三个因素全归功于人类自身，农业方面的新技术让产量提高了 50% 以上。

就像欧洲通常的技术创新一样，这次变革的关键帮助来自别处。10 世纪时，马颈轭技术从中国传入欧洲。在加洛林时代培育出的强壮马匹虽然弱于公牛，但比后者工作时间更长，而且速度更快，因此渐渐地取代了后者。当然，对马的驯化最初发生在黑海以北地区。马蹄铁技术，显然源自罗马时代，能够保护马蹄不被潮湿泥土泡软，提高其抓地力。更重要的则是重型轮铧犁，它由北欧人打造（虽然中国人早在 1000 年前就已发明了铁制重犁）。阿尔卑斯山以北的土地通常更为肥沃，但也更紧致，南方的轻犁在那里几乎毫无用处。开沟需用锋利的铁质犁头，后面接上弯曲的铁犁板将土地翻开。另一项农业技术的改变补足了其他创新；早在 9 世纪，北欧的农民就学会只在三分之二的土地上耕作，留下三分之一（而不是一半）休耕以恢复肥力。这项技术逐渐普及，使耕地面积增加了约 17%。

在整个历史上，每一次食物产量的大幅提高都会刺激人口增长。因此，早期的经济扩张最终总会受到所谓的马尔萨斯定律限制。托马斯·马尔萨斯牧师（1766 ～ 1834）在其 1798 年出版的《人口原理》中指出，人类繁殖的速度总是超过食品供应，除非出现新的技术带来更高的作物产量。但即便如此，随着更多人口出生，这一过程又回到原点。“饥荒，”他写道，“似乎是自然最后的、最可怕的手段。人口增殖的能力远远大于土地生产人类生活资料的能力，因而人类必然会在这种或那种情况下过早地死亡。”史学家现在意识到他的担忧多少有些过头。人类历史的大部分并非毁灭性饥荒的重复，更多的是偶尔被小规模饥荒打断的非常缓慢的经济增长。尽管如此，在历史上，没有任何地方能够长期维持经济连续增长。欧洲也不例外——1347 年到 1351 年间黑死病夺去欧洲三分之一的人口。然而，在中世纪的绝大多数时期，欧洲避免了大灾难，部分归功于大量的未开垦荒地。公元 1000 年到 1300 年间，农业社区让欧洲的森林覆盖率从 95% 下降到 20%，农民排干大量湿地，低地国家还通过填海获得了约 200 万英亩 * 的土地。总的来说，这些拓荒者让欧洲大陆的耕地面积翻了一番。

常被学者称为中世纪“农业革命”的变革推动了人口大规模增长、商业繁荣、城市化加速和文化鼎盛——下面都会逐一讲到。但相较而言，中国的人口增长同样引人注目，从 11 世纪的 6600 万迅速增长到 200 年后的 1.15 亿。原因和欧洲类似，中国的粮食产量和农业生产率也大幅提升，尽管主要依靠开垦更多土地以及引入更高产的作物，而非采用新技术（早在几世纪前他们就已经发明了各种铁犁、马颈轭、播种机和其他技术）。不过，马尔萨斯的看法是正确的：所有这些成就在现代以前都非常脆弱。

* 1 英亩约等于 4000 平方米。

封建社会的崛起

与此同时，欧洲正经历一场社会政治变革，为其他重大变化搭建舞台。早在8世纪初，欧洲就经历数次灾难性入侵——来自南边的穆斯林，来自北边与西边的维京人，以及来自东边的马扎尔人（即匈牙利人）。公元1000年后，类似的袭扰很快停止。诺斯人* 与匈牙利人逐渐定居并接受基督教信仰。穆斯林先是被赶出法国南部，再后来是西西里岛。许多来自东欧的斯拉夫民族和波罗的海民族皈依了天主教，基督教世界迎来巨大扩张。新领地的加入，从长期来看给这片大陆带来海量资源，从短期来看为抵抗13世纪蒙古入侵提供了条件。

持续两个世纪的入侵破坏了公共秩序。仅举一个例子，公元980年，梅肯伯爵向勃艮第公爵宣誓效忠，但前者实际上完全独立于后者。二者对法国国王的效忠也仅仅出于形式上的礼节。30年后，梅肯地区的各个小领主——实际上每个拥有城堡的强人——摆脱了束缚，建立起对各自领地的完全统治。可以毫不夸张地说，在欧洲大陆上，任何领主的实际权力都不能延伸到城堡围墙30英里外的地方。（在欧洲的某些地方，如英国，与其他地方相比，国王、公爵和其他领主依然享有被广泛认可的正式的合法权威。）现在，人们主要被分为两类：那些能够负担武器装备的和那些负担不起的。持续不断的小规模战斗和对无力抵抗者的残酷掠夺与盘剥成为常态。在欧洲历史上，这是一个残暴和野蛮的时代。

然而，就在这混乱无序中，诞生了一种着实非凡的社会秩序，它常被称为“封建主义”。马克思主义者和世界史学者有时错误地认为，封建主义的定义就是拥有一大片土地并强迫农民在上面耕作，或者它在本质上仅仅是一个经济学概念。而实际上，这一务实的安

* 诺斯人（Norsemen），即北欧人或维京人。

排（如今许多史学家拒斥“封建主义”这一术语，因其暗示了极度统一的法律关系）促进了社会稳定，并以相互依存的紧密联结为特征。权威不仅来源于正统性或法定权利，而且——往往主要——来源于实力，而贫弱者则受制于领主，在这种环境中，从上至下，没有人能安全无虞。渐渐地，同一地区的领主握手言和，宣誓不再争斗。这种联结既是水平的，也是垂直的，小领主向大领主宣誓效忠，大领主则保证为小领主提供保护。他们签订多边和平协议，复杂程度堪比哥特式大教堂。

当然，有实力的一方不会无条件地保证弱小一方的安全。骑士向伯爵宣誓效忠，提供军事及其他方面的服务，而伯爵则向公爵宣誓效忠。占统治地位的领主行使“领主权”，在其领地内收取赋税、通行费以及炉灶或磨坊的使用费。作为回报，这种关系中上级授予下级的采邑，一般被称为封地，通常由一片土地构成。从世界历史的角度来看，这种做法至关重要但也十分惊人。通过将个体连接起来创造出一定的秩序，由附庸关系织成的错综复杂的网络，帮助欧洲社会摆脱无休止的混乱。整个系统中的各种关系，在大多数情况下由法律文书或有充分见证的口头协定来保证，这为后来欧洲独步全球的法律文化奠定基础。这种契约关系常常涉及教会权威，通常需要举行隆重的仪式，在众人见证下，火漆上加盖官方印章方告成立。封建社会的出现本身就是名副其实的社会革命，标志着社会力量战胜了国家力量。

在接下来的几个世纪中，欧洲君主确实再度确立权威——部分要归功于军事革命（见第四章）和新的官僚体制——甚至在16世纪初试图建立绝对权威。这些努力最终还是失败了，因为欧洲社会不会再屈从于任何政权，无论它多么强势、多么进取（见第十章）。

事实上，许多学者认为中世纪的政治碎片化是影响欧洲随后发展最重要的因素之一。小国间无休止的战争促进军事技术的革新，促使欧洲政权建立愈加强大的军事力量。公元1000年左右的权力真空还挑起了教会与国家间的竞争。例如公元960年,教廷为宣示权威,在威尼斯废止了奴隶制。奴隶制这一与人类记忆同样古老的制度与实践,当时在整个伊斯兰世界依然根深蒂固(尽管远比数世纪后欧洲在新世界殖民地采用的奴隶制人道),但到公元1200年,奴隶制在欧洲北部销声匿迹。为何?因为封建关系网络几乎没留给奴隶什么位置。自公元989年开始,宗教当局还在不同地区推行“上帝的和平”运动,通过唤起良知与对上帝的敬畏,来制止领主间的争斗以及对村镇的劫掠。暴力依旧持续,但该运动显示出教会关注“大局”。第三章将会讨论公元11世纪晚期教会当局是如何争取普遍权威的。相对自治的城市也为政治碎片化作出贡献。

城市革命

前几个世纪的入侵造成了巨大的破坏,留下满目疮痍,但也产生了正面的经济影响。此前储藏在世俗或宗教堡垒中的大量贵金属开始在市面上流通。大规模的资本注入以及农业产出的增加,有力地刺激了经济活动。数世纪以来,欧洲一直通过中东从亚洲进口少量昂贵的奢侈品,包括丝绸和香料。现在,他们有更多钱用于消费。同时,作为欧洲主要出口产品,羊毛的产量也在逐渐增长。地中海港口,尤其在意大利,一直保持着与拜占庭帝国和伊斯兰世界的联系,现在变得更为繁忙。贸易集市在一些战略位置涌现,如法国的香槟地区,它位于意大利北部航运中心和织物产地佛兰德中间。12世纪80年代之后的一个多世纪,在香槟地区4个城镇举办的六年一度的集市一直是欧洲最大的商业集会。12世纪,为商业投机者设计的合同问世,它们或大或小,通常由数十名投资者合作,每人投入相对较少的资金。

欧洲的各个城市都出现“商业革命”。城市最早出现在1万多年前。在大多数地方,它们首先是行政与军事中心,其次才是商业枢纽。

而在公元1000年，欧洲城市的社会秩序发生根本性的转变。在此之前，欧洲城市居民和世界其他地方一样，受当地贵族或政府委派的官员统治，向不同领主缴纳税金。渐渐地，欧洲的城市和市镇摆脱了这种束缚，建立起几乎完全独立于领主权力的自治政权，不再向国王或其他领主交税，并以相对民主的方式制定政策。这是如何发生的呢?

这是一个渐进的过程，不同地区也不尽相同，但总的来说过程如下:在11世纪晚期,富裕的城市居民开始形成一个与众不同的阶层,后来被称为“资产阶级”或市民阶级，不过当时他们还没有任何特殊的法律地位。他们所住的城镇依然处于封建领主的控制之下。随着时间流逝，一些资产阶级开始放贷给领主甚至国王，崛起为财富贵族。他们买下周边的土地，有些人跻身封建领主的行列，故而不再交税。到了13世纪中期，大多数市民已经从封建领主的剥削中解放出来。下一步则是从国王或其他大领主手中解放自己的城市，设法得到建立自由市的特许。1066年，于伊地区的瓦隆市获得列日主教区承认，成为阿尔卑斯山以北已知最早的自由市。设立自由市对诸侯与国王的好处主要有二:其一，贵族无法再盘剥城镇，失去一大收入来源，对君主的威胁下降;其二，王室最主要的资助者，也即市民阶层的财富增加了。虽然君主的这种想法合情合理，但给予臣民自由事实上是极不寻常的做法;从欧洲统治者实施这一做法的规模来看，更可称作世界史上的巨大创新，毕竟每个地方的统治者总是更愿意让子民完全臣服。

随之出现的是一种独特的政体。骄傲地实施自治，同周围乡村清楚地分开，欧洲城市不再是更大有机体的组成部分，其自身就构成有机体。城镇里的社会风气欢迎有抱负和才能的人。有着不同社会地位和财富的人在新的组织中联合起来，组成了行会、大学以及行会的行会——“公社”。公社是一种自治团体，有些实现了一体化，有些没有。主事的是商人、专业人才和工匠（作为行会的代表，而非个人），此前，在欧洲甚至在任何文明或地区，他们从未享有过如此突出的社会地位。劳动被赋予内在的尊严和价值，这在人类历史上极不常见。很高比例的新手有望成为能工巧匠。富有的工匠在城市内能够获得与商人甚至贵族同样显赫的地位。有天分的手工业者和商人总能在经营中开拓创新，最终惠及大众。总而言之，公社就是工匠、商人和职人组成的自治组织，从法律上说，不存在任何人或物高踞其上。更重要的是，任何在城内居住超过一年的人都有权加入公社。所谓的“城市的空气让人自由”就是这个意思。难怪欧洲的城市居民趾高气扬，极力守护他们的政治自主，频繁颂扬和庆祝自身的地位。毕竟，他们是世上最排外且最具影响力的俱乐部的成员。

似乎这就是欧洲区别于其他伟大文明的重要地方。商人在中国和中东地区都曾起过重要作用，但未获得较高的社会地位。中国有着许多生机勃勃的城市，每一座城市都有着密集的行会网络。中国的行会很富有，甚至还有附属的寺庙、园林、戏院和学校。但城市和行会都不具有政治权威，也不享有自治，也无任何形式的特许。城市居民们认祖归宗的感情依然强烈，因此从未真正认同城市居民这一身份。管理城市的官员同样管理着行会，毫不留情地将任何类似欧洲城市生活的组织扼杀在摇篮中。中国的社会结构非常牢固，商人根本不可能从政府的严密监管里独立出来。而且，占据统治地位的儒家哲学轻视商业，尽管有些政府官员经常收受商人的贿赂，而让商人自行其是。换句话说，中国的城市并未向人们提供庇护，以使其免受政府权力的重压。

伊斯兰传统重视商业，因为穆罕默德本人就是商人。伊斯兰世界实行的是精英统治，社会个体的流动程度高。在欧洲，职业上的上升取决于才智，但谋求在城市公社中晋升或更高权位时，通常需要遵循繁琐的规则，考查资历和正当性，这就在个人抱负与严格程序之间形成独特的平衡，使得欧洲公社对人力资源具备很大的控制力。历史学家马歇尔·霍奇森说过，与世界上其他地方的人相比，欧洲人“如果作为群体中的一员，就能够表现出更高的效率”。或许人们会想到十字军东征，而在更一般的意义上，为宗教、学术、商业和政治原因而行动的欧洲人际关系网在动员人的能力方面越来越有效率。由于缺乏强有力的中央政府，自加洛林时期的几百年来，欧洲人结成行会、慈善组织、修道院、丧葬团体及其他集体组织，并在传统且依然有效的罗马法体系中获得承认。换言之，欧洲社会早已精于组织自身。

一个文学例子可帮助说明这一点。在乔凡尼·薄伽丘（1313～1375）所著的《十日谈》中，七位妇女和三位男子——互相之间并无血缘或婚姻关系——逃出了瘟疫肆虐的佛罗伦萨，投宿在一家乡村客栈里，为了打发无聊时光，他们决定轮流讲述故事。其中一个名叫潘皮妮的女子提议：

> 凡事必须得有个规章制度，否则就不会长久。是我首先提议让大家聚在一起的，我也希望我们的欢乐能够长久持续，所以，我想我们有必要推选一个大家共同尊重和服从的领袖。而他呢，就得专心筹划怎么样让我们过得更快活。我们所有人都应体会一下责任的负担和权威的愉悦，这样，就不会有没体验过的人心生嫉妒。因此，我提议大家轮流承担这份负担和荣耀，每人一天……

大家都满意于她的提议，一致推举她为第一天的女王，并拥有指定第二天继任者的权力。这本书有着独特的现代感。当然，欧洲社会依然等级森严，不像伊斯兰国家那样有着高社会流动性，允许更聪明和更具野心的人爬到高位。但这种比较暗示两者在社会组织上的显著差别，较之其他伟大文明，欧洲人所展现的自发性和组织能力要更强一些。

技术创新

欧洲人也开始渐渐在创新上加速。在此之前，地球上最伟大的发明家是中国人。11 世纪前，他们带给世界造纸术、雕版印刷术、瓷器、冶铁术、火药和指南针。然而，欧洲人已准备迎头赶上。他们改良一些现有技术，以火药为例，虽然中国人早在 10 世纪就已发明火药的配方，但大多数时间只用以制造烟火，有时也会用来制造燃烧弹。欧洲人改良了火药配方，以此为契机在 14 世纪开始了一场军事革命（见第四章）。

在更早的时候，风力与水力磨坊让欧洲人显著地减轻了对人力的依赖。自一开始，寻找替代能源就是困扰人类的大问题。掌握生火技术以及驯化动物便是针对这个问题的解决方案。早在 1 万年之前，中国人就开始使用煤炭作为燃料。9000 年后，到公元 10 世纪末，中国发展出了规模巨大的以煤炭作为燃料的冶铁工业体系，这一点我们在第一章中已经有所讨论。而在公元 1126 年女真南下后，中国的冶铁业规模有所收缩。然而，在中世纪和早期现代欧洲人以前，中国人、印度人、穆斯林以及任何其他民族都未曾系统性地、大规模地使用节省劳动力的设备。主要是因为他们拥有相对廉价的劳动力，而这要得益于奴隶制度以及低廉的食品生产成本，在中国与印度尤其如此。

水力磨坊诞生于古代近东地区，自罗马帝国崩溃以来在欧洲广为传播。至公元 1086 年，仅英格兰境内就至少有 5624 座水力磨坊，在欧洲大陆上肯定要多得多，此外还有数以千计的风力磨坊。多个因素让欧洲人极大地依赖这些设备。首先，奴隶制度逐渐被农奴制取代，农奴虽然并不完全独立，但多少享有一些法定权利；第二，罗马帝国核心地区人口减少导致劳动力短缺；第三，欧洲河流众多，水力资源丰富；第四，欧洲贵族有权力在河上筑坝并迫使周边农民使用他们的磨坊，这为他们修建磨坊、发展相关技术提供了物质刺激；第五，僧侣团体的经济独立理想促使修道院重度依赖水力。

即便是欧洲早期的水力磨坊，也节省了大量劳动力，每座磨坊差不多能产生 2 马力或完成 60 个人的工作。在千禧年之前，磨坊主要用于碾磨谷物。在随后的几百年间，得益于凸轮与机轴设计方面的进步，旋转运动可被转化为前后运动，水力磨坊（以及规模较小的风力磨坊）被应用于数十种生产之中，如采矿、锯木、切割石块、鞣制皮革、冶金、榨油、铸造刀具、搓麻绳、造纸以及最重要的纺织。水力磨坊的巨大价值可在毛纺织的漂洗工序上得到很好体现，这一工序将织物清洗并修整，过去 3 个人 7 天的工作量，在使用漂洗磨坊后，只需 1 个人在 1 天内就能完成。在制造业的其他领域，欧洲人同样提高了生产效率。这些进步让经济史学家乔尔·莫基尔认为中世纪时的欧洲或许是第一个将经济建立在非人力基础上的社会。

中世纪欧洲还发展出许多其他技术。其中一些相当微小却有价值，例如纽扣。意义最为重大的技术则包括眼镜、机械钟表、复式记账法和其他一些商业工具。

镶在镜框里的视力矫正镜片在 13 世纪下半叶问世，很可能诞生在意大利。这些简单的玻璃片带来生产力的小规模革命。大多数人的近距离视力在约 40 岁时开始退化，令人遗憾的是，学者、熟练技工或艺术家的创作高峰通常与老花眼同时到来。而矫正眼镜使这些宝贵的劳动者的工作生涯延长差不多 20 年。镜片打磨技术的进一步发展还导致其他重要技术的出现，例如 15 世纪的近视眼矫正镜片。欧洲玻璃工匠，如威尼斯穆拉诺岛上的那些，成为世界上最杰出最具创新性的玻璃大师。到 15 世纪，他们向欧洲与中东各地出口大量玻璃制品，包括刻有《古兰经》铭文的清真寺灯具。

史学家大卫·兰德斯认为机械钟表是这一时期最具革命性的创新。机械钟表发明于公元 8 世纪早期的中国，在 11 世纪晚期发展为更精巧的兼具计时和天体观测功能的仪器。该技术在下个世纪传入欧洲，在中国却消失了。到 14 世纪中期，乔凡尼·德丹第（1330 ～ 1388）制造出的钟表可以显示日期、月份、年份及已知行星的运动。这台机械钟对欧洲来说具有重大意义。首先，欧洲工匠开始掌握缩微技术——可随身携带的钟表在 15 世纪 30 年代出现——并发明出精致的工具，包括测量仪、千分尺乃至望远镜与显微镜。这些进步在后来的科学革命（见第八章）中起到重要作用。它们还为其他复杂联动装置的发明指出道路，例如 17 世纪的机械计算器和 18 世纪的蒸汽机。其次，到了 14 世纪中期，意大利北部几座城市里树起巨大的机械钟，以象征城市的世俗自治权威，欧洲的其他城市也迅速跟进。这些精致的技术奇观大大激发了城市居民的自豪感，使他们能够按照自己的意愿制定日程。最后，提前计划和掌握时间的能力帮助欧洲人发展出生产率、效率和时间管理等观念。

其他伟大文明都有自己的计时方法，此前，最成熟的技术在中国。中国人有着十分深刻的历史感，热衷于保存历史记录，在这一方面举世无双。具体地说，至少从唐朝开始，中国的所有城镇就雇有专门的官吏使用日晷和水力驱动的机械钟日夜记录“时辰”，并以鼓、锣、铃或号报时。每个时辰并不以数字表示，而有着各自的名字。这种官方计时制度体现并加强了皇帝的统治，就像历法一样，后者在改朝换代时就要重新编订。无需专人照看的钟表尚不存在，而且可以确定的是，在中国没有私人拥有钟表。那种由个人或社会各个权力阶层控制计时的自治传统从未在中国出现。16 世纪晚期至 17 世纪早期，耶稣会旅行者将精致的钟表赠予中国官僚，官员们认为这些钟表不过是些新奇的玩具而已，或许这样的做法是为了消解它们对中央权威的潜在威胁。

在伊斯兰世界，清真寺里的计时官负责确定时间，他们使用精细的天文观测手段来确定阴历的月份与日期，设定日常祷告的时间，推算斋月的正确仪轨。但这种实践从未催生更广泛的公共时间观念，没有促进人们建立时刻意识，也不能帮助个人形成计划日程的能力。

历史学家伯纳德·刘易斯引述1560年神圣罗马帝国驻伊斯坦布尔大使的文字:“若是建立公共时钟，他们会觉得宣礼员的权威以及自古而来的仪式将受到侵蚀。”随着这些否定,在接下来的几个世纪中,“时间上的革命”仅仅影响了欧洲。

商业革命

与此同时，一场商业革命正在意大利北部的几个城市中上演。历史总是充满偶然，有时候意外也会产生重要的影响。从13世纪中期开始，佛罗伦萨和其他几个内陆城市总是为帮派斗争所困扰，这些帮派多为归尔甫派或吉伯林派*的下属。为了保护自身利益，商人只好留在自家附近，但为了正常进行国际贸易，权势最大的几个意大利商人开发出一套远程控制贸易的方式。

首先，他们训练出一批代理人，将他们派驻外地或随商品出国。这些代理人大多数是近亲——那些他们能够完全信任的人。有些商家还在国外设立分支机构。为了能够搞清他们在遥远地区运营的账目，商人发展出复杂而巧妙的记账方法，尤其是复式记账法。复式记账法最早出现于13世纪的托斯卡纳，其最大特点就是借贷分离、资本和收益分离。商人还开发出繁复的体系来控制风险。其中最主要的两种方式是合伙经营协议和海运保险。通过前者，投资者与贸易商结伴经营，一方提供大部分资本，另一方则负责金钱或货物在本地与外国港口间的运送，有些时候，有多个投资者分担风险。这种合伙人制度最早诞生于地中海区域的伊斯兰贸易商之间，而意大利人承担了他们大多数业务。海运保险合同的买卖早在古希腊罗马时期就已存在,而风险（risk）一词很可能由阿拉伯语的*rizq*变化而来。

---

* 归尔甫派（Guelphs）与吉伯林派（Ghibellines），又称“教皇派”与“皇帝派”，在教权与政权的斗争中分别支持教皇和皇帝。

然而，热那亚的商人改良了这一模式，14 世纪时，他们在国际贸易上占据重要地位。意大利商人还发展出股份制长期商业合伙人制度。至 13 世纪，每个意大利贸易城市都号称有数百个这样的合作商户。

中世纪时期商业平稳发展的一个重要阻碍是有限的货币供应。在 1135 年之后的两个世纪里，欧洲北部与中部发现的白银矿床将大量资本注入市场。几十间铸币厂铸造的各种钱币催生“货币革命”，这个术语为法国中世纪研究者马克·布洛赫首创。另一提高金融流动性的手段是由储蓄银行提供的信用贷款。银行起源于货币兑换商，他们精于设定流通中种类繁多的货币间的汇率。信誉好的意大利银行家接收货币资产存款并向存款人提供信贷。更重要的是，为了让这个系统运行得更为高效，汇票出现了。像大多数早期金融工具一样，汇票最早出现在古代中东，并由穆斯林贸易商完善。随着汇票的出现，货币在一个地方以一种币种转手，然后又在另一个地方以另一种币种完成交易。意大利人垄断了这门生意。到 14 世纪，已经出现大约 140 家意大利银行，其中几家如巴迪和佩鲁济银行有几百名雇员，在欧洲主要城市开设许多支行。直到最近，英国大多数银行总部都位于伦巴第大街，这条街得名于来自伦巴第地区的意大利银行家。

所有这些创新，加上航海技术的进步（见第五章），激励了与中国和中东地区远程贸易的拓展。在 13 世纪，面对意大利出产的布匹、肥皂和玻璃的竞争，拜占庭制造业开始衰退。然而，意大利商人在商业方面还远未占据支配地位。欧洲与近东及远东地区的贸易额与印度洋区域的贸易额相比还是逊色不少。更何况，大多数欧洲出口产品来自低地国家的纺织品作坊。最后，位于北欧的汉萨同盟控制了欧洲商业贸易的大量份额。这个贸易联盟连接欧洲北方沿岸从荷兰到俄国诺夫哥罗德的十几个城市，联盟为成员提供安全保障，为他们赢得伦敦等主要贸易中心的关税豁免，并帮助日耳曼移民定居到欧洲东北部，即著名的“日耳曼东扩运动”。

到 13 世纪，欧洲人建立起互相连接的商业网络以及覆盖整个大陆的经济体系，将从东地中海意大利殖民地到不列颠群岛，从法国南部到波罗的海沿岸的充满创新精神和高生产率的各个城市整合起来。虽然无论从富裕程度还是人口规模上说都远比不上中国，而且贸易规模也比不上东亚或南亚，但是欧洲还是开始作为一个重要而具有实力的文明登上了舞台。它的实力体现在许多文化成就上。

建筑高潮

毫无疑义，最壮观的成就是哥特式大教堂。它们不仅是几个世纪里的世界最高建筑，还是展现寻求与超越力量合一的人类精神的纪念碑，是圣灵灌入物质世界的表现。宗教人物阿伯特·絮热（1081 ～ 1151）引导了对这一新建筑形式的探索。他出生在一个贫穷的家庭，学识和智慧令他同时担任国王与教皇的顾问。作为巴黎附近的圣德尼修道院院长，他督造了第一座哥特式大教堂——圣德尼修道院大教堂（前厅完工于 1140 年）。絮热深受伪狄奥尼修斯（约公元 5 至 6 世纪）* 的新柏拉图主义著作影响，认为只有在经圣灵转化后，人与其所居的世界才能合二为一。他建造教堂的目的是要让圣光照耀物质世界，让后者升华。因此，由他督造的教堂高耸入云，流光溢彩，极富空间整一感。在其后的 3 个世纪中，整个欧洲的建筑师都以自己的方式吸收了这种风格，令这些元素无处不在。

建造如此宏伟的建筑得益于两种技术的发展：第一，马颈轭能够让一群马或公牛拖动重达 5000 磅 ** 的重物——比以前重 10 倍；其次，新的工程技术发挥了重要作用。用以支撑哥特式教堂穹顶的尖拱券，或许借鉴了伊斯兰建筑工艺，在视觉上使人联想到朝向天堂的运动。

---

*　神学家，假托狄奥尼修斯之名写作，代表作《论神的名家》《论神秘神学》。

**　1 磅约等于 0.45 千克。

连接角落与中点的四到六个肋架加固了拱顶，让它能够造得比以前更高。用扶壁加固的外墙上开出巨大的窗户，其作用只是围住内部空间，而非承重。在外墙高处向外伸出的飞扶壁使建筑师能够进一步提高总高度。在威严壮观这点上，哥特式建筑的风格和成就前无古人，鲜有来者。

一些数据可以显示这些工程有多宏大。在这之前的4000年里，吉萨大金字塔凭借481英尺的高度（由于风化侵蚀，现在的高度是455英尺）骄傲地占据着世界最高建筑的宝座。1310年左右完工的两座英国教堂——林肯大教堂和伦敦的旧圣保罗教堂以525英尺和460英尺的高度打破了这个纪录。直到19世纪后期华盛顿纪念碑建立，没有一座人工建筑超过林肯大教堂的高度纪录。有多座在此时期建造的欧洲教堂高度远远超过300英尺。中国和日本的少数佛塔或许具有同样的高度，但它们的尖顶与哥特式教堂给人的强烈感受不可同日而语。

在教堂内部，巨大的开放空间被光线笼罩，这个空间的宽度在一些教堂中可达136到158英尺，如博韦大教堂、梅斯大教堂和巴黎圣母院。在西方基督教世界之外，只有建于公元6世纪的君士坦丁堡圣索菲亚大教堂可以与之媲美。其他伟大文明最壮观的建筑，其内部或狭窄逼仄且被分隔为多层，如日本与中国的佛塔，或尽管体量巨大，装饰华丽，却相对低矮，如最辉煌的清真寺。有着大量佛教徒人口的国家常常有很高的佛塔，但通常用作遗骨储存地，不对外开放。与此相反，哥特式教堂是开放的建筑，欢迎朝拜者进入高耸、统一、流光溢彩的巨大空间。从审美上说，这种体验必定令人震撼。

从1050年到1350年的这段时间里，欧洲所建造的教堂数量多得惊人——仅法国就造了超过80座大教堂、500余座大型和1万座小型教堂，有位史学家称，这花费了“比建造埃及金字塔更多的石头、比修筑罗马道路更多的劳力”。那些墙面，虽然大多用石头建成，但常受火灾、风暴、雷击等破坏，需要重修，有些甚至每半个世纪就需重建一次。这的确是个建筑工程量巨大的时代。

防卫城堡的大规模建设也开始于 1050 年左右，由于公共秩序遭到破坏，城堡的数量甚至要比教堂更多。基于同样理由，大多数城市修筑了带有塔楼和城堞的高墙。有一些规模极大，例如位于法国南部卡尔卡松的双重城墙,现存的部分长度近 1 英里,上有 45 座塔楼。到了 13 世纪 50 年代，欧洲贵族建造了更多位于城市高墙外的城堡，并开始编纂家谱或家族史，以此彰显与城市暴发户、市民阶层和其他平民的不同。

人们建造了大量巨大的公共建筑，特别在意大利和佛兰德；同时,各种桥梁在欧洲星罗棋布。建于伊普尔市的布料厅(1304 年完工)展示出佛兰德毛纺织业的巨大财富和影响。所有意大利北部的伟大城市，从不停扩展的商业活动中积累了巨大财富，建起了如佛罗伦萨的维奇奥宫（1322 年完工）那般的宏伟市政厅，以及其他富丽堂皇的私家住宅。许多木桥已经不适应长途贸易的要求了，这促使中世纪的建筑师在设计与建筑技术上赶超古罗马，例如通过暂时分流河水来铺设地基，建造尖状基牙来加固承重桥面，使用突起的尖拱来提高桥下的通航能力。鉴于那个时代暴力频仍，乡村里的桥梁常常筑有防御工事，而城市中的桥梁则多带有住宅和商铺。

文学繁荣

中世纪的欧洲还见证了一场深刻的文学创新。以本国语言书写的富有想象力的文学作品开始出现，为民族意识和民族文学的崛起铺平道路。妇女在欧洲第一次开始以作家身份发挥重要作用。有些文学类型还显现出强大的社会影响。许多文学著作讲述了英雄事迹和神秘体验，寓言普遍流行。在中世纪的人看来，世界及其各种表现处处都象征和意指着现实界的其他面相和超越领域，他们还将这两个世界当成彼此联结的复合体。最后，一些作者写下了西方文明的杰作，但丁（1265 ～ 1321）的《神曲》或许是其中最伟大的作品。

西班牙收复失地运动与早期十字军东征使欧洲人接触到阿拉伯的诗歌，这为许多作家提供了重要的灵感。穆斯林以及本国的传说鼓舞行吟诗人，他们最早于大约公元 1100 年出现在法国南部，慢慢地遍布了整个欧洲。出身优越的男性和女性用本国语言创作诗歌，所涉及的主题既有严肃的，也有娱乐的；既关乎哲学，也重视叙事。或许最具特色和社会意义的题材当属典雅爱情的艺术了。

这个传统始于行吟诗人的吟唱，后来被汇入一些当时最伟大的作品之中，如克雷蒂安·德·特鲁瓦（约 1135 ～ 1185）的作品。遵循新柏拉图主义理念，其作品的主要目标是将肉体爱欲贵族化，陶冶廷臣和其他贵族的道德观、价值观和行为准则。安德雷亚斯·卡培拉努斯（活跃于 12 世纪）在他的《典雅爱情艺术》（1174）中编写了这种艺术的主要原则。首先，爱情应激起男子的热情，使他为之着迷；在爱的驱使下，男子会去赞扬并崇敬一位可望而不可即的贵妇人；他需以各种可能的方式去取悦她，不给她带去任何不快；他必须保持对她的忠诚；在追求爱情的过程中，他将不可避免地承受痛苦和磨难；最后，他们通常会一直保持着柏拉图式的关系。

女性的社会地位

大卫·兰德斯认为“衡量一个国家成长与发展潜力的最佳线索莫过于妇女的地位与作用”。此话不假，一个民族越是愿意利用并认可占一半人口的女性的才能，其创新和成功的潜力就越大（见第十四章）。

典雅爱情的理想强化或至少确定了上层女性在中世纪欧洲社会中相对稳固的地位。她们有时候还能够统治城堡、带兵出征，甚至管理国家。例如，阿基坦的埃莉诺（1122 ～ 1204）作为阿基坦的女公爵，参与过第二次十字军东征，还在其子英格兰国王狮心王理查（1157～1199）参加第三次十字军东征期间摄政。就是她将典雅爱情的艺术引入英国宫廷。她的外孙女卡斯蒂利亚的布朗歇（1188～1252）则在1216年帮助未来的法国国王路易八世组织起入侵英国的军事行动，并在路易死后（1226年）摄政8年。在她们的丈夫外出作战，尤其是在参与十字军时，许多精英女性担负起照看家庭和城堡的责任。

在同时代的中国，大多数上层女性甚至许多来自底层家庭的女性，遭受缠足之苦。女性经常像商品一样被丈夫与家庭出卖。富裕的男子一般在各个妻妾间分配自己的喜爱与关心，鲜有上层女性能够享有同时代欧洲女性那种权威。

以世界历史的标准来看，无论在法律上还是习俗上，中世纪的欧洲妇女都享有很高的社会地位和广泛的法律权利。依据教会法规，未获双方同意的婚姻是不被许可的。法律上禁止强迫妇女嫁人，尽管在实际生活中，家族压力常常盖过个人意愿，名门尤其如此。中世纪妇女有时可以在丈夫去世后自由再婚，还可以继承财产、经营生意或做工赚钱。值得强调的是，不同于其他主要文明，特别是伊斯兰世界与中国，中世纪欧洲不允许一夫多妻制，男人也不能合法纳妾。因此，可以说欧洲的妇女在婚姻法和同居规则领域内享有相对较高的地位。而且，不同于其他伟大文明，普通欧洲女性更频繁和更实质性地参与工作和市场交易，不需要隐藏在深闺之中（或如伊斯兰世界中那样只能在被隔离的针线市场工作）。当然，要是认为欧洲女性享有与男性哪怕是相近的社会地位，那就大错特错了，在那个时代，任何文化都做不到这一点。

在写作上取得成就的中世纪欧洲女性不胜枚举。有一些是宗教方面的翻译者，如德国女修道院院长、自然哲学家（科学家）和神秘主义作家宾根的希尔德嘉（1098～1179）就是那个时代最伟大的作家之一。马格德堡的梅希蒂尔德（1210～约1285）也是一位神秘主义作家，她关于神示的七卷本描写很可能影响了但丁的《神曲》。还有大格特鲁德（1256 ～ 1302），一位德国的灵修文学作者。玛格丽特 · 波蕾特（卒于 1310 年）用古法语写了一本广为流传的关于基督圣灵的著作。英国神秘主义作家诺里奇的朱利安（1342 ～约 1416），她的作品被前坎特伯雷大主教罗文 · 威廉斯赞为“或许是基督教思想方面最重要的英语著作”。许许多多受到认可和尊崇的女性神秘主义作家证实了中世纪欧洲妇女有着相对较高的社会地位，要知道当时的人把宗教体验当作仅次于生存本身的生活最重要的方面。

有些获得高度赞誉的中世纪女性作品在本质上属于纯粹的世俗范畴。德国修女罗茨维萨（约 935 ～ 975）模仿罗马讽刺喜剧作家特伦斯（公元前 195 或 185 ～约公元前 159）写过情节复杂、内涵丰富的戏剧，但剧情上更为纯真。佛罗伦萨大使、改革家和教皇公使锡耶纳的圣凯瑟琳（1347 ～ 1380）写过几十封书信，现在被认为是以托斯卡纳方言所写的散文杰作。玛格芮·坎普（约 1373 ～ 1438 之后）口述了第一本英语自传。

在同时代的其他伟大文明中，女性很少取得世俗成就或享誉一国。在中国，道家向女性提供了近似平等的权利，女性甚至可以晋升为大师，获取旅行自由，但这只是中国社会传统中一个很次要的组成。在中国两性平等的最高峰——唐朝，许多女性在诗歌这个中国最崇高的文化领域取得非凡的成就，其后在宋朝与元朝也有几位。但是，当欧洲的女性学者、科学家、哲学家和作家在随后的几个世纪中慢慢变得越来越多时，中国得等到 17 世纪才迎来另一次女性诗人创作高峰。

妇女在伊斯兰世界的地位也在下降。在先知时期，许多妇女从事着知识性的职业，包括法律、医学和教育，还有许多女商人，穆罕默德的第一任妻子赫蒂彻（555 ～ 623）就是其中之一。有许多证据表明，中世纪时期存在许多女性职业人士——助产士、医生、奶妈、教师（通常教授“女性技艺”）、秘书、小贩、妓女——和其他许多从事商业活动的女性，虽然“当时的社会道德让她们不可能出现在有男性在场的商业集市中”，换句话说，她们遭受着性别隔离，而在欧洲从未发生过这样的事。女性还能够参与手工业，例如当个染匠、织布工和纺纱工，虽然大多数时候还是受到不能与男性共处的限制。根据法律，穆斯林妇女享有相对充足的财产权利保障（甚至是某种程度上的生育权保障），尽管在实践中这种权利的实行受到许多传统做法的限制。穆斯林妇女拥有与全世界任何地方的女性同等的才智和创造力，即便承受了社会与文化强加的限制，依然在中世纪的伊斯兰社会中发挥着积极的影响，尽管程度不及欧洲女性。中世纪欧洲的寡妇常常在经济生活中起着相当积极的作用。欧洲妇女的法律地位——如财产权——在近代初期的欧洲反而降低了，部分原因是盛行的罗马法将妇女定义为心智上的弱者。即便如此，如前所述，欧洲女性在公众与知识生活中的参与度逐渐扩大（见第十四章）。

穆斯林女性作家很罕见，神秘主义女诗人拉比雅·阿德维娅（卒于 801 年）是其中一个。有些时候女性在伊斯兰宗教生活中扮演着重要角色，尤其是在传播先知话语方面，偶尔还能成为其他宗教知识领域的专家。有几位女性获得足够实力成为统治者，法蒂玛王朝的西塔·阿穆尔克（970 ～ 1023）曾经短暂摄政，埃及的舍哲尔·杜尔（卒于 1257 年）做了 7 年的女苏丹。然而，与中国一样，出现在公共生活或文学领域中的女性的数量随着时间急剧下降，让一位学者认为“在中世纪，女性近乎被彻底排挤出政治领域”。伊斯兰世界里这种变化的原因并不十分清楚（在中国，一个可能的原因是缠足在妇女中的流行），可能与伊斯兰哲学从 13 世纪起的衰落有关，经过三个世纪无与伦比的思辨后，当时伊斯兰哲学的成就仅次于古希腊。

《神曲》与中世纪文化

中世纪最伟大的文学作品是但丁·阿利吉耶里的《神曲》。这是一部长篇诗歌，以三行体写成，成书于 14 世纪早期。全书分三部，每一部由 33 章构成，讲述了作者虚构的地狱、炼狱与天堂之行。罗马诗人维吉尔引导但丁下降到一个由 9 层同心区域构成的深渊，最后 3 层又被进一步分为 17 个环。当进入地狱之门时，他写道 *：

这里叹息声、抱怨声、悲啼声，
在没有星光的空气里面应和着，
我一阵心酸，不觉泪下，
千奇百怪的语音，痛苦的叫喊，可怕的怒骂，
高呼或暗泣，拍手或顿足，
空气里面骚扰不已，永无静寂，
好比风卷尘沙，遮天蔽日。

但丁在每一层都见到了因为生前罪行而被封印于此的名人。在最底层，撒旦的身体被封冻在寒冰中，痛苦地挣扎。然后，诗人与他的向导接着降落，直穿过地心，然后又上升到表面。在那里，他们攀上了炼狱之山，穿过七层平台，又遇见了几十个死者，他们用特定的方式涤除自己的罪孽，以抵消自己在世时的恶行。在顶峰处，维吉尔止住步伐，而但丁被他钦慕已久的真爱比阿特丽丝引领，进入天堂。天堂也被分成九个同心圆层，与中世纪传统宇宙的几何模型相合。每个天体，从月球到土星都附在一个透明球面上，绕着地球转动。第八层上附着所有星星，在此之外居住着天使。诗人再度穿过每一层，与那些已在地上死去的人对话。象征着神学的比阿特

* 译文摘自王维克译本，人民文学出版社 1982 年版。

丽丝驻足于第九层，著名的克莱尔沃修道院院长、神秘主义者圣伯纳德指引着但丁直接面对上帝。

《神曲》的重要性有三个方面。第一，它以高超的美感、想象力和综合的概念构想展示了那个时代天才般的创造力。它不仅仅是一本魅力十足的杰作，还表现了一种统一的现实观念，在这种观念中，那些“高贵的异教徒”如亚里士多德乃至伊斯兰哲学家伊本·路西德，都获得了相应的荣誉。欧洲的军事精英在两个世纪中试图以武力征服伊斯兰中东，但欧洲大学里的哲学精英，却被穆斯林思想家所折服（见第三章）。

其次，这部作品有着令人吃惊的复杂程度和体量，学者将它比作哥特式大教堂。或许有些人会认为中世纪欧洲人的思想在鼎盛时期也带着这种特点，就像圣托马斯·阿奎那那样。确实，大多数严肃的中世纪著作都充满多重含义，包括寓言、道德、历史和神秘的解经著作（或灵修著作）。这些哲学和文学作品十分复杂，但同时又很缜密，非常清晰，并尽力包含并吸收各式各样的反对观点和理论挑战。这种方式让中世纪的思想能够应对极其危险的想法，其中最重要的是信仰与理性之间的矛盾。正是这个难题让安萨里等伊斯兰哲学家放弃了对终极真理的追求，他们担心自己的信仰受到威胁。在传统中国，对历史延续性、传统价值及四书五经的尊崇扮演了类似的角色，这些习惯让知识分子难以开创和提出根本性的新观念。

第三，在《神曲》中，除了神圣领域以外，宇宙的每个角落对于人类理性都是可理解的，但丁所阐释的正是基督教西方的强有力观念。的确，在一到两个世纪之前，宋明理学就已经在追求“格物致知”。从进入公元开始到明朝末年，中国人对自然现象的知识一直在稳步甚至几乎是指数增长——这种努力往往来自政府资助的博物学家——中国的思想家却从未发展出“自然定律”的概念。中国文化对于具体历史发展研究的注重或许阻碍了系统性自然科学的发展。与之相对，正是系统性自然科学的观念帮助欧洲人铺平通向科学革命的道路。毕竟，如果上帝给了人类理解物质世界的能力，那么研究造物就会带来两个益处——既能解开自然的秘密，又能揭示造物主本性的蛛丝马迹。中世纪以寓言解释世界的倾向也为自然科学作出贡献。在看到事物本身的同时感知其背后的意义，或许让中世纪自然哲学家更容易实现想象力的惊人飞跃，来科学地设想那些看不见的力量。例如，法国教士让·布里丹（约 1295 ～ 1358）就曾经预言过艾萨克·牛顿提出的惯性理论。

音乐与艺术

欧洲经济在千禧年后开始提速，在 1250 年到 1340 年间达到顶峰。然后人口水平突然下降。在随后的 500 年里，欧洲大陆遭受一次次毁灭性的战争和物质短缺，直到 19 世纪经济才开始回暖。然而，自中世纪时期就已开始繁荣的高雅文化，未经停顿地持续到 21 世纪，并且攀上难以置信的创造力高峰，在 1000 年里经历彻底的转变，如从风格化的且充满灵性的哥特式艺术转向近代的抽象艺术。其他文明都没有在类似的时间跨度上，以差异如此大的艺术风格来表达自身。当然，除了欧洲，也没有任何文明，在经历过如此多的变化后还依然保持着自身的同一性。

欧洲的音乐发展体现了西方人不断增长的协作能力。11 世纪后期，一首曲子里同时出现两个或多个声部的复调音乐诞生于欧洲，并催生了音符的雏形。在此之前，大多数音乐都是即兴的，自此以后，多数都经过作曲。后来，这个体系变得越来越复杂，到了 13 世纪早期，巴黎圣母院的唱诗班指挥佩罗坦（约 1183 ～约 1238）谱写了带三四个声部和声的圣乐，这些声部被巧妙地编织在一起，如同挂毯般厚重和精妙。通常情况下，两首本国语言的世俗歌曲与一首拉丁语歌词的圣乐组合在一起，后者一般来自格里高利圣咏。又一次，这种组合形式来源于综合把握现实中不同元素的中世纪倾向。到下一个世纪，作曲家创作出的世俗歌曲数目超过圣乐，音符与乐谱也变得更精确，为越来越复杂的作曲奠定基础，纪尧姆·德·马肖（约1300～1377）的四部《圣母弥撒曲》就是其中的典范。在随后的几个世纪里，欧洲的作曲家添入更多和声，奏鸣曲、协奏曲和交响乐渐渐萌芽，对乐器的复杂度提出越来越高的要求。这些积累终于在1844年到达了顶点，这年埃克托·柏辽兹（1803～1869）和他的助手，与五位唱诗班指挥合作，在巴黎举办了一场“超级音乐会”，表演者超过1000人。整个音乐传统似乎朝向一个渐强音进发。

伯纳德·刘易斯认为，伊斯兰文化彻底拒绝西方的复调音乐，这一点尤为重要。他认为，在复调音乐这种作品中，“不同表演者共同演奏，参照不同的乐谱，产生的效果大于各部之和”。刘易斯相信，这种协作与民主政治及团队体育运动有着紧密联系，后两者都牵涉个体按照特定规则相互合作、在特定结构中相互竞争。复调音乐需要同步——许多其他现代事业同理，如科学研究等。这些特点支配了西方的发展，在其他文化中却难以扎根。

造型艺术也经历转型，但其方向则是更注重个性的展现——从艺术家与主题的角度都是如此。在哥特时代，由无名艺术家塑造的雕像和装饰教堂的彩色玻璃主导着艺术。从罗马时期流传下来的壁画，在意大利依然占据重要地位。到了12世纪后期，木版画再度出现。通过这些形式，艺术家，主要是匿名艺术家，描绘《圣经》和基督教圣徒的故事。他们并不追求现实主义或真实的透视比例，人物形象往往类型化地表现宗教形象或人类品性，而不关注个体的人。现代欧洲绘画到了14世纪初期才开始在意大利出现，其代表是乔托·迪·邦多纳（约1267～1337），他生前就因独特的魅力和原创性享有盛誉。

契马布埃（约1240～1302）是乔托的老师，遵循拜占庭传统，笔下的宗教形象具有明亮的色彩，带有金色光环，所有形象位于同一个平面。而乔托则从根本上打破这种风格，虽然保留金色光环，但他在三维空间中展现个性鲜明的人物，使得画作有了前后深度。乔托的人物不仅更为写实，而且还表现出鲜明的人格特点、情感和目的，有些形象并没有任何宗教或其他方面的名声，例如《纺羊毛的女孩》。乔托不仅仅以全新和富有同情的方式表现自然，他更善于把握人与自然的互动，如《圣方济各向鸟讲道》。自乔托开始，历经各种风格、媒介和时代，欧洲的画家逐渐步入了令人惊叹的写实主义，以精湛的技艺表现近乎显微水平的细节，同时以革故鼎新的手法来表现外在现实和内心体验。

始于千禧年行将结束时，在之后的三个世纪中，天才们开始挣脱传统的桎梏，向着各个方向飞奔——最初是文学，接着是音乐，最后是绘画。从世界历史的角度来看，这些发展最有意义的地方，在于欧洲的艺术家持续变换他们的媒介，例如扬·凡·艾克（1390～1441）在15世纪早期发明了油基颜料；拓展可被接受的疆域；尝试新的题材、材料和技巧。直到进入20世纪，他们似乎才江郎才尽——但随后更多的发明涌现出来。

* * *

这一变革的过程或许可以看作对西方文明全方位发展的比喻。从千禧年开始，一场农业革命带来食物的大幅增产，随之又带来城市化以及商业、工业的发展；技术创新帮助经济和社会的各个方面继续进步；财富的积累解放了艺术家的天赋；大大小小的突破在人类进步的各个领域同时并持续地发生，但并没有某个领域占据统治地位，没有某个社会或政治元素压倒其他部分。事实上，强有力的全新社会体制，尤其是封建契约和城市联合体的出现，帮助建立并维持了力量平衡。而宗教与世俗势力在政治和观念上的斗争，从千禧年起便逐渐发酵，或许会打破这种平衡，这将是下一章讨论的主题。

第三章　教皇革命

337 年	君士坦丁大帝皈依基督教
392 年	狄奥多西一世禁止异教信仰
约 500 至 1000 年	欧洲的“黑暗时代”，动荡不安，民众普遍目不识丁
530 年	查士丁尼下令编纂罗马法典
782 年	亚琛的宫廷学校重新将七艺作为教育重心
787 年	查理曼颁布法令规定所有修道院必须附带学校
800 年	利奥三世加冕查理曼为皇帝
909 年	克吕尼大修道院的所有权转给圣彼得与圣保罗，也即转给教廷
975 年	勒皮主教发起第一次“上帝的和平”运动
1054 年	东西教会大分裂
约 1070 年	罗马法文本在意大利南部被重新发现
1075 年	教皇格里高利七世宣布只有教皇才有权选任主教
1075 至 1076 年	教皇格里高利七世的法令致使教廷与神圣罗马帝国皇帝公开敌对
1080 年	博洛尼亚大学建立，专注于研究查士丁尼法典
1098 年	熙笃会成立
12 世纪	希腊哲学的再发现与再引入开始
1109 年	大约 2000 所修道院通过克吕尼从属于罗马教廷
1122 年	《沃尔姆斯宗教协定》结束了叙任权斗争
1140 年	格拉提安完成《教令集》
1179 年	第三次拉特兰会议在未经皇帝批准的情况下推选教皇
13 世纪早期	由专业法官构成的法庭遍布欧洲，道明会与方济会成立并迅速扩张
1231 年	教皇格里高利九世成立宗教裁判所打击异端邪说
1241 年	至少又有八所大学建立，还有几十所紧随其后
13 世纪 60 年代中期	亚里士多德的《政治学》被重新发现
1265 至 1274 年	圣托马斯 · 阿奎那撰写《神学大全》
1300 年	欧洲活跃的僧侣与修女人数达到大约 10 万
1305 年	阿维尼翁教廷成立

1077 年 1 月，神圣罗马帝国皇帝亨利四世（1050 ～ 1106）秘密翻过阿尔卑斯山进入意大利。28 日，皇帝一副悔罪者的模样——赤脚、没有食物、身着粗毛衬衣——现身卡诺莎城堡。这座城堡属于教皇格里高利七世（1073 ～ 1085 年在位）的忠实盟友——托斯卡纳女伯爵玛蒂尔达（1046 ～ 1115）。整整三天，皇帝乞求格里高利收回革除教籍的成命。就在前一年，亨利还公开谴责教皇是个“伪教士”并要求他退位。格里高利以牙还牙，禁止皇帝的臣民承认他的统治。双方争论的焦点在于皇帝在其领土内任命主教，教会意欲从他手中夺取这项权力。当时，大多数德意志诸侯都背弃亨利转投教皇，教会的威严达到了顶峰。在这种情况下，教皇赦免了匍匐在自己脚下的皇帝，邀请他参加圣餐礼，重回教会。

从历史上看，没有军事力量的精神领袖对强大的统治者发号施令并且公开羞辱他，看起来很荒谬。通常，国家的精神或道德权威是从属于世俗统治者的，如拜占庭和中国；要不就是政教合一，如伊斯兰世界。欧洲的政治碎片化令其宗教领袖能够挑战国家权力，甚至将自己的权威强加到世俗领域之中。世俗统治者理所当然地反抗，双方都寻找法律与哲学上的依据，建立类似议会或教团这样的机构以增强实力，资助大学和修道院、授予他们豁免权，在世俗或宗教领主中招募同盟。这些发展限制了欧洲君主的权力，人们必须选择效忠皇权还是教权，文明开始走向政教分离，从长远角度看，这激励了宪政政府的出现。

早期教会

基督教是第一个普世性一神教。学者将其谱系追溯到古代近东地区的传统和神话。在 2000 多年的时间里，生活在底格里斯河和东地中海之间土地上的先知与神秘主义者奋力理解自身在世界上的位置、生命的深层意义以及宇宙的本源。在探索的过程中，他们几乎总是将答案构建于祖先的所见所感之上，或者是对这些经验的回应，甚至从与自身敌对的传统与民族那里寻求灵感。就这样，以色列人采纳源自苏美尔人《吉尔伽美什史诗》的大洪水故事，但却竭力拒绝古埃及和美索不达米亚人所尊奉的那些专断的神祇，转而选择相信一个亘古不变、充满爱意、公正对待创造物的上帝。

在人与万物的创造者之间存在着人格上的关联，这种完全新颖的想法和体验是犹太教对于世界历史的显著贡献。上帝并不是一个有血有肉的统治者，而是一个超越所有理解力的存在，然而他又爱护和照料自己的造物，尤其是耶路撒冷附近的几个被选中的部落。《创世记》记载，有一个名叫亚伯兰的男子出生在美索不达米亚南部的苏美尔城市乌尔，后来又搬到地中海沿岸平原上的城市迦南。经过多年的宗教修行之后，他准备献祭自己的儿子以撒以证明自己对上帝的忠诚。这种牺牲最珍贵之物的意愿使他与上帝立下契约，他因此获得亚伯拉罕（“众国之父”）之名，奠下犹太教的基石。约 2000 年后，在这块基石上诞生了第二个亚伯拉罕一神教信仰——基督教。

从一开始，这个新宗教就蕴含着强大的张力。据最早一批见证人的说法，耶稣在吸引信徒时同时注重理性和感性。其所传教导极易接受：“凡劳苦担重担的人，可以到我这里来，我就使你们得安息”（马太福音 11：28）。他常以比喻来表达自己最重要的主张，这些主张不同于犹太教和儒教的戒律，也不像道教典籍或禅宗公案，虽然有时耶稣所说的故事也令人费解。但在大部分情况下，理解耶稣对信徒所提出的要求并不难，难的是实践他的教导。他将天国比作富商变卖所有财产也要买到的“贵重的珍珠”（马太福音 13：46）。这句箴言十分直白，但也很难懂。事实上，在另一处，耶稣警告说“骆驼穿过针眼，比有钱人进上帝的国还容易”（马太福音 19：24）。似乎这一要求仍不够高，耶稣还告诫他的门徒：“你们要纯全，正如你们的天父是纯全的”（马太福音 5：48）。这种彻底的完美主义与耶稣所传福音表面上普世且热情的感染力形成了鲜明对比。

许多潜在追随者，特别是他的犹太人同乡，还面对另一道难题。多年来他们一直在等待一位国王，但耶稣却倡导非暴力并拒绝承担政治权力。“有人打你的右脸，连左脸也转过来让他打。”这位拿撒勒人如是说（马太福音 5：39）。这条教义常常无法吸引正受罗马铁腕统治与压迫而深深不忿的犹太人。耶稣甚至主张“属于凯撒的，要给凯撒；属于上帝的，要给上帝”（路加福音 20：25），但这句话并非提倡与世无争，耶稣在此确立了新教义，严格区分了世俗与宗教事务上的忠诚，中世纪欧洲不同权威间影响深远的冲突肇始于此。另一件事提高了冲突的可能性：耶稣，或更可能是福音书作者马太，承诺将在门徒彼得之上建立起教会，并授予他“天国的钥匙”，“凡你在地上捆绑的，在天上也要捆绑，凡你在地上释放的，在天上也要释放”（马太福音 16：19）。教皇对自身政治上的至高无上和普遍权威的宣示正是基于这段文字。当然，只有在掌控强大的教会机构之后，教皇才有可能如此宣称，然而在基督教出现后的许多世纪里，这种机构都不存在。事实上，基督教在诞生后的最初 300 年里，没有产生过任何政治或教会上的高级权威，这就意味着它没法将对耶稣布道的统一解释强加给任何人。

遵从耶稣“使万民做我的门徒”（马太福音 28：19）的号召，他的门徒及各自的追随者通过诉诸感性与理性来传播这个新生的信仰。他们宣扬从罪中得救、从死中解脱，最重要的是对慈爱的上帝的信仰。作为《约翰一书》的作者，约翰在给教友的信中写道：“上帝就是爱，住在爱中的，就是住在上帝里面，上帝也住在他里面。”（约翰一书 4：16）虔诚的基督徒走遍了地中海东部地区，然后又去了罗马以及更远的地方，赢得一个又一个信徒，建立基督教社区，有时候还通过“书信”重新坚固信徒的信心。这些书信以地中海世界的通用语言希腊语写成，比起用希伯来语甚或拉丁语来撰写《新约》，这让基督教信仰更轻而易举地传播开来。

圣保罗（约公元 5 ～ 67 年）更是旅行数千英里，多封信件收在

《新约》中。保罗与许多人对话过，或许还曾在雅典与伊壁鸠鲁学派和斯多葛学派的哲学家辩论过。近来有学者从希腊罗马文学的角度解释保罗书信："在塑造西方人类个体这件事上，没有谁的贡献比得上保罗。每个个体都受到上帝无条件的珍视，因此有资格受到其他人的尊重。"因而，没有人有权将其他人视作物品。

的确，基督徒对病人和弱者抱有很大的同情。尤其是女性，她们在基督教社区中享有相对较高的地位，在改信这一新宗教时较为积极。基督教迅速传播的另一个因素是罗马帝国所创造的有利环境，政局稳定、国内和平、在广阔领土上推行法治、出色的公路网络以及希腊语言的广泛应用。尽管遭到犹太人和罗马人的迫害，到君士坦丁一世和李锡尼在公元 313 年共同赋予他们合法权利时，基督教徒已经占据整个罗马 5500 万到 6000 万人口的 8% 到 10%。

基督教教义主要靠说服和辩论来赢得越来越多的信徒。一些早期教父对理性和信仰同时抱有信心。亚历山大的克莱门（卒于约 215 年）非但不排斥希腊哲学，甚至宣称其来源正是上帝本身。迦太基的德尔图良（卒于约 230 年）走得更远，他说："理性事实上是上帝所有的，因为世上没有任何东西不是上帝这位造物主通过理性提供、处置和授予的，故他所不允之事也是理性所不能处理与理解的。"最后，更大胆的想法来自亚历山大的奥利金（卒于约 254 年），他相信因上帝是"纯粹的理解力，或者超越理解与存在，绝不能说上帝可被按他的形象所构成的理解力之外的任何方式来把握"。这些论点的关键在于强调上帝的合理性、被创造物的秩序以及人类通过理性把握二者的能力。要不是世俗中的成就阻碍了它，这种趋势或许能够持续下去。

君士坦丁大帝于公元 337 年皈依基督教，狄奥多西一世（379～395 年在位）于公元 392 年取缔异教信仰，从此基督教的地位大大提高。为什么君士坦丁大帝会接受这个新信仰呢？当时的罗马正面临蛮族的攻击，经济衰退，税负和劳役沉重，人口与预期寿命下滑，瘟疫流行，皇帝从东部的首都君士坦丁堡发号施令，其治下的帝国摇摇欲坠。君士坦丁大帝显然希望这个激励着数百万灵魂的新宗教能够为他四分五裂的帝国带来统一的原则。的确，或许正是这个信仰让东罗马帝国作为拜占庭存续了1000多年。最重要的是，拜占庭的皇帝能够统一教义与教会机构，而在西方，除了查理曼和虔诚者路易（814～840年在位）统治时期，单一的政治权威并不存在。正是中央集权的缺失为教会与国家间声势浩大的斗争提供了条件，其后果就是历史学家所称的教皇革命。

西方教会

公元5世纪，定都罗马的西部帝国灭亡，其构建的文明也随之崩溃。接下来的几个世纪中，人口急剧减少，经济活动几近停滞，识字率直线下降。拜占庭帝国的统治者有大量接受过世俗学校教育的男性（那些学校也对女性开放）可用，与之相对，西方教会与国家的管理机构人员皆由教士充任。高级教会领袖或主教拥有极大的道德权威，这要归功于他们的读写能力和对罗马的记忆。罗马教廷的权威从第一任罗马主教彼得那里传承而来，尽管君士坦丁堡更富有也更强大，但在凌驾于全体教会的至上性方面，却无法自诩拥有更光荣的传统和更强力的所有权。因此，在一场与君士坦丁堡宗主教的争执中，教皇基拉西乌斯一世（492～496年在位）宣称拥有至上性。同时，他还声称拥有比皇帝更高的权威。在定义这些关系时，基拉西乌斯提出了简洁而有力的“双剑说”。公元494年，他写信给东罗马（拜占庭）皇帝阿纳斯塔修斯（491～518年在位），信中写道：“皇帝陛下，世界主要由两种力量统治，那就是教士的神圣权威和帝王的权力。两者之中教士的权力更重，因为他们需在神圣的审判中为人间君王呈交报告。”

虽然基拉西乌斯声称这两种力量互为补充，但定义两者的相互关系却是一件棘手的事。在原则上，两者各自作用于自己的领域：一种是俗世上的,一种是精神上的。但尘世生活与救赎之路重叠在一起，在俗世的任何行为都可能帮助或阻碍人通往天堂。由于在天堂的永恒生命比暂时的尘世生活更为宝贵，教皇就有了潜在的更强大的号召力。事实上,教会理论家后来声称教皇从耶稣处同时获得了两柄剑，并且仅仅将俗世的权柄委托给世俗权威而已。后者显然觉得国家应该位于教会之上，不然就会被教会控制。在拜占庭，皇帝至高无上，但在西方，并不存在这样的单一权力。

基督徒从世俗生活中的逃离进一步削弱了对世俗权威的效忠。在《上帝之城》一书中，北非的主教圣奥古斯丁（354 ～ 430）认为，基督徒生活在两个世界之中，分别是人类之城和上帝之城。奥古斯丁预言后者将获得最终胜利，但目前的上帝之城只是一个被充满敌意的世俗世界所包围的孤城。对于许多基督徒来说，神圣之城的公民权只能通过修道生活获得。

以常常独处祷告的耶稣为榜样，3 世纪时，埃及的一些早期基督徒开始逃离社会，在社会边缘和荒野中寻求精神上的重生。在埃及与近东出现了围绕着著名隐修士的修道社区。圣巴西略（329 ～ 379）制订了固定的进食、工作和祷告时间表。这种模式传到西方，激励圣本笃创立了教会史上延续时间最长的修道院规则。他希望以这种方法来帮助普通人通过修行和律己追寻上帝的国度。在一个将劳动视为奴隶的宿命的时代，本笃却宣扬“劳动即祷告”（*laborare est orare*）。结果许多遵循这一规则的社区变得富有，并给予穷人更多施舍。平日里，僧侣读书的时间为 4 小时，星期日和节日读书的时间更长。诚如一位学者所说，这类僧侣“是第一批指甲缝里带泥巴的知识分子”。他们大概也是历史上第一批总体上不歧视体力劳动的精英阶层了。本笃会僧侣不拥有私人财产，但这并不意味着他们生活在贫穷之中。他们祷告、进食、读经、作为社区甚至家庭共同劳动，他们绝对服从院长，听取他在精神上的指导。社会地位的差别在选举院长时不作为参考因素，从理论上说，前奴隶也可对贵族发号施令。他们每天进行 7 次公共祷告，但每时每刻都要保持虔诚的态度。僧侣还需在学习与教导上投入较多精力。

为信仰而斗争包括布道、辩论、自我牺牲、吸引大众，有时还涉及暴力。在各个地方，基督教殉道者的事迹都被颂扬与纪念，如图尔的圣马丁（316 ～ 397）破坏异教徒的圣地、祭坛和庙宇，其他人则从这些圣地或仪式中吸取某些元素融入新的修道院中。这种做法大概无法避免，因为欧洲不信教者以及异教徒人数在几个世纪里都超过基督教徒，而且基督教本身也面临着巨大的异端问题。

基督教令人费解的神学致使信众必然存在思想分歧。在世界几大宗教中，基督教有着最为复杂的哲学基础，而耶稣的教导又过于简单直白，并未将这部分教义展开。有两个原因导致了这一结果：首先，关于耶稣的一些说法，例如他是上帝之子，需要更多细致的解释才能合乎情理；第二，基督教兴起于希腊化时期的知识界，圣保罗与雅典哲学家进行辩论，这对受过教育的希腊化犹太人来说十分自然。因此，这个开始于耶稣简单布道的宗教学说，在成熟的文化环境中，面对浸淫在古希腊罗马高雅文化中的杰出神学家，想要赢得信徒并掌握知识权力，不得不发展出强大的说服能力。关于这一信仰争论的核心是基督本身的特性。阿里乌派认为是上帝创造了基督，而早期教父在公元 325 年举行的尼西亚大公会议上达成共识，认为圣父与圣子有着相同的本质。此类辩论的重要性并不在于对教条的确认，而在于将高度的理性思辨置于基督教信仰生活的核心。

早期的基督教领袖在面对异端或非基督徒时很少诉诸武力。渐渐地，热心且不辞辛劳的传道工作提高了正统信仰者的地位。随着基督教威望的上升，它也得到了爆发式的扩张。如在法兰克国王克洛维接受基督教后，他所统领的整个部族也都皈依了基督教。

然而，教会与国家间的矛盾也渐露端倪。基督教宣扬世俗权力和财富无意义，天堂里的富足和上帝的垂怜才是一切。耶稣关心穷人的恳求，连同为基督徒的灵魂祷告一起，成为了教会关注的重点。在古罗马时期，社会精英乐善好施，随着基督教在 4 世纪后期成为西欧的官方信仰，他们将大量财产捐赠给了教会。实际上，能捐的人都捐了。作为回报，教士和僧侣们向上帝求情。那个时代的人坚信“不管给予穷人或者教会的财物多微薄，都会带来天堂与人间不可思议的交汇。通过这些馈赠，时间与永恒关联在了一起”。这里的“穷人”包括教士，而那些捐赠常常用以建造教堂。在世俗机构衰弱的同时，宗教权威却在增强。受赠者充当着捐赠者与天堂间的中介，因此捐赠者需要教士在精神上可靠。这就意味着教士和僧侣不能结婚，也不能纵情于声色犬马。普通信众要求教士保持节欲，后者因此获得了在前者眼中的道德优势。实际的财富、对世俗社会的影响力和道德权威，这一切综合在一起，让教会获得了与世俗社会统治者和领主同等甚至更高的权威。

格里高利一世（590 ～ 604 年在位）是第一位僧侣出身的教皇，在他的领导下，罗马教会的权力变得更大。他增加教皇的财产，与君士坦丁堡保持热诚但又有距离的关系，支持遍及欧洲的广泛传教，并且在整体上将注意力从东方移到北方，当时法兰克人的影响力逐渐扩张，在公元 800 年教皇利奥三世给查理曼加冕时达到顶峰。当这一切发生时，拜占庭帝国的光辉尚未褪去。

这个时间点或许可被视为欧洲崛起的开始。公元 814 年，查理曼去世，加洛林王朝的短暂统一随之瓦解，但是他所打下的文化根基却延续了下去。公元 787 年颁布的法令规定帝国境内每所修道院都必须设立学校，这些学校教授古典课程，位于亚琛的宫廷吸引了那个时代最伟大的学者，教会的权力与公正得到保证——所有这一切共同构成了“加洛林文艺复兴”。与平信徒相区分，神职人员负责主持圣礼，维护仪式的纯洁性，保持独身（虽然当时的教士还未被禁止娶妻）。

然而在这个时期，主教依然受到世俗权力的控制。通常情况下，他们都由世俗统治者任命并授予代表权威的象征物。主教们运用其政治影响力，将地产与教堂作为封地来管辖，向世俗领主提供服务，时不时还参与战争。加洛林王朝的主教事实上成为世俗秩序的支柱之一，除了宗教上的义务之外，他们还要帮助管理司法，充当使节，制衡那些野心勃勃的大家族。主教很少居住在他们的教区之内。当查理曼的直接继承人相继去世，加洛林王朝的公共秩序也随之崩塌。其后出现的地方领主包揽了世俗与宗教要职。虽然许多主教与僧侣依然忠于信仰，但教会在整体上处于相对弱势。

在千禧年前夕，福音精神保存得最好的宗教机构是修道院，其中一些享有法律保护以及政治上的自治。查理曼的儿子虔诚者路易（814 ～ 840）将帝国境内的所有修道院都置于自己的保护之下。随着中央集权的衰弱，其他世俗领主也开始捐建修道院。大多数领主中依然保持着对这些机构的所有权，或至少期望在任命院长一事上发挥影响。有些领主给予修道院税收和其他义务上的豁免以确保它们完全专注于精神事务。

位于勃艮第的克吕尼本笃修道院就是这种发展的典型。在公元 909 年，阿基坦公爵威廉一世（875 ～ 918）捐赠土地给修道院，并把所有权交付给教廷的主保圣人使徒彼得和保罗，克吕尼修道院自此直接听命于罗马教皇。在接下来的几个世纪里，这个本笃会修道院雇佣劳工来代替在田间及作坊劳作的僧侣。克吕尼的改革者几乎完全放弃了体力劳动，更注重连续不断的祷告。渴求救赎的世俗贵人向修道院捐赠大量财富，以换取将自己的名字列入修道院的祈祷名单中。克吕尼修道院因此变得富有，这进一步地提高了其政治上和组织上的自治。

克吕尼修道院在教会改革的进程中起了相当重要的作用。首先，它在整个欧洲引燃了宗教生活的复兴；其次，通过将自己及日渐增多的下属修道院置于中央权力之下，克吕尼支持了教皇至高无上的理想；第三，克吕尼不遗余力地坚持精神权力高于世俗权力；最后，当改革者在 11 世纪晚期控制教廷时，克吕尼修道院成了志同道合且实力不凡的盟友。

酝酿改革

基督教在其整个历史过程中，经历了多次强力的革新运动，频率远高于其他主要宗教，产生的影响也更为深远。为什么呢？首先，它是希伯来先知传统的继承者。从亚伯拉罕时代开始，数十位先知为犹太人传授上帝的启示，包括神的愤怒、荣耀和护佑的承诺、即将降临的毁灭、对正义的倡导、弥赛亚降世的保证。基督徒热忱地接受这些故事，体验与上帝的亲密联系，并在耶稣身上看到了这些承诺的完全实现，而耶稣就是他们的弥赛亚。其次，耶稣自己表达出一种末日拯救的前景，完全超越《旧约》中提到的一切预示。与大多数犹太人所期望的世俗成功和政治稳定不同，耶稣向所有信仰他特别是顺从他的人许诺了上帝的国度。当基督再次降临时，这个国度将带来永恒的爱、和平以及公正。与此同时，耶稣向他的追随者提出了一些几乎不可能完成的任务——爱你的敌人、不要吝惜财物、为他人奉献。可想而知，以实践这些准则为己任的教会机构数量少得可怜。

不难理解为什么那些倡导返回耶稣教诲的运动一次又一次地折磨着体制化的教会。中世纪欧洲人，无论社会背景如何，都以各种形式寻求宗教慰藉，既包括有组织的，也包括大众自发的。有时候世俗或宗教领袖带头示范，如君士坦丁大帝或格里高利一世。从 8 世纪起，许多运动则由知识分子、世俗民众和进步改革派教士推动，他们追求精神纯洁性和内在信仰，主张经由圣灵的个体转化，以使徒为榜样。因此，他们对体制化教会的财富和权力大加批评，谴责教士的不洁行为，要求净化教会和教士。而另外一些信众，则依旧将既定的宗教机构和实践理想化，与改革派产生冲突。许多企图将基督教世界带回到耶稣和使徒所倡导的正道的斗争来自修道院，因此有史学家将这场斗争描述为“将整个教会修道院化”。东部教会经历了激烈乃至暴力的改革运动，如发生在8到9世纪的“破坏圣像”运动。然而，西方教会内部要求精神变革的呼声更为频繁、广泛和持久。

千禧年前秩序的崩坏带来一波流行宗教和异端，教会改革的呼声此起彼伏，无论从哪个角度看，教会都非常需要革新。神职人员所标榜的独身原则销声匿迹，维罗纳的主教拉特列（890～974）曾经说，如果严格执行这条教规，他的教区可能一个教士都没有了。教会职务和建筑面临着成为世袭财产的实际危险，经过几个世纪的捐赠积累，教会财产数目之大令人吃惊。所有地方教士都勾结甚至直接听命于世俗权力。主教收受钱物出租教区，托斯卡纳的侯爵博尼法斯（卒于1053年）曾拥有勒佐主教辖下十三个教区的教堂，并与当地骑士分享其他十四个教堂的收入。改革者称这犯了买卖圣职罪，指责教会为钱出卖圣灵。同样无法容忍的是，许多“教会诸侯”享尽权力与荣耀，例如兰斯大主教马纳塞斯（1069～1080年在位）据称曾经说过：“要是不用做弥撒，大主教真是份绝好的差事。”在许多高级教士眼中，主教区只是种“荣誉头衔”，或是一块需要以服从、忠诚甚至军事服务来换取的封地。有学者指出，在千禧年之交，法国77个主教区的控制权分属于国王和各个公爵、伯爵和子爵，有时候“其方式看上去与‘拥有’没什么不同”。世俗领主向主教“授予”权威的象征，以换得对方的效忠。

有组织的反对在社会和教会内部逐渐积聚，“上帝的和平”运动是其中一个体现，这场运动旨在阻止掠夺成性的城主们劫掠教堂和村庄。975年，法国中南部的勒皮地区主教居伊在一片田地里召集起城镇居民、农民及世俗领主。虽未得到教廷的认可，但在其外甥带来的武装人员的簇拥下，居伊威胁领主如果他们拒绝维持和平，就将被开除教籍。在接下来的20年里，法国的其他城镇也出现了类似的会面，大多数参加者是热心的平民，包括妇女，他们相信自己正与上帝签订永久的誓约。普通欧洲民众再次展现出非凡的组织能力，为这场积极的运动相互协作。这些局部性的运动迅速蔓延开来，遍布整个法国，传播到加泰罗尼亚，同时还变得越发复杂且浮夸。列队游行、礼拜以及展示圣徒遗物成了标准仪式，常常还伴有神迹。

至此，这类集会越来越受到教廷和世俗权力的控制。骑士和领主达成“上帝的休战”，规定自1027年开始，在南部法国，骑士只能够在规定的日子里开战。这种趋势也传播开去。到了1049年，教皇利奥九世（1049～1054年在位）在兰斯主持一次会议时宣布这一和平普遍适用。普通民众和改革派教士要求更正直的精神领袖的渴望在这一时期出现。在类似的集会上，改革教士制度的呼声四起，要求教士应当独身，不能参与狩猎或携带武器，居所中不应有女性，更不能出卖圣灵。改革派呼吁平信徒拒绝去那些腐化教士的教堂，以此来表达抗议。这场运动深得民心，影响力大大增强，但同时也催生出一些受到欢迎的激进主义，有时人们会偏离轨道，走向非正统的信仰形式。无论如何，就如在建立与管理城市公社时一般，西欧的普通民众被卷入有组织的草根运动，久而久之，这些运动增强了他们的社会力量。

正是普遍性的机构、习俗、节庆和基督教赋予欧洲作为整体的一致性。虽然大多数世俗精英都遵循骑士精神，并且几乎每个人都是封建关系网络的一分子，但最能统一欧洲人心灵的还是基督教信仰。华丽而统一的弥撒，各种仪式贯穿人生的各阶段，数不胜数的圣日和宗教节日，推崇并纪念数百位圣徒和善男信女，信徒们有着通用的教名，修道团体不断扩散，大多数人都向往朝圣之旅，共同的敌人（穆斯林）和“外人”（犹太人）的意识，以及总体说来相似的宗教和精神传统……通过上述所有方式，欧洲人体验到文明的统一，尽管这种统一从未以政权的形式实现。

即使是神圣罗马帝国皇帝，在名义上统治着广袤的领土，大致上包括今天的德国、瑞士、北意大利、捷克、奥地利和低地国家，其政治权威依然象征性地由教会赋予。从公元962年奥托大帝（962～973年在位）起，一直到13世纪，每一位皇帝都由教皇加冕。这些皇帝宣称是耶稣在俗世的代理人，也是教会改革的主要力量。长期以来，教皇的遴选结果也由皇帝确认，直到11世纪末的叙任权之争，这项传统才被废除。

教会改革

从一开始，基督教就期待改变世界。早期的基督徒期盼着耶稣尽快归来，在他未能出现时，教会机构诞生了。正如《尼西亚信经》所教导的，基督会在未来的某日再临，但他究竟何日到来不应成为信众过于执着的重点,更要紧的是要在现世过一种敬虔的生活。然而，对于末日天启的期待依然是整个中世纪欧洲基督教生活的重要组成部分，千禧年的临近更是加强了这种期待，因为《新约·启示录》谈到殉道者“都复活了，与基督一同作王一千年”（启示录20：4）。许多人相信并期盼千禧年就是基督再次降临的时日，教会改革因此被视为为此所做的准备，因为耶稣曾经预言，只有为再临做好准备的人才能赢得天国（马太福音25：1～13）。和平运动以及整个欧洲的大规模新建或修葺教堂和修道院就是基层准备的两个方面。

有能力组织协调整个欧洲大规模修葺作业的，只有教廷。教廷自称由基督亲自建立，坐落在永恒之城，圣彼得与圣保罗的遗物和墓穴正在此处，此时，它正屹立在西方秩序与权威的顶峰。欧洲各地的精英与普通人纷纷来到罗马，寻求教会的指引和裁决。11世纪的教廷改革家抓住机会将圣座的权威延伸到教会和社会的各个角落。为了实现这个目的，他们主要从四个方面着手改革：教会经典、修道院会、观念以及律法。

分离主义传统深深地根植于《圣经》之中，如区分犹太人与非犹太人，利未人和祭司与普通人保持距离等。改革运动的一大要点就是要将教士制度纯净化和神圣化：教士不应该娶妻生子，因为这样会占用教会的资源，相反，教士应该与教会“结婚”，将自己奉献给教区的信众；教士也不应该接触不洁的事物，如金钱、性、血液和武器。主张改革的红衣主教彼得·达米安（约 1007 ～ 1072）生动地警告教士，用碰过妓女阴部的手来操办圣事乃是一种亵渎。其他改革者则说与信众或见习教士发生关系的僧侣犯下了精神乱伦，这些淫行都应受到谴责。通过自我净化，神职人员和修道院僧侣更加投入地履行自身的神圣使命，这不仅提升了教会形象，也更能向民众展示他们运用权威的正当性。

犹太－基督教的二元论传统更为分离神职人员提供了进一步依据。《圣经》严格地区分精神与肉体、灵魂与身体、信仰和作为，人类自身的二元本性使基督徒无法仅在精神领域生活。只有模仿耶稣，像他一样将凡人与神圣的本性融合到一起，才是结合并克服二元性的唯一途径。神职人员，尤其是僧侣最能够实现这种神圣的模仿，教会只有依靠他们才能将净化的努力注入社会。

教廷给予修道院豁免和保护，增强了教会对社会和政治领域的影响。归功于教皇的支持以及那个时代的精神狂热，与克吕尼联系在一起的修道院网络迅速壮大，从 1049 年的约 60 座发展成 1109 年的约 2000 座。严格说来这些修道院都是小修道院，每一座都直接听命于克吕尼大修道院院长，而后者则听命于教皇。格里高利七世大力支持修道院，敦促僧侣直接进入社会工作，以从精神上改造社会。

这些机构上的改革开始于教皇利奥九世，作为修道院改革运动的结果，利奥九世召集了十几位志趣相投的改革家，他们大多是来自神圣罗马帝国各地的主教或修道院院长，教皇将罗马的高级职务授予他们。这些人都同买卖圣职、教士婚姻以及世俗权力插手教会事务的传统作过斗争。在接下来的半个世纪里，他们致力于净化和解放教会。利奥九世是位充满魅力的领袖，他极力反对买卖圣职和其他滥用神圣权力的行为。在彼得·达米安的影响下，利奥主张恢复教会法规，尤其是前四次大公会议（325 ～ 451）所确立的条例。利奥雷厉风行，在位的五年间内走遍北意大利、德国和法国，召集十几次改革会议，并派遣多位教廷使节督促改革。

这位热衷于改革的教皇面临着极大的反对。诺曼征服者在意大利南部建立了铁腕统治。1056 年，16 岁的亨利四世继承皇位，起初他的统治十分弱势，但很快就强硬地反击罗马教会对君权的限制。东西两支教会间的不和经过几个世纪的积累，终于在 1054 年以大分裂的方式爆发，其导火索是利奥坚持君士坦丁堡宗主教承认罗马在精神领域的至高性。尽管随后几十年中出现过试图改善东西教会关系的热诚的外交努力，这道裂痕终究未能修复。在教会与国家的斗争中，欧洲经历了一场法律革命。

学习革命

西方与其他文明的区别在于法律在社会中所起的作用。虽然直到中世纪早期，拜占庭依然使用着罗马法，但它对世界和自身政治文化的看法更接近神秘化而非法律化。伊斯兰世界在文化和世界观上虽然坚定地遵照法律，并且其法律体系与西方一样高度理性化，但是以宗教为基础的伊斯兰教法渗入到穆斯林社会的各个角落，没有任何与之竞争的对手。与之相比，在欧洲社会中，自 13 世纪开始，每个国家实际上都受到数个不同法律体系的管控。人们能够采用不同的法律体系来保护自己或对抗政治、宗教权威。在拜占庭和伊斯兰世界，宗教与世俗机构通过法律紧密结合，而非依照法律彼此分开。伊斯兰法律系统将包括统治者在内的每个人置于法律之下。在原则上，被称为乌里玛的伊斯兰宗教学者可以限制统治者的权威，确保他们的行为合乎伊斯兰教法。但在实践中，他们更多地服从于统治者的意志。当统治者是个暴君时，法律庇护无处可寻。在公元前2世纪，中国的统治者建立了复杂的法律体系，4 个世纪之后，这套法律体系包含 1700 万字。然而这个复杂的法律体系关注的多是刑法，商业法律非常有限，与罗马帝国形成鲜明对比。

1070 年左右在意大利南部重见天日的罗马法文本引燃了一场法律革命，为教皇革命奠定基础。该发现并非偶然。11 世纪中期，随着教会与国家争夺至高性的斗争日趋激烈，来自教廷与帝国的法学家开始从图书馆和档案室中寻找古代法律的残篇，希望能在其中找到对己方有利的证据。

这批文本中最重要的是约公元 530 年罗马皇帝查士丁尼（527 ～ 565 年在位）下令编纂的法典。这些文本，如《法学会编》，收有数千页的罗马判例法以及解决特定争端的法律意见，涉及各种主题，松散地汇总在一起。为了在其基础上有所作为，也为了理解查士丁尼法典庞大遗产，亟需一套分析和综合的系统方法，一种叫“经院主义”的方法满足了这项需求。

经院主义萌芽于加洛林文艺复兴时期。首先，在 782 年，约克的阿尔昆（约 753 ～ 804）将亚琛宫廷学校的教学重点从军事训练调整为学术研究，尤其是自由七艺。几年后，查理曼颁布法令要求每座修道院和大教堂都必须设立此类学校。在北意大利也同样出现了一些重要的学校，如成立于 825 年的帕维亚修辞学院。这些学术中心的部分学者从事希腊文本的翻译工作，其中就有阿尔昆的继任者——爱尔兰人约翰内斯 · 司各特 · 爱留根纳（约 815 ～ 877）。但随着加洛林帝国的衰亡，这株智慧之花也随之凋零。

第二次知识复兴起于千禧年之初加洛林教堂学校再开之时。一些学校成了声名远播的研究中心，尤其是位于英格兰约克和法国兰斯、奥尔良、巴黎及沙特尔的那些。像在公元 1006 到 1028 年担任沙特尔主教的富尔伯特（卒于 1028 年）这样的优秀学者吸引了西欧各地的学生。他们刻苦研读柏拉图、亚里士多德和基督教新柏拉图主义学者的著作。富尔伯特的教堂学校就以新柏拉图主义研究著称。通过引述柏拉图《蒂迈欧篇》的译本，学者辨明了神圣法、自然法和实在法的关系。他们认为，正义乃是神圣的；人制定法律，而法律又是正义的一部分，因此，通过立法，人类得以理解上帝的意志。

经院方法发展为解决文本、观点和论断中的矛盾的工具。这种方式被称为“辩证的”或对话式的，因为它寻求调停不同或对立的立场——古希腊和基督教、神性和人性、穆斯林和异教、实践和理论，最终抵达信仰和理性。学者使用辩难（*quaestiones disputatae*）的方法，客观表达每段文本、观念或概念，设身处地为它们辩护，严格批判每个观点，直到获得一个既符合教条又合乎逻辑的解答。这种方式需要非凡的勇气，它基于这样一种深刻信念：人类智力能够把握并理解现实世界的方方面面。希腊哲学注重普遍性，而罗马法强调一致性和特殊性，通过经院方法，学者能够将二者和谐地整合到一起，进而使二者符合基督教神学。

学者与法律从业者对这种方法最早也最彻底的运用是关于查士丁尼法典文本的研究。事实上，欧洲最早授予学位的高等教育机构——1080年建校的意大利博洛尼亚大学，其目的就是研究和教授这些文本。通过辩证探索，法学家将体量巨大的罗马法律条例系统化为单一的有机整体。首先，他们找到可以将这些具体法令归入其下的总则；然后，他们将一般判例作为不同的种归入其共同的属中。在这里，他们借用的是亚里士多德所开发的最有效的分类系统。

在巴黎执教的杰出逻辑学家彼得·阿伯拉尔（1079～1142）对这一发展作出了巨大贡献。追随亚历山大的克莱门、大马士革的约翰（约676～749）等东方教父的脚步，他声称一切知识都是好的，因为它们来自上帝。阿伯拉尔意识到柏拉图和亚里士多德哲学方法存在内在缺陷，他克服了这些缺陷，并使这两种哲学和谐并存。柏拉图认为，普遍性的概念，如真理甚至“桌子”，都作为永恒的“形式”或“理念”真实存在。按照他的观点，所有特殊的存在物，都可以通过演绎推理的方法，作为这些形式的摹本来被理解。相反，亚里士多德采用归纳推理，从存在物出发，寻找可以将事物分门别类的外部质性。阿伯拉尔反对这两种方法论，他赞同“唯名论”，认为范畴和质性仅仅是观察者为了将事物分类而创造出来的名字而已。或许这种观点看上去与先前的思想相比只有一些微不足道的差别，但对于字字较真而又迷信古人的中世纪思想家来说，这足以使他们免于殚精竭虑地分析那些概念，而是将它们当作组织现有的大量知识的工具。

在考察法律时，需要协调一致的对立包括普遍原则与例外、正义与仁慈、神圣法（启示的）和实在法（人为的）、习惯法与成文法、宗教法与世俗法。在这些二元组的每个元素中，还包含着更多矛盾甚至是悖论，让整合变得更为困难，例如，上帝既是骇人的法官，又是仁慈的救世主。因此，在解决这些矛盾的过程中，经院派的法律学者还必须协调法条背后的世界观和哲学。这些努力最终到达顶峰，催生出强有力的新法律体系和哲学综合。

欧洲大学的诞生让这一切得以成为可能。在博洛尼亚，学生们组成协会，雇佣法律专家教导自己。例如，出生在博洛尼亚的伊纳留斯（约 1055 ～ 1130）就是当时的明星教授，来自欧洲大陆各个角落的学生争相投入他的门下。到 12 世纪中期，大约有一万名学生在博洛尼亚学习法律。神圣罗马帝国皇帝腓特烈一世“巴巴罗萨”（1155 ～ 1190 年在位）给予他们庇护并宣称：“学问将统治并照亮世界。”几十年后，巴黎的几所名校的院系组成了行会，无论控制权在学生还是院系，这些机构都享有免受当地世俗权威检控的权力，甚至教会权威也经常拿他们没办法。到 1241 年，在英格兰（牛津和剑桥）、西班牙（萨拉曼卡和巴伦西亚）、意大利（萨莱诺、阿雷佐、摩德纳、维琴察、帕多瓦、那不勒斯和维切利）和法国（图卢兹）至少又成立了 12 所大学。在之后的两个世纪中，又有几十所大学出现。只有符合院长所制定的标准的人才有资格在这些院校中授课。有些学校，如巴黎的那些，有四个院系：博雅、神学、哲学和法律，另一些只提供后三种学问的研究生教育。无论哪一种情况，学生都必须先学习自由七艺，这些学习可以在教堂学校也可以在大学完成，然后才能获准进入更高阶段的研究。

欧洲的大学是开拓性的机构，教授们一起工作，共同制定课程，彼此间能够在很大程度上自由争论。在古典时期，高等学校往往都由一位教师独立主持。伊斯兰世界的学校也大致如此。上百所伊斯兰学校，每一所都由私人的宗教基金设立，这些基金捐赠乃是一种虔诚的表现。因此，在伊斯兰社会中，教书与学习具有极为重要的地位。如果说欧洲的大学是将数位教师聚到一起的行会，那么伊斯兰学校就是由一位师傅开设的工坊，他在工坊中只需指导几位帮工或学徒。在伊斯兰学校中，学生学习神学、历史，最重要的是伊斯兰教法，但课程中没有自然哲学、逻辑学、数学或希腊文献。在伊斯兰世界，除了天文学会在清真寺讲授外，这些课程只能通过私人教师学到，而私人教师则依赖赞助过活，有时全凭恩主的一时兴起或是政治际遇。知识往往通过口头等非正式的方式传授，大部分是对宗教典籍和标准教材的死记硬背，一代代的师徒传承保证了教师的合法性。

中国的情形也一样，其拥有更古老甚至更精细的教育体系。2000 多年前中国就已经有了国立大学，几个世纪以来各种专门学院不断涌现。宋朝初年已经有了成熟的学校网络，在帝国治下的每个乡镇都有学校，教授着同样的科目。历史上没有任何一个文明如中国一般，对教育给予高度赞誉和慷慨资助。学习的大部分内容是背诵经典以及练习书法，但学生在解读文本和分析写作方面也受到严格训练。然而，在绝大多数情况下，整个教育体系的重点是帮助学生准备科举考试，在中国历史大部分时间里，这是通往成功的最重要途径。

令欧洲大学与众不同的是其多元化、具影响力而又相对独立的院系。他们保持了始终如一的学术标准，能够持续地维持欧洲大陆各地间的学术交流。这种现象能够实现，多少也归功于当时欧洲各国所使用的通用语言——拉丁语。

听起来或许荒谬，欧洲政治上的碎片化催生出一种改变学习方式的机构。我们需要另一个对比来解释这是为什么。穆斯林在伊斯兰世界的任何地方都享有完全的权利。而相比之下，在基督教世界，没有一种政治或宗教权威具有推行这种一致性的实力，人们在家乡之外得不到权利保障。当来自各地的学生与院系结成行会聚到一起时，他们便获得了人数上的优势，可以威胁搬去更友好的地区。而一下子失去这么多消费者会令一个城市迅速荒废。这样的威胁通常能够为这些刚起步的学术机构从世俗或宗教权威处赢得一些特权。与此相对，每一所伊斯兰学校都根植于当地，而且通常情况下，每座城市都有好几所这样的伊斯兰学校，以离开为要挟起不到什么作用。第二，由于在整个欧洲没有统一的政治权威，这就大大有利于多样化法律立场的活跃。作为根源于罗马法的社会组织的企业，以及被英国习惯法许可的信托，都是被认可的合法实体，和自然人一样享有完全的法定权利。相对的，伊斯兰教法只承认自然人，而拒绝给予私人宗教基金同样的地位。伊斯兰世界统一的法律和权力结构让其能够取缔“事业法人”，而后者能够更好地保护教育、慈善和商业机构和实体。最终，不管伊斯兰学校与其唯一资助方有多么大的名气，其影响力依旧被法人化或特许建立的欧洲大学远远甩在身后。

法律革命

生活在争讼泛滥的现代社会，哪怕最合理的政策或实践都有被人告上法庭的可能，不禁让人们抱怨世上律师太多，但如果真的抛弃法治，少有人会觉得更幸福更富裕或者更安全。在法治下，法律超越政治，约束统治者，制定法律的人一样受到自己所制定的法律约束。现代西方的法律制度包括如下特征：程序正义、分权制衡、宪法约束、尊重个人和团体权利，追根溯源，它们都来自于中世纪欧洲世俗与宗教权威间顽固且漫长的斗争。皇帝、诸侯、国王、城市以及贵族为了影响力和控制权争斗不休，同时还要与教皇、主教及修道院长争夺道德高地。每一方都在搜寻现有的逻辑方法、概念工具和知识体系，包括希腊哲学、罗马法律、日耳曼法典、基督教神学甚至习俗、传统和神话传说，以获得对自己有利的依据。正是从这些对抗之中，萌发了一整套错综复杂包罗万象的法律架构。

教廷架构的基石就是教会法，这些法规管治着整个教会的运作，包括神圣法（天启）、教会会议声明、教皇信札（教令集）以及主教章程。直到千禧年时,汗牛充栋的教会法甚至都没有统一的存放地点。没有哪个法律专家有能力整理它们并将其系统化。但仅仅几十年后，经过数百位法学家的共同努力，一部强有力的教会法规就被分类、注释、保存并付诸实施。教会自此能够管理教士生活行为的各个细节；对世俗信徒在圣礼、道德、宗教行为、义务、实践以及违规方面也有了可依的法条；最后，它还阐明了教廷与世俗统治者之间的关系，因为他们在管辖权上与教会有重叠之处。

最初，教皇利奥九世和尼古拉二世（1059～1061 年在位）强调规范教士举止的法规。1059 年，希尔德布兰德，也就是未来的教皇格里高利七世要求红衣主教达米安整理教廷文献，收集所有与圣座权利和权力相关的文书。他的工作催生了未署名教会法规文集《七十四条》，此法规强调了教皇的至高地位。在随后的几十年中，学者进行了更多系统性分析，又制定了几部教规集，其中最主要的两大主题是教皇的权威和精神纯洁的规定。

到目前为止，最重要的教会法律纲要是《教令集》，它由博洛尼亚教会法规律师和僧侣格拉提安于 1140 年左右编成。他分析了教会在千年历史中所颁布的数千条教规，以神学、哲学和罗马法为基础，构建起一套法律框架将教规整合起来。《教令集》既是一部全面的法律论著，又是一部法学教科书。作为论著，它涵盖完整的法律体系，从最崇高、至高的神圣法，到最卑微、从属的习惯法。从这一范围来看，教会法规显然比君主制定的法律优越，尽管自然法（人类理性和良心视其有内在的正当性）比两者都高。格拉提安对于自然法的理解有着革命性的意义，他坚持“君主受到法律的限制并且也应该遵照法律行事”。遵照法定程序，他们可以修改旧法，但不能无视法律。在格拉提安的法律框架中，所有现存和可能的法律要么占有一席之地，要么因与神圣法、自然法或教会法冲突而被摒弃。显然，作为神圣法和教会法的解释者和施行者，教会的权威通过格拉提安这部专著得到了增强。

作为教科书，厚达1000页的《教令集》在法学院中被教授，与它一同被学习的还有罗马法，后者的重要性体现在为数众多的案例和法学概念之中。作为欧洲最复杂政治实体的实际有效的法律系统，教会法影响了世俗法律的研究与演化，包括王室法、城市法、封建法、采邑法和商业法等。12世纪下半叶，各类法律书籍出版，包括罗马法和教会法的法律程序方面的著作、刑法论著、西欧各政权地方世俗法律特定分支的法典及专著。到了13世纪初期，权威的、分级组织的法庭在欧洲诞生，既有宗教的，也有世俗的，它们的组成人员是在大学中接受过专业训练且备受尊敬的律师。

除了罗马法与教会法，另一种独特的法律体系也在平行发展，它与前两者几乎没有交集,那就是英国普通法。在这三种法律体系中，英国普通法最具灵活性，也最注重对个体的保护，它诞生于英王亨利一世（1100～1135年在位）任命王室巡回法官之时，这些法官以公正著称。在随后的几十年里，特别是在亨利二世（1154～1189年在位）时期，王室令状的签发确立了一套财产和民事法律程序，其特点是判决迅速、注重证据、基于常识。亨利二世重新确立了盎格鲁-撒克逊人的陪审团制度，针对土地不正当剥夺案件，12名陪审员负责调查并提出索赔。王室以此来保护个人财产权利。王室令状的数量随着时间不断倍增，不过从来没有超过 80 种（人身保护令状就是其中之一，至今仍是美国司法程序的构成部分）。这些令状确定了王室司法权威的边界：没有令状，就没有管辖权。这种制度与罗马民法传统有着巨大差别：罗马法以各种细节列出合法与不合法的行为，而整个英国王室法院的法官则将自己的判决建立在当地习俗以及判例之上。与之相对，欧洲大陆的民事法官只是简单地套用现有法律。当然，欧洲所有地方的法官都限制了统治者的权力。

法庭继续遍布欧洲，包括教会的、采邑的、城市的甚至私人的。在英国和欧洲大陆，王室加强对司法的控制，但并未废除法庭的权威，因而法庭继续限制着统治者的权力。当人们不满于某个司法辖区的法律时，只需寻求其他辖区的保护即可。可以说，现代社会权力分立的概念就来自中世纪欧洲司法管辖权的分裂。

对企业来说同样如此，对英国的信托来说更是如此。或许受伊斯兰宗教基金的启发，作为永久性的注资，信托具备法人的权利，教会与国家无权剥夺其特许。企业或信托的成员并非彼此效忠，而是共同服务于更大的实体。因而这些机构促进了独立于个人、社会等级和统治者之外的公共空间的发展。

基督教信仰将欧洲成千上万个相互竞争的司法辖区与机构整合到一起。所有现存的欧洲法律最明显的特点就是它们所展现出来的宗教特征。著名的《萨克森法典》（1220）包含了刑事与民事法律，并且在几个世纪里统治或至少影响了德语地区，它宣称“上帝本身就是法律，因而法律对他尤为珍贵”。这样看来，教会在这场争夺至高权威的斗争中理应取得胜利，至少在那些最有权势的世俗统治者巩固自身权力之前。

叙任权之争

传统并不偏袒教皇。延续拜占庭帝国和加洛林王朝的实践，神圣罗马帝国皇帝被认为是教会的领袖，甚至是基督在俗世的代理人。按照习俗，主教对领主负有义务，因为后者实际地赐予主教戒指、权杖和领地。

然而，观念常常战胜习俗，大多数有识之士更支持教会。千禧年见证了一场强有力的宗教复兴，人们追求精神纯洁，厌恶渎圣行为。教会改革家言辞激烈地谴责教士荒淫无度，说他们寄生于那些通过“骄傲、掠夺、背叛和谋杀”掌权的领主。改革家象征性地将教会比作灵魂，把世俗权力比作肉身。

1073 年被选为教皇的格里高利七世发动了一场针对堕落教士的运动。他发出几十封信件，要求各主教惩戒那些染指性行为和圣职买卖的教士及主教，并号召教区信徒抵制他们。1075 年初，格里高利又打响确认教皇至高权威的战役。在 2 月，他下令禁止世俗权力遴选及任命主教，任何君主都不可能答应这项要求，这意味着实力与权威的巨大损失。一个月后格里高利又颁布《教皇敕令》。他高调宣称，教皇才是普世的，只有他才能任命、调动和废黜教士；只有他能够赋予教士判罚更高级教士的权力；只有他能够废除已在神前作出的誓言；只有他可被称为普世的，并使用帝国的象征物；没有人有权审判教皇；以及教皇拥有废黜国王与皇帝的权力——格里高利在这条中没有援引任何教会先例。教皇革命由此揭开序幕。皇帝亨利四世显然愿意支持甚至倡导教会改革，但格里高利坚持教皇至上的做法却无异于宣战。

他们于 1075 年底至 1076 年初展开斗争。亨利四世驳回了教皇任命的米兰主教，代之以自己的人选。格里高利回复称教皇高于所有信奉基督教的世俗统治者，他们必须遵从教皇的命令，按照古代传统，他们应该亲吻教皇的双足。皇帝谴责格里高利是篡位者，根本就是个“伪教士”，他据理力争，重申自己作为统治者的神圣权力。教皇随即开除了亨利四世的教籍，宣布废黜他的皇位。亨利四世算错一着，德意志诸侯与主教纷纷倒向教皇，背弃了他们的皇帝。于是他被迫身着粗毛衬衣赶到卡诺莎向教皇低头认罪。格里高利原谅了皇帝并撤销了绝罚。然而这次犯错的是格里高利，现在许多德意志诸侯重新回到亨利四世旗下，其他诸侯则选出另一位皇帝，内战随即打响，很多人都认为格里高利对这场战争负有责任。亨利四世很快便扶植克雷芒三世（1080～1100年在位）为"对立教皇"，他活得比格里高利久。次年，亨利四世入侵罗马。1085年，也就是格里高利逝世之年，诺曼人洗劫了罗马城。帝国内战还在继续，德意志贵族建造了大量城堡，增强自身的封建权力，因而也削弱了皇帝的权威与实力。在法国和英国，基于类似的原因，也爆发了内战。

格里高利的继任教皇继承了他的战斗，虽然战线略有不同。格里高利的主要目标是由教会官员选任主教，他的继任者只注重根除世俗授职。例如，依据《伦敦协定》(1107)，英王亨利一世放弃为主教与修道院院长授予权威标记（戒指与权杖）的权力，只要那些主教遵照习俗，像其他世俗封臣一样臣服并忠诚于自己就行。更重要的是，英王在控制主教任命方面锲而不舍。亨利二世更是以主教和修道院院长的头衔回报其支持者。当他试图将教士纳入王国统一的司法管辖之下时，终于做过头了。1170年，他不得不在这点上让步，尽管在这之前他的支持者已经谋杀了坎特伯雷大主教托马斯·贝克特（1119～1170），此事激起了反对王室的浪潮。即便如此，英国君主在与教皇角力中还是占了上风。同样占到便宜的还有法国国王腓力一世（1059～1108年在位），他放弃叙任权，也不要求主教宣誓臣服，但保留向主教分配教区的权力，并要求后者对他忠诚。

神圣罗马帝国的情况则更为复杂，几乎无法追踪，主要是因为皇帝的政治地位不断变动。1111年，亨利五世在日耳曼地区的坚定支持下，武力胁迫教皇帕斯加尔二世（1099～1118年在位）为自己争取到极好的协定。然而到1119年，在德意志诸侯和主教的压力下，亨利与新教皇加里斯都二世（1119～1124年在位）会面，并承诺将放弃"一切教会"的叙任权。在《沃姆斯协定》(1122)中，皇帝放弃在意大利教会的几乎所有权威。在德意志，教士选出主教和修道院院长，皇帝授予他们代表世俗权力的徽章或象征物，教会再授予他们象征精神权威的戒指及权杖。对教会来说，他们取得了在形式上的些微胜利。

只有到了半个世纪后，教皇才摆脱神圣罗马帝国皇帝的控制，赢得真正独立。第三次拉特兰会议（1179）将选举教皇的权力交付给红衣主教团，无须帝国确认。20 年后，教皇的权力和声望在英诺森三世（1198 ～ 1216 年在位）时期达到顶峰。有学者称他的“教廷从不入睡”，教令自罗马奔流向各处。1215 年第四次拉特兰会议时，英诺森三世的活跃度达到极点，该次会议召集了来自 80 个教区的代表，甚至君士坦丁堡和中东都派遣了二三十位高级教士出席。会议制定了 70 条教会法规，其中包括惩处异端的严厉规定，直接导致 1231 年宗教裁判所的设立。

教会的精神革命

教皇革命显示出道德权威和思想比传统和世俗力量更为强大。西方传统中，弱者能够通过宣示道德优势而挑战原本居于主导地位的强者，教皇革命是这种趋势出现的第一个例子。在基督教中，对于这种道德宣示的合理性源于耶稣的教导，例如，有力的人（虔敬者）“通过努力”进入天国（马太福音 11:12），而温柔的人（弱小者）将“承受地土”（马太福音 5:5）。这种说法在世俗标准看来或许荒谬，但也许能够解释基督教西方无止境的改革愿望，其标准在不完美的现实世界中永远无法达到。同时，它还能解释发生在西方道德领域中的周而复始的不对称斗争，从路德（1483 ～ 1546）击碎教会统一到布尔什维克试图对抗整个资本主义世界。在每一次抗争中，道德与精神上的热忱对劣势一方有着非凡影响。

千禧年前夕出现的福音派和精神觉醒，燃起了人们心中之火，尤其在莱茵河与卢瓦尔河之间的地区。虽然我们可以认为第二章所讨论的经济扩张刺激了那个年代文化与社会的乐观精神，但如果认为这仅仅是物质条件改善所带来的副产品的话，就有些浅薄了。

在整个中世纪，基督教徒被告知，人生是一段朝圣之旅，一段通往与上帝合一的旅程。这也正是但丁在《神曲》一开始便说的“在我们人生旅途的中点”。基督诞生后的第一个世纪，朝圣已经零星出现，而在千禧年后，朝圣变得非常普遍，这些旅途的主要目的地是耶路撒冷、罗马，以及位于西班牙西北部的孔波斯特拉，据说那里是使徒圣雅各的墓地。随着朝圣的流行，更多新地点成为目标，吸引了数百万计的朝圣者。主要的胜地是那些据称显现过神迹的遗存，大多是圣徒的遗骨。有些朝圣之旅只在当地,另一些则长达几千英里。教会将朝圣纳入制度性的奉献中，将朝圣作为强制的义务忏悔。朝圣者通常结伴出行，受宗教当局保护。遍布欧洲各地的修道院设立驿站，甚至建造礼拜堂或教堂保存圣徒的遗物以接待朝圣者。这种实践扩展了文化疆域，增加了个人自由，改善了交流渠道，并将大量欧洲基督徒带向圣地。

前往耶路撒冷朝圣的扩张导致了1080年医院骑士团的成立，其宗旨是为患病和穷困的朝圣者提供照料。15年后，教皇乌尔班二世（1088～1099年在位）发动十字军，试图从穆斯林征服者手中夺回圣地。发动战争的主要辩护理由就是保护并维持朝圣道路的畅通。基督徒战士满怀激情地出发，于1099年占领耶路撒冷。就在那年，医院骑士团重建，被改造为军事化教团，负责照料并守卫圣地。同年，圣殿骑士团建立，负责更进一步地组织朝圣与圣战。他们建立起一个遍布欧洲的网络，并向家境不错的朝圣者发放信用状。在随后的两个世纪里，欧洲人发动了十几次十字军（见第五章）。

这些横跨欧洲，甚至穿过穆斯林统治地区的旅程，或许是地球上到那时为止出现过的规模最大的发达社会间的人员流动，给基督教欧洲带来巨大影响。这一点都不令人吃惊，威廉·麦克尼尔对于前现代时期曾有一个充满说服力的看法:“历史变动的主要驱动轮乃是陌生人之间的接触。”对欧洲而言，最为重要的是这种接触带给他们的全新看法，尤其是在面对伊斯兰和拜占庭的伟大文明时，欧洲人萌生了一种自我鞭策的意识。似乎正是这种低人一等的感觉刺激了欧洲人，让他们奋发向上，更激进地战斗，去尝试并采用在海外所见的每一项新技术、制度、思想或实践。最终，他们收获的不仅是对部分地中海商路的控制和对欧洲文化共通性的认识，更感受到欧洲内部在文化上的差异（原始民族主义情绪）。

在千禧年之后的三个世纪里，对于精神追求的狂热大大促进了欧洲各地修道院的发展。1098 年，熙笃会的诞生为那些最具奉献精神的信徒提供了归宿。与克吕尼修道院的做派不同，熙笃会成员自己把犁耕田。但令人啼笑皆非的是，虽然熙笃会拒绝克吕尼那种追求入世和财富的做法，但他们也同样积累了巨大的财富；同时，在克莱尔沃的伯纳德（1090 ～ 1153）能力出众且鼓舞人心的领导下，熙笃会赢得了教皇给予的豁免权和巨大的政治影响。到伯纳德去世时，已经有大约 350 座熙笃修道院分布在欧洲各地。半个世纪后，13 世纪初期，又出现两个新的修道院教派——道明会和方济会。他们的会员以托钵求施的方式修行，男女信徒都致力于为他人服务，牺牲自我，追求贫穷、纯洁和顺从的生活。最重要的是，他们在日渐扩大的城市中工作，照顾穷人病人，担任牧师、教师、布道者和传教士。总体上，13 世纪的欧洲僧侣与修女人数大概超过 10 万人，因为据估算，仅在英国就有大约 2.5 万。

这是一个充满合作、联系频繁、社交密集的时代。男性方济会修士不停地游历，不同修道院之间定期交流，宗教当局认为教士与修道士有必要在各个地区按期轮换。学者常常在不同的大学中接受训练或执教。富有学识的匠人、医生、律师和会计师数量倍增。商业经济加速发展，精通数学与逻辑的人才供不应求，他们将理性注入到更广泛的社会文化之中。大多数受过教育的精英能够用通用语言拉丁语轻松交流。事实上，拉丁语在那个时代迎来了作为日常口语的复兴，那也是它应用在诗歌、赞美诗、宗教文字和哲学领域中的黄金年代。

有教养的欧洲人开始以不同的方式看待世界。在此之前，个体一直淹没在集体之中，现在开始寻求自我表达。艺术家撰写传记、序文并且在他们的作品上署名。在许多作品中,作家把自己设为主角。这么做的主要原因是吸引更多的赞助和认同，但显然也带有让自己显得与众不同的愉悦。类似地，哲学家感受并且提升人类天性的尊严与高贵、自然的潜在价值、自然秩序的意义与合理性，以及人类能够认识这种秩序的信念。

在这些变革的风潮中，宗教信仰和教条也随之改变。基督开始作为在尘世中受苦的人类形象出现，不再被光辉笼罩。他的母亲玛利亚，越来越多地被描述为其子与尘世之间的调停者。在 12 世纪晚期，人们认为炼狱真实存在，在那里，普通的基督徒——那些“既不好到超凡入圣，也不坏得彻头彻尾”的人——能够净化自己，为升入天堂做好准备。这种信念肯定了数以百万计的基督徒的内在价值，也显然满足了教会将大多数基督徒聚拢在自己身边的愿望。在 13 世纪，普通民众对此的回应之一是宣称自己体验到无数神迹。每个人，哪怕不是出家的教士，都被号召以行动改变世界。

这些智力与文化上的变化曾被称为“12 世纪文艺复兴”，它为下个世纪哲学思辨的爆发打下了基础。

古希腊哲学的再发现对这些发展尤为重要。在中世纪早期，学识渊博的人对古代思想家的著作有所了解,这些思想家包括早期教父、拉丁语思想家如西塞罗和塞内加等、新柏拉图主义者如波爱修。法国哲学家艾蒂安·吉尔松写道:“柏拉图自己从未出现，但柏拉图主义无处不在。”古代典籍的翻译工作在 11 世纪后期逐渐增加，部分原因是第一次十字军时期与希腊和伊斯兰世界的接触。从穆斯林统治下夺回的西西里和托雷多成为翻译希腊科学和数学著作的重镇，包括欧几里德、托勒密和亚里士多德等人的著作，这些文本最早译自阿拉伯语而非希腊原本。一些欧洲学者去了君士坦丁堡，威尼斯的詹姆斯（生卒年不详）在12世纪的第二个25年里在那里翻译亚里士多德的《后分析篇》和其他希腊文著作。到了12世纪末，几乎所有关于逻辑学、语法、形而上学、科学和宇宙学的亚里士多德著作都被翻译了——这可是相当大的体量。100年之后，它们已广为人知。

其他学者,如巴斯的阿德拉德(约1080～1152)游历伊斯兰世界，翻译了穆斯林学者所著的科学、哲学和数学著作，使它们流行开来。其中一些著作不仅基于希腊哲学与科学，还做了进一步的发展和阐释，使其更符合一神教神学框架。欧洲经院主义者特别敬重伊本·路西德，称呼他为阿威罗伊，他是为数不多的能让信仰与理性和谐共处的知名穆斯林学者之一。拉丁哲学家称他为“评注家”，他留下了大量关于亚里士多德及其他希腊哲学家著作的精彩评注。尽管并非所有人都同意这一说法，但有学者认为，经院主义方法直接受到伊斯兰先例的影响。

亚里士多德与伊本·路西德迅速占领了大学。他们有些观点完全不容于基督教，例如亚里士多德拒绝承认神圣天命，他相信宇宙是永恒的，伊本·路西德曾反驳过三位一体的学说。因此，在13世纪早期，在欧洲哲学思辨的中心，巴黎的宗教权威禁止教授亚里士多德,但一些大学教师依然在私下讲述这些内容。到了13世纪50年代，禁令解除，亚里士多德成为课程里的主要元素。伊本·路西德在欧洲享有的声誉远超过在伊斯兰世界，因为后者放弃了哲学。诸如道明会的托马斯·阿奎那（约1225～1274）和方济会的罗杰·培根（卒于1294年）这样的思想家并不排斥“异教徒”和“无神论者”，他们构建了庞大的知识体系，相信自然与神圣律法和谐统一。以培根为例，他相信数学是理解神学的必需条件。一些学者认为，哲学与逻辑学之所以如此繁荣，原因正是这些挑战基督教教义的文本的再发现。神学家玛丽-多米尼克·谢努则认为这要归功于那个时代令人吃惊的“精神饥渴”。无论原因为何，哲学与逻辑学的进步让人们对人类能够理解宇宙深信不疑。

中世纪最伟大的学术成就是阿奎那的《神学大全》，这部著作堪称史上最惊人的成就之一。在12世纪，“精神饥渴”催生了编写百科全书的热潮，在当时被称为*summae*，圣托马斯·阿奎那就写过两本。《神学大全》系统性地汇集了关于神学、教义、伦理、政治理论、教会法律和基督教哲学的所有主要问题，并通过引用几十位希腊、罗马、基督徒、犹太教和穆斯林哲学家和神学家的著作加以解答。全书涉及612个主题，细分为3120个条目。他在书中先陈述主题，提出针对结论的可能反驳（共超过1万条），然后引用权威论述铺陈自己的观点，以回应反驳。《神学大全》构建了综合理性与信仰、哲学与神学的复杂体系，展现出以理性穿透宇宙奥秘的深刻信念。

这种乐观精神让宗教当局感到不快。1277年，巴黎主教谴责了其中219条“命题”，并随后在巴黎大学展开讨论，首当其冲的是两条：“世上没有比研究哲学更高级的状态”和“只有哲学家才是世间的智者”。这些命题中有很多都限制了上帝的力量，例如“上帝不可能是新近事物出现的原因”。阿奎那自己的一些教导，在当时也受到短暂的谴责，但后来他被奉为教会博士。

中世纪伟大思想家的哲学思辩事实上是一把双刃剑。有观点认为，针对他们的谴责启发了后来的哲学家，如两位方济会修士邓·司各脱（约1266～1308）和奥卡姆的威廉（约1288～1348），他们对亚里士多德的科学理论持更加怀疑的态度。当然，亚里士多德的理论的确存在错误。奥卡姆更进一步地指出，仅靠人类理性并不能证明灵魂不灭、上帝存在以及其他宗教命题，他的思想为日后科学脱离宗教奠定了基础。伊斯兰世界的宗教权威和神学家，特别是安萨里，也谴责亚里士多德以及对人类理性的过度自信，但其结果却与西方大不相同。思辨、追问、怀疑和对知识极限的无尽探索在基督教世界得以持续，却在伊斯兰世界消失。这种差异背后的主要原因可能还是欧洲顽固的政权碎片化。

基督教世界的政权革命

一些历史学家认为格里高利七世和其他改革者建立了“教皇君主制”，教会成为一个跨欧洲的独立政府，拥有欧洲大陆最复杂的官僚机构和法律体系，在欧洲每个国家甚至欧洲以外地区都有临时或常驻使节团，其代表遍布基督教世界的每个城镇和村庄，单独享有对成千上万个教育和宗教机构、数以万计的朝圣者的法律管辖权，还是数次大型海外军事冒险的首要推动者。虽然没有常备的陆军或海军力量，教皇依然拥有极大的实力，挑唆强大的国王相互争斗，在至少两个世纪的时间里，其政治权威和影响比欧洲任何政权都要大。西西里和西班牙北部地区的收复，更进一步增强了教皇相对于神圣罗马帝国的力量，后者没有海军，无法对这些地区施加控制。

尽管教会极力捍卫自己的权威，甚至坚持自身的至高地位，但在某些方面，教会与国家还是会互相增进彼此的权力和声望。例如，在犯罪和刑罚方面，国家几乎拥有全部权力，而所有与灵魂有关的事务则归教会管辖。不过二者相互交叉的情形时有发生，如宗教裁判所。千禧年见证了异端的爆发，其中最具威胁性的莫过于清洁派。通常情况下，高级教士只会被施以精神上的惩罚，如开除教籍。具有影响力的修道院院长，如克莱尔沃的圣伯纳德，就曾经提倡通过说服的方式将异端信徒引回正道。然而，到了 13 世纪早期，教会法律师和神学家却开始认为应该对被定罪的异端分子施以死刑。

第四次拉特兰会议上提出的一条教会法规定，异端分子不仅要被驱逐出教，还应受到世俗当局的惩罚。皇帝腓特烈二世（1220 ～ 1250）为回应这项要求，发动了一场反对异端的系统化运动。为了防止皇帝与其他世俗领主利用该机会成为宗教正统的主要维护者，教皇格里高利九世（约 1227 ～ 1241）于 1231 年设立了宗教裁判所，常任巡回法官由教皇指定，大多数是道明会和方济会修士，在各主教的监督下开展工作。他们活跃在法国、意大利、阿拉贡和德意志地区，但不包括英国。1252 年颁布的教皇诏书授权法官使用酷刑来查明受审者是否有罪，虽然原则上不到万不得已时不可动用。有些法官对此狂热不已，如“恶棍”罗贝尔（活跃于 13 世纪上半叶）在 1239 年被解除职务并下狱前至少处死了数百人。原则上，裁判所法官不能下达比逐出“教会的庇荫”更严厉的判决，但他们知道世俗当局将会以火刑烧死被定罪者。于是，在反异端方面，教会与国家团结一致，但在其他领域，二者依然是对手。

教皇革命导致国王不再作为教会的首领，取而代之，教皇成为精神领域的领主。教皇的崛起削弱了帝国，在短期内再难出现跨欧洲的世俗帝国，甚至德意志或意大利的统一都难以实现。在德意志地区，地方性领主对于农民的权利增加了，农奴制被进一步巩固。即便在叙任权之争前，除了自身领地上的收益外，皇帝几乎没有其他收入来源；现在，随着地方赋税和徭役的增加，皇室与帝国税收进一步下降。不仅教会宣布并维护其自治地位，大学与城市公社也有样学样。这些机构，连同跨大陆贸易企业和半独立宗教组织（如圣殿骑士团），构成诸多或公或私的自治区域。法律职业化、程序正当以及法律权益的概念的扩张，协调了各方利益，并进一步加强了社会联系。在各个方面的限制与挑战之下，仅仅出于维系自身存续的考虑，欧洲国家也需要进行彻底的变革。

首先，欧洲的统治者效法教皇。就算是权力相对集中的英国盎格鲁 - 诺曼君主制，也不具备如教廷那般强有力的领导中枢或官僚政府。关于权威、影响和权力的话语体系，阐述并合理化其统治的哲学著作，以及恢复生气的拉丁语，同样增强了教皇的强制力与说服力。欧洲各统治者也依样大力推行这些措施，以集中权力、架空封建联结、挑战法庭判决、增强立法、征收新税。

与教皇一样，世俗统治者寻求法律与哲学的支持。多个世纪以来，当实际的行政与军事实力无法为他们夺取更多领地时，大多数欧洲君主会利用法律或道德方面的理由制造领土要求。随着世俗政府实力的增强，他们不仅在法理上而且在实际上获得了对领地的完全支配。与大家族联姻也能获得同样的效果，这是教皇所不具备的优势。进一步，诸侯与国王委托学者为他们的统治提出辩护，包括“君权神授”理论，这一学说盛行数百年，部分原因是臣民很难将国王视为凡夫俗子。最后，13 世纪 60 年代中期，亚里士多德的《政治学》被重新发现，基于对现有政府形式与人类本性的深刻观察，该书为统治权奠立基础，同时为进一步维护君主制度打开大门。

一种全新的而且也是西方独有的王权巩固机制在 13 和 14 世纪时伴随着军事革命（见第四章）在欧洲各地大规模出现，包括等级会议、国会、议会与其他类似团体。有些会议是地区性或省一级的，另一些则是全国范围的。这些机构与大学和宗教组织等有影响力的团体一起，催生阶层政治，把社会成员划分成教会、贵族与平民三个主要阶层，其中平民的权力体现在城镇之中。君主会定期召集各阶层代表，在重大政策制定上寻求建议。

在数个世纪的封建体制下，世俗领主也在会议上向国王提出建议，但等级会议在很多方面与之迥异。首先，等级会议包括教会和城镇代表；其次，他们分别在三个不同的大厅进行辩论，然后再聚在一起商议，会议遵循着固定的规则与程序；第三，他们代表所属阶层的利益，而非某个成员的利益；第四，封建领主视统治者为上级领主，等级会议视其为统治的搭档。就这样，在中世纪后期蓬勃发展的等级会议既是王室提高收入的机制，也是防止他们过度课税的限制，还是促进各阶层利益与权利的平台，因而使宪政式的权力分立体制化。

随着欧洲主要国家实力的增加，教皇的至高地位再难维持。转折点出现在法国国王“美男子”腓力四世（1285 ～ 1313 年在位）统治时期。教皇博尼法斯八世（1294 ～ 1303 年在位）于 1303 年颁布《至一至圣教谕》，宣称精神权威有权裁判世俗统治者，但他们自身“只受上帝审判，不受人间裁决”。然而几年之后，法国出生的教皇克莱门五世（1305 ～ 1314 年在位）把教廷迁往位于法国南部的阿维尼翁，并明确授予法国国王及其臣民免受前任教谕管辖的豁免权。阿维尼翁教廷持续了 67 年，其间一直受到法国国王的制约。

相比于教皇至上时期，这种转变并不让人吃惊。毕竟，持续三个世纪的农业、商业和城市化扩张令西欧的人口与财富获得巨大的增长。各地财政资源增加，政府官员数量大增，大部分是训练有素的法律人士。在 13 世纪，这些官员大多数还是教士，但他们的地位逐渐让位于平信徒，尤其是在意大利。从神授君主制向世俗官僚王国，甚至向民族国家的转变开始了。长远来看，新政体不仅遮掩了教皇的光辉，更将以暴风般的速度占领世界。

* * *

在新千年的头两百年中，教廷与国家间的对立粉碎了皇帝试图统一欧洲的野心，作为两个相互独立的政治实体，教会与国家却又互为补充。这种政治上的平衡从来没有出现在其他伟大文明之中，或许是因为那些文明里从来没有出现过可以与世俗力量抗衡的宗教机构。伟大的东方文明从未出现占统治地位的宗教。这些文明要么发展出两种或以上宗教，要么将多种宗教融为一体。伊斯兰世界倒是只有一种支配性宗教，但缺少抵抗世俗统治者的教义与传统。

在两种主要的欧洲力量的保护或至少是荫蔽之下，第三方势力崛起了。城市社会的力量基于财富、技术创新和商业发展，而非道德权威或军事实力。与此同时，欧洲几百个政权间无休止的竞争逼迫各个王国、公国、州郡甚至城镇将军事技术和战术发挥到极致，唯有如此才能避免被征服，下一章将详细讲述这部分内容。

第四章　军事革命

约公元前 3500 年	专为战争设计的武器首次出现
约公元前 1400 年	铁替代青铜开始被运用在武器中
约公元前 600 年	骑兵取代战车，成为军事战术的有机组成
公元前 4 世纪	马其顿的腓力与亚历山大开创了联合作战战术
732 年	查理·马特在图尔击败穆斯林的入侵军队
800 至 1000 年	维京人进入斯拉夫地区、西欧和北美
814 年	查理曼去世，他的帝国随之分裂
900 年	骑兵在欧洲军队中占据支配地位
12 世纪	诺曼人开始扩张，占领英国和意大利南部
1100 年	盔甲更加复杂，更具保护性
1200 年	投石机被广泛使用，取代石弩成为攻城利器
13 世纪	雇佣兵越来越常见，且颇为成功
14 世纪早期	长枪兵开始挑战具甲骑兵
1302 年	金马刺之战；法国召开第一次三级会议
14 世纪 20 到 30 年代	战争、洪水和饥荒使意大利财富缩减
1337 年	黑死病开始肆虐欧洲
1346 年	克雷西战役，步兵打败骑兵
1370 年	航海技术大突破，海运贸易崛起
14 世纪后期	欧洲经济蓬勃发展
15 世纪 20 年代	火炮越来越有效
1439 年	法王查理七世建立欧洲第一支常备军
15 世纪中叶	野战炮兵让大国得以进一步扩张
1453 年	君士坦丁堡陷落
15 世纪后期	新战术与武器让步兵脱胎换骨
16 世纪早期	新型防御工事让小国保持自治
1618 ～ 1648 年	三十年战争
17 世纪早期	古斯塔夫·阿道夫将方阵战术转为线式战术
17 世纪中期	中央集权专制政府在欧洲崛起

“英国弓箭手又上前一步，迅猛地射出手上的箭”，漫天箭矢如“雪”般覆盖大地。法国编年史作家让·傅华萨如此形容 1346 年 8 月 26 日的克雷西战役。此役是军事史上的一个转折点，装备长弓长矛

且纪律严明的步兵打败了装备精良的贵族骑兵。几百年来，骑兵都是欧洲战场的主角。2万左右的英军不仅打垮了人数3倍于己方的法军，还杀死不少法国士兵，而自身的损失却很少。傅华萨继续说道："英国军队中有一些康沃尔人和威尔士人，这些步兵装备大刀……他们向伯爵、男爵、骑士和其扈从发起攻击，杀死了很多人。"从前，贵族战士会彼此宽恕俘虏，但平民出身的步兵并无这种怜悯。

中世纪时期的欧洲战争是当时全世界最残酷的。中央政治权威的缺失造成教会与国家间的政治斗争，同时也导致欧洲数百位统治者间几乎无休止的战争，刺激了一系列环环相扣的军事进步。

当普通平民（通常情况下服务于国王或至少由贵族率领）学会挑战穿着盔甲的骑士时，一些大国造出了昂贵的攻城和野战大炮，令自己在15世纪中期重新建立优势。然而，到了16世纪早期，精巧而结实的堡垒出现，让小国也能维护自治的地位。在随后的一个半世纪里，主要欧洲国家建立起人数庞大、纪律严明乃至配置科学的军队。相对较小的国家，如荷兰共和国，只要有钱，就能在好战的环境中保护自己，因为金钱已确实成为战争的支柱。整整两个世纪，这些政权互相交战，并慢慢地将军事实力投向海外，最终，他们在地球上再无敌手。

古代及中世纪早期的战争

如同其他许多文明成就一样，地中海地区和中国是兵法的最早诞生地。已知最早的防御堡垒是位于安纳托利亚的加泰土丘，建于9000年前。长矛、弓箭和弹弓早在上万年以前就已存在，狼牙棒作为最初的专用进攻性武器，出现在大约公元前3500年的中东地区。此后，工匠逐渐开始以铜锻造枪尖、刀刃等锐器。过了几百年，更经久耐用的青铜取代了铜。印度河谷与中国的青铜时代来得稍晚一些。那个时代留存至今的人造物，武器占了很大一部分。

最精巧的新发明是战车和剑，最早分别出现在约公元前 2500 年和公元前 2000 年的美索不达米亚。在随后的几个世纪里，工匠的水平大大提高，战车演变成轻便的二轮车，带有轮辐以及能够降低摩擦的轮毂轴。中亚草原上的游牧民族拥有高超的骑术和良种马培育技术，他们将这些优势最大化，在公元前 1800 年至公元前 1500 年间蹂躏了整个欧亚大陆的文明世界，减缓了印度的发展，并在中国形成了相当分化的社会结构。亚述人在中东地区的支配持续了数百年之久，他们采用搭载弓箭兵的轻战车和搭载长矛兵的重战车。埃及的战车军团则称霸于尼罗河三角洲地区。

不晚于公元前 1400 年，在地中海东部地区，铁逐渐取代了青铜。铁的储量丰富，它的出现增加了总体财富并使战争大众化。一些大国覆灭了，或受到东北方向几乎陌生的迁徙民族的威胁。另一些选择联合起来并巩固自身实力，部分归功于铁这种新型廉价材料。亚述帝国一反公元前 1230 年开始的百年颓势，成为当时世上最强大的国家，军事和行政力量无与伦比。多达 10 万名训练有素的士兵参与到战争中，配备铁制武器、盔甲和战车。至提格拉特帕拉沙尔三世（公元前 745 ～前 727 年在位）时期，亚述帝国的唯一目的就是战争，而且依然是当地的支配力量。

公元前 7 世纪，中亚草原上的游牧民族中出现了骑兵革命。牧马的社群具备了令人生畏的军事实力。在定居人群中，十名农业人口最多只能供养一名战士，而每一个游牧骑手都是战士。在将近 2000 年的时间里，他们一次次地进犯中国、中东和印度的边境。最终，他们与定居民族融合并建立帝国，例如位于现伊朗地区的米底人，以及后来在中国北方活跃的女真人，持续对周边政权构成威胁。即便是中国的长城也无法确保安全。纳贡避免了许多袭击，但并非每次都奏效。

马其顿帝国的腓力二世（公元前 359 ～前 336 年在位）的多兵种军队是古代世界最为复杂且适应性最强的军队。他的军队中既有佣兵，也有公民士兵，既有贵族骑兵，也有出身低贱但训练有素的步兵，还有专业的后勤人员，外加投石机等攻城器械。步兵被进一步分为三种类型：一种是身着重型盔甲的伙友步兵，配备长达13英尺的长矛；第二种是灵活的持盾卫兵，使用的是10英尺长的矛；第三种是轻盾兵，包括身穿轻型护甲的弓箭手和标枪手。他们纪律严明，阵形整齐划一。更重要的是，腓力和其子亚历山大大帝将战术、训练、组织和军事科学提高到一个全新的高度。每个马其顿方阵由超过8000名士兵组成，是混合多兵种的独立战斗单位，类似于约两千年后才出现的现代师团。在火药出现之前，如果腓力或亚历山大在世，可能没有军队能够抵挡这种方阵的冲击，尤其是在平坦地形上。依靠这支军队以及高明的战略部署，亚历山大在敌方领土上将人数占优的波斯军队打得落花流水，然后越过中亚进入印度次大陆。

随着泛希腊文明的衰弱，两个伟大帝国出现在欧亚大陆两端，各自为日后充满活力且繁荣昌盛的社会奠定基础，并决定未来数个世纪的区域地缘政治。

中国的文明要古老得多。在有记录的历史之前，中国人就留下了一些清晰可辨的文化遗迹——他们编织丝绸、制造精美的陶器、食用小米，可能已经用上筷子。到了大约公元前1600年，凭借对车战的熟练应用，“商”部落开始在华北黄河流域的大部分地区确立自己的统治地位。在随后的几个世纪中，汉字作为统治工具出现，在很多方面与现代汉语非常接近。到了大约公元前1100年，来自中国西部的“周”部落推翻了商朝，但整合了后者的政治建树和文化成就。这是一个政权碎片化的时期，始于公元前8世纪的邦国混战状态，一直持续了数世纪。而公元前403年到公元前221年这段时期更是被称为“战国”。周朝于公元前221年灭亡，取而代之的是秦朝。来自西部的战士装备了用新工艺铸造的铁剑，这个至今依然保留着他们的名字的国家，被统一为单一的帝国和文明，这要归功于“书同文”

的政策。秦之后，汉朝始于公元前 206 年 *，汉帝国的疆域面积大体与罗马相当，其管理可能不及后者到位。虽然中国的统治者周期性地被不安分的精英或入侵者推翻并取代，但凭借文化与军事手段，中国作为统一的文明延续至今。

与之相反，罗马虽然统一了从地中海地区到里海沿岸的广袤疆域，却从未建立起单一的文明，拉丁语也从来不是帝国的通用语言。在文化上，推行至整个帝国的罗马法以及后来的基督教，是仅有的强力黏合剂和最经久不衰的遗产。罗马人并非靠信仰得胜，他们依靠的是自己的战斗力。他们的社会在很大程度上是为了战争而存在的，所有身体健全的男子都可能被征召入伍，不论年龄。他们需终身接受训练，时刻准备战争，带着极强的爱国热情战斗，不过只有自由民才有资格。因为频繁爆发的战争，经验丰富的老兵在罗马人口中一直保持着很高比例。罗马军队由军团构成，军团类似现代的师团，每个军团大约 5000 人，其下依次分为更小的战斗单位。绝大部分士兵是重装步兵，每个军团只有 300 名骑兵。总体说来，罗马军队人数从未超过 40 万，相较起超过 200 万平方英里的帝国疆域以及治下数千万人口，这支军队的规模实在不算大。他们的成功得益于出色的训练、超强的纪律、精妙的组织、激进的战略战术。持续不断的征战以及因此愈发沉重的税负拖垮了帝国。到公元 3 世纪，罗马开始走下坡路。

罗马面对着来自东边与北边的强大威胁。从尤利乌斯·凯撒（公元前 100 ～前 44）时代起，强悍的日耳曼部落就持续不断地侵扰帝国北方的边境。匈人和其他来自中亚或东亚草原的游牧民族则从东边挑战帝国的统治。这些主要由日耳曼人构成的“蛮族”，有不少慢慢地被罗马同化，到了狄奥多西（379 ～ 395 年在位）时期，帝国士兵和军官的主体由蛮族后裔构成。在这个意义上，蛮族并未征服罗马，

* 公元前 206 年，刘邦受封汉王；公元前 202 年，刘邦称帝。

而是继承了它。在统治了400年之后，历史上最伟大的帝国崩溃了，带来规模巨大的政治碎片化。统一从此再未实现。

东罗马，或拜占庭，衰落的速度要更为缓慢。在1071年，它依然能够征召6万人的军队（在公元550年时能召集15万人），没有任何西方统治者能办得到这一点，直到两三个世纪之后。

中世纪战争

系统性地重新研究兵法始于加洛林时期。杰出的军事指挥家查理·马特组建了欧洲第一支重装骑兵，他曾在732年击退穆斯林入侵者。他的孙子查理曼是一位魅力非凡且精力充沛的统治者，通过不断的军事行动，统一了从西欧到中欧的广阔疆域。法兰克人凶猛好战，但纪律混乱，以劫掠为生，常因分赃不均而大打出手，内战丛生。查理曼推行纪律与秩序，给军事首领封赏地产，来确保他们的忠诚，并以此为建立一支自足的常备军打下经济基础。查理曼还组建了后勤与保障系统以及攻城设备，让自己的军队能够行进数百英里，并进行连续数月的围城。他还建立前线据点，在其中放置足够的储备，开修道路将之连接起来，同样被连通的还有后方已经建成的堡垒。以此方式，他既保护了自己的王国，还为进一步开疆拓土设立了桥头堡。在802年到813年所颁布的一系列法令中，查理曼制定了包括征兵、训练和服役等方面的规则，同时还确定了军队组织和士兵装备。例如，每个步兵必须携带长枪、弓、1根备用弦和12支箭。

查理曼死后，他的帝国于814年分裂，欧洲大陆再次回到混战的状态之中。他的军事改革大多被遗弃，就连弓的使用都被废除。剩下的只有穿戴厚重盔甲的骑士，依靠剥削封地和劫掠邻居为生。

这些骑士通常都是好战的日耳曼战士的后裔，在战斗中表现出世间罕见的勇猛。威廉·麦克尼尔曾经给出过一个简单的解释：欧洲人所饲养的家畜数量远超其他民族，而且家畜中包括猪、牛等大型动物。他们在秋天大量屠宰牲畜，双手沾血就如同是第二天性。而在以种植稻米为主的亚洲地区，牲畜数量相对较少，而且在温和的气候下，人们不需要在冬天来临前将它们集中宰杀。欧洲战争尤为血腥，另一种解释是奴隶制的缺失，至少在千禧年后是这样。在欧洲以外，几乎所有地区都蓄养奴隶，在这些社会，将战俘转化为奴隶是战争的核心特征之一。与之相反，欧洲人互相争夺的是领土，而非俘虏，所以更倾向于毁灭或彻底征服敌人。

查理曼的帝国分崩离析时，另一支凶猛的战士加入了争夺土地的行列——维京人。这些日耳曼人精力充沛，残暴无情，头脑灵活，还是完美的探险者。凭借轻快的长船，他们自如地在欧洲的边缘与内陆穿行。维京人在公元8世纪晚期到达英国和法国沿岸。地中海地区和大西洋沿岸海军力量的缺乏让维京人为所欲为。每艘长船可载三十多名战士，当上百艘战船毫无预警地出现在岸边时，鲜有定居点能够与之对抗。他们劫掠村庄和修道院，俘虏数目众多的人质以索要赎金，或者卖给穆斯林商人做奴隶，他们还索取贡品，甚至夺取大城市，如在881年攻占波恩和科隆。

与此同时，维京人也建立起自己的社区、商业据点和城市。从9世纪50年代开始，瑞典人逐渐征服大部分东斯拉夫土地，沿着主要河流建立贸易殖民地，为未来的俄罗斯奠立基础。另一些维京人向西迁移，到了冰岛和格陵兰，甚至在公元1000年左右殖民纽芬兰。还有一些则前往爱尔兰、苏格兰、威尔士、英格兰、德国北部和法国西北部建立定居点。911年，法王“糊涂”查理（879～929）创立诺曼底公国以赢取维京首领罗洛（约860～约930）的效忠。罗洛的后代积极开展军事探险。首先，他们在法国扩张自己的地盘;然后，诺曼底公爵威廉（约1028～1087）于1066年从海上入侵并征服英格兰，完成许多个世纪后拿破仑与希特勒都未能达成的壮举。千禧年之后的一个半世纪内，诺曼人征服了三分之一的意大利领土，尽管不及远征英国那样具有戏剧性，但在历史意义上毫不逊色，在此过程中他们还将穆斯林从欧洲的重要部位赶了出去。

维京人并未因为逐渐融入被征服民族而衰弱，他们中的大多数皈依了基督教，并将自身的彪悍性格和旺盛精力传递给了这块土地。

从公元前 200 年到公元 300 年，马镫和改良的高桥马鞍被引进，让骑马武士成为欧亚大陆上最强大的军事力量，800 到 900 年间的欧洲也是如此（但中国不同，他们的统治者不喜欢独立的骑士）。重装骑兵风靡欧洲，其原因并非只有军事需要。当时欧洲的许多地区，特别是前加洛林帝国地区的政权已经发展到当地水平，由当地权贵构成的新阶级兴起，城堡是他们的权力基础。面对来自国外的劫掠和公共秩序的崩溃，国王与诸侯将土地分封给下属，以换取后者的宣誓效忠和军事服务；然后，这些封臣再将土地分封给更低一层的下属。大多数骑士还横向联合，互相宣誓彼此忠诚（见第二章）。除了英国或其他公共秩序良好的地方，这种分配方式被称为“封建制”，帮助欧洲在三四百年内维持了一定的秩序。

当时重装骑士占据统治地位，部分是由于城市很少，且在政治上没什么影响力。在这一时期，步兵与弓箭手也参与到战事中，但只是作为骑士的辅助，被用于削弱敌人和保护骑兵。只有骑马武士具备协同冲锋的纪律性。骑士将长矛持平向前冲锋，步兵跟随其后发动进攻，这是这个时代最有效的军事战术。即便是步兵起到重要作用的战斗，例如在诺曼征服中，其战斗结果也依然由骑兵冲锋决定。

骑士制度和骑士文化是这个时代的特色。中世纪早期大多数伟大文学都赞美勇气，甚至是直面死亡的无畏精神。逃避战斗被认定为懦夫行为。比武大会、长枪竞技和训练备战是贵族生活的日常。只有骑士阶层才有闲暇享受这些活动，这些肉食者身体强壮，负担得起战斗所需的装备。骑士的全套盔甲、武器、骑具和其他装备价值约为 20 头公牛，或 300 到 450 英亩良田的产出。国王或其他领主对此感到满意，因为他们不用为这笔沉重的开支买单，尤其是在没有条件负担这些开销时。当国王要发动战争时，他将属下的骑士召集在一起商讨；如果他们同意作战，就各自召集封臣和征召兵，在自己的领地上集结，然后开赴战场。

骑士通常并不像《罗兰之歌》（11 世纪晚期）中所描绘的那般不顾一切。他们参加的激战屈指可数，战死更是罕见。有几场数百名甚至上千名骑士参加的大战，结果战死的骑士尚不足十人。例如在持续一年之久的佛兰德战争（1127 年）中，只有一位骑士重伤而死。当然，中世纪骑士受到非常好的保护。在 12 世纪，盔甲变得更为复杂，防护也更到位；锁甲以及始于 13 世纪晚期的板甲，覆盖整个躯干。而且，骑士准则还要求为被俘的战友支付赎金。即便是英雄文学也渐渐地不再歌颂战死。事实上，有一种解读认为，《罗兰之歌》的目的之一在于谴责主人公未在战争失败前吹响号角。骑士典雅爱情传统的流行也为避免战争提供了正当性，寻求和平、追求名媛，变得与准备战斗一样重要。

再者，这些贵族骑士也并非一直对领主忠心耿耿。久而久之，封臣常常将封地看作私有财产，而非领主祖先所赐予的相互忠诚的担保。因此，很多人索性不理睬领主的征召。骑士普遍缺乏纪律，常常无法协作。许多人烧杀抢掠，造成第二章所讨论的公共秩序的崩坏。封建上层集团主要以两种方式应对这种灾难：教会强制的停火以及城堡建设。

法国是欧洲最富裕的王国，因而盔甲骑士的数量也最多。但同时，法国可能也是遭受目无法纪者破坏最多的地区。因此，第二章里提到的和平运动源于法国也就不足为奇。1139 年召开的第二次拉特兰会议，正式通过推行和平运动的决议，还特别提到禁止对基督徒使用弩。这些努力取得一定成果，许多骑士不愿杀戮基督徒或是参与教会不予支持的战斗。历史文献中不乏在开战前进行宗教仪式的记录，特别是在十字军东征期间。

然而在实践中，欧洲社会依然充满冲突与战争。尽管有着教士不得杀生的严厉禁令，并且这项禁令在教皇革命之时和之后被更加严格地执行，一些教士还是参与甚至领导战斗。个别神职人员还成为了战斗大师，他们训练新兵，编纂兵书。另一些则利用布道传教的机会发动信徒加入“圣战”。在英国，许多受国王分封的神职人员有义务响应他的征召，直到 1418 年之后这种情况才结束。然而即便进入了 15 世纪，还有教会在诵读《福音书》时，由骑士举起出鞘的利剑，以示维护信仰的决心。

对无法无天的骑士最有效的防御莫过于石头城堡。千禧年之后，政治上的无政府状态、无休无止的劫掠以及叙任权之争造成的冲突让城堡遍地开花。城堡主人统治着城堡周围的地区，为了保护私利而建起堡垒。最基本的城堡由一座环绕着高墙的塔楼组成。有些时候，这些高墙将整个城镇甚至城市包围起来，尤其是在富裕的意大利，约 200 个独立政权将这一地区分割得支离破碎。

面对高耸的城堡，唯一可行的军事战术就是围城。公元 12 世纪初，地中海地区的许多军队都拥有基本的攻城器械，包括抛石机和牵引投石机。牵引投石机发明于古代中国，能够利用几十人的重量将重达 150 磅的石块弹射到 75 码 * 之外。从 12 世纪早期到中期，机制类似巨型弹弓的配重式投石机也广泛应用于地中海地区。这种器械或许最早出现在拜占庭，其中最大的机械能将重达 200 磅的石块抛出约 400 码之远。在火药革命出现之前，配重式投石机稳居史上最具威力武器的宝座，中国、伊斯兰、拜占庭和西方都对其发展贡献了力量。投石机能够在战场上起到决定性作用，例如在 1189 年到 1191 年第三次十字军攻打阿卡城时，它就轰塌了堡垒的围墙。蒙古人在 13 世纪早期从中国与波斯处学会了使用这些攻城器械，迅速成为世界上最成功的攻城专家。

---

* 1 码约等于 0.91 米。

从 12 世纪中期开始，特别是在伊比利亚和十字军国家，一种新的城堡设计出现，这种城堡带有同心城墙，防御塔楼间隔分布，没有中心防御结构。渐渐地，城堡内墙变得越来越高，围攻成本日益高涨，欧洲战争的天平向防御方倾斜。只要物资储备充足，通常他们也习惯这样做，围城方往往比防御方更容易耗光补给。事实上，欧洲中世纪的防御工事成千上万，但绝大多数从未遭遇过围攻。凭借这些防御工事，那些较小且较穷的政权通常也能够抵挡强敌的入侵,这使得欧洲国家与政权间出现了一种独特的力量平衡。与之对比，欧亚大陆的其他地区通常都在单一的强权支配之下。

欧洲军备竞赛

千禧年后逐渐变暖的气候显然让欧亚大陆的经济和商业状况得到改善，并且逐渐将欧洲支离破碎的政治版图转变为相互混战的场地，欧洲也成了军事创新的温床。世界上第一次军备竞赛从此开始，直至今日，它仍未停止。它爆发于 14 世纪的意大利，那里有着巨大的商业财富，城邦间竞争激烈。在大约一个世纪的时间里，意大利人防线稳固。15 世纪初，法国与西班牙出现集权君主，他们将意大利半岛转变为角力的战场，使其政治与经济地位一落千丈。

第二章曾指出，至 13 世纪晚期，意大利商人与银行家支配了整个欧洲的贸易经济。他们大批量地买卖并且将新技术、金融工具和贸易方法带到欧洲大陆的每个角落。意大利北部和中部内陆城镇的商业银行家为教会、王室、政府、长途贸易、采矿、航运和其他大规模商业行动提供资金。他们将欧洲西北部的制造业和金融中心连接至地中海盆地的农业地区，进而与已知世界的进出口贸易连通起来。最大的企业利用大笔贷款从世俗与教会领主处换取特许经营权或垄断地位。到 14 世纪早期，佛罗伦萨的巴尔迪、佩鲁齐和阿奇亚奥里家族在相当大的地域内把持着贸易、制造业和银行业，后世历史学家称他们为“超级企业”。虽然从莱茵河下游到波罗的海地区的大多数德意志城市在汉萨同盟中联合起来，组成一个松散的贸易邦联，但与南边的竞争者相比，他们在各方面都稍逊一筹。

意大利半岛在商业上的成功让他们能够承受城市之间几乎无休止的战争。依照自罗马时期起的传统，意大利城邦里所有成年男性都有兵役义务。贵族及富有市民还有责任提供马匹并接受骑兵训练，其他人则加入步兵，领薪俸的外来者充当后备。

从查士丁尼大帝时期开始，雇佣军在欧洲各地都留下了战斗过的痕迹。许多雇佣军参与了1066年的诺曼征服。千禧年之后的商业革命更是大大增加了雇佣兵数量。在13世纪，雇佣军往往接受投标，只为出价最高者卖命。有些雇佣军异常强悍,例如加泰罗尼亚佣兵团，从1282年到1311年，他们赢得了在意大利、巴尔干和安纳托利亚参加的绝大多数战斗。这种佣兵团在14世纪的意大利数量众多，到14世纪中期，大多数意大利军队只为佣金而战。而且他们的雇主也发现，如果没钱支付佣金，肯定会招来劫掠。就像《魔法师的学徒》中讲述的故事一样，意大利城邦施展了自己控制不了的法术。虽然全欧洲的统治者都尝过雇佣军的苦头，意大利却是最严重的受害者，直到城市管理者想出一个聪明的办法重塑自身的权威。首先，城镇上调税收，以免入不敷出；其次，他们只雇佣较小的私人军队，最好只和他们的团长做交易，顺利的话，就不会面对一大群心怀不满又团结一致的士兵。威尼斯最精于此道，他们的领地也因此躲过大规模劫掠，不过佛罗伦萨与热那亚就没有这么幸运。

接下来的几个世纪里，为了存续，任何国家就需要提高赋税，同时还得精通战争之道。做到这两点的国家兴旺起来，剩下的则大多走向没落。大幅提高税收而又不伤害经济发展是可能的，毕竟原先的税负十分轻微，更何况税收几乎都用于军费，士兵们又将军饷花费在当地，这实际上还刺激了经济增长。有些雇佣军利用战斗经验为自己的人民赢得独立，例如瑞士山民，我们将在下文详细讨论。

14 世纪是欧洲历史上商业、战争以及战争生意的重要转折点。发生在 14 世纪二三十年代的一系列战争、饥荒和洪水拖垮了意大利的“超级企业”。更糟糕的是，14 世纪中期，黑死病侵袭了整个欧亚大陆，大约 2500 万人成为它的牺牲品。到了 1347 年，它又从君士坦丁堡开始，在 5 年时间里传遍欧洲每一个角落。许多地区的人口有三分之一甚至一半死于黑死病，死亡总数约为 3000 万。周而复始的瘟疫流行持续了超过一个世纪，大大地影响了欧洲人口的恢复，给社会甚至地缘政治带来严重后果。有位学者的观点令人信服，他认为正是黑死病加速了中国元朝乃至整个蒙古帝国的覆灭，并在总体上削弱了亚洲的所有强权，客观上为欧洲的兴起铺平道路。在欧洲，曾经热闹非凡的贸易展会变得门可罗雀甚至停办，劳工短缺迫使工资上涨并加速了封建制度的解体。

商业活动的中心再次转向海洋。从 14 世纪 70 年代开始，航海技术出现了一系列突破，帆船制造、导航方法、舰船武装等发展带动波罗的海地区的开拓，并开启欧洲航海探险与发现的时代。（见第五章）

经济在 14 世纪晚期再度繁荣。羊毛织品的贸易逐渐兴隆，布鲁日、根特和伊普尔的生产商和贸易商获利颇丰。硬岩开采技术传遍整个欧洲中部，白银、铜、锡、煤与铁矿产品涌入市场，带来了商品价格从飞涨到急跌的循环。政府担心食品短缺会带来暴动，开始建立粮食储备，粮食价格随之大幅下降，肉和鱼的价格也同步下跌。中产阶级开始缓慢出现，尤其是在英国东南部、低地国家和意大利北部，这些地方是经济增长的主要中心。

企业家努力追求更高效率。首先，他们寻找新的供应商以降低成本，或者在原料产地附近设立工厂，直接生产货物。其次，他们采用新的会计方法，例如到 1368 年，德尔本公司使用三份账簿，分别记录羊毛原料成本、织布的劳工成本和染匠的工资。伟大的簿记创新来自弗朗切斯科·马可·达蒂尼（约 1335 ～ 1410），他是一个军火商人和奢侈品供应商。他估算经营成本，到 1393 年在全公司范围推行借贷分类账，确保各项账目一年一清，并生成总体财务报表。达蒂尼还费尽心机地分散自己的风险。一个世纪后，方济会数学家卢卡·帕乔利(1446 或 1447 ～ 1517)发表了世界上第一篇会计学论文。

各种机构也随着经济发展而繁荣起来。在 15 世纪，贸易展会再次出现。到 1450 年，世界上最早的股票交易所出现在佛兰德人的城市布鲁日和安特卫普。当时，欧洲的许多农产品和工业制品已经作为商品生产，而且价格低廉。地中海地区的船运价格在整个 16 世纪降低了 25%。商人想出种种办法绕开宗教对借贷收息的限制。这样，借贷成本降低至 5%，1450 年后更低。资本变得充足，财富得到极大积累。许多超级富豪相继涌现，如杰出的实业家雅各布 · 福格（ 1459 ～ 1525 ），他资助欧洲的统治者发动战争。另一些人则在战争中大发横财，他们建筑堡垒、修葺受损建筑、造船、开矿冶铁。

步兵革命

经济发展无疑点燃了欧洲的军备竞赛，但普通人的机敏、纪律和民主行为揭开了这场戏的第一幕。在本故事中，来自丘陵、山地及其他农业贫困地区的装备简陋的步兵挑战并击败装备精良的贵族战士。换句话说，西欧的边缘人群崛起，向核心力量发起挑战，并改变了战争的性质。

这种转变并非一蹴而就，而是随着 12 世纪低地国家和北意大利城市社区军队的兴起慢慢进行的。这些主要依靠步兵的军队在 1176 年的莱尼亚诺崭露头角，3500 名左右伦巴第联盟步兵组成矩形方阵，手持长矛，坚守阵地，而他们面对的是约 2000 名帝国骑士。意大利人赢得了战斗，尽管多亏增援骑兵包抄了敌人。骑兵在这之后的一个多世纪里，依然是战场上的主角。

然而，商人阶层的财富以及他们对自由的渴望不断增长。以当时欧洲最富裕的地区之一佛兰德为例，它在 12 世纪晚期受法国统治。随着羊毛贸易的发展，它与英格兰的商业联系变得更为紧密，对法国霸权形成挑战。佛兰德的主要城市组织起以步兵为主的民兵部队，这些民兵由行会组织，装备精良，训练得当。1302 年 5 月，佛兰德人发动叛乱并对法国人展开屠杀，法王“美男子”腓力派出他的骑兵部队去平叛。7 月，在科特赖克，以长矛为武器的佛兰德步兵等待着敌方重骑兵的推进。他们小心地挑选战场，脚下的土地遍布泥沼，他们还在地面挖了许多沟壑。佛兰德人列好纵深为 8 人的阵形，长矛对外。法国步兵和弓箭手发动的第一轮进攻未能击退佛兰德人，于是法国骑兵鲁莽地朝着泥沼地冲锋，期望冲垮步兵阵形，迎接他们的是惨败。佛兰德人紧握着斜插在地上的长矛，全速冲刺的法国骑兵迎面撞向矛尖。这一天，超过 1000 名骑士阵亡。得胜的佛兰德士兵从敌人的靴子上搜集了许多金制马刺，这场战役也因此得名“金马刺之战”。

不过这场战役并不意味着步兵的全面胜利。法国重装骑兵失利的主要原因是高低不平而多沼泽的地形。后来，骑兵放弃了正面冲锋的战法。两年后，法国人赢得了蒙桑佩韦勒战役，夺回了他们的金马刺。1328 年，在卡塞尔战役中，法军摧毁了佛兰德军，斩首三千余。即便如此，谁都无法否认一场步兵革命正在发生，其中一个重要后果是让战争变得更为血腥。不像那些崇尚骑士精神的贵族，步兵发现俘虏对方作为人质是一件危险的事，这样做会将自己暴露在对方骑兵冲锋的致命打击之下。阶级对抗很可能也是这一现象的重要原因，出身卑微的步兵无疑十分乐于刺穿那些马背上的人上人。

瑞士步兵让欧洲另一个边缘地区成为强大的军事势力。几个世纪以来，这些位于阿尔卑斯山深谷中的城镇和乡村社区在周围的几个公国内享有一定自治权。1291 年，其中三个乡村社群组成邦联。在随后的一个世纪中，这些社区和其他瑞士人一道，十分勇猛地同神圣罗马帝国的军队作战。和佛兰德人一样，瑞士山民结成紧密的步兵战斗阵形，装备 12 英尺的长矛。纪律严明的方阵能够稳固而无畏地朝向敌军推进。如此布阵，只要士气饱满，就能够抵挡住任何骑兵冲锋。方阵中间配备的十字弩加强了防御。必要时，为应对从四面八方袭来的敌人，他们能够迅速将长矛朝各个方向铺开，形成“刺猬”阵形。当队形被冲散后，他们会狂暴地挥舞战斧进行近身战斗。从 1315 年的莫尔加藤战役到 1339 年的劳彭战役，在 14 世纪四场重要战役中，瑞士军队击溃了奥地利和勃艮第人的重骑兵。1394 年，哈布斯堡王朝承认了瑞士在神圣罗马帝国境内的独立地位。瑞士士兵则继续战斗，成为了欧洲最成功也最具盛名的雇佣军。

步兵革命的最高峰出现在另一个边缘地带——英格兰。步兵的优势地位始于爱德华一世(1272 ～ 1307 年在位),他打败造反的贵族，随后征服威尔士和苏格兰。他采用威尔士人的长弓，在当时，长弓比包括十字弩在内的任何武器都更具杀伤性，对战斗的影响也更大。在基督降生前数百年，中国人就已发明了弩，从千禧年开始，因其高效易用的特征，弩被欧洲军队广泛使用。但英格兰长弓的打击力度更大，射击速度更快。娴熟的弓箭手能在骑士完成冲锋前射出数支箭矢，穿透对方的甲胄。在 14 世纪早期的几十年里，数千名英国人掌握这门技术。

靠着大量弓箭手和出色的战术，英军在 1346 年取得了克雷西战役的完全胜利。英王爱德华三世（ 1327 ～ 1377 年在位 ）率领大约 1.4 万名由弓箭手、轻装步兵、重装步兵和骑兵构成的军队迎战大约 2 万名法国骑士、军纪涣散的步兵、热那亚雇佣弓兵和轻骑兵。英军以伤亡 200 人的代价，击杀数千法军，这场压倒性的胜利标志着战争史上的一个转折点。自此之后，任何人都能明白，装备着长矛或长弓且训练有素的步兵，在少量骑兵的掩护下，就能战胜欧洲最强大的重骑兵部队。人们同时还意识到，训练、战术、纪律及各主要兵种之间的配合比勇气与甲胄更为重要。兵法胜过任何一个单独的战争要素。实验、分析、合理化以及更进一步的创新毫无悬念地随之而来。

重装骑士并没有立即从战场上消失。首先，在军事上长期占据支配地位的法国在彻底改革军队上犹豫不决，致使法军一次次被英军击败。直到百年战争（1337 ～ 1453）后期，哪怕法军占据绝对的人数优势，如 1415 年的阿金库尔战役，最终的胜利方还是英国。另外，骑士痛恨放弃战马的想法，因为战马带给他们巨大的威望。当然，贵族依然主导着战场，在战争中遵守自己的行为准则，直到法国大革命前夕；甚至到第一次世界大战和第二次世界大战时，贵族依然是欧洲军官的主要构成。但军队的组织和战术还是发生了根本和永久性的变化，并带来巨大的影响。转向步兵意味着政府需要独自承担军费，这使得统治者不得不提高税收。对像法国这种权力分散的国家来说，相较于英国那样的权力更为集中的国家，他们面对的困难要更为巨大。

战争与代议政府的起源

向步兵的过渡让瑞士、英国及荷兰的平民通过组织代表机构获得了更多权力。商人、自由民和农民，只有这些平民能够提供组建步兵所需要的金钱和兵员。在得到更好的组织、教育、艺术熏陶、财富、团结并意识到自己在社会中的重要作用之后，平民就能提出并实现在政府中发声的诉求——无代表，不纳税。

早在千禧年之际，召集军队的需求就迫使欧洲君主召开欧洲大陆上第一次世俗议会。在谈及军队时，人们使用“召集”这一说法。在法国卡佩王朝早期，国王仅仅在准备战争时才召集自己的下属；英国诺曼王朝时期，被召集起来的军队很大程度上代表了王国本身。封臣的一项主要义务就是向其领主提供军事建议。慢慢地，这项义务演变为权利。13 世纪初，英法两国分别召开第一次代表会议，在召集方式上遵循早已有之的军事会议的模式。

13世纪，愈发频仍的战争导致对税收以及军事建议的需求进一步增加。欧洲范围内，政治代表会议涌现，我们在第二章中讨论过这一现象。极度缺钱的法国国王腓力·奥古斯都（1180～1223年在位）派出自己亲自挑选的官员征税。最为富有的目标是那些兴旺的城镇，许多城镇都维持着民兵，财政支持常常为它们换来王室豁免特许。与教皇博尼费斯八世的政治冲突迫使法王腓力四世在1302年召开第一届三级会议，科特赖克战役就发生在这年。几年后，由于财政亏空长期得不到改善，腓力四世从富有的圣殿骑士团、犹太人和伦巴第银行家那里抢夺了大量财富。三级会议在法国从未得到太多实权，这或多或少与法国地区实力派持久性的强势有关。

在这个方面，英格兰倒是成功者。在整个13世纪的大多数时间里，英格兰国王与世俗及宗教领袖共同商议政治事务、管理司法和提高税率，有时候骑士与市民代表也会参与。1295年，爱德华一世准备征讨苏格兰，战前他召集了英格兰的首次全体议会，后世称其为模范议会。每个郡派出两位骑士，每个自治市镇派出两名城市议员，每个城市派出两名市民，这个议会在全国范围内具有相当代表性。作为资助战争的回报，他们要求并取得了向国王陈情的权利。在长达数十年的时间里，议会的构成与义务并不明确。下议院于1327年获得了出席所有会议的权利，并于1341年与上议院分离，单独召开。在随后几十年里，下议院获得控制税收的权力。下议院的崛起很可能是因为其在策略上对国王的军队影响巨大。显然，百年战争带来的财政压力提高了议会的重要性。这场无休止的冲突也增强了法国各省政府的权力，王权遭到了削弱。下一场军事革命由法国率先完成，使得他们的军队与国王短暂地重返欧洲霸权。

火药革命

中国的道士花费数百年时间，系统地考察任何能找到的有机物和无机物，希望能够炼成长生不老药。公元9世纪中期，其中一个道士用硝石发明了黑色火药。渐渐地，中国工匠学会用它制作烟花及其他爆炸装置。但在未来的几百年中，这些发明和其他精巧的武器未能使中原王朝免遭女真和蒙古游牧民的征服。来自蒙古宫廷的旅行者在13世纪早期带着火药配方穿越欧亚大陆，将其传入欧洲。最早的火炮几乎同时出现在14世纪初的欧洲和中国，这些火炮体积不大，精度也不够，威力还比不上抛石机和投石车。然而，火炮发出的巨响给许多欧洲人留下深刻印象，他们开始系统地尝试大炮与火药。

欧洲对火药的第一个重要改良是"粒化"。粒化技术最早出现在14世纪70年代的英格兰，半个世纪后普及到整个欧洲。首先将火药与水或其他液体混合，然后压成固体薄层，再碾碎成小弹丸，通过揉捻除去棱角。这样处理过的弹丸与火药粉末相比更难点燃，但一旦点燃就会爆炸，产生巨大威力。火炮的体积与数量也逐年增加。1388年制造的纽伦堡巨炮需要十二匹马才能拉动。在那时，炮手每天只能发射大约五发炮弹。到15世纪20年代，有人能发射一百多发。

大炮自此成为攻城拔寨的利器。一些大型军队部署有一百门炮，许多能发射重达一百磅的石弹。即便如此，晚至15世纪20年代，只要援军能够及时赶来，配备守城大炮且储备充足的城堡还是能够挫败任何攻城企图。但短短几十年后，形势对比就完全颠倒过来。从此以后，有实力建造并有效调配大规模火炮的军事强权，能够摧毁一切防御工事，将火力不足的敌军打得落花流水，进而支配欧陆的任何战场。

技术的进步使这些变化得以可能。火炮制造师增加了炮筒长度与弹药直径的比例。增强过的炮筒长达八英尺，提升了大炮的火力、精度和发射速度（因为更长的大炮不易过热）。通过在炮筒的重力中心附近设置耳轴来平衡大炮，使调整炮弹发射高度变得更为方便。大炮还被装上了两轮马车，一队强壮的马匹就能轻易移动火炮。最后，铁制炮弹问世。其产生的冲击力比石弹更大，并且能够循环使用。另外火炮制造师的技术水平也日益增进，使得制造成本逐渐降低。

“火炮革命”改写了欧洲的政治版图。那些最富裕的国家大力投资建造各种类型和尺寸的火器。例如，15 世纪 40 年代，法国军队在火器上的投入占用了三分之二的预算，他们很快就一雪逢英必败的耻辱。英王亨利五世（1413 ～ 1422 年在位）在赢得决定性的阿金库尔战役后花了四年才征服诺曼底北部地区，与之相对，法王查理七世（1422 ～ 1461 年在位）只花了一年（1449 ～ 1450）就收复了这块失地。事实上，面对查理威不可挡的火炮，大多数英国据点不及交战就匆匆投降。为实现更远大的理想，1439 年，查理增加税收，建立起欧洲历史上第一支常备军，卫戍部队约有 2.5 万名士兵。这样的军队给集权国王带来优势，使政治上的专制主义得以发展，并促进了封建体制与习俗的衰退。

1453 年，“火药帝国”诞生。那一年，带着几百门大炮以及几千名弓箭手的法国军队在卡斯蒂永摧毁了英国在法国西南部的最后一个抵抗据点，结束百年战争，英国丧失在欧洲大陆的所有领土——除了加来，英国在 1558 年丢失该地。两个月前，穆罕默德二世（1432 ～ 1481）治下的奥斯曼帝国完成一项更令人瞩目的壮举——征服并劫掠君士坦丁堡。

14 世纪中叶，奥斯曼人在该地区建立起自古典时代以来的第一支常备军——苏丹亲兵。这支精锐步兵部队的人数在 15 世纪中叶时还不到 5000，但他们纪律严明，装备精良。士兵几乎全来自被征服的基督教民族，尤其是在巴尔干地区。他们与轻骑兵以及其他步兵单位一起，构成了一支超过 8 万人的大军，在 1453 年发动了对君士坦丁堡的围攻。这座宏伟城市堡垒拥有长达 4 英里的城墙，朝向陆地的一侧有条巨大的壕沟，面对大海的三面则被 9 英里的城墙包裹，100 座防御塔楼耸立在城墙上。奥斯曼军队从被俘虏的中欧人，尤其是匈牙利人那里学会了火炮铸造技术，在他们的协助下，奥斯曼军队铸造了巨型火炮用于围攻君士坦丁堡，其中一门火炮的长度达到26英尺。傲然屹立千年的拜占庭帝国轰然倒地，被崛起的奥斯曼帝国吞并。

奥斯曼帝国在四面都没有什么稳固而强大的盟友，但能轻易地从水路或陆地进入欧洲。强大的海军力量可以说将多瑙河及其主要支流转变成进入中欧的军事高速公路。苏莱曼大帝（1520～1566年在位）利用这个通道在1521年围攻并征服贝尔格莱德，并在1526年攻下匈牙利南部的莫哈奇。1529年，苏丹的大军止步维也纳，从那以后，苏莱曼一世转而专注于占领爱琴海地区，直到1566年去世。

其他穆斯林政权也开始采用火药技术。波斯在15世纪70年代从威尼斯人那里进口火炮，希望在奥斯曼帝国东面建立起与之抗衡的力量。在16世纪早期，萨法维王朝使波斯再度振兴，给奥斯曼人带来威胁，不过在1535年苏莱曼还是从波斯人手中夺走了巴格达。他还以火药武装乌兹别克与克里米亚汗国。公元1500年之后，穆斯林与基督徒的火炮制造师在印度的沿海城市制造火炮。几十年后，大炮与枪械成为莫卧儿军队的标准配置。尽管如此，伊斯兰世界还是没能跟上欧洲的技术发展。

欧洲政治碎片化是军事创新最好的孵化器，促成无休止的战争。15世纪50年代，野战炮兵已经自成一体，触发冶金业的巨大繁荣，欧洲进入了一个新的“铜器时代”。勃艮第公爵“大胆”查理（1467～1477年在位）因其在佛兰德与法兰西东部的大片领地而积累起难以想象的财富。他组建起一支庞大的炮兵部队，在穆尔滕战役时（1476）动用了大约四百门炮。然而瑞士联邦还是三度击败查理，1477年查理在南锡战死。在半个世纪内，能够抵御住如此强大火力的小型国家，屈指可数。

火炮已经成为战场上决定性的元素。然而，炮兵部队所需要的巨额开支只有大国才负担得起，这意味着只有大国才能繁荣。长久以来，进攻方首次获得优势。更大的国家能够负担得起更多大炮，于是就能征服更多领土。控制更多土地意味着能征收更多税收，进而购置更多火炮。从数字上说，从 1450 年到 1500 年间，最大的中央政府的税收总额翻了一番。

除了奥斯曼帝国，另外两个大赢家是西班牙与法国。1482 年，西班牙军队发动对南部穆斯林政权的战争，10 年后，伊斯兰在伊比利亚半岛最后的据点格拉纳达被攻克。1494 年，法国的查理八世（1483 ～ 1498 年在位）对那不勒斯发动闪电般的征服，打响意大利战争。1495 年，在塞米纳拉与法军交锋遭遇惨败后，杰出的西班牙统帅贡萨罗·费尔南德斯·德·科尔多瓦（1453 ～ 1515）发明了“西班牙大方阵”——由长矛手紧密排列成方形阵形，外围配备大量火绳枪兵作为掩护。因为前装式的火绳枪使用不便，直到 1500 年，弩还是重要的远程武器。在 1503 年切里尼奥拉战役中，科尔多瓦重用火绳枪，人数占据极大优势的法军被打得措手不及，“联合兵种革命”自此开始。进可攻退可守的西班牙大方阵在欧洲范围内普及开来。

一直以来，欧洲人对代价高昂却收效甚微的攻城战避之不及，但随着西班牙与法国在火器方面占据优势，攻城战开始频繁出现。在近代欧洲早期，每一次军事创新似乎都会引起与之相抵的新突破，虽然在火药革命中落后，意大利人却很快在堡垒技术上取得天才般的进展。

16 世纪，在一场与佛罗伦萨的战争中，比萨人发现匆忙间构建的土制斜坡防御工事能够吸收炮弹带来的冲击力。随着欧洲的强国在意大利土地上征战不休，一些最聪明的头脑开始想办法开发防御手段。1529 年，米开朗基罗受命督造佛罗伦萨的堡垒。在他监督下完成的防御工事有着精心设计的棱堡，内置防御火器。在佛罗伦萨居民放弃抵抗开城投降前，这些堡垒抵挡住了帝国军队长达 10 个月的围攻。

意大利建筑师和工程师的设计再一次改变战争。意大利星堡由三个主要元素构成。首先，它有一道宽阔平坦的壁垒，装备有大炮；

其次，在其外围分布有多边形的突出塔楼，能够在180度范围内反击进攻者。这两个特点合在一起能够最大限度地减少盲区和防御死角。最后，一条深深的壕沟和通常以泥土筑成的低矮且带有坡度的墙体环绕着内层堡垒。意大利星堡的出现在短短几十年时间里就重新确立了防守方的优势。即便相对弱小的国家也能负担这种技术。到了16世纪70年代，新型堡垒配合非凡的不屈精神以及殊死拼杀的勇气，令尼德兰北部微小却丰饶的省份抵挡住了来自哈布斯堡帝国这一欧洲最富裕政权的强大火力（见第十章）。这一挫败加上其他阻碍，使得查理五世（1500～1558）统一整个欧洲的美梦破灭了。

看看这不起眼的火药所带来的巨大变化吧。同时也请注意一个重要的差别：火药虽然发明于中国，但对中国社会和政治所造成的影响却极为微小，1839年英国战舰的到来才改变了这一状况（见第十三章）。相反，在全副武装的欧洲商船扬帆驶往地球各个角落之前，火药就已把欧亚大陆的其他地区闹得底朝天。因对历史延续性的理想追求，哪怕其创新从根本上转变了欧洲文化，中国也依然能够找到维系自身稳定的方法。

战争性质与规模的变化

欧洲人口与财富持续增长，源源不断地“为战争输血”。刺激经济增长的因素之一是活跃的国际贸易（见第五章与第九章），以及铁产量的急速提高。至16世纪40年代，英国人学会用铁铸造大炮。但归功于密集的高炉，低地国家依然保持着火炮制造中心的地位。道德、意识形态、宗教以及原始民族主义的狂热让早期现代欧洲的战争变得更血腥、更持久，也远更昂贵。渐渐地，只有那些大国，连同极少数高效协调的小国，能够存续。

有识之士开始将批判性思维和数学的精确引入军事。到了16世纪50年代，主要的欧洲军队都已专门化，三个主要分支分工明确。

轻骑兵的任务是冲锋、手枪射击、撤退；步兵被训练为燧发枪手、掷弹兵、工兵以及其他任务执行者；专门的炮兵单位分别为野战或攻城而设置。军队还动员并训练各行业的专家，包括外科医生、工程师、木匠、造车匠以及石匠。最高效的指挥官将部下划分为越来越小的战斗单位——从 3000 人的西班牙大方阵缩减为 550 人的荷兰式战斗营。

近代军事训练和演习始于奥兰治亲王拿骚的莫里斯（1567～1625）。他是天才指挥官和战略家，他对罗马军队的成功之处进行学术性的研究，随后在战场上实地验证研究成果。这项工作使得莫里斯完全重组荷兰陆军。首先，他将部队分成更小的单位，增强对其的控制，提升士兵对军官的忠诚度，加深士兵间的团结；其次，他确立严明的纪律并举行近乎不间断的演习，士兵有组织地学习如何使用武器，如何做到令行禁止、整齐划一，特别是如何半自动地以有规律的模式行军；第三，如同罗马士兵一样，他们不停地挖掘战壕，修筑工事，这既能让他们在战场上得到保护，还能在和平时期少惹麻烦。这些训练嵌入到社会潜意识之中，让士兵无条件地服从、准备好献身并对战友和上级忠诚，而不在意各自的出身。欧洲的政权发现可从穷人中募兵，并将他们训练为出色的战士。

莫里斯还开创了武器标准化以及列队齐射战术。在仔细研究过现有各种火绳钩枪和大口径火绳枪之后，他于 1599 年要求所有荷兰枪械制造商只提供按照统一规格生产的枪械。这项措施让维修变得容易，而且还降低了整体生产成本。然而这种枪械依然有装弹速度慢的缺点，让敌人有可能在所有枪支准备好进行第二次射击之前就冲乱自己的阵形。在 16 世纪 60 年代，葡萄牙将火枪传入日本短短 20 年之后，织田信长想出一个点子，他让枪手们轮番射击，火枪兵排成横排，第一排先射击，然后后退并装弹，第二排接替射击，依此轮回。这个方法或许传到了欧洲。无论如何，到了 16 世纪 90 年代，莫里斯采用了类似的战术，六排枪手经过严格训练后每放一枪就走回队后重新装弹。到了1604年，欧洲与奥斯曼帝国都采纳了这种新战术。

迅速并全盘接受这种进步构成这一时期大多数欧洲军队的特征。哈布斯堡辽阔疆土上系统化的士兵轮换以及雇佣军在欧洲军队间的自发流动，迅速传播了军事知识和技术。此过程中功不可没的一个因素是插图本的军事论著的扩散——得益于印刷革命，军事论著比以前任何时候都要流行（见第六章）。最为重要的包括莫里斯的表兄约翰·洛德韦克在1607年的著作，此书详细描述了训练军队的方法。例如，它展示了枪手在射击和装弹过程中会经历的42个不同步骤。多种欧洲语言的译本与盗版立刻出现在市面上。

欧洲战争已经不再只是一门技艺，更是科学。其本性更偏向工业特征，而非骑士精神。战争规模巨大，变成生死攸关的大事，不再是骑士的休闲运动。国家为了获取更多人口、更多收入以及随之而来的更强大的军队而不断开疆拓土。政府变得更为中央集权，官僚机构在收税和行政管理上更有效率。当然，每个国家都不尽相同，沿着自身的道路发展。例如，就以税收来看，法国与西班牙由王室控制，而英国、荷兰共和国和波兰则由代议制机构控制。在恶劣的国际形势下,每个国家都尽其所能。一些统治者选择镇压代议制机构，去除一切对自身权力的束缚。

三十年战争（1618～1648）测试了欧洲主要国家的生存实力，并促使现代陆军诞生。神圣罗马帝国以2万兵力发动了这场战争，但15年后，送往战场作战的帝国军队人数超过了15万，这要归功于阿尔布雷希特·冯·华伦斯坦（1583～1634）的不懈努力。最高峰时，战争双方一共投入了约100万名战士。为了维持这么多军队，双方都从社会中抽调了大量资源。平民，尤其是德意志地区的平民，遭受重税、兵役之苦，还要为士兵提供膳宿，面临个人财产的大量损失。人道灾难更是触目惊心，30年间，两个组织严密的军事“有机体”激烈碰撞，约400万人死于瘟疫、饥荒、建筑破坏和战斗。

欧洲的国家与社会之间的关系发生了改变。当法国于1635年参战时，路易十三（1610～1643年在位）在帝国各处指派了监督官，这些官员大肆征税，常常派出普通士兵进行征收。1647年开始的新一轮加税导致了投石党之乱，但这场运动不仅没有实现任何目标，地方政府和议会权力还被进一步削弱。“专制主义”在法国大获全胜。路易十四（1643～1715年在位）授权财政大臣让－巴普蒂斯特·柯尔贝尔（1665年上任）设计一个系统性计划以提振全国经济。这个计划被称为“重商主义”，包括以商业补贴和减税等手段支持优势工商业，鼓励进口技术工人和专业人士，利用殖民地作为封闭市场，投资基础建设（道路、桥梁和运河），并通过设立国家航运保险等措施来鼓励国际贸易。促使路易十四采取这些政策的终极动机是战争。

如果你以为“专制主义”意味着王室享有毫无限制的特权，那么你多半是搞错了。在实践中，欧洲君主的权力，即便在所谓的专制主义时期（大约1650～1750），还是受到各方势力与体制的限制，包括有封地的贵族、自由市、区域性或地方自治团体、代议制机构、法庭和教会等等。君主必须尊重传统并在法律允许范围内行事。他们很少侵犯世俗或宗教上层的人身财产权利。在有些领域，特别是战争或外交政策方面，他们所受的限制比增加税赋之类的要少。但即便是专制君主最热诚的拥趸，如雅克－贝尼涅·波舒哀（1627～1704），也断然拒绝独裁制，认为这是一种巨大的邪恶。按照波舒哀的看法，一个明君，虽然有着绝对的权威，依然会公正裁决、保护属下的人身与财产权利、尊重习俗、遵守法律。与之相对，独裁暴君则完全按照个人喜好执政，将自己的臣民当作奴隶。

当然，君主权力在某些国家会更大一些。俄国沙皇和奥斯曼苏丹所面对的权力限制小得多，这些国家的社会力量相对较弱。专制主义并非始于欧洲，相反，它几乎与文明的诞生一样古老，也远比受限的政府来得普遍。如果专制王权的定义是将国家权力赋予一人，那么这种政体在人类历史上的第一次出现还是要归于中国。然而，即便是在中国，虽然中层机构和基层社会对于皇帝权力的限制极为微弱，皇帝也无法完全不顾习俗、道德、普遍信仰以及普通民众对于经济繁荣与稳定的期待而随心所欲。一位学者曾指出对于中国皇帝最有效的制约就是频繁发生的百姓起义——2000 年内就发生了 2106 次，每一次平均持续 7 年、拥有 22.6 万名参与者——这些起义导致了数次王朝更替。

在专制主义时期，欧洲君主有时候会模仿中国的机构设置和实践。事实上，伏尔泰和其他启蒙思想家认为中国的公务员制度极为合理，竭力鼓吹欧洲效仿。

欧洲官僚专制主义的极端例子是勃兰登堡－普鲁士。大选帝侯腓特烈·威廉（1640 ～ 1688 年在位）在其漫长的统治生涯中增加税率、削弱阶层的权威与权力、破坏法律威信、加强农奴制度，并且建立起一支 4 万人之多的常备军。易北河以东的农民沦落得如同奴隶。整整一个世纪，整个国家就像一个训练士兵的军营，被沉重的税负压弯了腰，个人与集体的利益都让位于国家，然而社会中依然充斥着一种集体性的荣耀与责任精神。到 1760 年，在七年战争（1756 ～ 1763）期间，每 14 个普鲁士人中就有 1 人在军中服役，而在法国，每 86 人才有 1 个兵。

并非所有欧洲国家都屈服于专制主义潮流。波兰的贵族保留了控制税收、司法、铸币甚至王位继承的权力。他们坚决拒绝支持军队改革。因此，到 18 世纪早期，在中欧各国中，唯有波兰军队不以步兵为中心。至世纪末，当邻国合谋瓜分波兰时，后者毫无还手之力。

一些主要国家既避免了专制主义的威胁，又没有在军事上落后。瑞典在卡尔十二世（1697 ～ 1718 年在位）治下差点滑入专制主义，好在军队保持了对宪法的忠诚，而且卡尔输掉了大北方战争。英国挫败了好几次试图建立不同形式的专制主义的阴谋（见第十章）。荷兰共和国没有遭受过这一类的威胁。换句话说，欧洲各国以各种方式应对了军事改革带来的机遇与挑战。

然而在整个欧洲，军事技术以相似的方式发展，包括不断分析并仿效成功的战斗方式、理性规划军队与战略部署、技术与战术的革新，以及增加军费。瑞典国王古斯塔夫·阿道夫（1611～1632年在位）的军队改革最为突出，他减小步兵火枪的体积与重量，配备纸质弹药筒以提高装填速度。他摒弃西班牙大方阵那样的方形阵形，将纪律严明的精兵排成细长队形，纵深最多为6人。这种“线性”战术作为欧洲部队的标准队形一直延续到第一次世界大战。作为现代野战炮兵之父，古斯塔夫还采用三种高度灵活的标准口径小型火炮。他还训练装备有手枪的骑兵掏出佩剑进行冲锋。最后，最重要的可能要属训练步兵、骑兵和炮兵在战场上紧密配合作战。欧洲其他国家迅速采用了古斯塔夫国王的改革。

创新还在持续。到了世纪末，几乎所有欧洲军队都换上了燧发枪，它比传统火绳枪更安全高效。燧发枪上装备有插座式刺刀，这个简单的装置令枪手能够在面对敌人冲锋时自保，因此不再需要长矛步兵的掩护。随着人口的迅速增加（从18世纪初的1.18亿增加到19世纪初的1.87亿）、经济的稳定增长以及钢铁产量的大幅提升，可供欧洲军队使用的资源也大大增多。例如，仅俄罗斯，从1700年到1710年这10年间，就生产出12.5万支手枪。欧洲人所利用的军事物资飞速增长，一位在1780年被派驻到加勒比海圣卢西亚岛的英国将军要求60万发滑膛枪子弹、20万个燧石、2400颗炮弹、1.2万桶火药，外加其他物资。整个欧洲，包括美洲殖民地，依然保持着军事水平的加速发展，每十年，甚至每年，军事水平就会攀上一个新台阶。

* * *

我们可以将西方军事优势的源头追溯到古希腊时代令人生畏的民主的公民兵役制。或许可以说古希腊的文化传统与现代欧洲所产生的战争机器有着巨大不同，两者之间几乎没有联系与传承。但没有人能够否认，直到今天西方依然维持着 18 世纪时所达到的军事优势。

在不同程度上，许多非西方政权持续将自己的军队西方化，包括克里米亚汗国、奥斯曼帝国、波斯、印度、日本、俄罗斯和中国。武器传播到世界的每个角落，从北美到新西兰，从非洲到东南亚。即便如此，面对欧洲不断涌现的创新，其他伟大文明与其差距越来越大。

尽管在 1711 ～ 1715 年间奥斯曼帝国取得令人印象深刻的军事胜利，并且开始严肃的军事改革，在随后的几十年中招募不少欧洲军事专家，但最后还是逐渐失去了军事强国的地位。16 世纪 70 年代的日本已经生产出成千上万支火枪，但政府禁令很快就阻止除了武士之外的国民拥有刀剑枪支，就连兵书都在禁止之列，日本开始闭关锁国。中国，作为世界上最富裕、最繁荣、人口最多，也最具实力的国家——至少在名义上如此——同样没有跟上脚步。火药的发明者依靠步兵的数量而非火力来防御从 1550 到 1566 年间蒙古骑兵的年年入侵与劫掠。到了 17 世纪 20 年代，或多或少凭借欧洲耶稣会传教士所带来的大炮，明朝军队才得以击退满族入侵者。然而 20 年后，中国国内发生大动乱，满人还是征服了中国的绝大部分，建立起一个新的王朝——清。在随后的几十年里，火药武器的数目与质量都提升了，但无论是中国或是其他亚洲国家都没有如同欧洲般迅速地实现军队的现代化。

欧洲将自身实力投射到海外的能力也与日俱增。事实上，海权是西方最伟大的军事胜利。17 世纪末之前，欧洲陆军在奥斯曼帝国陆军面前节节败退，饱受威胁。随着发生在欧洲土地上的一系列越来越悲惨的冲突，欧洲人的火力、战术、训练和后勤保障终于获得惊人的进步。很快，欧洲海军就控制了“七海”，在全世界未逢敌手，直到美国崛起。在西方控制海洋前的好几个世纪，欧洲人就在对海外奇珍异宝的欲望、探险精神和纯粹好奇心的驱使下开始航海探险的历程，涌现出一大批探险家、商人、旅行家和征服者。下一章就将讲述他们的故事。

第五章　探索世界

5 世纪后期	克洛维建立起法兰克墨洛温王朝
11 世纪	意大利商人旅行到地中海南部和东部
1096 年	第一次十字军开始
12 世纪	多达20万名日耳曼移民穿越易北河－萨勒河交界
1192 年	按照《都柏林宪章》,英国国王自愿限制自身权力
13 世纪	熙笃会设立 1400 多个分会
1200 年	欧洲各地有 800 多名主教
1236 年	基督徒收复科尔多瓦后缴获 40 万册图书
1244 年	穆斯林再次夺取耶路撒冷并长期掌控该城
1270 年	波斯商人绘制波多兰航海图
1291 年	穆斯林夺回阿卡，黎凡特地区的十字军结束
1298 年	马可·波罗在狱中写下他在远东的游历见闻
1299 年	奥斯曼帝国成立
1350 年	10 个家族垄断 15 个欧洲王室,当中 12 个拥有法兰克血统
1406 年	托勒密的《地理学指南》从希腊语被译成拉丁语
1415 年	葡萄牙夺得休达
1488 年	巴托罗缪·迪亚兹绕过非洲南部海岸
1492 年	哥伦布发现加勒比群岛
1494 年	《托尔德西里亚斯条约》在西班牙和葡萄牙间划分欧洲外土地的归属
1497 年	瓦斯科·达·伽马从葡萄牙航行到印度并顺利返航
1510 年	葡萄牙征服果阿
16 世纪早期	火炮成为海战的标准武器
1537 年	巴托洛梅·德·拉斯·卡萨斯描写美洲原住民的悲惨生活
1571 年	西班牙商人和殖民者发现马尼拉
1595 年	荷兰到达东印度群岛，建立起贸易帝国
1602 年	联合东印度公司成为第一家公开上市的跨国有限责任公司
1714 年	西班牙将奴隶贸易的权利让渡给英国
1756 至 1763 年	七年战争

自从我们的祖先第一次在大地上行走，或自婴儿诞生之日起，人类就对世界充满好奇。一位演化遗传学家这么说过："没有其他哺乳动物像我们这样到处跑……这实在有些疯狂。"大多数人探索的动力是对更好生活环境的向往，有时候仅仅是为了活下去，但纯粹的好奇心也从未缺席。希腊人是最早对生活疆域之外的土地感到惊叹的民族之一。希罗多德（约公元前 480 ～前 425）是史上系统性描述当时已知世界的第一人，他的描述多来自第一手经验。他游历过埃及、利比亚、中东、美索不达米亚、波斯、黑海地区、高加索、巴尔干、整个希腊，甚至可能去过印度。他的《历史》评论了所有这些地区的民族及他们的历史、习俗、成就、生活方式、信仰和社会政治组织，这本书还涉及地理、当地动植物和自然现象。在他之后的几个世纪中，许多旅行者跟随他的脚步，但很少有人能够达到他的成就。在了解自己所生活的世界方面，现代人中最出色的或许还是欧洲人。他们热衷于测绘、调查、理解、覆盖、探索并最终占领和支配地球的每一个角落，这种欲望在人类史上绝无仅有，构成人类与地理空间关系的巨大转变。

迁移

和地球上每个大陆一样，欧洲的定居者最初来自非洲。在上一次冰期结束时，也就是大约公元前 10000 年，欧洲人口数量可能不超过 10 万。到了公元前五千纪的新石器革命（石器、陶器、织物、金属加工和农业）时期，随着近东移民的涌入，欧洲人口慢慢增加，到公元前 3000 年时，人口增长到约 200 万。在这个时期，早期欧洲人在伊比利亚、法兰西、不列颠群岛和斯堪的纳维亚竖起巨大的石头纪念碑，有些石碑建成的年份早于埃及金字塔。许多石头重达数吨，产自遥远的地方，这表明当时存在着高效运作的社会组织。然而，这些石碑的建造者没有留下文字记录，我们无法确切解读他们建造这些纪念碑的目的。

来自东方以及伊比利亚的移民不断进入欧洲定居，尽管过程十分缓慢。因为所有的欧洲“土著”农耕者每隔几年就要去寻找更肥沃的土地，很难辨别出某个具体的人群是新移入欧洲的，还是在欧洲大陆内部迁移。那个时期的欧洲人也并不都靠耕种为生，许多人依然过着狩猎和采集的生活。大多数新来者，即在公元前 3000 年到前 1000 年之间进入欧洲的人群，说的是印欧语。

凯尔特人是早期欧洲移民中最重要的人群之一。他们分布很广，足迹遍及整个大陆，从不列颠群岛到安纳托利亚（今土耳其），从喀尔巴阡山脉到葡萄牙，他们掌握各种复杂的技术，使用轮子、犁和战斧。斯拉夫人定居在东方，日耳曼人定居在北方，其他人则被吸引到土地肥沃的东南各处，即今天的希腊及周边地区。在那里出现的米诺斯文明，其中心是克里特岛，在公元前 2700 年后繁荣了超过 1000 年。大概在公元前二千纪初，最早的希腊人开始进入他们未来的家园，在公元前 17 世纪建立起尚武的麦锡尼文明。更早的时候，好战的赫梯人就取道塞萨利进入安纳托利亚。在诉说特洛伊之战的那些真假参半的传说中，古希腊的敌人或许就是赫梯的旧属国。以印欧语系为主的小规模移民持续了数世纪。

转折点是公元 5 世纪的“蛮族入侵”，劫掠者如潮水般涌入罗马帝国的边界，加速了帝国的瓦解。除了那些非常有名的部落——例如公元 410 年攻占罗马城的西哥特人和以阿提拉（406 ～ 453）为首建立了横跨中亚到欧洲的大帝国的匈人之外，侵略者中还包括东哥特人、汪达尔人、伦巴第人、阿勒曼尼人、勃艮第人、保加尔人、阿兰人、弗里西人、撒克逊人和法兰克人。大多数属于日耳曼人，一部分有着伊朗、突厥和斯拉夫血统，这些人与各种说着不同语言的民族融合在一起。罗马的陷落使数十万人得以涌入欧洲，形成欧洲独特的文化活力。

内部殖民

公元 9 世纪加洛林王朝崩溃后，日耳曼民族的影响或许导致了欧洲的内部殖民。这场浪潮中最重要的殖民者是维京人，我们在第四章里已有所提及，他们在欧洲许多边缘地区建立殖民地。此外就是占据欧洲心脏地区的法兰克人。事实上，到了 11 世纪，“法兰克”这个词几乎可以指代全体拉丁基督徒，特别是那些从事殖民并定居到新开拓土地上的人。

公元 3 世纪时法兰克人最早定居于现在的比利时地区。早期法兰克部落中最出名的是撒利安人。作为罗马的盟友，他们在公元 451 年帮助击退了阿提拉率领的一次匈人进犯。一部分撒利安人移居高卢（今法国），墨洛温王朝的奠基人克洛维就是这支撒利安人的后裔，他征服或驱逐了几个相邻的部落，包括勃艮第人、图林根人、阿勒曼尼人和西哥特人。克洛维与其说是国王，不如说是个军阀，他定都巴黎，放弃异教信仰皈依天主教，其统治覆盖从高卢南部到德国北部的大片地区。在他死后，他的领地被继承人分割，经历数次分合，直到加洛林王朝崛起。虽然查理曼的帝国也很快崩解，但法兰克人始终在殖民欧洲。

打头阵的是法兰克贵族骑士，他们寻求领地、采邑、荣耀、扈从、封号和王冠。从各个方面来看，无论是他们的辩护者还是他们的敌人，都认为他们是地中海地区或欧洲最凶残嗜血的战士。毫无同情心的残忍、在战斗中不知疲倦、面对困境时勇往直前、对待对手冷酷无情——他们在编年史、传记、小说和歌曲中留下了如此的形象。

最成功的战士多出身于兴旺的家族。这些大家族从欧洲富饶的心脏地区获取维持生计的财富。然而，仅仅有着成功而显赫的家世还不够。任何希望在领土扩张上有所建树的领主，一方面要臣服于更强大的领主，换取封地或分享战利品，另一方面则需反过来赢得低等级骑士的效忠。技巧、精明、大胆和残忍都起着重要作用，再就是纯粹的运气。战死沙场、染病早逝、主君失势，乃至不孕不育都能轻易摧毁一个贵族家族的上升通道。只有保持在战场和婚姻政治中的成功才能确保家族延续。除非土地和战利品源源不断，否则骑士不会长期追随领主。

除了勇气和凶狠，法兰克人所掌握的技术水平也超过几乎所有敌人。弩、重装骑兵以及繁复精巧的攻城武器都令相对落后的波罗的海民族望而生畏，就算是穆斯林对手，看到几十名全副武装的骑士手持长矛冲击己方防守阵线时也同样会胆战心惊。法兰克人每打下一处，都会将之改造成可攻可守的据点。

最成功的法兰克家族为他们的扩张分子赢得了王冠。如果说封地是法兰克人征服路上理所当然的奖励，那王位则是所有人希望得到的目标。一些在千禧年之后出现的新王国引发围绕着王位的纷争，这些王国出现在卡斯蒂利亚、葡萄牙、波西米亚和西西里等地。任何精英战士都敌不过法兰克人。1350 年，拉丁基督教世界的 15 个王位被 10 个古老家族垄断，其中只有瑞典、丹麦和波兰的国王不是法兰克后裔。

法兰克侵略者的冒险同时展现出掠夺性和建设性两种元素。虽然苏格兰、波美拉尼亚和丹麦等地主动邀请法兰克人作为战士、军事专家和荒地领主去定居，但大部分新领地还是以武力夺取的。随着他们追逐勇气四方征战，出于虔诚以及纯粹的世俗动机，他们在故土和新领地修建教堂、设立城镇。他们推行封建社会的各种制度，包括以封地作为军事服务的回报，以及以服从作为对上级领主效忠的标志，他们还在国土之上修建了星罗棋布的城堡、磨坊并连成网络，留下文件记录，扩展商业往来和货币体系，传播规程礼仪特色鲜明的拉丁基督教，帮助设立宗教机构。

主教们跟随着法兰克人开疆拓土的脚步。从 948 年开始，奥托一世鼓励在神圣罗马帝国新征服的斯拉夫土地的北部和东部边界设立主教区。千禧年到来之际，自带大主教之职的波兰教会，以及几个匈牙利和波西米亚主教区都已成立，确保这三个地区的民众西眺罗马，寻求精神和文化的指引。类似的场景也出现在斯堪的纳维亚、波罗的海地区、不列颠群岛、西班牙、西西里、南意大利、巴尔干、克里米亚甚至部分近东地区。到了公元 1200 年，拉丁基督教世界已有大约 800 个主教区，最密集的当然是意大利和法国南部——有些教区可以追溯到罗马时期，而许多新教区则位于加洛林核心地区的边界地带。

拉丁教会在整个欧洲地区的扩张有些时候是以武力推行的，尤其是在面对斯拉夫异教徒或穆斯林的武力抵抗时。然而正如我们在第三章里提到过的，千禧年是世俗信徒与教士一样充满宗教狂热的时代，大量新教堂和修道院拔地而起，旧建筑也得到了重建或修葺，大众与上层的虔诚运动此起彼伏，天启似的神秘觉醒时有发生。移民与殖民者的宗教热情毫无疑问激荡着欧洲边界原住民的心灵，刺激了他们的精神发展和改信。

贵族殖民者鼓励农民、工匠、商人和教士跟随自己定居。大部分农业生产者为了获得田地以及更好的经济与法律条件，而移居蛮荒之地。作为交换，领主免除了大多数移民的劳役，允许承租人的后代续租土地，在移居的第一年免除地租和什一税。各层领主，包括国王，一般都会给予定居者这种优惠待遇以吸引他们搬往新征服的土地。如果那片土地是农村，那么整个村庄将会成为“自由村”，类似于获得特许权的自由市（见第二章）。对于移民来说，这是一个相当大的利好，因为欧洲和其他地方的领主总是坚持自己的权威并要求下属绝对服从。哪怕只是将一点点微小的权利让渡给移居来的农民，从欧洲发展的立场来看也是一种高明的决策。欧洲的农业移民既肯干又能干，将重犁、三圃制、水力磨坊、风力磨坊、经济作物培育技术等一系列农工生产方式传播开去。

农民将森林、草原甚至沼泽开垦成耕地，领主因此获益巨大。法兰克贵族越来越关注自己财产的盈利，他们开始保留金融记录，雇人测绘农庄，阅读管理财产的技术指南。商品农业经济的种子逐渐生根发芽。

我们无法得知从拉丁基督教世界中心区域移居到动荡的新核心地区以及边缘区域的精确人数。一位学者估计在12世纪就有大约20万日耳曼移民穿过易北－萨勒河交界。如果这个估计是准确的，那么来到边缘地区开始新生活的人应该在几百万左右。

殖民者和移居者自以为给蛮荒地区带来了文化与文明，尽管这些地区居住的民族已经遵照广为接受的风俗生活了数百年之久。这种矛盾在更大的定居点同样存在，许多地区在西方入侵之前早已存在。例如但泽（或格但斯克）在公元997年正式成立前就已经作为区域经济中心繁荣数百年。到10世纪末，波罗的海沿岸汇集了密集的商路和蓬勃的贸易网络。

当法兰克人和其他君主赋予大城镇（甚至农村聚居区）自由权并植入法律体系时，这些城镇的声名和居民的社会地位相应提升，成了吸引更多移民的磁石。作为由其父亲亨利二世分封的爱尔兰领主，约翰王子（1166～1216）于1192年向都柏林颁发特许令，给予都柏林市民很大特权。这些特权包括对于某类诉讼的豁免、免于缴纳各种罚款和道路通行税、允许组建行会及实施商业垄断，还允许都柏林自由处置城市边界内的任意土地。总而言之，和其他欧洲领主一样，约翰王子主动限制干涉臣民生活与事务的权力。某种朝向宪政的转变无疑正在发生。

在千禧年后的第一个世纪里，欧洲边缘地区的许多农村聚居点也同样获得了近似于城市的特许令以及相应的特权和豁免。这些特许令常常是为了吸引移民来边疆定居并修筑壁垒，以防新近被赶走或打败的原住民重夺这些地区，例如在西班牙阻击穆斯林或在东欧抵御波罗的海地区的异教徒。

自由宪章与法律体系一般都遵循既定模式并效仿各个“母城”的现有规范。马格德堡和吕贝克从更西边的母城那里继承法律传统，成为整个东欧数百个特许聚居区的模板。而这些新城镇有时又进一步产生出自己的“子城”。例如，位于萨克森的哈雷是马格德堡的殖民城市，同时又是东边西里西亚地区众多城镇的模板。有些母城对遍地开花的子城保持法律上的监管地位。几乎在每个领域，商业意识都开始出现，注重清晰的规则、合同关系、财政刺激、权利、交易和互惠互利。农民与领主共享这种全新的世界观和生活方式。

然而他们的观念并非是纯粹理性、实用与利润至上的。如前所述，这几个世纪同时也见证了强烈的宗教狂热和精神复兴。数以百万的普通民众加入朝圣之旅，参加大规模的赎罪运动，各种各样的“异端邪说”层出不穷，修道团体人满为患，尤其是熙笃会和托钵修会。

新的宗教派别在欧洲广泛分布，并深深植入其边缘地区，它们帮助传播西方习俗、价值、机构、仪规和技术。熙笃会以法国为中心，其传播方向几近四面八方，“从葡萄牙到瑞典，从爱尔兰到爱沙尼亚，从苏格兰到西西里”，熙笃会无处不在。熙笃会中有许多农业、机械、冶金等领域的熟练工匠，他们将自己的专长传遍整个欧洲大陆。托钵修会也在欧洲内部殖民的过程中起了重要的作用。他们精妙的管理能力、绝对的流动性、高程度的教育水平以及能够在任何环境中运作的特点令他们成为灵活的文化承载者。13 世纪早期成立的方济会在一个世纪之内就成立了超过 1400 个分会。

整个大陆的欧洲人都在迁徙中，建立一个又一个城市中心，人口在代际间稳定增长。从公元 950 年到 1350 年，天主教覆盖的地区面积翻倍。诺曼人殖民爱尔兰以及其他凯尔特地区。法国人跨过比利牛斯山脉，西班牙人定居或重返从穆斯林手中收复的伊比利亚南部，德意志人遍布整个东欧和波罗的海地区。每个地方都充斥着种族与语言冲突。在大多数地方，殖民者占了上风，将自己的习俗与语言强加给当地人，建立起支配性地位。冲突双方的敌意甚至怨恨都在慢慢积累并时常爆发。殖民者与当地人从彼此身上学习和借鉴，既互相怨恨也互相钦佩。

渐渐地，受过教育的、理性的、渴求知识的欧洲世界在行政管理和教会领域不断进步，进而对教育提出更高的要求。越来越多的欧洲边缘地区的贵族子弟加入“学术朝圣”，就读于巴黎、博洛尼亚和牛津等位于欧洲中心地带的大学。在那里，他们获得相似的思维习惯、语言才能、法律训练、哲学方法以及经验阅历。回到家乡后，他们在当地推动了西方化与殖民。

在欧洲所有边缘与后进地区的殖民过程中，各方势力都在起作用。这场运动的推动者既有普通民众，也有权贵阶层，既有世俗势力，又有宗教力量。各自的影响与权威经过各个阶层的无数事务所、机构、帮会和协会盘根错节地搅在一起。欧洲开始证明自己比其他文明更能在政权与宗教碎片化的背景下进行广泛而紧密的合作。如果要说有何种努力最能展现这种趋势的话，那一定是十字军，西方基督徒希望以军事行动来保卫他们最宝贵的东西——教会与信仰。

十字军

在千禧年时，中国与伊斯兰世界构成了地缘政治和经济方面的最强势力，与二者相比，欧洲几乎是无关紧要的发展中地区。但它充满活力，逐渐变得更开放，热衷于探索并吸收外来习俗、观念、技术甚至价值观。十字军是欧洲与更广阔世界间关系的转折点。除了暂时获得的新领地以及通往中东、伊比利亚和波罗的海地区的新商路，欧洲还从掳掠而来的文化宝藏中获益匪浅，例如1204年对君士坦丁堡的劫掠。圣战者学会了如何组织巨量的后勤工作，保障成千上万的人与牲畜跋山涉水数千英里的需求，还学会了如何协调这些母语不同，文化传统也不同的人群共同行动。即便如此，十字军的最大成就或许还是文化与心理上的。目睹伊斯兰与拜占庭世界辉煌的城市文明刺激了西方人对异域珍宝的渴望，挑战了他们的自我认知，拉伸了他们的想象力，并激发了他们对于其他文化的兴趣。

整个 1095 年，教皇乌尔班二世都在鼓吹圣战，特别是当年 11 月，他更是在法国的克莱蒙大肆宣传。他想到一个正当的理由——保卫东部教会免受伊斯兰战士的攻击，从穆斯林手中收复基督教最神圣的土地，尤其是耶路撒冷。几个世纪以来，朝圣者在这个基督殉难之地逗留。关于这些朝圣者受到占领圣城的穆斯林不公待遇的报告坚定了教皇的决心，他承诺宽恕所有“不为名、不为利，只是出于信仰与奉献而扛起十字架”的人的罪过。众人对此类呼吁给予了热烈的回应，多达十万名圣战者向耶路撒冷进军。虽然许多人追寻的是冒险与荣耀，但公开的目标则是“为了耶稣基督的事业”。毕竟至少要离家一年，作出这种决定并非容易，很多时候都要变卖家产，尽可能带上更多的钱，与家乡人一一道别。

第一次十字军的预演开始于 1096 年初，几千名贫穷的男女老少等不及圣战者的大部队就自行向东行进。这批人的领导者是富有感召力的隐士彼得（约 1050 ～ 1115）和几位无名骑士，他们分成三到四支队伍，朝君士坦丁堡进发，一路上大肆屠杀犹太人。他们不顾东罗马皇帝阿莱克修斯（1081 ～ 1118 年在位）的劝阻，继续向东，大多数人死在比他们强大的突厥军队手上。令人惊讶的不是他们的结局，而是他们居然凭着一腔热血走过了将近 2000 英里的路程，并且大部分情况下还是在未知甚至是敌对的地区里。在一个被政治等级、军阀、清晰的权威谱系主导的世界中，以及在少数几个中央集权政府统治的国家里，大多数普通民众从未组成过一支目标明确、相对团结且有序的军团。十字军见证了欧洲人不同寻常的独立思想、合作行动的能力以及对体验新事物的渴望。

真正的第一次十字军开始于 1097 年初，超过 6 万人组成的正规军，包括至少 6000 名骑士，分成三支主要部队，从欧洲的法兰克地区出发，每一支都带有不少老弱病残。没有国王参与这次远征。皇帝阿莱克修斯提供后勤保障与支持，十字军则承诺将夺回的拜占庭领地交付予他。圣战者于 1097 年春从君士坦丁堡出发。幸运的是，当时中东地区的穆斯林统治者正因权力斗争而实力大减。但即便如此，十字军还是用尽全力，在今天土耳其南部海岸及东地中海沿岸苦战两年多。他们攻占安条克（1098 年 6 月）和耶路撒冷（1099 年 7 月），连同两者之间的众多城镇与堡垒。十字军在该地区建立安条克公国和耶路撒冷王国等四个“国家”。这是一次惊人的成功。许多十字军战士返回家乡，另一些人则定居在那里。他们随后又攻占更多城堡，包括阿克（1104）、贝鲁特（1110）和推罗（1124）。

欧洲人欢喜若狂。他们确信上帝佑护了他们的热忱。当耶路撒冷回归基督教控制后，西欧经历了一场巨大的宗教热情，甚至战争都因此停止了一段时间，更多的人宣誓要过神圣的生活。欧洲的宗教与世俗作家都把穆斯林军事上的失利归因于他们对信仰的不忠和对基督徒所犯的滔天罪行（而基督徒对穆斯林所犯下的暴行则被他们随随便便地遗忘了）。

教廷授权成立了圣殿骑士团、医院骑士团和其他几个军事宗教团体以协助十字军事业，当中有几个后来变得富裕且强大。教皇承诺宽恕那些在西班牙、德意志以及波罗的海地区为基督而战者的罪行，在法国南部对抗阿比尔派异端的战士罪行也同获赦免。从 1110 年挪威国王西格德（1103 ～ 1130 年在位）加入开始，许多欧洲国王领导了对东地中海地区、埃及和北非的十字军。有时候十字军也会牵扯出意外的征服，如 1147 年第二次十字军从穆斯林手中夺取了里斯本，1204 年第四次十字军则洗劫了君士坦丁堡。在 1219 年第五次十字军进行到最高潮时，亚西西的圣方济各（1181 ～ 1226）甚至不带任何武器进入埃及苏丹马利克·卡米尔（1218 ～ 1238 年在位）的宫廷，希望苏丹改信基督教。他没能成功，这次十字军也一样。

事实上，自从第一次十字军之后，胜利在中东地区就再也没有光顾过欧洲人，他们的热情也慢慢减退。最终，西班牙失地收复运动，以及严格来说算不上十字军的日耳曼人对东北欧地区的殖民，成为硕果仅存的成就。在中东，伊斯兰军队逐渐扫清了十字军战士和他们的国家，一度夺回耶路撒冷，并在1244年永久性地占领了这个圣城。1291年阿卡城的陷落标志着中东地区天主教领土的终结。教皇将耶路撒冷建成神权政治之都的美梦一直没有实现。十字军彻底失败，并且公然成为满足政治甚至经济目的的手段，就连教皇自身的至高权威也随之逐渐褪去。

然而，数百万民众通过十字军接触到了成就远超拉丁基督教世界的伊斯兰文明，这一接触意义重大、影响深远；欧洲人开拓了眼界，探索了新的土地，意识到敌视穆斯林的偏见所带来的恶果，体验了新奇的文化，发现了异域社会与经济的模式，有些人更是与异族人相识相交，甚至结为夫妇。

世界旅行家

数世纪以来，欧洲人热衷于越过核心区域的疆界进行冒险，尤其对探访基督教圣地充满热忱。例如，公元400年左右，法兰克修女艾杰莉亚就造访过圣地并留下详细的文字描述自己的旅程。有些人为了探险而旅行，例如盎格鲁－撒克逊僧侣圣威利鲍尔德（约700～约787）花了七年时间遍访近东地区的所有主要圣地。后续的几个世纪里又有几十份旅行游记，见证了一连串从未间断的朝圣之旅。从大约1350年开始，这些记述变得更世俗化，更注重于记述当地人的习俗和朝圣者的见闻。许多欧洲人在此时开始越来越具备人文主义倾向。

有些欧洲旅行者寻找学术著作与文献。奥里亚克的热贝尔（约945～1003）是一位数学家、发明家、学者、教师，也是后来的教皇西尔维斯特二世。他在西班牙生活了好几年，研读各种从阿拉伯语译成拉丁语的数学与科学著作。他大概是第一个将印度－阿拉伯数字、星盘和算盘介绍到欧洲的学者。阿非利加的康斯坦丁（1020～1085）生于迦太基，漫游了整个中东地区，甚至印度。他皈依基督教，成为本笃会僧侣，并定居于意大利，翻译了大量科学和医学著作。半个世纪后，巴斯的阿德拉德（活跃于12世纪）为了阅读文本同时与学者打交道，在西西里、近东地区和安达卢西亚假扮穆斯林，与当地人一同生活。1122年，他回到英国，翻译阿拉伯语的哲学、数学和科学著作，包括欧几里得的《几何原本》，他还发表了自己的哲学著作。另外还有十几位欧洲人在12世纪时漫游伊斯兰世界，学习阿拉伯语并将数以百计的学术和科学著作翻译成拉丁文。

伊斯兰学者热忱地翻译并学习希腊、波斯和印度的学术文献，然而很少有人造访欧洲并认真学习越来越多的拉丁文研究著作。随着千禧年的到来，欧洲人或许已经有了一些宝贵的文化或学术成果可供学习。在一个又一个世纪的时光里，欧洲人累积了大量的知识，但却没有非基督徒到访。

穆斯林也朝圣，不过去的是麦加，他们也写下了许多游记。来自波斯湾希拉夫的阿布·赛义得在公元915年就写过一部；瓦伦西亚人伊本·居拜尔（1145～1217）曾三次游历东地中海地区，还去过被十字军占领的地方，并留下了第一次旅行（1182～1185）的记录。近代之前游历最广的人大概是来自丹吉尔的柏柏尔人伊本·白图泰。在1325年至1345年之间，他漫游了横跨非洲和亚洲的整个伊斯兰世界，写下详细的游记。但对于基督教国家，他只到访了保加利亚，而且不久以后，奥斯曼帝国就征服了这里。令人吃惊的是，穆斯林读者对旅行游记的兴趣相对寥寥，至少比不上欧洲对同主题文字的热情。伊斯兰旅行者对基督教世界，尤其对拉丁欧洲避而远之的态度也让人感到奇怪。

研究伊斯兰文明的学者伯纳德·刘易斯指出，在中世纪欧洲，穆斯林同犹太人一样，会受到宗教迫害；清真寺、公共浴场和成熟穆斯林社区的缺失也对穆斯林在基督教世界旅行造成障碍。但我们还是相信真正有兴趣探索外国和异域风俗的人总有办法克服这些障碍。另一位学者指出穆斯林在欧亚大陆东部约三分之二的土地上起着重要的商业作用，在中国主要城市都有大量外派人员。即便如此，对于外部更广阔世界的好奇与热情慢慢变成了欧洲人专享的特点。

为数众多的欧洲人去到东方游历，他们的游记在家乡大受欢迎。仅仅在1247年到1253年这几年间，就有四位欧洲人到过蒙古大汗的宫廷，其中的两位，柏郎嘉宾（约1180～1252）和鲁不鲁乞（约1220～1293）留下了较为可信的详尽游记。最为著名的是1271年马可·波罗与父兄来到忽必烈可汗位于现今北京的宫廷。他们身负教廷委托，前来调查东亚基督教状况。他们在东方待了20年，一边从商一边担任可汗的官员。马可·波罗后来在监狱中口述了他的经历，他生动地描述了中国的人民、地域、植物与动物。该游记受到空前欢迎，留存了大约150种不同的抄本。这本书以及其他类似游记帮助13世纪的意大利人和其他欧洲人获得世界性的视野，受过教育的男女对所有伟大文明都至少略知一二，无论是同时代的，还是历史上的。

世界商人

欧亚大陆国际贸易自从古代以来就一直保持着繁荣。印度和中国都与罗马帝国有着相对紧密的贸易联系，事实上，贸易往来的历史还能回溯得更远。著名的丝绸之路连接着中国与欧亚大陆西部，沿着这条商路进行的贸易活动几乎从来没有中断过。早在一千年以前，中国的贸易商就定居到东南亚各地并从贸易中获得可观利润，而穆斯林则垄断了从东非到中国的商路。换句话说，当欧洲人开始进入欧亚大陆的商贸世界时，东部已经持续繁荣了好几个世纪。

出于拓展商业的考虑，意大利人尤其对探索世界有着强烈的兴趣。威尼斯商人最晚从8世纪起就开始成为西方天主教地区与东方穆斯林和拜占庭帝国贸易的中间商。到了9世纪，他们的主要贸易商品是鱼、盐和奴隶，目的地大多是伊斯兰世界。奴隶贸易受到皇帝与教皇的谴责，同样被禁止出售的还有具备战略意义的木材，但威尼斯商人对这些禁令毫不理会，毕竟从根本上来说，他们是商人。奴隶和木材被贩卖给穆斯林，换回的黄金与白银用以从君士坦丁堡购买奢侈品。

到了11世纪后期，来自威尼斯、比萨和热那亚的海运商人遍布地中海东部与南部沿岸，他们买进卖出，建立贸易据点，并劫掠防卫薄弱的定居点。他们在十字军事业中起着决定性的作用，提供了海洋运输、后勤支援以及商业意见，获得的回报是在十字军国家里的贸易特许经营权。三个意大利商业强国通过谈判得到地中海地区的商业准入，无论对方政权信仰天主教、东正教还是伊斯兰教。他们互相之间激烈竞争，威尼斯得益于1204年对君士坦丁堡的围攻与占领，热那亚则受益于1261年拜占庭重夺君士坦丁堡。热那亚人还在黑海南部与东部沿岸地区设立贸易点和殖民地。

意大利人拥有地中海地区最大最好的舰船。在12至13世纪，他们的“圆船”通常有两块（有些时候三块）三角帆、双层甲板、满载时排水量达到200吨。到了13世纪中期，威尼斯人与热那亚人都有几艘载货量达500吨的大船。对于当时的欧洲来说，这些船只十分巨大，要知道圣玛利亚号载重只有100吨，而五月花号也不过180吨。当时典型的战船是双层桨座战船，它们非常狭长，以12到18副船桨驱动。

13世纪晚期发生的“航海革命”改变了地中海地区的航海和海运贸易。几百年来,水手们依靠星空定位。因为无法预测的天气情况，以及频发的冬季大风、浓雾、云层和降雨，大多数船只每年从10月开始直到来年4月有半年时间停在港口。渐渐地，航海家开发出更可靠的导航方法。首先他们列出地中海各个港口间的相对距离与方向，制成“港口手册”。到了1250年，涵盖这些海上数据的信息被整合到一本书里。根据这些数据，1270年，一位比萨航海家绘制出三英尺大小的带有网格线的航海图，被称为“波特兰海图”。这幅图描绘了整个地中海的海岸线与岛屿分布，精确而合乎比例。

大约同一时期，水手们想出办法将一根磁性细针固定住，同时又能让它跟随地球磁场自由转动。中国的发明家早在 200 多年前就已设计出世界上第一个指南针，并从 11 世纪早期就开始用它来指明方向。不论欧洲人是独立开发出指南针技术还是得自中国的技术传播，总之这个装置成了“航位推算”（与之相对比的是依照恒星位置的“实时定位”）导航的关键元素。另一个重要元素是方位表，此装置能够计算经度变化。将系有木块的绳子投入水中，计算出船只前进速度的近似值，就能够在一年中任何季节任何一天的任何时间大致估算出所在的位置。这些突破让船只的利用效率成倍提高，可能也使它们的经济产出成倍增长。

船只设计和海军结构也经历了巨大变化。在 1300 年前后几十年中，船只变得更大，更结实，也更灵活。三层桨座船开始取代双层桨座船。到了 14 世纪 50 年代，有些战船的船桨多达 200 支，船舱更宽，能够装载更多货物，虽然与圆船相比依然逊色。更多船员也能帮助抵抗海盗的威胁。三层桨座船不完全依赖风力，所以能够保证按时到达。从 14 世纪早期开始，意大利人常常在圆船上加上一两块方形帆布，多装一层甲板，这是对北欧小型帆船的模仿。更高的结构使得弓箭手更有优势，他们在面对敌人时能够占据高地。与三角帆相比，方帆只要更少的人就能调整以应对风向的变化，节省人手意味着节约成本和增加利润。

商人在威尼斯与热那亚政府中占据统治地位，他们通过设立国营船厂（例如威尼斯兵工厂）、组织护航队、成立舰队、系统性地选择最佳航线、制定航班时刻表并鼓励使用更大更有效率的船只等方式，在敌对势力控制的海域里开设商路，促进贸易发展。

早在 1277 年，热那亚的船队就已驶出直布罗陀海峡，通过波涛汹涌的大西洋水域，到达伊比利亚和北欧的港口。在随后的几十年中，他们开辟了固定的商业航线。再几十年后，威尼斯人也跟随而来。欧洲航道东起亚速海，穿过整个地中海，沿着北大西洋海岸，一直延伸到波罗的海。他们甚至载着穆斯林朝圣者从西班牙和西北非洲出发前往埃及。意大利水手主宰着所有的航线，主要因为他们是出色的商人并且掌握着最好的金融架构、工具设备与技术方法；他们还拥有全欧洲首屈一指的军事技术；与南部沿岸相比，地中海北岸具有最佳的洋流和风向条件，而且大多数地中海岛屿离北岸更近，欧洲，尤其是意大利殖民者有着近水楼台之便；热那亚人是冷酷无情的商人，同时也是无所畏惧的航海家。在 1291 年春季，热那亚的维瓦尔第兄弟向外驶入大西洋，想要寻找通往印度的航道，只可惜他们一去不返。

在此前几个世纪里，活跃的商业网络将中国、印度洋、波斯、中东和北非联系在一起，构成世界上第一个全球性的商业体系。现在欧洲也开始慢慢地通过埃及和中东连接到这个更大的外部商业世界里。欧洲获得的奖励是胡椒、肉豆蔻、肉桂、姜和丁香等香料，还有药材、瓷器、糖和丝绸。虽然 13 世纪蒙古入侵给人口数量带来灾难性减少（中国的人口从 1200 年的 1.15 亿下降到 1300 年的 8500 万），但蒙古治下的和平为东西方贸易创造了有利条件。

在黑死病席卷欧亚大陆（14 世纪 40 年代）后，蒙古帝国开始崩解，国际贸易也因此受到打击，人口则进一步减少。从 1330 年到 1400 年这 70 年间，欧洲的人口从 8000 万跌到 6000 万，中亚草原地区的人口数据不得而知，但想必也下降了不少。蒙古人的衰弱致使叛乱和疫病流行，中国的人口也从 8500 万下降到 7500 万（1340 ～ 1380）。在这样的乱世中，一位穆斯林继承成吉思汗的遗产，征服了半个亚洲，给印度、中东和波斯造成毁灭性的打击。帖木儿（1336 ～ 1405）建立了以撒马尔罕为中心的帝国，其疆域从印度北部延展到黑海区域。帖木儿帝国存续时间虽短，但其建立过程中大肆屠杀所造成的苦难记忆流传久远。

经济活动的极度收缩影响了欧亚大陆。中亚地区的商路基本上都湮灭了。新的政权从废墟中崛起。明朝（1368 ～ 1644）希望复兴中国古代传统，先是恢复了选拔公务员的科举考试，在国家各处设立军事守备以维持政治控制，同时还削弱了上层商人的社会地位。在陆地上，明朝军队攻击缅甸并征服越南（1407 年）。从 1405 年到 1433 年，几百艘大型“宝船”组成的舰队在宦官郑和的率领下穿过印度洋，这种活动前后有七次之多。船队造访了非洲和亚洲沿岸的所有重要港口。他们的首要目的在于宣扬国威，然后才是建立外交联系，从私人贸易商和海盗手中夺回对外贸易的控制权，以及扩大皇帝的朝贡体系。在 1433 年郑和去世后，下西洋也随之结束，舰队解散，皇帝更是颁布法令禁止船只驶出中国沿岸水域。“高政治”* 以及对蒙古入侵的恐惧使得中国统治者变得保守。

这个时期还出现了另外两个强大的政权。一是 1299 年由奥斯曼一世（1258 ～ 1326）创建的奥斯曼帝国。到 14 世纪中叶，其国土还只有马尔马拉海边缘一块狭长弯曲的土地，但一个世纪后，就覆盖了安纳托利亚的大部分和巴尔干地区的一半。这个充满活力的国家有效借鉴了欧洲的军事技术，并在随后的两个世纪里从陆地与海洋两个方向给欧洲造成严重威胁，但它始终致力于统治一个幅员广阔的帝国，从未对外面更广阔的世界表露出强烈的好奇。另一个则是在地中海南面崛起的好战国家——马穆鲁克埃及。自蒙古军队于 1258 年攻占巴格达后，在两个多世纪的时间里，一代代马穆鲁克军阀控制着从叙利亚到埃及的大片领土，因而也控制了连接欧洲与亚洲的大部分商路。

航海家与探险家

1450 年，地球上仍有大片区域未被三大陆、两大洋的旧世界的居民所知。当时有三个文明具备开辟海路的能力，但只有一个抓住

* 指与国家或国际安全有关的政治因素，如法律、社会秩序等等，与“低政治”相对。

了机会。几百年来，伊斯兰商人把持了利润丰厚的印度洋贸易。宣礼塔与安拉的信徒遍布北非、东非、中东、巴尔干、中亚、大半个南亚和东亚的部分地区，甚至远至印度尼西亚，这是从古至今地球上出现的分布范围最广的文明。然而技艺高超的穆斯林水手从来没有冒险进入大西洋或太平洋。到那时为止最具发明创造力的中国人显然已经具备航行到地球任何角落的能力，只要他们愿意。但是，中国人既没有穿越也没有探索太平洋，根深蒂固的儒家传统扼杀了充分应用发明的兴趣，阻止学者与工匠之间建立紧密联系。

鼓励大航海时代欧洲人的，不仅仅是对东方香料与珍宝的渴望，更有一直存在着的了解世界的深刻欲望，这与中国人的观念形成鲜明对比。欧洲人自中世纪开始了解到一些不同寻常的动物的存在，虽然通常情况下他们都从自己的信仰、神话或传说的角度来解释这些动物的出现。许多学者也追随圣奥古斯丁的教诲，尽量避免生出好奇心。然而，到文艺复兴时期，欧洲人对新奇事物的渴望已经到了无以复加的地步，他们尤其对珍禽异兽感兴趣。中东的苏丹们建有巨大的动物园，不时将充满异国风情的标本当作礼物赠予欧洲统治者。15 世纪下半叶，佛罗伦萨在这方面的收藏尤为丰富。1486 年，马穆鲁克埃及的苏丹送给洛伦佐·美第奇（1449 ～ 1492）一头长颈鹿表达善意。这头巨兽自由地穿街过巷，公众感到极大的愉悦，赞叹不已。诗人为此写下赞美诗，艺术家画下它的画像，甚至有人将它的形象加入到《三博士朝圣》的画像中。

与此相比，同样作为礼物的长颈鹿在明朝早期造成的反响与在欧洲有天壤之别。1414 年，孟加拉国王送给中国皇帝一头长颈鹿。普通民众觉得新奇而狂喜，但儒家精英并未表现出任何惊讶或好奇。通过与古代经卷对比，他们认为这只怪兽就是麒麟，“有毛之虫三百六十，而麒麟为之长”。它的出现与其他一些迹象一起被解释为祥瑞，也就是吉祥的征兆，证明永乐皇帝（1402 ～ 1424 年在位）是一位仁君。长颈鹿被置于公认的符号体系中，直指中国人自我认知的核心象征。这种体系从未指向中国之外。天下万物，都有自己的位置，没有任何东西值得惊讶或困惑。对于佛罗伦萨人来说，在他们天真的观念里，长颈鹿代表着有待发现和探索的世界。欧洲的航海家，包括亚美利哥·韦斯普奇（1454～1512）在内的佛罗伦萨人，很快便开启了改变世界的航程。

关键的思维转变让这一切成为可能。从毕达哥拉斯起，西方思想家将地球想象为一个球体，然而他们不知道在人类可居住的区域之间是否存在着不可逾越的障碍。早在1267年，罗杰·培根就声称分隔伊比利亚与印度的只是一道窄窄的海洋。法国的神学家、红衣主教皮埃尔·达伊（1350～1420）在他的《世界图志》（1410）中再次重申这个理论。对于文艺复兴时期世界观的转化来说，托勒密的《地理学指南》的作用不遑多让，它在1406年被从希腊语翻译成拉丁语，1475年起广泛流传。该书对地球作了符合数学比例的描述。托勒密在地图上加入了网格线，让后世的地理学家能够精确定位任何一个地点，同时他们将世界看成均质和连续的。20年后，欧洲制图者开始制造地球仪。在15世纪的最后十年里，那些最大胆的航海家开始将海洋视作高速公路，而非障碍，有些甚至开始讨论环球航行的可行性。

14世纪后期开始的造船技术进步让环球航行成为可能。伊比利亚的造船者融合了地中海和大西洋的造船技术中的不同元素，建造出全帆装船的原型。第一艘专为远洋设计的欧洲帆船是克拉克帆船，有三根（后来加到四根）桅杆，船首挂方帆，船尾挂三角帆，船身坚固，能够经受海上风浪的袭击，船舱有足够空间存放长途旅行必需的大量给养。卡拉维尔帆船有两到三根桅杆，像纵帆船那样在船首船尾悬挂三角帆。这种帆船更为灵活，适合在浅水区域航行。葡萄牙、意大利和西班牙航海家在15世纪下半叶使用这两种帆船沿非洲海岸向南航行，进入大西洋。导航技术、对信风和洋流的充分了解，以及船长们的勇气带领着这些小型船队驶入真正意义上的未知世界。船上装备着的大炮意味着没有什么人类敌人可以威胁他们。

第一个有记录的载炮船是英国船只，时间是1337年。勃艮第在15世纪二三十年代的伦巴第战争中使用了武装船舶。在15世纪中叶，弩机、撞击、强登敌船，以及使用尖钩之类撕破对方风帆等牵制性战术依然是地中海海战的标准战术，但是已经有战船在船头装大炮了。克拉克和卡拉维尔帆船在船侧部署火炮，能够在很远处就发动攻击,令以前的战法无法施为。随着欧洲帆船上的火炮越来越大，到了1500年左右，它们被装在滑动的架子上以吸收后坐力。可缩进的防水舱盖保护着火炮口，使之能设在船体更下方，增加了战船的稳定性。到了16世纪20年代，大多数欧洲（以及奥斯曼帝国）的远洋战船都已经成为几乎无法攻克的浮动堡垒。

有时候，技术进步不是成功探险的原因，而是结果。航海家提出各种要求以应对海上的挑战，造船者不得不想出种种创新和改良，反过来带动了技术进步。采用了新技术者在面对落后的竞争者时常常具有决定性优势。这就造成了欧洲国家与企业之间一个奇特的现象，他们千方百计地互相抄袭造船技术，即使去偷去抢也在所不惜。

第一个全球性航海强国是小小的葡萄牙。葡萄牙的人口只有100万，屈居欧洲一隅，与欧洲大多数国家隔绝，被宿敌西班牙包围。但葡萄牙有着漫长的大西洋海岸线，可以将15世纪最伟大的航海家送入大海。为了获得荣耀、追求利润、寻找早已迷失的基督教殖民地，他们扬帆远航，极个别的航海家，至少在早年，为了将原住民转化为基督教徒而出海。最早沿着西非海岸南下，绕过好望角，从欧洲通过海路到达印度的就是葡萄牙水手。他们考察了马来和印尼群岛，看到了澳大利亚，同中国、日本进行贸易，还“发现”了巴西。他们的冒险揭开了广阔的神秘海域，带给他们惊人的财富，使葡萄牙建立起跨越三个大陆的帝国。

葡萄牙航海家的主要目标是找到通往印度的航线，以摆脱控制现有贸易通道的阿拉伯人和土耳其中间商的盘剥。贵族统治着欧洲，但与其他主要文明相比，欧洲商人享有更多声望和影响。贝奈戴托·柯楚利（1416～1469）作为外交家和商人在那不勒斯宫廷服务了15年，是最早制定复式记账规范的人，他曾表露出一种在欧洲广泛蔓延的情绪，他写道："商人被看作模范公民，是公众利益的最佳倡导者。商人通常认为自己的事业与服务上帝并不冲突。"的确，当公司账簿被打开时，人们常常伴以祷告，祈求生意兴隆、雇员健康平安。相信上帝认可他们的冒险为欧洲人打了一剂强心针，绝大多数欧洲水手对此笃信不疑。

欧洲航海事业的第一个伟大赞助人是葡萄牙国王的弟弟——"航海家"亨利王子(1394～1460)。在1415年,为证明自己拥有骑士气概，亨利率军攻打休达。这座港口和贸易中心位于直布罗陀海峡靠非洲的一侧。亨利立刻就意识到控制跨撒哈拉的黄金、胡椒和奴隶贸易所能带来的巨大财富,他雇用最好的制图师,装备大量船只开始探险。与中国统治者相比，两者态度截然不同，中国统治者不仅不支持民众进行海外贸易和航行，更将海外冒险视作叛国行径。

1419年葡萄牙人偶然在离摩洛哥海岸450英里远处发现了马德拉群岛，这是葡萄牙的首次海外发现。葡萄牙殖民者几乎立刻就开始定居到其中的两个主要岛屿——马德拉岛和圣港岛上。1427年，亨利的航海家又发现了里斯本正西方900英里处的亚速尔群岛；1434年,他们越过了博哈多尔角,许多船只被可怕的暴风和洋流埋葬于此；1444年，他们在塞内加尔上岸；1456年到达离大西洋海岸200英里的佛得角群岛。同时，私人发起的十几次商业探险壮大了探索者的队伍，带回黄金与奴隶。到了15世纪50年代，里斯本的奴隶贸易和马德拉群岛的甘蔗园带来巨额利润。穆斯林依然主导着东非的人口贸易，但从此以后，欧洲人垄断了西非海岸的贩奴生意。从事航海活动所带回的荣耀与财富吸引了随后的上百次探险，成千艘商船沿西非海岸南下。1488年，巴托罗缪·迪亚士（1450～1500）到达了非洲的最南端，证实船只能够从欧洲出发到达东方。

接下来的十年见证了两个人类历史上最伟大的成就。如果葡萄牙国王若昂二世（1481 ～ 1495 年在位）没有（两次！）拒绝资助热那亚人克里斯托弗·哥伦布的探险计划的话，这两个成就本来都属于葡萄牙。专家信誓旦旦地告诉国王，跨越大洋去印度的距离远远超出了哥伦布所估计的 2400 英里。当然，专家是正确的，哥伦布最后航行超过 4000 英里，仅到达巴哈马群岛，这是他和船员首次踏上新世界。之后三次航行发现加勒比海的主要海岛和中美洲海岸的故事广为流传，几十名航海家跟随他的足迹，对新世界的所有土地进行了探索、绘图、开发和殖民。

瓦斯科·达·伽马（约 1469 ～ 1524）的发现虽然在名气上远不及哥伦布发现美洲，但在短期内则有着更重要的历史意义。在 1497 年仲夏，他带领 170 名水手登上四艘帆船——两艘方帆克拉克帆船，一艘挂三角帆的卡拉维尔帆船和一艘更大的补给船——开始远航。他们沿着非洲海岸航行到了塞拉利昂，然后转向西南驶入大洋以躲避逆向的沿岸大风与洋流，并搭上南大西洋的西风带。经过 3 个月离岸 6000 英里的航行，他们到达了非洲南岸。达·伽马和他的船员绕过了好望角，沿东非海岸向北航行。他们伪装成穆斯林，试图与当地统治者谈判，受到威胁时则回之以可怕的火炮齐射，有时还干点海盗行径，终于在更北边海岸的马林迪找到了盟友，并雇用了一个印度领航员。这位技艺出众的领航员引导他们穿过阿拉伯海到达印度马拉巴海岸的卡利卡特，他们在此下锚。

卡利卡特是该地区的商业中心，聚集了从非洲到亚洲所有宗教信仰的商人。穆斯林贸易商的人数最多，整个印度洋沿岸都有他们的身影。出自天性，他们并不欢迎来自欧洲的闯入者，暗地破坏他们与当地印度教统治者间的关系。伽马出于善意而赠送的礼物实在廉价，反令他的处境更为困难。他的小小船队不得不一路战斗着驶出港口，继续向北沿印度海岸航行。天不从人愿，倒吹的风拖延了他们回家的进度，最初出发的水手只有一小部分最终活着回到葡萄牙。尽管如此，曼努埃尔国王（1469 ～ 1521）还是赐予了达·伽马奖励与荣誉。葡萄牙因此在人类历史上为自己赢得很少几个国家能够成就的地位。

既得利益者抗拒欧洲人从印度洋贸易中分一杯羹，他们这次做了充分准备对付葡萄牙人。1500 年，佩德罗·阿尔瓦雷斯·卡布拉尔（1467 ～ 1520）和船员登上 13 艘满载珍贵商品和大量弹药的船只出发。他们的船被大风吹离航线，阴差阳错之下发现巴西，却也因此损失一半船只。卡布拉尔最后还是到达了卡利卡特。迎接他的却是灾难（超过 50 名船员被屠杀），好在他在更远的海岸科钦找到同盟并获得大量香料、瓷器和棉布。尽管有船只损失，这次旅行还是带回 100% 的利润。同胞的兴奋之情溢于言表，一股淘金热抓住了成千上万名潜在的海上商人的心。

征服者

十几次新探险计划很快付诸实施，数百艘船组成的商队浩浩荡荡地向东开去，每一艘都全副武装，指挥者多由英勇无畏的冒险者担任。葡萄牙人在短短 15 年内赢得对印度洋的控制权。印度人、穆斯林和中国人在科学技术方面不输给欧洲人，但他们在商业上被欧洲人完全碾压。欧洲商船遍布各处，就像无数气体分子迅速占据没有限制的空间一样。欧洲人成群结队地骚扰并俘获穆斯林的商船，驱逐穆斯林商人，封锁他们的港口并没收他们的码头。有时候，他们甚至将穆斯林船上的人屠戮殆尽。葡萄牙人一次又一次地在人数处于绝对劣势的情况下，凭借着更灵活的操作和更猛烈的炮火反败为胜。例如在 1509 年初，佛朗西斯科·德·阿尔梅达（1450 ～ 1510）带着 18 艘船在第乌的古吉拉特港外海彻底摧毁了数量 5 倍于己的船队。随着他们的推进，葡萄牙人建立起城堡、仓库和定居点。

葡萄牙最伟大的海军战略家——也是到当时为止人类历史上最伟大的——阿方索·德·阿尔布克尔克（1453 ～ 1516），是一个杰出而博学的贵族。他最先意识到海军力量并不仅仅取决于武器的威力及作战能力，同样重要的还有对战略性基地的控制以及拥有活跃的商船船队。他从 1509 年起担任“印度总督”达 6 年之久，在此期间，他不知疲倦地在印度洋上的所有军事与商船通道的咽喉要地建立要塞。葡萄牙帝国在印度的总据点是位于印度西海岸的果阿，这块地也是他于 1510 年征服的。一年之后，他又成功地指挥了两栖进攻，占领马六甲，让葡萄牙控制了极为重要的马六甲海峡，打通连接印度洋与太平洋的船舶通道。1515 年，阿尔布克尔克又在波斯湾出口处的霍尔木兹岛上建设葡萄牙的军事基地，扼守具有战略意义的霍尔木兹海峡。1516 年，阿尔布克尔克去世，但是这一系列港口和要塞让葡萄牙完全掌控印度洋的商业海运。在世界历史上很少有人能实现如此大的成就。

我们应该如何解释葡萄牙这个毫不起眼的小国——或者推而广之到此后每一个欧洲航海强国——所取得的巨大胜利呢？他们面对更强大的敌人，没有地利之便，离家乡几千英里，人数上还处于绝对劣势。欧洲均衡的政权碎片化带来军事上的激烈竞争，并催生出世界上最强大的战争机器。另外，对于世界上大多数人来说，战斗与征服的目的是奴役对方的人民。在欧洲之外，欧洲人在实践中并不拒绝奴隶制，但他们的主要目标还是扩展自己的贸易网络和海外领土。因此与大多数敌人相比，欧洲人更倾向于在战斗中使用无差别的暴力。最后，个人通过参与海外扩张、征服、贸易和殖民而获得大量财富的机会极为丰富，这种观念给了欧洲商人战士惊人的自信，推动他们将勇气发挥到极致以追求成功。

在随后的几十年里，葡萄牙商人在新几内亚西边不远的马鲁古群岛设立基地，并前所未有地被允许在中国建立贸易据点（澳门），成为中日贸易的中间商，他们还征服了锡兰的海岸地区。不过他们的贸易据点网络依然未转化为对整个地区的军事控制。事实上，葡萄牙殖民者面对着两方面的压力——原住民和欧洲竞争者。最有力的挑战者是西班牙人。

1493 年和 1494 年，教皇亚历山大六世（1492 ～ 1503 年在位）分割了西半球，以大西洋的中线为界，分别供西班牙和葡萄牙设立殖民地。卡布拉尔发现的巴西被划归葡萄牙。另一位葡萄牙航海家费迪南德·麦哲伦（1480 ～ 1521）在其史无前例的环球之旅中发现菲律宾，并以其资助者西班牙国王的名义宣示菲律宾的归属。自此以后，人们知道所有大陆都被海洋连接在一起，人类真正获得全球视野，地球上的每一个角落都呼唤着人们前去探索。随着西班牙帝国的崛起，葡萄牙开始走下坡路，但依然保持着世界上最庞大帝国之一的历史地位。在 16 世纪后期，葡萄牙被迫加入与西班牙的联盟，接受西班牙国王菲利普二世（1556 ～ 1598 年在位）统治。

在新世界，西班牙人建立起一个巨大的帝国。西半球仅有的相对发达一些的文明，即阿兹特克和印加文明，在技术方面远远落后于欧洲。他们没有发明轮子或书写系统，虽然一度繁盛的玛雅文明留下的文字在某些与世隔绝的地方依然被使用。他们不知道铁。美洲在哥伦布到来前唯一的大型家畜是安第斯驼（美洲驼和羊驼），人力是主要劳动力来源。

当西班牙人到达新世界时，他们带着火炮、弩机、钢制武器，骑着马坐着船并以训练有素、密切配合的队形作战，土著只有在极端幸运的情况下才能经受住他们的攻击。许多原住民，或许是出于对自己统治者的厌恶，或者出于要站在注定获胜的一方，成了入侵者的盟友。原住民的人口和文化在西班牙征服者所到之处都遭受大规模毁灭。然而，正如环境史学家艾尔弗雷德·克罗斯比的观点："在哥伦布将这个行星上的两个半球拼到一起的时候，美洲印第安人第一次遇见他们最可怕的敌人——并不是白人，也不是他们的黑人奴仆，而是那些人血液和呼吸中所带来的无形杀手。"

经过数千年与亚非欧大陆的隔离，美洲原住民对于天花和荨麻疹之类疾病完全没有免疫力，这些疾病对于他们来说是致命的威胁。学界就这一点已取得共识，但另两个问题则让学者争得面红耳赤。第一个是 1492 年时到底有多少人居住在美洲。三四十年前，对这个问题的争议较少，基本上都认为当时从北极到火地岛 * 生活着大约 1400 万人。从 1966 年开始，一些学者提出了高得多的数字，从 5000 万到 1 亿不等。许多学者修正了他们的观点。在这场辩论中的站队自然而然地影响到如何看待后哥伦布时代的人口损失。学者对于 1600 年时美洲原住民人口下降到 1150 万左右的观点保持一致。因此，如果 1492 年美洲人口的最高估计是 1400 万，那么人口损失的规模就在 18% 到 20% 之间，比起黑死病时期的欧洲（人口损失为大约 30%）还低。另一方面，如果最初的人口总数高达 1 亿，那么与欧洲人接触后的一个世纪内人口损失达到了 90%，这就成了名副其实的大屠杀。

广受尊敬的学者大卫·斯坦纳德就是这么认为的。他在《美洲大屠杀》一书中对比了死于集中营及其他原因的犹太人人数，明确指出：

> 海地岛、墨西哥、秘鲁和佛罗里达、弗吉尼亚、马萨诸塞、佐治亚、科罗拉多、加利福尼亚和其他所有地方的原住民，不管是死于强迫劳动、输入性的疾病、营养不良、死亡行军、环境因素，抑或仅仅是因为绝望，都是欧洲对美洲原住民的种族灭绝战争的牺牲品，就像那些被烧死、刺死、砍死、枪决或被饥饿的狗群咬死的一样。

他还进一步强调："对于美洲印第安人的灭绝是世界历史上最大规模的种族灭绝行为，其规模远超任何其他事件。"

这真的是种族灭绝吗？根据联合国《防止及惩治灭绝种族罪公约》，只有故意消灭某个种族的全体或者部分，才能被认为是种族灭

---

* 位于南美洲最南端。

绝。学者揭露了一些欧洲人故意在原住民间散布天花的例子。当然，或许还有其他类似的情况，但有些事例显然是编造出来的。如果此等事件的规模足够大的话，或许可以构成种族灭绝。还有学者指出欧洲人将原住民整个族群驱离自己家园，搬到数百甚至上千英里之外，例如1838年将近1.7万名切罗基人被迫沿“血泪之路”迁徙，约8000人死在路上。这的确极度残忍，但似乎离故意消灭还有点距离。

另一个学者认为欧洲对于财产权和经济效率的观念给了他们正当理由去攫取美洲大陆的土地。在欧洲人的观念里，无法让土地尽可能多产出的人没有资格拥有它。最初美国与加拿大政府抗拒这种说辞，并试图通过立法和遵循特殊程序来解决这个问题，但“土地猎人、吞并者和强占者”使整个系统瘫痪，到了19世纪的后半部分，政府开始积极迁出原住民并将他们的土地分给有欧洲血统的人（见第十四章）。丧失自己土地的民族自然难以生存。

历史学家艾尔弗雷德·克罗斯比的观点颇有说服力，他认为人类迁徙者永远都携带着他们整个地区的生态圈——植物、动物和疾病——并且总是对所遇见的地方和人造成毁灭性灾难，除非他们被毁灭或征服。来到美洲的欧洲人所携带的病原体、草籽和大小动物（特别是老鼠和马）是这种致命接触中最具灾难性的。克罗斯比写道，这些生物和殖民者一同“创造了这个行星自更新世末期大灭绝以来生物演化最极端的例子”。他所说的大灭绝指的是上一次冰期末尾，人类从亚洲进入美洲后，美洲大型哺乳动物大规模灭绝事件。大约4万年前，类似的大灾难落在了澳大利亚。更早时候的欧亚大陆也经历过。换句话说，通过毁灭性的方式改造自己的环境是人类迁徙者常干的事。克罗斯比以比喻的方式比较了人类历史上两次迁徙浪潮——1.1万年前从亚洲进入美洲和1492年后从欧洲进入美洲——“两次来自同一物种的入侵潮，第一次是休克打击，为第二次伴随着更复杂的经济和更大数量的入侵扫清了障碍”。

当征服者劫掠、戕害、奴役并杀死原住民之后，一些传教士从另一个角度看待原住民。一位在巴黎执教的苏格兰人文主义者约翰·缪尔（1467 ～ 1550）从哲学教义上为征服者的行为辩护。他引用亚里士多德的《政治学》，将原住民描绘成无法控制情绪，在心理上不适合自由生活的人。西班牙的律师和神学家也坚持这种主张，尽管当地传教士所收集到的各种证据以及对阿兹特克、印加和玛雅文明的仔细研究都不支持这种论断。

道明会的弗朗西斯科 · 维多利亚（约 1492 ～ 1546）是当时天主教神学家和哲学家的领军人物，他与巴托洛梅 · 德 · 拉斯 · 卡萨斯（1484 ～ 1566）以及耶稣会的何塞 · 阿科斯塔（1539 ～ 1600）激烈辩论，后两者在拉丁美洲有着多年的传教经验。双方争论的焦点是所有人类是否都来自被上帝理性地创造并支持的共同祖先，以及某些人种属于“天然的奴隶”这种观念是否完全荒谬。对文化水平差异巨大的原住民和各种文明的观察所得到的经验数据让阿科斯塔等人提出一种理论，认为所有人类都经过特定的文化发展阶段演化，而最高阶段是皈依基督教。这个理论被西班牙官方广为接受。1537 年的教皇敕令谴责视美洲原住民为非理性人类的观点，将其列为“异端”；1542 年推行的法律更是显著改善他们的地位。欧洲的政治多元化促成相互竞争的观点，在这一事件中，为尊重所有个体的人权体系奠立哲学基础。

西班牙海军主导了太平洋，尤其在 1571 年马尼拉建立之后。在 16 世纪晚期和 17 世纪早期，每年都有数十万磅的白银从日本和南美矿山（通过马尼拉或欧洲城市转运）流入巨大的中国经济体。其中最重要的银矿位于玻利维亚西南部的波托西，尽管它的海拔高达 4090 米，依然迅速发展成世界上最大城市之一。商人用银锭换回大量丝绸、香料、瓷器及其他奢侈品。

中国对白银的需求推动了全球贸易以及欧洲的世界探索。有些学者进一步认为正是中国进口的白银使新世界的种植园有利可图。总之，他们认为，没有中国经济的巨大需求，欧洲将依然停留在中世纪水平的萧条之中。同样，正是这么巨大的白银进口帮助中国在16世纪初避免了经济衰退，白银进口的减少也成为1644年明王朝覆灭的部分原因。欧洲人对新世界的发现、他们的重商主义、商人的精明以及出色的创新能力催生出16世纪的世界经济体系。不过，西班牙作为掠夺性开采新世界白银的最大受益者，依然处于相对落后的状态。与此同时，北欧的经济和工业创新飞速发展，中国则依然保持着世界最大经济体的地位，但世界贸易体系的中心已经转移到了欧洲（见第九章）。

原先发生在欧洲国家间的军事与政治斗争现在扩散到了全球。到1600年，只有南极洲和澳大利亚（1606年被首次发现）尚未被欧洲人知晓，避免了沦为战场的命运。即便是海洋也见证了这些国家之间持续不断的战争，相对较弱和较穷的国家都对当今胜利者的商船虎视眈眈。

作为后起之秀，荷兰于1595年到达东印度，并在短短几十年时间内在印尼群岛、锡兰、台湾和印度海岸建立起强大的势力，将许多欧洲竞争者排挤出去。荷兰商人控制着政府，他们迅速占据宝贵的亚洲货物贸易渠道，算得上是世界上最有效率的贸易商。荷兰在1602年成立的联合东印度公司是世界上第一家股票公开上市交易的跨国有限责任公司。这个公司就像一个主权国家，有权动用军事力量、宣战、签订条约、设立殖民地和建造堡垒。它帮助荷兰发展商业，荷兰政府支持国内的私人商业利益，但不直接参与其中，这点与葡萄牙和西班牙政府不同。东印度公司常常使用残暴的手段来控制亚洲的香料贸易，包括杀害原住民。荷兰控制了摩鹿加群岛，以及班达群岛中的10个小岛，这极为重要，因为它们是世界上唯一出产丁香和肉豆蔻的地区。自然地，欧洲竞争者想要找到打破这种垄断的办法。

英国船在1591年首次驶入印度洋，和荷兰人一样，他们很快从葡萄牙人手中抢夺了许多贸易据点。与荷兰在班达群岛的对峙几乎导致战争，最后两个国家在 1619 年签署在亚洲展开经济合作的条约。后来，与英国和法国的进一步战争慢慢地消耗了荷兰共和国的国力，但在 17 世纪大多数时间里控制世界贸易的正是处于黄金时期的荷兰。

在印度尼西亚受挫的英国将贸易目标转向印度和美洲。自 1612 年起，英国在印度海岸各地谈判建立贸易点和定居点，但直到 18 世纪之后，其控制范围才真正跳出这些小地方。17 世纪早期，英国商人在政府的支持下在加勒比群岛建立了好几个利润丰厚的殖民地，依靠来自非洲的奴隶劳动力生产蔗糖。北美的殖民地和加拿大地区的皮毛贸易更进一步增加了英国商人的财富，当然他们的祖国也因此受益匪浅。为了抢夺殖民地和海外贸易控制权而进行的几场战争令英国先后与西班牙、荷兰、法国交恶。英国赢得了每场冲突的最终胜利，这使其获得巨大的领土收益，尤以发生在北美、加勒比和印度的七年战争获益最多。1795 年法国征服荷兰，令英国有机会夺取大量有价值的荷兰殖民地，包括马六甲、巴东（即苏门答腊）和好望角。至此，英国已成为世界上无与伦比的殖民强国，并保持一个多世纪之久。英国航海家继续探索世界，例如詹姆斯·库克（1728 ～ 1779）航行到了澳大利亚和夏威夷群岛，他的成就还包括首先环绕新西兰航行并穿过南极圈。

在西班牙王位继承战争（1701 ～ 1714）之后，西班牙作出许多让步，其中包括贩奴权，即向西班牙统治下的美洲输入奴隶的权利。英国商船继而在奴隶贸易中占据重要地位，在英国议会于 1807 年禁止这一活动前，运送了多达 350 万名非洲奴隶到美洲，占据奴隶贸易总数的三分之一。

几个世纪以来，穆斯林征服者和贸易商从西非、撒哈拉和东非掳获或贩卖了数百万奴隶，充当家佣，或为农业、采矿提供劳力，有些甚至还参与到更高级的职业，如在伊斯兰世界以及非伊斯兰地区的乌干达、贝宁和达荷美王国的军队与公务员体系中服务，奴隶被编入这些社会结构之中。

虽然欧洲社会禁止蓄奴，但欧洲商人却创建了一个独特的、高度创新、非常有利可图，同时又是极端不人道的奴隶制度。奴隶劳动力最主要的用途是种植园，种植并加工糖、棉花和烟草。最有价值的美洲特产是蔗糖。哥伦布在他的第二次航行中将甘蔗引入新世界。短短几十年时间里，加勒比地区就出现几十家糖厂。随着原住民人口的下降，来自非洲的奴隶被进口到美洲。从大西洋东部岛屿开始，种植园系统在加勒比地区使用奴隶的广泛程度和野蛮程度达到顶点。从 1500 到 1900 年，在横跨大西洋的旅途中活着到达新世界的非洲人约有 1000 万，有 400 万左右最后来到加勒比，另有 400 万左右到达巴西和圭亚那。加勒比地区的奴隶劳工生活条件之差导致极高的死亡率。

对于加勒比地区奴隶种植园系统所积累的资本是否促成工业革命，学术界一直存在争论，我们将在第十一章里详细讨论。欧洲人开辟跨越所有大洋的航道，建立真正的全球经济体系，发展出从向来贫瘠的土地上获取大量财富的有效手段，并向更广泛的世界引入一些全新的、非常受欢迎的原料和产品，如烟草、咖啡和可可（见第九章）。

这些新产品是哥伦布交换的一部分，新旧大陆之间的动植物发生了交换。然而，关于这方面的讨论常常忽视欧洲带给美洲的巨大贡献。当然,新世界的产品大大改善了欧洲乃至其他地区人的营养状况。土豆、玉米、豆子、胡椒、花生、西红柿、腰果、菠萝、南瓜和火鸡这些例子便足够说明。尤其是土豆,它们在贫瘠的土地上生长良好，以每英亩作物所产生的食物热量来说，土豆是最高的，而且还含有几种人体健康所必需的维生素和矿物质，于是逐渐地成为欧洲人食谱中的主要成员。在短期上看，土豆提升了欧洲相对于亚洲的优势。原产于南美洲的橡胶，也成为极具价值的工业原料。

另一个方向的自然流入产品范围更为广泛。我们可以从牛、马、猪、鸡、山羊和绵羊这些家畜家禽数起，然后是世界上最有用的两种昆虫——蜜蜂和蚕。至于食用植物的名单，更是至少为美洲对欧洲贡献的两倍，包括除玉米外的所有粮食作物，还有杏仁、核桃、苹果、香蕉、桃子、梨、柑橘类水果、甜菜、卷心菜、胡萝卜、生菜、豌豆以及咖啡和茶。生产工业原料的作物则有亚麻和大麻。（虽然棉花在东西半球都是原生植物，不过发达的棉纺技术始于印度。）

欧洲，这个狭小而且一直到最近还在世界上处于落后地位的地区，竟然将所有这些产品、人、国家和大陆整合到一起，将之维系在一个覆盖全世界的市场之内，这着实令人惊讶。这个市场网络由互相联系的港口城市维系——魁北克、新奥尔良、哈利法克斯、波士顿、纽约、威廉斯堡、萨瓦纳、查尔斯顿、金士顿、哈瓦那、利马、布宜诺斯艾利斯、开普敦、孟买、马德拉斯、加尔各答、巴达维亚、马尼拉等，而且这些港口都由西方主导和控制。

世界上的其他文明，尤其是中国、朝鲜、日本、奥斯曼帝国及莫卧儿和马拉塔印度，都具备物质资源、创业精神、技术成就和军事实力来进行最初的世界探索，或至少在公海上挑战欧洲人。然而，除了奥斯曼帝国在印度洋上之外，没有人进行过任何尝试。奥斯曼帝国直到 17 世纪晚期还保持着作为地中海东部重要势力的地位。其他伟大的欧亚文明，显然满足于经营自己的领土和邻近的环境，从来没有冒险进入更广阔的海洋，因而渐渐地在技术与军事上衰弱下去。与此同时，欧洲的主要航海强国则变得越来越强大。

到了 17 世纪后期，法国、英国和荷兰都资助规模巨大、装备精良的海军。法国的王家科学院成立于 1666 年，其任务在很大程度上是为了推动海军发展，为此他们整合制图学、化学和工程学方面技术的进步。到了 1690 年，路易十四的海军拥有 10 万水手和 9000 门火炮。下个世纪初，每艘装有 74 门火炮的 14 艘双甲板英国战舰，加入了世界上最庞大、最有效、资金效率最高以及拥有最佳装备和最多人员的海军。七年战争之后，英国和中国成为当时世界上最强大的两个国家，只不过一个向外扩张，另一个却向内保守。不过，中国一直保持着统一、伟大和古老的帝国状态，英国则只是六七个充满活力和不断扩张的欧洲强国之一。到了 1775 年，如果把在 1581 年到 1661 年间征服大部分西伯利亚的俄罗斯人也算进来的话，欧洲人控制着世界上三分之一的陆地和所有大洋。

* * *

这个时期西方文明的一个主要特征是欧洲各个社会阶层成员间的交流。他们互相之间交换思想，参与旅行，分享想法，广泛对话，共同合作并形成相互协作的紧密联结和机构，这种现象在其他社会里难得见到。摧毁印加帝国的佛朗西斯科 · 皮萨罗（1475 ～ 1541）在第二次远征秘鲁前向墨西哥征服者埃尔南 · 科尔特斯（1485 ～ 1547）请教。科尔特斯后来为了阿尔及尔的战事，在 1541 年向查理五世请求帮助。麦哲伦在发现菲律宾之前，曾经在进攻马六甲的战役中于阿尔布克尔克麾下作战。合作、求教、协同和比较各自的方法与竞争交替存在，但所有这些事例都刺激并传播了创新的成果。

合作而又竞争的文化渗透到欧洲社会各个阶层和政治元素之中。学者与水手、商人与雇佣军、旅行家与贸易商都能够在国与国之间相对轻易地旅行、追求金钱收益、向名师求学、逃避宗教迫害，或追随富有进取心的政治家建功立业。几乎欧洲每个民族都为见识、学识、科学和发明的普遍进步作出过贡献。荷兰人精于制图学和镜片制造，葡萄牙人则是海洋航行的先锋，意大利人是早期银行和金融的卓越创建者。日耳曼人最伟大的贡献，当数印刷——没有其他任何单一的突破如此根本性地改变了全世界的学习与信息发展，以及相应的实践和行动。地图、地形图册和游记的大规模发行，帮助欧洲人在大发现时代实现旅行的梦想。可以说是印刷术的发展带来了西方世界生活所有领域的进步。

第六章　文字印刷大爆炸

公元前 3000 年	抄写员开始使用表音符号（楔形文字）
至公元前 1500 年	原始迦南字母文字出现
公元前 1000 年	莎草纸在地中海东部被广泛使用
公元 1031 年	科尔多瓦大图书馆遭劫,40 多万部藏书皆被焚毁
1100 年	纸通过西西里和西班牙传入欧洲
1300 年	木刻板印刷在欧洲传播
1400 年	纸成为欧洲主要书写材料
15 世纪 50 年代	约翰内斯·古腾堡发明印刷机，并印制《圣经》
1460 年	第一个《圣经》译本在德国发行
1481 年	梵蒂冈图书馆收藏4500种图书,其中许多是极为罕见的册子本
1501 年	17 个国家的 260 个城镇拥有 1120 家印刷厂
1530 年	技术专著变得普遍
1537 年	弗朗索瓦一世下令每部在法国印刷的图书向王室图书馆提交一本样书
1539 年	墨西哥城发行新世界的第一本书
1550 至 1559 年	意大利出版第一部游记合集
17 世纪早期	法国王室图书馆规模可媲美亚历山大和科尔多瓦
1729 年	伊斯兰世界的早期印刷厂开张,但并未维持多久

印刷术出现之前，一本书的价格可以抵上一个劳动力一年的工资。根据 1074 年的记录，一本书甚至能换来一整座葡萄园。中世纪大学里的教授“照本宣科”，意思是他们真如字面上的那样将课文念给那些买不起书的学生听。通常情况下，书籍是稀罕物。大学图书馆藏书相对较少，通常用铁链将图书固定在墙上、架子上或桌子上，或者深锁在特殊的保险库中。借阅书籍常常需要留下价值相当的抵押物。即便如此，修道院对借书不还者施以开除教籍的威胁也屡见不鲜。直到 17 世纪早期，牛津大学博德雷恩图书馆规定借阅者宣誓爱护书籍，并上报其他读者的粗暴行为。如果不能归还所借书籍，将支付书价两倍的罚款,按今天的市场标准,这是个天文数字。2004 年，

一本 14 世纪东安格利亚诗篇的售价是 170 万英镑。

然而，到了 15 世纪中期左右，书籍更容易复制。很快，印刷机使图书产量以百万计，全欧洲每年只出产几千本书的时光一去不复返，书籍的单价也随之下降。在随后几个世纪里，产量和价格一直呈反比例关系。现在，全世界的出版社每年生产出的书籍大约有 100 亿本——这一切都要归功于德国南部一位工匠的创业天才和志向，以及他付出的努力。当然，他的发明并非从天而降，本章将讲述这个故事。

图标、记号、符号

语言是人之为人的条件。当我们的祖先开始通过语词交流时，他们成为了人类。几万年来，人们相互交谈，口述和记忆几乎是人类储存信息的所有形式。他们讲述的故事如果被写成书，恐怕卷帙浩繁，但这样的书并不存在。长者、萨满和祭司教导并训练学徒，然而只消一场不幸的悲剧，整个文化就会消失。事实上，最早的文化几乎没什么东西留存到今天。人类固定在某种材料上的明确表达，或许只是象征性的，最早的是法国南部的肖维岩洞壁画，距今大概 3.2 万年。2.4 万年后，中东地区的先民喜欢在陶器上画上印记或符号。这些物件并非日常交流的手段，人们无法以之传递复杂的信息。它们就像浪漫的节日音乐那么含糊，在表达某种精确含义方面，难度堪比穆索尔斯基（1839 ～ 1881）用《图画展览会》（1847）这首曲子向完全不懂音乐的听众描述艺术画廊。

5000 多年前，文字系统开始出现。位于底格里斯河与幼发拉底河之间的美索不达米亚是其摇篮，苏美尔祭司和抄写员通过在陶土制成的薄板上刻记号来保存信息，登记有价值的物品、收支和宗教牺牲。或者就像某位学者所说："文字就是为了解决记账这一技术问题被发明出来的。"到了某个时间点，符号演变成标准的楔形。大约公元前 3000 年，在距今天巴格达不远的捷姆迭特那色，这些符号开始代表语言中有意义的声音。一个符号可以表示某件物品，也可以代表某个单音节的词。楔形文字起初是象形字，但最终混合了单词、音节、含义和声音等各种元素。抄写员有了可以记录故事、功业和思辨的手段，但却没有人这么做——至少没有这类东西留存到现在。在公元前三千纪结束的时候，很少有人还说苏美尔语。该地区的主导民族是闪族的阿卡德人，他们采纳了这种书写系统。其他民族，尤其是亚述人也沿用了这一系统。

世界上另一种最古老的文字——古埃及文字——的故事也很类似。它与苏美尔文字的诞生时期相距不远，并发展为更明显的象形文字体系。象形字也可以表达声音、音节和单词。一种平行发展的草书体也出现了，这种文字极为复杂。埃及的文字刻在石头而非小陶土板上，所以所包含的内容也比美索不达米亚的广泛许多。即便如此，也只有最小范围的精英——上层中极少的一部分人——才能掌握这种文字。中国的象形文字情况类似，它诞生于约公元前 1500 年后的商朝。

大约在公元前 1000 年的中东地区，出现了一种更简单而成熟的文字。其来源可以明确追溯到很早以前的一组埃及象形字，这些字被用来表示辅音，通常不会单独构成词语。通过某种未知的转换，这种字母的概念被传到腓尼基。腓尼基人是闪族的一支，垄断了地中海东部地区的贸易和航运。他们创造了最早的字母表，由 22 个字母构成，一个字母对应一个辅音，没有元音。与在美索不达米亚和中美洲（公元前 3 世纪），以及很可能还包括埃及和中国在内多次独立出现的书写语言不同，字母系统的发明只有一次，其他所有字母系统都起源于此。字母表（Alphabet）一词就取自希腊字母的前两个字母，alpha 和 beta，希腊人在字母表中加入了印欧语系一个重要元素——元音。

字母表让书写变得极为方便。小小的古希腊文明在其鼎盛时期积累了大量科学、哲学和文学作品，即便在绝对数量上未必比得上中国古代浩如烟海的典籍，但在广度与深度上绝对可以与之媲美，而古希腊人口还不及同时期中国的十分之一。古希腊人还转述了大量近东地区的文学、研究、智慧和传说。没有希腊文字，这些成就很可能会遗失，这是希腊对文明的巨大贡献。而这一切之所以成为可能，或许要归功于它相对直接而不复杂的书写体系。

莎草纸、卷轴、册子本

书籍是人类最伟大发明之一，它几乎储存了我们所知的一切信息，世界、历史以及身为人类所拥有的梦想与希望。但那些流传至今的古代伟大故事、史诗、诗歌、传说和信仰最初被刻在陶土板或石头上，尽管这两种方式标志着信息存储上的巨大突破，但都未能有力地促进沟通以及传播知识。

史上第一种便携书写材料是用一种大量生长在尼罗河三角洲的草状植物做成的。古埃及人使用一种莎草属植物纸莎草来造船、编草鞋、搓绳子、织草垫等。大约 5000 多年前，工匠发现这种植物可被制成纸。首先，他们将这种植物的白色木髓割成薄条，排成一排，相互略微重合，置于布上，并以另一层薄条呈 90 度置于第一层之上，然后盖上第二层布，这些薄片在重压下晾干。植物中自带的天然黏液将这些薄条粘成薄片，再将这些纸状薄片的边缘粘到一起就能卷起来制成卷轴。

可用于书写的莎草纸在公元前 1000 年左右传播到整个东地中海地区。古希腊人最早在公元前 6 世纪开始使用它。希腊文明的书写文化随着亚历山大大帝的征服一路高歌猛进。那时，写有文字的莎草纸卷轴已数以百万计。最晚到 11 世纪，莎草纸依然可见于西西里。许多经典古籍和基督教最初几个世纪的文献都以莎草纸的形式留存至今。

羊皮纸是另一种轻便的书写材料。最早在公元前 2500 年，古埃及人就流行使用干燥的动物皮毛写字。羊皮纸也广泛流传于中东和希腊地区。现存的《旧约》最早版本，几乎都是抄在羊皮纸上的。在公元前 2 世纪，安纳托利亚东部的希腊工匠发明出一种更薄更韧的羊皮纸。这种材料在今天许多语言中依然被称为"帕加马"（虽然拼法略有不同），因为当时最早使用它的希腊王国就叫这个名字。几百年后，它在埃及以外地区逐渐成为莎草纸的替代品，变得越来越韧，越来越薄，其中韧性最好的称为"犊皮纸"。

随着千禧年的到来，地中海地区几乎没人再用莎草纸了，取而代之的是另一种名字叫纸的新介质。中国工匠早在 2000 年前就发明出以多种植物纤维混合制成的纸张。到了千禧年，它已经传遍整个伊斯兰世界，然后在 12 世纪通过西班牙和西西里传入欧洲。羊皮纸行会和羊皮纸从业者抵制造纸业的发展。在欧洲，破布是造纸的主要原料，而这些破布的来源通常是被丢弃的内衣。克吕尼修道院院长"可敬者"彼得（约 1092 ～ 1156）曾主持一项大型伊斯兰文献翻译工程，他反对使用这些"粗鄙"的材料来制作神圣的书籍。然而，纸的生产毕竟比犊皮纸更方便快捷且成本低廉，它终究还是在市场上站稳了脚跟。

双面羊皮纸和纸张的出现，带来了另一项改进。工匠将单独的纸张叠在一起，将一头固定，然后将这叠纸粘在通常由兽皮制成的封套上。经过多次实验，这种将大张纸折叠成页面大小的做法取代了纸张的堆叠。册子本，或"叶书"由此诞生，本质上就是我们今天看到的书籍了。学者对于其最先出现的时间依然有争论。几乎所有留存至今的古埃及文献都写在莎草纸制成的纸片或卷轴上。罗马帝国时期的艺术作品中的书也未装订成册，而是卷轴。但考古学和一些文献证据显示，莎草纸和羊皮纸册子本在第一任罗马皇帝奥古斯都·凯撒（公元前 27 年～公元 14 年在位）时期就开始在小范围内被使用了。

基督教徒似乎是最早大规模使用册子本的人。册子本比莎草纸卷轴便宜，还能够容纳更多文字，更易于检索。早期基督教徒不停地依据哲学和宗教典籍，尤其是《旧约》，与异教徒和犹太人辩论。想象一下，他们展开再卷起长长的卷轴，寻找例如见证基督降临证据的情景，换成册子本能极大地简化这些努力。册子本在体积上也比卷轴小很多，对于流动修道院来说有着巨大的好处。我们可以认为册子本的流行是基督教成功的后果，或许同时也是基督教成功的原因。到公元 380 年狄奥多西一世皇帝宣布基督教为罗马国教时，册子本已经成为罗马世界书籍的主要形式。

写作与册子本在中世纪的欧洲又获得两个基本方面的改善。首先，僧侣在成千上万本古代经典文献中插入精美的插图和装饰。一小部分装饰华丽的古代文献流传下来，绝大多数都出自中世纪僧侣之手。他们绘制插图，让那些目不识丁的军阀领主觉得这些书比那些全是字的更有价值，客观上拯救了许多书籍，使之免遭毁坏流传至今。另外，僧侣对于那些他们不愿意抄写的文献的最终湮灭负有一定责任，譬如备受尊敬的罗马作者马库斯瓦罗（公元前 116 ～前 27）的大部分著作。第二个有价值的进步来自正字法。在古代，册子本几乎都以大写字母写成，单词之间极少使用空格。公元后几百年，小写字母开始出现，但只限于在非正式场合使用，而且不与大写字母混用。在加洛林文艺复兴期间，一个更标准而且便于阅读的写法——加洛林小字——出现，大写字母只用于强调，单词由空格分开。这种标准化使得文件与文字更易于被人接受，毕竟不是每个人都愿意为掌握古人深奥的书写方式而奉献出一生精力。

图书馆

与卷轴相比，册子本有着另外一个优势——书脊可以用来标示该书信息。册子本可以平放在书架上堆在一起，无论是存放、分类还是拿取都变得更为方便。以册子本形式制成的书目也极大地简化了对海量藏书的检索。这些进步对藏书者和图书馆员工作的帮助极大，虽然在此之前，也有规模庞大的图书馆存在。

古代近东的抄写员，至少在4500年前，保管着各种字板，内容主要是行政管理记录。最晚在公元前13世纪，藏于赫梯首都哈图萨的一些文件上就已经有关于版本信息的记录，类似于扉页。一份书目列出藏书的多数标题——绝大多数是宗教主题，排序杂乱无章。亚述国王亚述巴尼拔（公元前668～前627年在位）在首都尼尼微建了世界上第一座通常意义上的图书馆。该图书馆通过各种来源，收藏约1500部书籍，大多数是宗教、神话、幻术和语言学主题的文献，还有一些文学和科学（特别是关于医药和天文学）著作。它的主要目的似乎是让国王能够查证顾问在研究预兆和天象后提出的建议。

古希腊人的第一批大型图书馆则为更明确的学术目的兴建。第一个重要图书馆属于亚里士多德（公元前384～前322）。无论从藏书的涵盖范围还是规模来说都十分出色，为后来最伟大的早期图书馆提供了基本布局和分类系统。成立于公元前300年左右的亚历山大城图书馆藏书量巨大，而且向公众开放，任何学者都能研究收藏于其中的大约50万部莎草纸卷轴。这些卷轴涵盖古希腊的所有学术著作、每一种实用技艺，以及来自许多不同地方和语言的译作。托勒密埃及的统治者是狂热的藏书家。他们斥巨资购买书籍，或者从停靠在其统治下的港口的船只上征收书籍，或者命令抄书匠将近东地区每一本书籍都抄写下来。亚历山大城的图书馆学家发明以字母顺序分类管理藏书的方法。一位曾经在图书馆工作过的学者卡利马科斯（约公元前305～约前240）编纂了一部长达120卷的文献总览，汇总希腊学者与他们被亚历山大城图书馆收藏的著作，按照著作的主题分章分节，很可能遵照亚历山大图书馆的分类标准。在图书馆工作的学者还发明了许多有用的工具，例如权威版本、评论和系统性语法书。

亚历山大图书馆部分毁于公元前48年，公元270年左右完全被毁。在此之后许多世纪中，没有任何图书馆或具有类似功能的场所能达到与之媲美的程度。即便如此，在希腊罗马时代，识字率还是慢慢上升。许多普通民众热衷于阅读。富裕的希腊人和罗马人常常收藏书籍。西塞罗的私人图书馆已经大到需要雇佣专人管理的程度。许多罗马上流阶层收藏图书的目的只是为彰显其崇高的社会地位。斯多葛学派哲学家塞内加（公元前 4 ～公元 65）曾经嘲笑道，那些塞满各种卷轴的私人图书馆就像堆满昂贵装饰物件的厕所一样。罗马的第一座公共图书馆建于公元前 44 年凯撒遇刺后不久，分为希腊语与拉丁语两个区。随后有更多公共图书馆成立，到公元 14 年奥古斯都大帝去世时又新增了 3 座，这些图书馆都配备了阅览室。其中最大的是建于公元 112 年到 113 年的图拉真广场图书馆，但其馆藏总量也不过 2 万部左右。各个地方都出现了小规模的图书馆，比如在公共浴场里就有。后来的罗马皇帝向帝国各个行省首府捐赠奢华的图书馆，但没有一处藏书特别丰富。罗马帝国的衰弱和崩溃自然导致罗马图书馆被遗忘和舍弃。

继承罗马的拜占庭和伊斯兰统治者在图书馆建设方面更上一层楼。君士坦丁堡的皇家图书馆在公元 5 世纪藏有 12 万部书籍，可惜 471 年的一场大火严重毁坏了这座图书馆。私人图书馆也繁荣起来。794 年始建于巴格达的造纸作坊极大地降低了书籍的制作成本。巴格达的大型图书馆藏有大量被翻译成阿拉伯语的希腊、印度、埃及和波斯的文学与学术著作，成为整个伊斯兰世界图书馆的典范。巴格达还有几十座规模较小的图书馆，891 年，超过 100 家书商为这些图书馆供货。学者为所有主要学术分支编纂术语表和字典。只有经过专门认证的抄书匠才有资格抄写某部书。一个世纪后，后倭玛亚王朝的哈里发哈卡姆二世（961 ～ 976 年在位）在科尔多瓦建造的图书馆是数百年来第一个可以与亚历山大图书馆媲美的后来者，其最终藏书规模达 40 万部，每一部的版本信息都有详细记录，仅书目就有 44 种之多。科尔多瓦还是 10 世纪晚期西方世界最大规模的图书市场。

然而，随着909年法蒂玛王朝的兴起，人们只能按照官方教条教授《古兰经》，此趋势扩展到北非与中东地区之后，科尔多瓦图书馆的荣光逐渐褪色。许多地方发生焚书运动。1031年，原教旨主义者的暴动推翻了位于安达卢西亚的后倭玛亚王朝，据说伟大的科尔多瓦图书馆也毁于此时。另外，基督教战士也从北边发动进攻，在1085年攻占了托雷多，科尔多瓦则在1236年陷落。蒙古人在1258年攻占巴格达，仅仅用一周不到的时间就摧毁了那里的大多数图书馆。

世界其他地区的图书馆也值得一提。虽然印度文明可以追溯到极远的古代，却没有证据显示古印度有过图书馆。印度的僧侣阶层仔细保护自己的宗教传说，并通过口口相传的方式传承至今。佛教和耆那教都诞生于公元前6世纪，不同于印度教，它们发展出了书写文化。位于印度东北角落的佛教学习中心那烂陀吸引了大量学者和宗教信者，有些学者甚至来自遥远的中国。那烂陀的藏书极为丰富，包括世俗方面的著作。不幸的是，穆斯林征服者在1200年左右将之彻底毁坏。耆那教的修道院自8世纪晚期开始，收集各种手稿以保护和传承宗教经文，但并不对普通读者开放。在随后的几个世纪，耆那教商人和国王建立起远超需要量的图书馆，大多数藏书都为宗教主题。一些王室图书馆藏有题材更为广泛的著作，有几十万份手稿被保存至今，可惜内容散乱无章，并未带来学术和科学的繁荣。

中国的情况却又不同。多个世纪以来，学者和抄写员生产出大量文字材料。皇帝和政府官员下令将这些作品加以汇编，从几百卷到上千卷不等，并将它们存放于官方图书馆中。尽管受到专制暴政——秦始皇（公元前221～前210年在位）下令毁掉当时的几乎每一本书——以及内战、火灾、叛乱带来的频繁破坏，书籍生产和搜罗在各个世纪都未曾断绝。其中的核心著作是儒家经典，是皇帝权威的意识形态基础，每一次藏书中心被破坏后，官方都会不遗余力地从私人藏书处重新抄录每一部作品。每一位儒家精英都是学者，私人藏书数量众多。一位学者统计出清朝时的中国有 500 家私家图书馆，既有个人的，也有书院的。然而私人藏书家通常拒绝他人阅读自己的藏书，“借书不孝”是古老的传统。

帝国政府在首都乃至全国各地都有官方藏书处。从永乐皇帝开始，中央政府向全国各地学堂免费发放理学著作及其他典籍的经厂本。这些书籍常常成为学校图书馆藏书的大部分。7 世纪中期，唐朝的主要藏书超 8 万卷（但只大概分为 4000 部）。皇家图书馆在这个时期前后出现。雕版印刷在宋朝开始流行，每个印刷工一天能印制 1000 页，这时期的书籍产量一定是天文数字。然而一次次灾难，如女真和蒙古南侵带来的破坏和劫掠，让宋朝皇家图书馆的藏书量止步不前。在 1220 年宋朝最强盛的时候，其图书馆藏书规模不过 6 万卷。换句话说，似乎只有地中海地区的图书馆获得了持续性的大规模发展。也只有在欧洲，这种努力达到了一个转折点，在这个点之后，书籍能在原有的收藏上进一步积累。

但到达这个转折点的过程漫长而艰巨。亚历山大、耶路撒冷和凯撒利亚图书馆里的藏书是早期基督教思想家的参考文献来源。凯撒利亚图书馆直到公元 4 世纪还拥有大约 3 万卷藏书，而耶路撒冷的图书馆则存活到公元618年。随着穆斯林在几十年后征服整个地区，基督教的学习中心转移到拜占庭和欧洲。

几乎每个欧洲修道院都有附属图书馆。事实上，没有这些僧侣传抄古代典籍的话，无数著作将湮灭在历史之中。提倡追寻知识、保存书籍的圣本笃在这项工程中起了重要作用。如同一位僧侣在 1170 年所写：“没有图书馆的修道院就像是没有武器库的城堡。”个人，包括学者、世俗领主以及后来的职业人士和商人都热衷于图书收藏。然而，此时的欧洲没有任何单一收藏超过 1000 卷。到了文艺复兴早期，学者翻遍欧洲各处寻找经典作家的著作善本。例如彼特拉克（1304 ～ 1374）和科西莫·德·美第奇（1389 ～ 1464）的私人图书馆就发展到相当规模。科西莫任命人文学家托马索·巴伦图切利（1398～1455）管理自己的公共收藏。巴伦图切利成为教皇尼古拉五世之后，创建梵蒂冈图书馆。到了1481年，梵蒂冈收藏的书籍大约分为3500部，成为欧洲接受最多捐赠的图书馆。如果不是因为一项革命性的突破，亚历山大和科尔多瓦图书馆的规模或许永远不可能被超越。

印刷革命

古埃及人已经学会在木板上刻画图形和符号，并将之拓到泥板上。大约2000年之后，汉朝中国人将墨水喷涂在雕刻过的木板或金属板上，然后将图像或文字拓到丝绸上。10世纪后期，中国印刷作坊使用木刻雕版在纸上印刷了全部佛经（13万页）。一个世纪后，一名中国工匠在泥模上雕刻单个文字，然后将这些单独的文字以不同方式排列在一起印刷文本。这就是活字印刷，是印刷技术的一个巨大飞跃。1234年，朝鲜的印刷匠发明金属活字，以之印刷了一部50卷的会要。然而，两种方式都无法节省太多劳力，准备数千种不同符号和单字，然后从中选出所需的并排列在一起，着实费时费力。朝鲜世宗大王（1418～1450年在位）执政期间，主导了韩语的字母化，理论上让印刷革命成为可能。然而他却禁止大量印书和印刷术商用。但即便没有机械印刷，中国的图书市场也比欧洲的发达得多。

9或10世纪时伊斯兰世界开始采用覆锡木版印刷，使游商小贩能够贩卖印有《古兰经》经文的护身符。这种被称为"*tarsh*"的印刷方式一直处于社会边缘，欧洲最早的印刷品之一塔罗牌很可能就是用这种方法印制的。公元1300年后，木版印刷在欧洲迅速传播，用于印制小册子、日历等。

到了15世纪中期，欧洲印刷工业发生巨大革命所需要的所有元素都已齐备。纸张相对来说已经很便宜，使用范围广，重量和质地都已足够好。相反，中国的纸张对于重型印刷机械来说过于轻薄，无法承受印刷过程中经受的压力。所有欧洲语言都是字母化的，只需要二十几种字模就足够应付，不像汉字有几千个，这使活字印刷的流行具有实际意义，在当年这种优势是显而易见的。因为对酒和橄榄的兴趣缺乏，亚洲人没有发明滚筒碾压，而在欧洲，这项技术早已存在数千年，虽然不是用于印刷。最后，高效率地印刷需要高超的技术、以不同材料和技术进行大量试验，以及投入大量资本。换句话说，其发明者必须同时具备工匠的操作技艺、科学家的执着和创业者的才干。在美因河和莱茵河交汇的美因茨诞生了同时具备上述素质的人才。

约翰内斯·古腾堡（约 1398 ～ 1468）的父亲是一位富裕的商人，拥有一片农场，还有来自城市的年金收入和通过婚姻得来的乡村田产。同时他还是城里的要人。然而美因茨这个城镇本身却在那个时期陷于经济衰弱，苦于显贵与行会间你死我活的争斗。

古腾堡自己是一个金匠，但并不富裕。他并未继承什么财产，年金也面临枯竭，但他却有着雄心壮志。1434 年，他搬家去了斯特拉斯堡，那是位于家乡南边 100 英里处一个更富裕更有活力的城市，拥有 2.5 万人口。在那里，他想到活字印刷这一技术，并且秘密研究了好几年，取得一系列技术突破。其中之一是字母推进器，用一种较坚硬的金属材料制成，用以敲击较软的金属模板。每个模板被放入手持模具中，然后倒入液态金属浇筑。这需要一种专门的合金，用到约 25% 的锑和约 15% 的锡再加上铅。古腾堡发明的这种合金流动性好，凝固速度快，边角锐利。当金属冷却，两半模具被分离后，出现的是一块银色的长方形金属块，一英寸半长，一端是突出的单个字母或符号，另一端是底座。每块这样的金属块都能与其他金属块完美契合，排成一排，然后再排进框架中制成完整的页面。

古腾堡发现，将不同大小的字母浇铸出来，选出正确的类型并以合适的间距排成一列是一件极为细致的活儿。虽然德语只有 30 个字母，但加上大写、标点、空格、连体字母和其他变体，每一套字体需要大约 300 种不同的字母模子。当然，与上万个汉字相比，这实在是不值一提。

古腾堡还需要处理许多其他细节。仅仅给字模上色并手动将墨水拓在纸上并不能获得足够清晰的效果。这个问题只有在印刷时加以强大的机械压力才能得到解决，而且这种压力必须均匀分布在整个页面上。还有，应该选用哪种墨水？仅仅是黑色还不够，还至少需要蓝色和红色来与手抄本竞争。他不停地试验，调节各种稀有或普通材料的不同混合比和质地，以得到刚好合适的墨水配方，既不会晕色，也不淌在纸上。一种油质墨水看起来效果最佳。另外在印刷前将纸张适当而均匀地弄潮也有帮助。然后，还必须将每一页单独晾干。这些还仅仅是一部分待解决的问题。

1444 年，随着百年战争蔓延到斯特拉斯堡的威胁越来越近，古腾堡从历史记录上消失了，大概是去了法兰克福。部分迹象显示他还出现在 1448 年的美因茨。他的姐姐去世后将祖传的古腾堡老屋留给了他。他从一个名叫约翰·福斯特的斯特拉斯堡商人处得到 800 基尔德的贷款（后来加了倍），又雇了六七名助手，建起自己的印刷作坊。1450 年，他们出版了一本由埃利乌斯·多纳图斯（活跃于 4 世纪）撰写的简明拉丁语法书《语法学》。该书采用标准的粗重哥特式字体排印，卖得非常好，在随后几年中翻印至少 24 次，达数千本。他们或许还出版了一本 750 行的日耳曼诗歌《西比拉神谕》，该诗假托神话传说里的预言家西比拉来批评教皇的腐败。1453 年君士坦丁堡被土耳其人攻占后，教皇授权出售赎罪券来募集保卫塞浦路斯的资金。古腾堡的作坊印发数百本该诗。随后还有一些其他小项目，但印刷革命期待着更大的任务。

欧洲的《圣经》大多由神职人员抄写，尽管他们已经尽了最大努力，怀有最伟大的奉献精神，却依然无法避免犯下各种微小的错误。有些时候他们因为笔误改变了段落的含义，有些时候他们有意修改文字，使其符合自己认为正确的意思。因此，人文主义神学家和主教提倡向所有僧侣和教士提供翻译准确、编辑到位的《圣经》文本。

古腾堡建立起第二家印刷作坊，找到一本拉丁文《圣经》作为模板，一字不差地排印出来，并为此设计了一种新字体。这项任务需要几千张牛皮，字模工做出几万个字模，印刷工团队建造了四个独立的印刷机，排字工三班倒以避免机器闲置。很快，古腾堡又增添两台印刷机。数量很重要，但质量更重要。他要把自己印出的《圣经》做成欧洲最准确的，还要是最漂亮的。不然他凭什么让顾客购买一本用机器造出的圣典？他做到了右对齐，这是最卓越的抄书人都无法完成的任务。新版的《圣经》每页两栏，42 行，一共 1282 页，两卷一共 300 万个字母。（插画家还通过手绘加入了一些装饰细节。）在大约两年时间里，他的团队生产了大约 180 本《圣经》，而一位抄书人在同样时间里或许能够完成一本。一个 20 人左右的团队——古腾堡作坊里的雇员数量——大概只能抄写最多 20 本，只有古腾堡实际产量的 1/9。当然，只要模板被制成，第二版的生产时间还会进一步缩短。这个突破的荣誉依然是古腾堡的，但古腾堡很快失去了对这项应用的掌控。

1455 年，就在这项计划即将赢利时，福斯特打赢了一场指控古腾堡未能按时支付贷款利息的官司，得到了古腾堡两家作坊中较大的一家。他还从古腾堡的雇员中挖走好几个，包括古腾堡的助手彼得·舍福。1457 年，他们印制了《美因茨圣诗集》，这是一本印刷非常精美的圣诗、《圣经》摘录、祷词、宗教诗歌和其他仪规文字的合集。古腾堡发明了这种方式，然而福斯特和舍福窃取了荣誉。事实上他们在标题页面后加上了第一次印制的版本信息和第一家印刷作坊的徽章。随后他们又出版了几本书，获得了巨大的利润。福斯特死后，舍福的生意越做越大，到 1503 年去世时他已经是国际出版业的巨头。

与之相对，古腾堡只接到无关紧要的生意，向同行兜售自己的印刷机，并试图进一步完善自己的发明，但命运再一次捉弄了他。1462 年，在教皇与美因茨大主教的政治斗争中，这位印刷术之父被逐出美因茨，不得不寄居在农村亲戚家中。值得庆幸的是，他并未像有些发明天才一样死于穷困潦倒或默默无闻，1465 年，美因茨大主教任命他为宫廷绅士并赐予他年金、宫廷礼服和免税实物报酬（作为年奖的大量谷物和酒）。宫廷绅士这个头衔是终身的，可惜实质上的特权却只持续了三年。当然，他的名字将留存在历史上，与人类共存。至于福斯特和舍福，大概只有学者才会记起他们的名字。

出版繁荣

同一时期，古腾堡最初团队里的其他成员也开设了印刷作坊。1458 年，法国国王查理七世（1422 ～ 1461 年在位）派遣商业间谍偷学印刷技术并开始在法国推广。古腾堡自己也与许多对印刷技术感兴趣的人分享自己的商业秘密。一开始，德国人是这个行业的佼佼者，但印刷技术很快就传遍欧洲。15 世纪 70 年代，威尼斯、巴黎、克拉科夫、阿尔斯特和伦敦都有印刷机。1501 年，欧洲西自里斯本，北到斯德哥尔摩的 17 个国家 260 个城镇的企业家共开设 1120 家印刷作坊，雇佣了超过 1 万名印刷工人——印刷已经成为风行全欧洲的新行当。到了 1480 年，意大利成为欧洲的印刷中心。在不到 50 年时间里，出版商们生产了将近 3 万部图书，印数达 2000 万册之多。后世的学者将 1500 年 12 月 31 日之前出版的早期图书称为摇篮本，意指尚处于襁褓期的印刷品。这些图书大约一半是宗教主题的，大多数以拉丁文写就，几乎囊括了所有伟大的古代拉丁著作，这些拉丁文宗教图书中又大多在意大利出版印刷。此外还有希伯来语等许多地方语言的书籍出版。在随后的一个世纪中又有 1.4 亿到 2 亿本书被印刷出来。

威尼斯有着最为密集的印刷作坊，依据仔细计算，至少有 109 家。1453 年奥斯曼帝国征服君士坦丁堡后，许多希腊人逃到威尼斯定居，带来几百部希腊手稿。一位具有创业精神的学者，特奥巴尔多·马努齐（生于 1449），他的拉丁文名是阿尔杜斯·马努提乌斯，想出一个精彩的项目——出版所有古希腊经典作品。1490 年起，他定居于威尼斯，开始印刷经过精心准备的册子，这种册子内容准确、外观精美、方便携带且价格适中。他还创设了一个希腊学术同好会，为自己提供编辑上的帮助。阿尔丁出版社也出版拉丁经典，他们采用加洛林小写体并加上了冒号、分号等标点符号。为了降低成本，马努提乌斯每版印刷 1000 至 1500 本，而非通常的两三百本。到他 1515 年去世时，他留给这个世界 28 位经典作者的大部分著作，包括亚里士多德的 5 部作品。在他去世后，这家出版社一直苦于盗版，但依然持续经营了许多年。

法国也有大量出版社。它们用方便阅读的罗马体和斜体出版了许多便携且廉价的书籍，这很快让法国成为欧洲图书出版的领头羊。法国国王弗朗索瓦一世（1515 ～ 1547 年在位）对书籍的热爱显然也有助于法国出版业的发展。1537 年，他颁布法令，规定王家图书馆应该获得每一部在法国出版的图书的样本。后来许多其他地方的图书馆也遵循这项操作。

各种主要欧洲语言的经典与当代文学著作也都被出版。15 世纪结束时，但丁的《神曲》大约出版了 50 种不同的版本，薄伽丘和彼特拉克作品的版本数更多。广泛分布于各个阶层的读者一夜之间能够接触到这些宝贵的文字。1476 年，一部德语版的《伊索寓言》带有 200 幅木刻插图。1477 年，英国第一位出版人和书商威廉·卡克斯顿（1422 ～ 1491）出版了乔叟（1343 ～ 1400）的《坎特伯雷故事集》。他总共印刷了大约 90 本书，其中 74 本用英语出版。他首先开启英语的拼写与语法标准化的进程，在这方面，他的贡献超过其他所有人。事实上，在好几十年时间里，他是英格兰唯一的英语出版商，其他的英语出版商都位于欧洲大陆，包括他的助手和后继者阿尔萨斯的温金·沃德（卒于 1534 或 1535 年）。

1460 到 1461 年，约翰·曼特林（约 1410 ～ 1478）出版了一本

体积较小、相对并不昂贵的拉丁文《圣经》，又出版了一本全本的德语版《圣经》，这是第一本以地方语言出版的《圣经》。随后很快出现了希伯来语版本的《旧约》，由意大利的犹太人出版。在 1516 年和 1519 年，德西德里乌斯 · 伊拉斯谟（1466 ～ 1536）出版了两个版本的希腊语《新约》，一共印了 3500 册。但因为所采用的底本不好，他对这两版作品都不满意，即便如此，这两版《新约》还是广为流传，成为马丁 · 路德德语版《新约》（见第七章）的主要希腊语来源。一部学术上更为严谨、精心编辑的《圣经》很快出现在西班牙。

红衣主教弗朗西斯科 · 希梅内斯 · 德 · 西斯内罗斯（1436 ～ 1517）和他的学者团队开始了他们伟大的“重启沉默至今的经文研究”计划。从 1502 年到 1517 年，他们埋首于自己能够找到的各种原始和准确翻译的《圣经》文本之中，编纂并出版了六卷本《康普鲁顿合参本圣经》。其《旧约》部分希伯来语原文和拉丁语（《圣杰罗姆通行本》）、希腊语（《七十士译本》）译文对照，同时还有古老的阿拉姆语 * 译本，并在底部附上了其对应的拉丁语翻译。《新约》包括原始的希腊语版本和对照的拉丁语译本。还有一卷收有各种辞典、词汇表和其他研究辅助内容的参考书。这是到那个时代为止在学术上最严谨最有用的《圣经》版本，只印刷了 600 本。与伊拉斯谟的版本相比，这个版本过于深奥，因此在学术圈外影响甚小。伊拉斯谟后来以康普鲁顿合参本为模板修订了之前的版本。

读者对于基督教伟大著作的热忱并未止于《圣经》。圣奥古斯丁的《上帝之城》在公元 1500 年前出版了 19 个不同的版本。第一版（1467）出版于罗马附近，是早期印刷的杰作。基督教信徒的阅读兴趣还包括同时代作品。摇篮本中最畅销的当数神秘主义作者耿稗思（约 1380 ～ 1471）的大众宗教灵修作品《师主篇》。在 1471 年到

* 阿拉姆语（Aramaic），或译亚兰语，为古代中东的通用语言，与希伯来语和阿拉伯语相近。

1500年间，该书一共出了99版。

印刷也让在书中加入精美插图成为可能。有学者统计，在1500年前出版的所有书籍中，大约有三分之一带有插图。成千上万张图片广泛流传所带来的影响不容小觑。托勒密的《地理学指南》是一本古罗马时代已知世界地图集，绘有欧亚大陆和北非的大部分地区，画在网格线上。自1477年起，该书就被出版了好几次，里面的地图和分析机制帮助制图师系统性地思考地理学的表现方式。哥伦布更喜欢皮埃尔·达伊的《世界图志》(1410)，他仔细研读该书，并带着它开始了横穿大西洋的旅程。阿尔布雷希特·丢勒(1471～1528)出版大量插画书，大多数都是宗教性的。他还撰写关于神学、几何学、堡垒建造和人体艺术等方面的著作。艺术与科学因此相互影响。

插图对于科学和技术书籍有着不可估量的帮助。半通俗的插图百科全书以拉丁语和地方语言归纳科学、地理和神学知识，风行欧洲各地。早期重要专著包括柯尼斯堡的约翰·缪勒(1436～1476)所著的三角学教科书《论各种三角形》(1464)、罗伯托·瓦尔图利奥(1405～1475)所编的兵书《兵法简述》(1472)、15世纪后期德国建筑大师洛伦茨·莱奇勒(生于1460年)所著的哥特建筑建造指南，以及格奥尔格·阿格里科拉(1494～1555)所著的第一本矿物学专著《论矿冶》(1501)。大约1530年后，技术文献如激流般涌现，从音乐舞蹈到农业会计，涵盖每一个你能够想象得到的领域。欧洲人从中获得的益处不仅仅是学识的巨大扩展，出版业的繁荣还建立了工匠与高雅文化间的联系。手工业者、律师、学者、知识分子和贵族都聚到一起——在比喻意义上——阅读众多同样的书籍。

欧洲人展现出他们对新奇事物贪得无厌的兴趣。与其他题材相比，游记文学是满足这种欲望的最佳工具。流传最广的手稿之一是约翰·曼德维尔(1300～1371)的《海外行记》(1350)。尽管有着大量盗版和惊人的失实，仍有300本手抄本和自1475年到1600年间出版的90个不同印刷版本留存至今。16世纪下半叶，大量更为可靠的第一手旅行资料出现，其中最流行的当数去过巴西的德国士兵汉斯·斯塔登（1525～1576）的作品《真实的故事与描述：美洲新世界野蛮、赤裸、残酷的食人族国度》，仅1557年就出了四版，这还不算好奇读者催生的十几种外文译本。几乎在同时，一位名叫赖麦锡（1482～1557）的意大利人有了一个聪明的想法——将不同旅行者的故事放在一起结集出版。他的《游记丛书》（三卷本，1550～1559）将马可·波罗的事迹和其他许多故事介绍给广泛读者。该书的成功激励了类似作品集的出现，例如西奥多·德·布雷（1528～1598）从1590年起开始出版他的多卷本《伟大的旅行》，拉丁语和德语版本同步发行。

理查德·哈克卢特（约1552～1616）特别值得一提，作为英国政治家的受命牧师和私人助理，他热衷于倡导英国对美洲的殖民。其第一本著作《发现美洲的几次航行》（1582）主张英国享有对美洲早期探索的荣耀，鼓励英国人继续努力，以应对其他竞争者的挑战。他将自己的下一本巨著（1584）呈给伊丽莎白一世以获取她对英国殖民弗吉尼亚的支持。在女王过世后，他依然坚定地推进官方对殖民的支持。同时，他还编辑并出版大量旅行游记，其中最出名的是他的《英吉利民族重要的航海、航行和发现》（1598～1600）。他仔细分析原始文本，在晚年剔除了那些他无法证实的记述。他还鼓励其他人出版许多游记，包括利奥·阿非利加努斯（1494～1554）所著的《非洲的历史与描述》的英译本。

最后还需提及的出版题材是历史。那几十年里，学者编纂并出版大量历史文献，范围涵盖欧洲各个角落。方济会的修士彼得·克拉布于1528年出版了一部教会记录合集，声称自己为了完成此书到访了超过500座图书馆。欧洲人忙于编制、保存和寻回自己的谱系传承。多亏这些努力和印刷革命，欧洲文明的历史才能够比其他文明保存得更详细。学者不仅收集并出版历史材料，同时还以语文学与法学的方法对其进行仔细而深入的分析。

例如，艾蒂安·帕基耶（1529～1615）拒绝所有关于法国的神话传说。官方历史对于法国君主制奠基者法兰克人的记载颇为牵强地追溯到了特洛伊人，帕基耶在考证后发现，从未有古代作者听说过法兰克人，第一次关于法兰克人的历史记载出现于4世纪。他引用一位日耳曼语文学家的观点，指出法兰克人由几个定居于莱茵河三角洲的日耳曼部落组成。简而言之，帕基耶的治学方法是"没有证据，绝不下重要判断"。因为基本信息来源的局限，他承认有很多问题自己无法确切证明，期望后来人能够在他打下的谦逊基础之上添砖加瓦。在他看来，自己的主要工作就是打碎那些天真的臆测和毫无依据的历史结论。

在古腾堡的历史性突破发生后的一个世纪里，印刷术传遍了欧洲每一个偏远角落，以及他们在更广阔世界的每一个定居点。1539年，墨西哥城出版了新世界的第一本书。俄罗斯的第一本印刷书籍出现在16世纪60年代，那里的印刷业发展非常缓慢，整个17世纪只出版了大约500部书籍，其原因既有低迷的消费需求，也有严厉的官方控制，这一切直到18世纪晚期才有所改善。1593年，西班牙殖民地菲律宾雇用懂雕版印刷的华人天主教徒，在东南亚印制了第一本书。1604年，马尼拉的道明会修士开始使用活字印刷。1638年，英国人斯蒂芬·达耶（1594～1668）在马萨诸塞的剑桥建起北美第一家印刷厂，那是在哈佛大学（当时被称为"新学院"）成立的两年之后。

奇怪的是，在欧洲及其殖民地之外，印刷术并未得到迅速传播。虽然15世纪末和16世纪初时，君士坦丁堡和开罗的犹太人聚居区中出版了希伯来语书籍，甚至在1500年的意大利还出现以阿拉伯语印制的《古兰经》，印刷术的传播却在伊斯兰世界的边界戛然而止。伊斯兰世界有大量财富、高度发达的学术水平、大量出产的纸张、化学知识、酿酒业中用到的压力法，以及字母化的文字，然而在近300年时间里，整个伊斯兰世界只有一位穆斯林短暂地使用机械印刷，一直到1784年后，印刷术才最终传入中东地区。我们应该如何解释这种对于变革的抵抗？显然一个因素是对于书写文字传统上的不信任，或者对于通过即时的口头交流来学习和进行知识交换长久不变的信仰。毕竟，连苏格拉底都拒绝写下自己的智慧结晶。另一个原因是惧怕印刷文本可能出现也的确会出现的失误，尤其是《古兰经》。无论如何，拒绝印刷革命无疑遏制了知识发展、文化复兴、宗教改革和科学进步。东亚也面临同样的问题，虽然活字印刷系统最早出现在中国与朝鲜，可是直到古腾堡发明的400年后那里的人们才开始采用机械印刷。事实上，是西方人在19世纪中叶在中国与日本出版了第一份报纸。

1529年起（见第七章）欧洲宗教权威也对出版业施加了一些更严格的限制，然而各种书籍还是从遍布欧洲的成千上万座印刷厂中源源不断地涌出。早在1500年，已经有几千万本印刷书籍在公共领域流通，而这个数字还在呈指数增长，欧洲人比历史上任何群体更能接触到广泛得多的各类印刷品。

随着书籍数量增多，统治者、学者和宗教权威建造了更多图书馆。法国王室图书馆在1622年曾经印制过一本藏书目录，列出6000种主题，包括手抄本和印刷书，并细分为不同的语言类别。在路易十四的统治下，图书馆大幅扩张。当时一位重要图书馆学家尼古拉·克莱蒙（1647～1712）开创了一种按照主题分类的图书分类体系，涵盖从艺术到科学所有主题的图书，一直沿用到1996年。在18世纪早期，法国王室图书馆的藏书数量已经达到大约8万册印刷书籍和1.6万册手抄本。终于，欧洲图书馆接近了古代亚历山大城和倭马亚科尔多瓦图书馆的规模。考虑到那些早期收藏的多“卷”图书常常属于同一本书，王室图书馆的藏书或许已经赶上那两个先驱。到了1818年，改名为“国家图书馆”的原王室图书馆藏书达到80万本书籍和手抄本，部分原因是从宗教会众和贵族家庭里没收了不少图书，至今该馆的藏书数量还在持续不断地增长（现在的数字已经远远超过1000万）。在此前的人类历史上，从来没有这么多知识成体系地保存在一个地方，并且所有人都能免费和相对轻易地接触它们。（早在 1720 年，普通民众就被允许定期阅读这些藏书。）当然，所有主要西方国家都在以前无古人的规模丰富图书馆的藏书。

印刷术的问世使信息的管理变得非常简单。虽然早在古代就已发明字母排序法，但直到现在才慢慢取代过去以主题来管理和登录知识的做法。随着信息量的爆炸性增长，这个趋势显得更加有用。同样有用的是，我们可以轻易在任何书中附上一个字母排序的索引，让公众接触各种知识分支变得更为方便。例如，在公众政治参与的逐渐发展中，法律书籍和法学摘要索引就起了极为重要的作用。约翰·拉斯特尔（1475 ～ 1536）和他的儿子威廉（1508 ～ 1565）编纂了好几本不可或缺的法律工具书，特别是第一本法律词典《英国法律术语阐释》，在 1527 年问世后至少再版了 29 次；另一本是《自〈大宪章〉到 1557 年所有法令合集》。这些著作对于英国法律的解释与应用起到无与伦比的作用。

公众对于普遍知识的接触给欧洲社会、文化和政治带来巨大的影响。例如，知识带来的自信上升和权力意识带给知识分子全新的态度。一位学者称这种精神为“巴黎风格”，其代表的不仅仅是理性、怀疑、实证和好奇，更包含对不同文化民族的同情。

法国植物学家皮埃尔·贝隆（1517 ～ 1564）就是这种知识分子人格的典型体现。他在极具影响力的高级教士提供的经济、政治等支持下，于 1546 年带着外交使命前往黎凡特。这次行程耗时 3 年，他对希腊、土耳其、巴勒斯坦、埃及和希腊群岛的自然历史、考古甚至人类学进行了极为细致的观察和研究。他的调查以严谨和细致为人称道。为了证实古代对于利姆诺斯岛陶土的医疗特性的描述，他仔细分析购自君士坦丁堡以及在利姆诺斯岛本地的样品，访问近 600 名各行各业各个阶层的人士。“观察”一词也是他回到家乡后出版的著作书名，这个词刻画了他的主要活动——他只报告自己亲眼所见。他有意追寻古代自然学家的脚步，但也毫不犹豫地否定古人的荒谬结论。贝隆还表现出对不同文化和信仰的民族令人钦佩的亲切态度。他对犹太人表现出特别的敬仰，对自己遇见的土耳其人也褒扬有加，仅仅对他们的烹饪传统略有微辞。为了让最多的普通人能够读懂，他选择用法语出版自己这部巨著，并如愿以偿。显然，许多受过教育的法国人渴望了解基督教国度之外哪怕是最为晦涩神秘的部分世界。

＊＊＊

至今为止我们所讨论过的所有转变都是渐进积累的，在印刷术发明上该趋势更是明显。没有任何一种突破能够直接导致其后这么多革命性的变化发生。可以毫不夸张地说，如果没有印刷术的发展，我们在后续章节所讨论的革命将不可能发生。将所有已知信息收集到一起，并装入一种能够被轻易获得、口袋大小的媒介之中，这种发明迅速改变了文化、学术合作和技术发展的进程。自从书籍大规模发行出现，世上的一切都随之改变。

另外值得一提的是，从人类学会用火开始，每一次技术突破都带来黑暗的一面，过去近500年时间里，欧洲和西方史无前例的巨大进步也不例外。在有些事例中，恶行相当明显，例如西方世界的武器威力从火药革命发展到核武器时代，或者发现美洲带来的几千万人死亡。即便是印刷术的发展，所带来的后果也并非至善至美。印刷术既带来现代医学，但同时也方便了贩卖战争的不良报导、儿童色情和仇恨宣传等的大规模传播。

第七章　宗教改革

1209年 阿尔比十字军
1229年 教会颁布法令禁止拥有本国语言版本的宗教书籍
1296年 教皇博尼费斯八世与法王“美男子”腓力发生冲突
1305年 克莱蒙五世将教廷迁往阿维尼翁
14世纪初 乔托开始转向一种新的艺术风格
1384年 约翰·威克利夫将《圣经》首次翻译成英文
1410年 扬·胡斯被开除教籍
1414至1418年 康斯坦茨宗教会议召开
1415年 康斯坦茨会议决定处死扬·胡斯
1420至1431年 胡斯战争
1447年 人文主义者尼古拉五世当选教皇
1467年 圣奥古斯丁的《上帝之城》首次付印
1476年 西克斯图斯四世开始售卖赎罪券
16世纪 识字率迅速增长
1504年 米开朗基罗雕刻《大卫》
1512至1517年 第五次拉特兰会议召开
1516年 台彻尔在萨克森附近出售赎罪券
1517年 马丁·路德开始宣扬“五个唯独”，在维滕贝格公示“九十五条论纲”
1518至1525年 据估计以德语印制的所有书籍中有三分之一为路德的作品
1519年 茨温利开始宣讲他的改革神学理论
1520年 教皇下诏命令销毁路德著作
1521年 路德被开除教籍
1525年 据估计神圣罗马帝国三分之一人口支持改革教义
1529年 瑞典倒向路德宗，丹麦和挪威也随之改变立场
1534年 英国国教建立
1535年 约翰·加尔文逃到瑞士
1540年 耶稣会成立
1545至1563年 特利滕大公会议召开三次
1555年 《奥格斯堡和约》签订
1560年 苏格兰接受长老会教义
1572年 圣巴塞洛缪日大屠杀
1598年 《南特敕令》颁布

“我反对教皇，以及他的所有法令，”威廉·廷代尔（约 1494 ～ 1536）向一位学识渊博的神职人员吼道，“如果上帝允许我多活些年，用不着多久，我就能让一个耕田的孩童对《圣经》的认识远胜于你。”这位文字天才留给我们几十个类似“当权者”这样有力的短语。廷代尔于 1525 年完成了《新约全书》从希腊语到英语的翻译，但这项工作却在英国之外实现。来自官方的迫害令他四处游荡，在流亡中度过余生。在自己的家乡，成千上万本通过走私进入英格兰和苏格兰港口的译作被热情的买家抢购一空。世俗与宗教权威给廷代尔套上异端的罪名，他于 1536 年被处决，遗体被公开烧成灰烬。

为什么翻译《圣经》会带来如此极端的反应？难道英国不是基督教国家吗？难道宗教权威不想鼓励信仰的传播？事实是，他们认为“一知半解”是种危险品。普通民众，未受过深奥神秘的基督教教义的相关系统训练的话，理解或许会出现偏差。他们需要神职人员在信仰上提供指引以确保他们行进在通往救赎的正确道路上，个人是无法自己解释《圣经》并从中直接找到救赎之路的。宗教改革，一言以蔽之就是对这种观念的彻底否定。

文艺复兴

亚里士多德、柏拉图和托勒密以及杰出的伊斯兰学者阿威罗伊和阿维森纳（约 980 ～ 1037）的几百部著作的译本给中世纪欧洲知识分子的眼界和观念带来挑战和改变，其中最重要的是思想上的影响。文艺复兴时代的思想家也对如何表达观念感兴趣。他们热情高涨地学习拉丁和希腊语法、辩论术、诗歌、伦理学和历史学。这些“人文主义者”希望自己能够像古罗马人那样思考。

文艺复兴时期的人文主义者让古老的文学形式得以重生。有些人用拉丁语写诗，并希望媲美前辈大师。许多人不远万里地和欧洲另一端的同道相互通信，讨论学术。类似阿奎那、司各托（约 1265 ～

1308）和奥卡姆（约 1285 ～ 1349）这样的经院哲学家所写的此类通信较少，他们的信件更像公事公办的文书，很少关注个体的人格。但对于人文主义者来说，具体而又千差万别的个人则是永恒的兴趣所在。例如，有些学者，会与死去的诗人对话。一个拥抱巨大时间与空间跨度的知识阶层就这样出现了。

彼特拉克等思想家虽然依然笃信基督教，却逐渐开始强调人类本身的创造力与智慧才能。皮克·德拉·米兰多拉（1463 ～ 1494）则宣称，信仰确实存在于理想的最高层次，但人类理性可以让人理解并掌握宇宙，并因此使自己成为比其他所有生物更伟大的存在。皮克在 20 岁出头就学会拉丁语、希腊语、希伯来语和阿拉伯语，并仔细阅读以这些语言写成的各种哲学和神话作品。23 岁时，他挑战全欧洲的学者，就他关于宗教、哲学、科学和魔法方面的 900 个命题——用他自己的话叫“所有知识”——进行辩论，甚至还答应负担他们来罗马的旅费。他的《论人的尊严》（1486）宣称是人选择了自己的命运——野蛮如禽兽，还是纯良如天使——尽管决定禽兽野蛮、天使纯良的是上帝。此书通常被认为是文艺复兴时期人文主义者的宣言。

其他学者，包括利奥纳多·布鲁尼（1370 ～ 1444），将人文主义推离信仰范畴。他写了一本佛罗伦萨历史的著作，被认为是第一本现代意义上的历史学专著，此书将历史分为三个阶段：古代、中世纪和现代。这种分段法与宗教纪年法严重背离，因为后者永远将耶稣受难作为中间时刻。布鲁尼和其他文艺复兴时期的历史学家开始以历史条件的限制来解释人类的活动和努力——包括语言、思想、艺术表达、传统和习俗。布鲁尼还认为人生的终极意义并非沉思并体验与上帝同在（亚里士多德和阿奎那都持此观点），而是参与公民事务。

大多数人文主义者都拒绝接受作为知识前辈的经院哲学家和神学家的方法和观点。后者在大学系统内势力庞大，几乎将文学研究完全排除在外。神圣教义沦为神学，与其他众多学科并列。伊拉斯谟谴责经院哲学，认为它只纠结于细枝末节，不关注本质问题。经院哲学辩论使用的是枯燥和复杂的术语，最多只是观点和对立观点间系统性的争辩，剥离信仰的深刻体验，也远离生动的福音书。人文主义者并没有发展出系统性的哲学，对于他们来说，真正要紧的是能够燃起人们内心熊熊烈火的文字，既可以是西塞罗或塞内加著作中那种无与伦比的华丽辞藻，也可以是大多数人文主义者认同的，类似教父著作或《圣经》那样能够撼天动地的文字。

因此，这场突破的伟大之处，并非完全在内容上，也体现在风格上。向人文主义的转变最明显的体现是造型艺术。中世纪时期的艺术表现常常显得僵硬而无生气，因为在中世纪，内在的神性比人物本身外在表现更为重要。14 世纪初，乔托在绘画艺术上发起革命，其本质就是注重自然事物本身的可爱之处（见第二章）。逐渐地，欧洲艺术家开始欣赏甚至迷恋上人体和人脸独特而深邃的美。在人类历史上，只有古希腊人和罗马人有以写实主义手法刻画人像的想法。到了 16 世纪早期，达·芬奇（1452 ～ 1519）、米开朗基罗（1475 ～ 1564）、波提切利（1446 ～ 1510）和拉斐尔（1483 ～ 1520）都是当时的画坛明星。意大利艺术家青出于蓝而胜于蓝，例如，米开朗基罗的大卫雕像（1504）以惊人的技术精确展现出人体形象，传达人类能够突破自身通常能力的想法。杀死巨人歌利亚的大卫所表现出的无与伦比的勇气，正符合人文主义者对人类的理解。

绘画上的透视技术和建筑艺术也得到了发展。中世纪艺术家热衷于折叠或扭曲时空，发生在不同时间的事件可以画到同一块布上，或者一块画布上会同时出现一座建筑的三面墙。与表达全部细节或其他特定内容相比，客观呈现并不重要。佛罗伦萨建筑师菲利波·布鲁内莱斯基（1377 ～ 1446）开创性地发明了线性透视，其原理是将平行线条表现为汇聚到远处尽头的相交线。布鲁内莱斯基将这种方法应用在一些非常重要的建筑如佛罗伦萨圣神大殿（建于 1434 ～

1482）和圣母百花大教堂（建于 1419 ～ 1436）的圆顶设计之中。最近的研究表明，“透视法并非仅仅是艺术家或建筑师的工具，更是观察和记录自然世界的方式”，艺术成为一门科学。文艺复兴时期艺术家与科学家的紧密合作带来对自然现象更精确的描述。

教会热情拥抱这种新的艺术和人文主义本身。学识渊博的学者，红衣主教贝萨利昂（1403 ～ 1472）就是一位人文主义者。他翻译亚里士多德的著作，重新唤起对柏拉图的兴趣，并寻求将两位哲学家的学说融合在一起。（他还对西方技术上的创新有着极为浓厚的兴趣。）好几位教皇本人都是人文主义者。事实上，许多宗教改革者认为“教会诸侯”实在是过于世俗了，许多例子表明这并非夸大其辞。

世俗神学家

自古以来，罗马就是一个充满罪恶的污秽之地，在意大利文艺复兴时期更是无以复加。当拉斐尔和米开朗基罗在教皇房间的墙壁上绘制神圣壁画的同时，娼妓与乞丐站满了一墙之隔外的街道。人人都知道教皇与红衣主教经常出入妓院，还包养情妇。在整个基督教世界，野心勃勃的上层人物利用财富、权力和教会赋予的声望为一己之私服务。例如，霍亨索伦家族成员、未来普鲁士国王的祖先——勃兰登堡的阿尔布雷希特（1490 ～ 1545）在 1514 年得到两个大主教的职位，时年 24 岁。可是教会法规定至少 30 岁才能担任大主教之职，而且不得兼任数职。但不要紧，财富与关系克服了这些障碍。历代改革者公开谴责教会里这种根深蒂固的腐败。

许多教皇都参与到这种游戏中来，包括利奥十世（1513 ～ 1521 年在位），据说他在当选教皇后曾说过：“既然上帝赐予我们教皇制度，那就好好享受吧。”而另一些教皇则毫无疑问是人文主义者。尼古拉五世（1447 ～ 1455 年在位）开展规模宏大的建筑计划，委托弗拉·安杰利科（1387 ～ 1455）和其他伟大艺术家为其绘制壁画，以希腊著作（包括异教和基督教的）最新译本填满梵蒂冈图书馆（在第六章中提到过）的书架，并持续追求学术爱好。

最具戏剧性的丑闻发生在 14 世纪，我们在第三章中已经提过，发生在法国和罗马之间的权力争斗导致 1309 年教廷从罗马搬到法国南部的阿维尼翁。这场教廷的“巴比伦之囚”直到 1378 年教皇乌尔班六世（1378 ～ 1389 年在位）在罗马当选才结束。然而，仅仅 6 个月之后，法国的红衣主教就选出了克雷芒七世（1378 ～ 1394 年在位），教廷分裂由此开始。欧洲所有的世俗统治者不得不选择支持其中一位教皇及其所属教会。当比萨的主教会议于 1409 年又选出第三位教皇亚历山大五世（1409 ～ 1410 年在位）时，一切变得越发不可收拾。

宗教改革家谴责的具体恶行之一是赎罪制度。早期的中世纪神职人员曾经采用过替代教会法所规定的苦修与惩戒的其他方式，比如忏悔者可以跪诵 50 首赞美诗来代替一日禁食。前往圣地朝圣也可以替代某些特定苦修。1095 年，教皇乌尔班二世根本性地打破原则，他为所有参加第一次十字军的人提供大赦——只要他们真诚地忏悔，罪行就能得到完全赦免。到了 1187 年，格里高利八世（1187-10-21 ～ 1187-12-17 在位）更为激进，对任何派人参加十字军或在物质上支持十字军事业的人，都给予完全赦免。类似的赎罪后来还被赐给参与打击异教和异端的军事行动者。遵照持续一整个世纪之久的基层传统，教皇西克斯图斯四世（1471 ～ 1484）于 1476 年正式代表活着的教会捐助者给已故者赐予赦免。赎罪成为一种金钱交易。

教会通过出售赎罪券获得了大量金钱。为完成圣彼得大教堂，教皇利奥十世于 1515 年开始了一场出售赎罪券的大运动。然而，上层阶级并不认同这种做法。因此，萨克森选帝侯“智者”腓特烈（1486 ～ 1525 年在位）在自己领地内禁止出售赎罪券。然而，1516 年，就在萨克森之外，约翰·台彻尔（约 1465 ～ 1519）开始以一定的价格出售赦免最严重罪行的赎罪券，但不要求购买者悔罪，这引来声势浩大的谴责，撕裂了基督教世界。

来自下层的声音

要求教会改革的呼声一直未断。事实上，早在教会开始之前就有这种声音，因为基督教传承于希伯来的先知传统。中世纪众多倡导精神复兴的传教士和神秘主义者的呼声尤为强烈，耿稗思在极受欢迎的《师主篇》中反复强调：没有上帝的指引，我们必定一事无成。有识之士也一次次地谴责发生在教会中的各种罪恶和腐败。

彼得·瓦勒度（约 1140 ～ 1218）就预见到许多宗教改革者的创新。他是一名法国富商，在 20 岁出头时体验到自身的精神转变。他把财富分给穷人，立誓维持贫穷，并呼吁所有基督教徒都应如此。他认为，《圣经》提供关于灵修的全面指导。因此，他委托一位来自里昂的教士将四部《福音书》从拉丁语译成当地语言。我们前面提过，教廷强烈反对翻译《圣经》。例如，在 1200 年左右，教皇英诺森三世就警告说，如果放任"脑袋空空的人……认为自己能够读懂崇高的《圣经》"，后果将非常严重。他的下属烧毁了所有能够找到的瓦勒度《圣经》。1229 年，教廷更颁布法令禁止非神职人员拥有任何当地语言所写的宗教书籍。

尽管有着来自教皇的谴责和被革除教籍的威胁，还是有大量信众追随瓦勒度。他们自称"上帝的穷人"，谴责现有教会的腐败并鼓励男女信众向所有人传福音。此运动后来传入西班牙和意大利北部、法国大部分地区和德语地区，本土化后的瓦勒度派信徒在不同方面成了宗教改革的力量之一。

还有许多其他基督教分支在这个时期茁壮成长。清洁派在 12 世纪中期的莱茵兰兴起，并传入法国和意大利。清洁派采用的是摩尼教的教义，他们拒绝物质世界，认为其在本质上是邪恶的。清洁派与瓦勒度派并无什么共同点。1209 年，教廷发起对清洁派的征讨，即阿尔比十字军，又花了一个半世纪的时间通过宗教裁判所将其彻底根除。

另一个与瓦勒度更为接近，而且也在各个方面成为后来宗教改革模范的人物是约翰·威克理夫（约 1330 ～ 1384），他毕业于牛津大学并留校任教，是位著名的英国哲学家和逻辑学家。他认为《圣经》是来自上帝的直接和忠实的记录。真正的教会应该由有资格被选择进入永恒天国的人构成。他还认为，在这个城市识字率不断提高的年代，教廷的做法“太粗鄙，仅仅因为他人不是学者就认为他不能靠天性学到上帝福音”。于是，他与其他几位牛津的同事一起将《圣经》一字不漏地翻译成英文，并在 1384 年大功告成。

威克理夫和他的支持者“罗拉德派”信众鼓吹世俗教士制度，拒绝教会等级和神职权力，质疑神职人员遵守禁欲戒律的情况，否定化质说（即圣餐中的饼和酒是基督的身体和血液），反对崇拜十字架或其他物体，并支持对教会财产征税。这些教义可谓彻头彻尾的异端，但威克理夫和他的追随者还是受到国王爱德华三世和牛津大学的庇护，至少到 1381 年瓦特·泰勒（1341 ～ 1381）农民起义发生前都如此。然而，自 1401 年开始，许多拒绝放弃自己信仰的罗拉德派信众被处以火刑，运动被迫转入地下，后来随着新教兴起再次出现。

1382 年，国王理查二世（1377 ～ 1399 年在位）与波西米亚的安妮（1366 ～ 1394）结婚，威克理夫的思想传到捷克地区，大大影响了捷克哲学家和神学家扬·胡斯（约 1372 ～ 1415）。胡斯和其他布拉格大学的宗教改革者强烈谴责教会体系内的腐败和奢靡，强调简单生活、精神纯洁、以《圣经》为唯一权威。1410 年，布拉格大主教革除了胡斯的教籍。1412 年，胡斯谴责出售赎罪券，教皇格里高利十二世（1406 ～ 1415 年在位）亲自宣布将其革除教籍。因为可从赎罪券生意中分一杯羹，波西米亚国王瓦茨拉夫四世（1361 ～ 1419）建议胡斯在康斯坦茨大公会议上解释自己的信仰。

此建议颇具讽刺意味，正是这个依据哲学学说赋予自身处理教会事务绝对权威的会议，判决了胡斯火刑。大公会议拥有至高权威的观点很大程度上来自帕多瓦的马西略（约 1280 ～约 1343）的著作。

他的《和平保卫者》（1324）否定教皇制度的神性，认为所有合法政府——不管是世俗的还是宗教的——都需要大多数公众的同意。该书出版后立刻被下令焚毁，作者被打作异端，然而他的思想得以流传。尼埃姆的迪特里希（卒于1418年）曾经大量引用马西略的观点，虽然并不指明出处（或仅仅称他为“一位伟大的当代神学家”），认为教皇与主教都应该接受世俗法庭的裁判。

迪特里希在1414年至1418年举行的康斯坦茨大公会议起着领头作用。这是一次巨大的集会，在不同的时间，数百名宗教界和世俗领导人及其代表出席了会议。大多数代表，以“国家”名义投票（法国、德意志、西班牙、意大利和英格兰），判定此会议的权威直接得之于上帝，并且此次会议关于信仰和教会管理的决议具有至高性，就连教皇也要服从会议颁布的法令。该宗教会议废黜了三名对立教皇，并选举马蒂诺五世（1417～1431年在位）为新教皇，同时决定每10年召开一次大公会议，新会议的决议在精神与宗教事务方面具有同样的终极权威。

代表们的第二个目标，或者说德意志代表的首要目标，是清除教会内部的腐败。他们在某些具体要点上一致行动，大多数措施试图减少富人对宗教事务的影响。但这些努力毫无成效，同样破灭的还有大公会议掌控至高权力的希望，因为马蒂诺及其继任者与世俗权威合作，重新主张专制主义统治。

这次会议的第三个目的是迫害异端。会议宣布威克理夫的十几种教义属于异端，下令焚毁他的所有著作，并将他的遗体从英格兰的圣地中迁出。一个特选委员会就两个观点审问胡斯。第一个是他主张在圣餐礼上向平信徒同时派发饼和酒，这与教会传统的只派发饼的做法不同，第二点则是胡斯对威克理夫教义的认同。胡斯断然拒绝抛弃自己观点的要求，要求对方在《圣经》中找出明确的否定，这为路德在一个世纪后的自我辩护作了预演。虽然神圣罗马帝国皇帝西吉斯蒙德（1368～1437）承诺给予完全庇护，胡斯还是被烧死在火刑柱上。教廷消灭了胡斯，却引发一场内战。

遍布整个波西米亚的胡斯派信徒开始袭击天主教徒和教堂。1419 年 7 月，胡斯派受袭之后，扬·杰式卡（1376 ～ 1424）率领民众占领了布拉格市政厅，并将几名市政官员扔出窗户——此即著名的第一次布拉格掷出窗外事件。在之后的 10 年间，胡斯派的斗争十分勇敢、富有创造性而且卓有成效。他们利用手持火器，开发出简单而有效的防卫技术，细致安排的步兵阵形打得对手溃不成军。胡斯派一次次地侵入相邻的德意志领土。所到之处，他们主张自由宣扬上帝话语的权力、在圣餐礼上同时获得饼与酒、剥夺神职人员的世俗特权等观点。

1433 年在巴塞尔召开的一次宗教会议上达成了一项协议，允许胡斯派重归天主教旗下，并允许波西米亚教士在圣餐礼上继续同时提供饼和酒。就这样，甚至在西方基督教世界的同一性被宗教改革打破之前，在其内部，已经存在着独立的非传统教会组织和实践了。

在此影响下，欧洲许多不同地方都出现了教会改革运动。参与其中的大多数人都相信个人能够独立分辨真伪、判定善恶，而无需依靠既有的等级制度与教会权威，而且通过彼此协作，甚至能为教会管理制定法则。所有这些努力看起来很大程度上都付诸东流了。在 1512 年到 1517 年的第五次拉特兰会议上，教皇尤利乌斯二世（1503 ～ 1513 年在位）召集了反对大公会议权威的红衣主教。他们一致确认教皇的绝对权威，完全没有料到宗教改革的巨大浪潮已经近在咫尺。印刷革命为向数以百万计的民众传播改革的主张提供了媒介，来自人文主义者的帮助则让这些观点变得更有说服力。

发生在德意志的人文主义运动，与对文本批判性的解读和古代经典的回归同时发生，带有强烈的反罗马和反教皇元素。几十位科学家、医生、学者、诗人和哲学家对这个发展作出过贡献。好几个对罗马教廷的道德败坏以及针对德意志的偏见有切身体会的人，带回并散播反对教皇的匿名讽刺文章。许多人认为，教皇的贪婪、腐败以及政治和文化上的帝国主义让说德语的人民无法完全发挥自己的潜力。康拉德·策尔蒂斯（1459～1508）拥有神圣罗马帝国桂冠诗人称号，他还是一个学术团体的奠基人，为促成德意志民族意识和反罗马意识的萌芽作出无与伦比的贡献。1492年，他为因戈尔施塔特大学的学生开了一次讲座，鼓励德意志人将自己的学术和写作提升到意大利人的水平。这种爱国的人文主义在未来几十年中为改革家对罗马的批评与谴责提供辩护，也影响了那个拉开宗教改革序幕的人。

路德

马丁·路德于1483年出生在萨克森的一个小镇上，其父母严厉而苛刻。他在中学和大学里学的是人文学科，随后在埃尔福特学习法律与哲学。21岁时，他还是一个胆怯的年轻人，在一次雷雨中，一道闪电击打在他的身旁。惊恐之余，他发誓如果能够活命，就去修道院做个修士。他言出必行，去了埃尔福特远郊的奥古斯丁修道院。被授予神职之后，他继续学习并担任神学教授，后来还担任奥古斯丁修道院在该地区的主管，在教书的同时进入修道院的管理阶层。在这样的超负荷工作状态下，他在松弛散漫的生活和极端禁欲及宗教虔诚之间摇摆不定，常常感受到莫大的绝望。

如何才能获得拯救？这是萦绕在路德心中的疑问。问题的核心存在着基督教教义的两个根本悖论。首先，人具有自由意志，他能够选择爱戴上帝并为之服务，然而，如果他的原罪已经让他在本质上腐化堕落，那么他就不可能作出正确的选择；其次，人与上帝之间的距离是无限远的，无论一个人做多少善事，都不能构筑起跨越这条鸿沟的桥梁。因此，我们只有依靠上帝的慈悲，才能被他所宽恕并救赎。路德由此得出一条骇人听闻但又令人安心的结论——仅靠自己，我们是注定失败的，但通过神性的慈悲，我们将会得救。这个令人震惊的结论成了路德派的中心命题之一，简单明了——唯独恩典（*sola gratia*）。

路德总结出的第二条重要信念是“唯独信心”（*sola fide*）。教会教导的是信心和“善行”两者共同作用才能决定基督徒是否被拯救。路德通过反证表明只有信心才有此作用。一旦灵魂被慈悲的光辉所转化，它自然能够行善事，但行善事本身并不会带来转化。他认为“唯独信心”是教会“存亡”的关键教义，教会在这个世界上最重要的成就莫过于将信众聚到一起形成共同体，帮助培育和坚定他们对上帝的信心。

然而，信心从何而来？唯独圣经（*sola scriptura*）。路德认为上帝已经通过《圣经》向人类揭示了自己的存在。通过学习这些神圣文字，任何信徒都能找到自己与上帝之间联系的所有真相和意义。这是一个革命性的教义。其导向这样一个推论——唯独基督（*solus Christus*）。换句话说，人们可以与上帝直接联系而无需通过教士中介。事实上，因为《圣经》的含义相对简洁明了——至少在路德看来是这样——即使不是神学家也能读懂，只要具备孩童般的天真信仰和对《圣经》的开放态度，就足以将信众引导到最终救赎。路德派教士依然会照顾他们的信众，但并不提供任何转化或救赎的力量。

在此之前，人类历史上从来没有出现过这种把权力交给普通民众的教义。路德教义在本质上认为，每一个活着的人都能够直接和即刻触碰到信仰——这是基督教世界以及人类生活最伟大的宝库。在教廷将传教与布道的权力限定于神职人员时，路德宣扬每个人都可以自己阅读、解释《圣经》，并受其转化。

在政治上，这个教义带来几个后果。首先，教会不由机构或神职人员组成，而是由看不见的信众组成的共同体所构成。因此，中世纪的所谓“教廷君主制”是一种对基督教的歪曲和嘲弄。相对于教廷学说中的双剑论，路德代之以“两国论”：一个是政治与法律的国度，另一个则是信仰与慈悲的国度。路德和其他宗教改革家期待尘世王国的统治者能承担起解决贫困、普及教育之类的重大责任，除此而外，他们应该将人力最大限度地投入到提升公共利益的事业中，类似柏拉图在《理想国》中对“哲人王”的期待。（后世的启蒙思想家认为，人们不应该将过多权力交予一人，然而路德和柏拉图不这么想，见第十章。）

1517 年秋，路德将自己的观点公布于众。根据传统的说法，他将一张写着 95 个命题的单子钉在维滕贝格教堂的大门上。他强调真正忏悔的必要性，质疑教皇是否有赦免罪行的权力和能力，谴责售卖赎罪券，并呼吁召开教会会议来讨论这些问题。一些颇有说服力的证据显示他将这份单子秘密递送到美因茨主教手中，很可能是后者将其送往罗马寻求建议。同时，一些出版社弄到了这份文件并将其译成德语，使其一下子在市井中流传开来。

几乎就在片刻之间，路德大胆的思想席卷整个德意志。作为写作天才，他在随后几年里，通过大量布道、文章、小册子、辩论、论文集和德语及拉丁语传单，让自己的名字始终出现在大众眼前。仅仅在维滕贝格一地，很快就有七家出版商出版印行他和他同事的著作。路德的某些布道在两三年时间里出了 20 版。据统计，1500 年到 1539 年间德意志出版的所有小册子中有大约 20% 署有路德的名字。另一项计算显示，出版商在从 1517 年到 1520 年间售出了 30 种路德作品，共计 30 万本。

路德的文字作品给遍布德语区的几百家出版商带来了可观的利润，维滕贝格附近的那些更是赚得盆满钵满。帝国的政治碎片化，再加上工匠对盈利的强烈愿望，让试图制止这些书籍大量发行传播的管控措施徒劳无功。

与教会的冲突不可避免。因为萨克森选帝侯腓特烈的保护，路德躲过逮捕。1519 年夏天，他与学识渊博的神学家约翰·埃克（1486～1543）展开历时四个星期的公开辩论。随后埃克进一步抨击路德，要求烧毁他的著作。1520 年 7 月，利奥十世对路德下了最后通牒，如果他不在六十天内公开放弃自己的观点，就会被革除教籍。教皇等到的不是路德的让步，而是新一轮针对教会领袖的讽刺和对信徒暴力抵抗教廷的呼吁。他主张，皇帝、国王和诸侯应该：

> “武装自己，去袭击……这些来自地狱的怪物、这些红衣主教、这些教皇，以及罪恶之地罗马的一切蛆虫。他们腐蚀了我们的青年，又腐蚀了上帝的教会。我们为什么不攻击他们，用他们的鲜血洗涤双手呢？”

路德后来解释说，作为基督徒，他厌恶流血，这些文字只是比喻。他未能目睹这天的到来。

在接下来的几个月里，路德发表了三部关于改革的经典檄文。在《致德意志基督教贵族公开书》中，他谴责教会的腐败和滥用权力。更重要的是，路德宣称平信徒都已“在接受洗礼时获得与教士相同的神圣性”，具备精神上的独立，超越于教会的权威，享有改革教会的权利。1520 年 10 月出版的《论教会的巴比伦之囚》否定了传统圣礼中的四种，只保留洗礼、圣餐和赎罪苦修。路德还对圣餐进行颠覆性的解释。他认为，圣餐不是为了再现耶稣受难，因为基督的牺牲一劳永逸，领圣餐代表的是与基督交流。此文报复性的文风和路德将教皇比作敌基督的做法，让包括伊拉斯谟在内的许多改革支持者疏远了他。最后，在 11 月，路德发表《论基督徒的自由》。他宣称，“一个基督徒是完全自由的领主，统领一切，而并非任何人的仆从；同时，基督徒又是所有人尽职的仆人，服从于所有人”。虽然路德在小册子的末尾写了一份附函给教皇利奥十世，语气毕恭毕敬，教皇还是拒绝接受。

路德是一个具有煽动性的辩论家。就在 11 月底，他逐条驳斥教皇对其学说的谴责。例如，对于第 18 条，他打趣般地回骂并断言：

> 我错了。我承认，我说赎罪券是“以虔诚来欺骗信众”，现在我收回这种说法，我把它修改为“赎罪券是最卑鄙的教皇骗子最大逆不道的骗局，他们以此欺骗了信众的灵魂并伤害了他们的利益”。

德语区现在已经陷入一片混乱之中。每一次公开革除路德教籍和焚毁他著作的企图都会引来众怒甚至暴动。一些当权者为避免流血冲突而裹足不前。在 12 月中旬，在一大群反抗权威的教授、学生和市民的伴随下，路德焚烧了教皇威胁革除教籍的教谕《起来吧，主》和一本教会法规。1521 年 1 月 3 日，教皇将路德正式驱逐出教。

1 月底，神圣罗马帝国皇帝查理五世在莱茵河畔的城镇沃尔姆斯召开帝国议会来评估路德的观点。2000 多人前来迎接路德。作为古老家族的后裔，查理统治着从南美到欧洲的大片土地；而身为矿工的儿子，路德站到皇帝的面前。他拒绝否定自己的著作，不过他为这些书中经常出现的尖刻语气道歉。他留下著名的论断：

> 我必须遵循我所引用的《圣经》，而且我的良知受制于上帝的话语。我不能，也不愿收回任何观点，因为违背良知既不安全又不正义。我别无选择，这是我的立场，愿上帝保佑。阿门。

5 月 25 日，议会发布《沃尔姆斯敕令》，对路德、他的著作和任何胆敢帮助他或接受他教唆的人正式定罪。多亏萨克森选帝侯腓特烈将路德藏在图林根的瓦特堡，他才躲过一劫。在那里，路德将《新约》译成了德文（他与合作者一起翻译的《旧约》10 年之后才告完成），其语言在随后 500 年间一直是有教养的人所使用的标准德语。

社会与政治的转化

德语区内，传统与权威饱受攻击。教士以当地语言主持弥撒；教士、僧侣和修女抛弃禁欲的誓言，与人成婚;信众在圣餐礼上领到酒;有些人在斋戒日中吃肉，另一些人则毁坏圣像;诸侯挑战高级教士的权威，而普通民众则公开对世俗统治者和领主表示不服。路德的德语版《圣经》带来了德国国家意识的觉醒，来自底层民众的变化朝着各个方向迅速发展。

弥撒的变革给普通民众的生活带来了巨大改变。教皇革命的一个主要目的就是将僧侣神职人员标志为真正的上帝选民，将他们与广大普通信众区分开来。仅仅是禁欲的誓言就让他们获得接触神圣的圣餐礼器具的荣耀。抛弃肉体欢愉，他们收获的回报是人类最大的喜悦——与最伟大最神圣的上帝直接并经常沟通。这一套仪式有着严格的规矩，只有司仪神父才能尝到圣杯中的酒，其他信众能够接受饼，但不能用他们不洁的手指接触。教士能够独自办弥撒，而世俗信众必须在告解自己的罪行后才能接近圣坛。通常情况下，教士不鼓励信众每年参加超过一次圣餐礼。路德和他的支持者去除了所有这些限制。他们坚信圣餐礼是信众借以维持彼此联系并与上帝联系的共同体验。

路德希望在保持改革进度的同时，通过合适的渠道引导他带来的一次次冲击。他在公开信中谴责依然持续的赎罪券贩卖并赞同教士与僧侣结婚。他批评隐修制度，认为这不合《圣经》，强调所有人都平等地是教士。所有人，哪怕来自最低贱阶层，都可以侍奉上帝，能够向上帝祈祷，这并非那些领受“精神天职”者的特权。弥撒不再是献祭或抚慰，而是对上帝的感恩和与同道分享共同体验，路德强烈反对由教士代表其他个人或已故之人进行弥撒的行为。路德为转变教会作出无与伦比的努力，试图将权力下放给基督徒的主体，在宗教生活方面实现社会平等。

这些改变带来不安，甚至暴力。在整个1521年下半年与1522年初，维滕贝格的学生和市民嘲笑那些不接受改宗的信众、抢夺大量书籍、破坏包括耶稣受难像在内的宗教图像和象征。路德在维滕贝格的同僚安德烈亚斯·卡尔施塔特（1486～1541）提出“上帝是精神上的”，因此也只应在精神上崇拜他，这种说法导致破坏偶像的暴乱此起彼伏。1522年2月，腓特烈公开要求改革家小心行事，应该用说服而非暴力来让别人接受改变。“我们走得过快了。”他警告说。

在这些乱象中，来自维滕贝格附近茨维考的三人声称自己具有先知能力。他们拒绝接受《圣经》的权威和婴儿洗礼，并且鼓吹对“非虔诚者”的杀戮。他们说，世界末日即将来临，上帝的国度就在眼前。许多人对他们的说法深信不疑。有谁能够抵挡这种诱惑？

路德在1522年3月回到维滕贝格。他也提倡自我节制。他说自己花了三年时间修炼心灵来发展自己的宗教改革思想，普通民众怎么可能在三个月里就达到同样的成就？

> “你觉得通过毁坏被滥用的器具就能根除滥用行为本身？男人可能因为饮酒或女人犯错，难道我们就该滴酒不沾并戒绝女人？太阳、月亮和星辰都被崇拜，难道我们就应该将它们从天空里摘下来？这种仇恨与暴力展现出的只是对上帝信仰的不足。”

类似的布道恢复了维滕贝格的平静，破除了茨维考传教者的咒语。现在路德意识到必须在确保邻人能够维持正常秩序及鼓励公民责任的条件下，带领民众走向救赎并爱戴基督。重要的是，他鼓励人们把自己在尘世的生活和所从事的职业看作快乐之源。就像牧羊人，在见到创造和统领万物的上帝躺在马槽中之后，还是需要回去照顾自己的羊群，面包师、厨师和纺织工匠都在社会中各司其职，参与受造物的伟大奥秘。上帝自身就是最伟大的厨子，他创造出太阳，各种食物才得以生长。

其他改革领袖变得更为激进。瑞士改革家胡尔德莱斯·慈运理（1484～1531）要求纯化对基督的崇拜。1525年，他的支持者用两个星期时间彻底清除了苏黎世所有教堂的装饰物，并将墙壁刷成白色。两年后，他们又破坏了所有管风琴。在慈运理看来，圣餐礼完全是在庆祝基督受难。这种看法几乎不可避免地导致弥撒被废除，取而代之的，是信众聚在一起聆听《圣经》的片段或解说。在1529年的马尔堡会谈上，慈运理与路德在除了圣餐之外的所有神学观点上达成一致。另一个不同于路德的地方在于，慈运理并不害怕用流血的方式改革教会。在1531年天主教联军进攻苏黎世时，他本人就死在保卫战之中。

另一个诞生于瑞士的教派再洗礼派反对战争，拒绝宣誓，也坚决摒弃个人财产、饮酒、欢宴和身体装饰。在再洗礼派以及他们的分支如阿米什派和门诺派中涌现了第一次和平主义运动以及“和平教堂”。他们最与众不同的观点是基督徒应该有意识地选择受洗，教会不应该给婴儿施洗。苏黎世市政厅谴责该想法，并且在1526年将接受再洗礼的成年人判罪。第二年，市政厅依据这次判例处死了腓力士·曼斯，处刑方式是淹死——以嘲弄他的信仰。曼斯成为全欧洲大概两千名再洗礼派殉道者中的第一位。

在许多地方，改革演变成暴力冲突。1522年，改革派贵族发动了一场针对天主教“教会诸侯”的军事进攻。这场“骑士反抗”最终以灾难性的结局收场，因为他们的对手特里尔大主教实力不容小觑，而且背后有着强大的支持者。亲天主教的武装继续追剿叛乱的领头人弗兰茨·冯·济金根（1481～1523），他那座曾经坚不可摧的城堡现在面对着漫天的炮火，一个星期之后，城墙就被炸成一片废墟。

社会光谱的另一头也同样充满仇恨。农民的生活状态在过去的一个多世纪里持续下降，致使冲突与反叛不时爆发。造成不满的原因有很多：全欧洲范围内官僚阶层的增加，令税赋变得更为沉重，而农村却并未从中获得任何好处；罗马法的实施原本是为了让公共管理更为合理，却削弱了农民传统上对公地的利用，而农民开垦公地是德意志习惯法所允许的；人口的增长导致生活水平的降低；最后，在德意志地区新发现的银矿产出大量白银，加快了社会向货币经济的转变，给农民自古以来的生活方式带来巨大威胁。在这些因素的共同作用下，中世纪后期的欧洲不时爆发声势浩大的农民起义。例如1358年法国扎克雷起义导致3万人死亡。

改革思想迅速传遍农村。据估计，1525年时，神圣罗马帝国大约三分之一的农民拥护路德、慈运理或其他改革家的教义。许多人期待一个依据《福音书》统治的乌托邦社会，提倡基层民众控制教士遴选、管理宗教司法以及征收和管理什一税。随着货币经济代替劳力服务，整个北部欧洲的农民社区获得一些自治的独立性。他们现在继续寻求宗教自治和掌控。他们通常愿意多付一点钱来获得更多圣礼和牧师服务，而现在他们还想要参与这些宗教服务的管理。

几十年来，德意志土地上发生过多次孤立的农民起义，他们抗争的对象是高昂的税赋等压迫。农民运动家和世俗布道者，例如尼克劳斯豪森的汉斯·伯海姆在15世纪的最后10年里吸引了大量追随者，却一直遭受各种压迫。随着世纪交替，瑞士和德意志农民形成更紧密的反抗组织，发动武装起义，可惜都被军事镇压。自大约1509年开始，德意志地区的许多下层城镇居民不满于市政厅的糟糕管理，要求自己在城镇管理上有更多发言权。1524年末，农村与城市的不满势力结盟，发动一场大起义，一位历史学家称其为“普通民众的革命”，德意志地区各地爆发了几十起类似的冲突。

该运动最终席卷从瑞士阿尔卑斯山到萨克森超过3万平方英里的土地。反叛者最开始的要求是对不公待遇的补偿，但迅速演变为针对封建秩序本身。路德的“所有信众都是教士”的教义深深印入他们的内心。这场运动的领导者出版了十几本小册子，其中最出名的是1525年初的《十二条款》，很快加印到25版。它要求农民享有任命牧师的权力、依据《圣经》明确列举的原则管理税收、获准使用以前的公共牧草地和森林、结束农奴制及世俗与宗教领主的压迫。路德谴责上层的冷漠，同时也劝说双方作出让步，维持和平。

这些起义常常组织严密，装备精良，波及面越来越广，在4月和 5 月到达顶峰。在见多识广的神学家和狂热的传道者托马斯·闵采尔（约 1488 ～ 1525）的领导下，成千上万的起义农民摧毁了德国中部米尔豪森地区十几座修道院，把传统信徒吓得半死。路德改变了他的声调。在 5 月 6 日的一份小册子中，他督促诸侯对起义者“打、杀、刺”，因为“没有比叛乱更恶毒、有害或邪恶的东西”。9 天后，诸侯在法兰克豪森屠杀了闵采尔的武装部队，闵采尔本人受尽酷刑之后被处决。又过了两个星期，这场起义基本上被镇压下去。在不到一年的冲突中一共有约 10 万人因此丧生。

诸侯对农民和城镇居民作出了一些让步，但决心不再让宗教改革演变到失控的地步。路德作出结论，只有法律和理性，而非神学或福音，能够作为政府管理的指导原则。在路德看来，仁政的唯一希望在于敬畏上帝的君主能按照公众利益施政。

基督教世界的分裂

然而谁能最好地决定什么是公众利益？在 1529 年召开的施派尔会议上，查理五世要求在他治下的广袤领土上恢复从前的信仰。占据少数的路德派诸侯和帝国自由市的领导者明白天主教信仰便于查理控制他们，于是提出抗议，他们因此被贴上了“新教徒”* 的标签。在这些诸侯的领地内，改革依然在继续。

战线已经划好。1530 年，路德派的信仰纲要《奥格斯堡信纲》发布，支持者结成防守联盟，他们列举出哲学和法律依据来支持武装对抗皇帝。战争持续了几十年，新教徒几乎总是处于不利地位。1550 年，新教神学家与牧师发表《马格德堡宣言》，这是第一本阐述抵抗宗教权威的正当性的官方声明。它的合法性延续数百年，直到纳粹上台时，德国的宣信会仍根据这一宣言反对阿道夫·希特勒。5 年之后，天主

* 新教徒（protestants），字面意思为“抗议者”。

教与新教诸侯签订《奥格斯堡和约》,该和约确立“教随国定”的原则，允许民众以良知和信仰的名义移居别处，同意世俗统治者保留大部分被没收的教会财产，此外还承认除再洗礼派之外的路德宗作为基督教派的合法性,确立宗教多元化,但并未解除各领主对帝国的效忠。皇帝查理建立统一的天主教欧洲的希望就此破灭，同样幻灭的还有路德希望改革教会而非分裂基督教世界的目标。

巴伐利亚以北的大多数德语区追随路德派。在斯堪的纳维亚，天主教几乎被连根拔起。丹麦和瑞典的国王意识到改革后的宗教能让自己夺取教会财产、削弱主教权威、控制大学以及在各个方面普遍增加自己的权力。1523 年领导瑞典从丹麦治下获得独立的国王古斯塔夫·瓦萨（1523 ～ 1560 年在位）和贵族会议达成共识，于 1527 年开始推行路德宗。丹麦的国王克里斯蒂安三世（1534 ～ 1559 年在位）在 1534 年至 1536 年间与天主教徒进行了一场内战，于 1537 年建立路德宗国家教会，自己成为该教会事实上的最高领导人。同年，他还在丹麦治下的挪威推行路德教义。

在路德与慈运理之后，出现了第三位宗教改革的巨人，他就是约翰·加尔文（1509 ～ 1564）。加尔文生于法国，长于法国，成名却是在瑞士。他受过极好的宗教、法学和人文教育，精通拉丁语、希腊语和希伯来语。1533 年，一次强烈的灵性体验让他确信只有信仰才能让自己归于上帝。1535 年，对新教徒的迫害使他不得不流亡到巴塞尔。在那里，他出版了加尔文宗基本神学教义的《基督教原理》（1536）。他于 1541 年定居日内瓦，那里刚通过投票决定“按照福音与上帝的教导生活”，很快他就在那里建立了一个深受基督教原则影响的政权。

加尔文的教会法规详细规定该教派的机构组织、教会层级以及在公民和宗教层面上的良好行为规范。不良行为包括通奸、咒骂、舞蹈、赌博、不日常祷告、吟唱“不良”歌曲和重归天主教。长老与宗教法庭确保这些规矩得到执行，对违规者的惩罚包括收监和绝罚

（禁止参加圣餐礼）。虽然一些日内瓦人反对加尔文的清教主义，大多数人还是满怀热忱地投入其中。1550年到1562年间，大约7000名新教徒搬到日内瓦，让当地人口数量翻了一番。移民通常都具备良好的技艺和教育背景。大多数人都认为日内瓦最接近上帝之城。

加尔文派的标志性教义是先定论，这是对于路德教派关于仅靠上帝慈悲就能获得救赎的思想的自然逻辑推论。如果我们的行为和成就无法使我们与上帝最终合一，那么我们就只能靠上帝的慈悲来拯救。但并不是所有人都能得救，所以上帝必然通过某种神秘的标准“选出”可以被拯救的灵魂。如果事实如此,又因为上帝的永恒性,他肯定从一开始就知道能被其选中的人。加尔文希望这个信条能够慰藉他的信徒，以帮助他们面对在欧洲各地所遭受的迫害。

十几位追随者秘密潜入法国，在死亡的威胁下传播来自日内瓦的新福音。他们和其他通讯者将大量改革宗的印刷品偷运进来，包括法语版《圣经》——在1526年的当时依然为法国法律所严禁。法国王室不会从拥护改革中得到什么好处。1516年签订的《博洛尼亚协定》已经给了他们对于神职人员很大的控制权。法国强大的中央控制和对于印刷的严格管制让异见印刷品的传播难度大大高于在政治上分裂的德意志地区。况且天主教会在法国早已成为人们心目中国家意识的根本要素。因此天主教知识分子总是能够迅速应对新思想。

即便如此，到1561年，法国境内也已经有超过2000个改革宗教区。将《诗篇》译成法语并伴以激荡人心的音乐搅动了数十万改宗者的心。这种新的信仰在艺术家、商店老板、商人和贵族中大受欢迎。事实上,大约一半法国贵族和四分之一城镇人口改信新教。然而，天主教知识分子和官员开始反击，法国爆发了第一场宗教战争（1562～1563）。新教徒在人数上处于绝对劣势，节节败退。1572年的圣巴塞洛缪日大屠杀造成大约两万名新教徒丧生，此时新教在法国早已衰退。全欧洲的天主教统治者都欢庆这场屠杀。

1598 年，法王亨利四世（1589 ～ 1610 年在位）觉得社会已经足够稳定，颁布了《南特敕令》，给予加尔文派信徒完全的宗教自由，但限制他们的政治和公民权利。

加尔文宗传播的国家比路德宗还广。1540 年到 1570 年间，哈布斯堡治下的荷兰处死了大约 1500 名新教徒，再加上沉重的税收，导致荷兰人民开始反抗。对宗教改革的欢迎和国家意识的崛起激起争取独立的斗争。他们的胜利缘于多个因素。首先，他们得到几位聪明绝顶的诸侯的支持，包括在第四章里提到的军事改革家拿骚的莫里斯；其次，成千上万笃信加尔文宗的难民从天主教居多的南方迁往北方各省，带来了各种技艺；最后，改革者在知识上占据权利与义务方面的道德优势，并以之反制那些拒绝允许他们拥有真正信仰的统治者。

加尔文宗的领导人希望建立类似于日内瓦那样的宗教和公民秩序，不过荷兰共和国发展成了一个具有相当广泛宗教宽容度的自由天堂，欢迎来自欧洲大陆各个角落遭受宗教迫害的少数人群，包括犹太人。作为善待新教徒的宗教容忍形式之一，荷兰豁免了新教徒服兵役的义务，奥兰治大公威廉一世（1533 ～ 1584）首开先例。这种早期的“出于良知反对兵役”的做法逐渐传播到其他新教国家之中，不过直到后来才在美洲殖民地形成风气。甚至连拒绝三位一体教义的苏西尼派都在荷兰共和国找到庇护所。荷兰社会的主要目标还是赚钱，并将之用于经济、文化和技术革新。

如前所述，英国宗教改革运动开始于威廉·廷代尔将《新约》翻译成平白易懂的英语，并于 1526 年在沃尔姆斯印刷了 3000 本。虽然有官方禁令，这些价格低廉的译本还是很快售罄。那个年代一本手抄本《圣经》价格超过 30 英镑，相当于一个劳工年工资的 15 倍，而廷代尔版《圣经》只需要一星期左右的工资。在随后 3 年间，廷代尔又订了 1.8 万本《圣经》，还出版了大量路德的著作。受制于严格的出版审查制度，新教书籍在英国的出版直到 16 世纪才开始发展起来，并且大获全胜。两个主要因素导致了这场转变。

英国社会里一直有着强烈的反教权主义传统。臭名昭著的“教会诸侯”大法官沃尔西主教（约 1475 ～ 1530）对宗教权力的滥用，加上天主教会搜刮的巨大财富早就让公众心生厌恶，这给伦敦的律师西蒙·费希（1500 ～ 1531）灵感，写下《为乞丐祈求》(1529)，他鼓吹没收教会财产并剥夺神职人员的世俗特权。如同发生在欧洲大陆上的类似建议，它让囊中羞涩和渴望权力的英国国王入迷不已。

1527 年，亨利八世（1509 ～ 1547 年在位）请求教皇废除他与查理五世的姑妈凯瑟琳（1485 ～ 1536）的婚姻。因为教会法的规定和对查理的忌惮，教皇拒绝了这个请求。于是 1529 年起，后世所称的改革议会出现，并颁布一系列法律削减教皇在英国的权威及神职人员的权力和特权。1531 年，下院确立国王是英国“唯一和至高无上的领主，以及在基督的法律所允许范围之内的最高首领”。翌年，亨利禁止教会未经他允许颁布教会法。1534 年,《至尊法案》删除“在基督的法律所允许范围之内”一句,《叛国法案》规定将对任何否认国王权力高于英国教会者判处死刑。宗教改革家和人文主义者、《乌托邦》(1516）的作者托马斯·莫尔（1478 ～ 1535）正是依据这道法案被处死。因为坎特伯雷大主教允许亨利与凯瑟琳离婚，教皇将亨利与大主教一起革除教籍。

从 1536 年算起的五年时间内，亨利的主要顾问托马斯·克伦威尔（1485 ～ 1540）一直致力于解散英国的修道院。修道院的大量土地大多被出售或赠送给贵族成员，给王室带来巨大的经济来源（但很快就被挥霍于战争、赞助和铺张上），并在全新的现实处境中造就一批强大的既得利益者。在这几年里，宗教改革的激进思想与实践广为传播。破坏偶像、宗教争议和暴力行为充斥着宗教生活。然而，亨利和他的顾问又确认了在圣物、神职人员禁欲、信众告解以及对化质说的信仰等方面天主教的传统做法，拒绝遵循者将受到血腥的惩罚。

新教徒在爱德华六世（1547 ～ 1553 年在位）时获得较大的宽容，慈运理派的信徒纷纷逃到英国避难，然而玛丽一世（1553 ～ 1558 年在位）又残酷迫害新教徒。圣公宗诞生于伊丽莎白一世（1558 ～ 1603 年在位）漫长的统治时期。英国国教保留了圣服、等级结构和天主教弥撒等一些功能（圆饼代替了面饼，容忍化质说信仰），但是用本土语言传教，允许教士结婚，大大简化教堂装饰，拒绝天主教中炼狱等许多“痴想”（愚蠢）的传统，并在圣餐礼中将两种圣物（即饼和酒）赐予普通信众。伊丽莎白的让步是确确实实的中间道路，既体现在宗教上，也表现在政治上。没有议会的合作与参与，这些改变不可能实现，议会由此确定在英国的权力与地位。对天主教徒的宗教迫害在英国的确时有发生，但大多情况下是因为被怀疑与境外势力相勾结。受加尔文宗而非路德宗影响较深的清教主义，在伊丽莎白时代的英国获得巨大的影响力。

加尔文宗甚至在苏格兰找到了更广泛的信众。稳定的王朝、政治经济两者的联系为宗教改革思想传入提供各种渠道。例如，苏格兰宗教改革的领军人物约翰·诺克斯（约 1513 ～ 1572）法语流利，曾经在法国的改革宗教区布过道。16 世纪 50 年代他还在日内瓦住过几年。1560 年，苏格兰爆发了一场规模颇大的起义，再加上英格兰的军事和外交支持，苏格兰的改革派议会投票确立了在苏格兰实行新教信仰。改革派摧毁了教堂中几乎每一处装饰，只剩下一片朴素的白墙。基督教的全新分支长老会诞生了，并且扩展到所有说英语的地区，甚至更广。加尔文宗本身也在匈牙利取得广泛支持。

在路德挑战罗马，要求改革之前的几十年时间里，教会内部就已经酝酿着一场内部更新了。这场运动注重通过祷告、冥想、自律和道德上的自我提高来获得个人的精神发展。该趋势的一个极端例子是吉洛拉谟·萨伏那罗拉（1452 ～ 1498），这位简朴的道明会斗士勇敢地向腐败教士和当时广为流行的淫邪行径发起进攻，并在佛罗伦萨建立了一个基督教共和国。

第一次有组织的天主教内部革新开始于教皇阿德里安六世（1522～1523年在位）时期。他当过神学教授，提倡清除教会腐败，然而这种立场在基督教世界追求世俗享受的神学家中找不到几个支持者。他还惊恐地发现如果戒绝出售教职和官位的话，会令教廷收入大幅降低。他对高雅文化以及古代经典艺术瑰宝兴致寥寥，很多意大利人都觉得他死板粗鲁。

随后的几任教皇都以压制的方式试图扑灭新教，最臭名昭著的莫过于宗教裁判所。这一时期宗教裁判所是区域性的，例如罗马宗教裁判所和恶名远播的西班牙宗教裁判所。这些机构有着曲折的历史，常常取决于谁在掌权。在那个年代，酷刑在司法审判和罪犯处决中实为家常便饭，宗教裁判所使用的方法和刑罚通常还算温和。显然，被告最为害怕的是被定罪后所要面对的羞辱。

教会最初欢迎印刷进步，视之为能够增加《圣经》数量和准确性的手段，也能够更方便地生产赎罪券。然而，当印刷术开始威胁到天主教的权威和完整时，宗教当局开始加紧对印刷文字的控制。教皇保罗三世（1534～1549年在位）在1543年颁布法令要求每一部书的印行都需要教会的明确许可。保罗四世（1555～1559年在位）于1559年开列第一份禁书名单，既有新教徒也有人文主义者的作品，薄伽丘和伊拉斯谟都榜上有名，此书单直到1966年才被废除。颇具讽刺意味的是，该书单不经意地增加了这些书目的知名度。总之，欧洲的政权碎片化让这些被禁印刷物的流通变得相对容易。

耶稣会并非是作为应对宗教改革的直接产物而出现，而是教会内部实现个人精神重生运动的一部分。依纳爵·罗耀拉（1491～1556）在战斗中受到重伤，在养伤期间体验到精神上的觉醒，于是立誓将自己的一生奉献给基督。他的理念来自文艺复兴时期对个人价值的欣赏以及中世纪时期关于追求灵魂完美的理想。他在接下来的十来年里潜心研究并写下的《神操》成为保罗三世于1540年设立耶稣会的精神指导。耶稣会修士致力于教育和以基督门徒的精神向全世界传教，到 1556 年罗耀拉去世时耶稣会已经有 1000 名成员。

因为各种政治事件的干扰，特兰托宗教会议断断续续地从 1545 年开到 1563 年，该会议确立天主教正统，承认罗马教廷是天主教传统与《圣经》的最终解释者，个体信众参与自身的救赎，七大圣礼将荣耀照射到信众身上，普通信众在圣餐礼时只能领面饼。至于改革，他们投票推行天主教要理，以提高教士的教育水平，同时禁止政治性的主教任命，并要求主教在宗教生活中起到更积极的作用。

天主教会在此时期着重强调的不是聚众礼拜，而是个人灵修。这个时期伟大的模范不是类似路德这样编写赞美诗的改革者，而是以禁欲主义和严格自律穿透到灵魂生活核心的神秘主义者阿维拉的圣特蕾莎（卒于 1582 年）以及圣十字约翰（卒于 1591 年）。在某些伟大的作品如埃尔·格列柯（卒于 1614 年）的《十字架上的基督》和贝尔尼尼（1598 ～ 1680）1646 年的《圣特蕾莎的狂喜》中，艺术表现捕捉到这种神秘的体验，后者刻画的圣特蕾莎精神兴奋的状态看上去就像是肉体上的欢愉。1528 年成立于意大利的嘉布遣会和 1538 年的嘉布遣女修会都很好地体现了崇尚极度简朴的精神。天主教会的赞助导致艺术作品、建筑和音乐的爆炸性涌现。彼得·保罗·鲁本斯（1577 ～ 1640）的巨幅画作散发出乐观和活力。作为文艺复兴时期的知识分子，他每日都出席弥撒。在整个天主教欧洲，巨大且常常装饰华丽的教堂拔地而起。耶稣会建造了很多教堂——从 1580 年到 1650 年之间，仅在巴伐利亚就有 24 座之多。在罗马，他们雇用伟大的文艺复兴作曲家帕莱斯特里那（1525 ～ 1594）和德·维多利亚（1548 ～ 1611）来给学生上课。在欧洲、亚洲和南美的 74 座耶稣会高中里，学生学习严格的音乐和舞蹈课程。这简直是在有意针对崇尚俭朴生活的新教徒，因为他们严格禁止舞蹈。对于弥撒本身也如此，天主教会将其作为礼拜仪式的核心精心而又招摇地保留至今。

现代权利基础

宗教改革对于西方文明发展的最深刻贡献并非宗教上的革新，而是结束了欧洲的中央权威。与其他主要文明不同，欧洲从未出现过单一的政治权威。甚至，从耶稣时代开始，基督教的领袖就一直挑战世俗统治者的地位，对他们发号施令。千禧年后，教皇革命将基督教世界分裂成两个权力体系，一个是碎片化的世俗权力，另一个是统一的宗教权威。这种双重结构为数不胜数的世俗和宗教团体与协会提供了庇护所。逐渐地，世俗统治者开始挑战教皇在宗教领域里的至高地位，最后由路德发动的宗教改革给予其致命一击。从此以后，欧洲在政治上和宗教上都实现了多元化。除教会和国家之外的第三极——个人良知开始得到认可。

帮助推动瓦解教皇最高权威的首要因素是印刷技术的发展与识字率的提高。路德也意识到印刷革命的力量，称其为“上帝恩典最高和最极致的表现，推动了福音的传播”。英国新教作家约翰·福克斯（1517～1587）这样写道：“要么教皇禁止知识本身和印刷术，要么印刷术最终将他赶走。”在路德于1546年去世时，已经有超过3400个不同版本的高地德语版《圣经》足本或节本出版，加上430个不同版本的低地德语版，一共印行大约100万册。考虑到当时神圣罗马帝国人口只有大约1900万，大约每3到4户家庭就拥有一本《圣经》。再者，因为路德，越来越多的人想要亲自去阅读。当然，与欧洲的其他地区相比，德语区有着特别的优势，因为16世纪时它就拥有92个出版中心，而意大利只有60个，法国53个，低地国家27个。更重要的是，德意志的印刷工业完全零散分布，想要禁绝知识与印刷几乎绝无可能。学校的繁荣也产生类似的影响。

几个世纪来，修道院和大教堂都保持着小规模的教育机构，用来训练教士和僧侣。中世纪早期，欧洲几乎所有识字的人都是神职人员。从14世纪初开始，更多的修道院开始雇佣教师，向出身贫贱的聪明孩子讲授拉丁语。在15世纪，德国和荷兰的非修道院宗教社区也开始建立学校。大教堂附属学校、学院教堂、礼拜堂、同业行会、医院和公立文法学校都向不以神职人员为职业目标的孩子提供拉丁语课程，一般不收取学费。女性在学生与教师中都属于极少数，尽管不同地区的比例略有不同。例如，1380年，巴黎及其近郊的文法学校里女性教师的比例高达1/3，占据了62人中的21位。这个比例大大高于任何一个英国城镇。

1500年后，学校数量成倍增加。首先，人文主义者说服欧洲的精英，学习经典文学作品是获得学识与美德的最佳方法；其次，印刷革命极大地降低了书籍成本，让城市和宗教社区的新学校十分容易地得到大量图书；最后，无论是在新教还是在天主教国家里，传播对宗教教义的特定解释都变得极为重要和紧急。

城镇的公立学校塑造了欧洲几代上层精英。许多教师是新教徒，甚至在法国，至少在耶稣会于16世纪晚期占据大多数公立学校之前也是如此。他们教授礼仪、道德和平民价值。学费基本全免，由市政当局提供资助，不过来自外地的学生需要自行解决食宿。在大多数地方，女孩原则上都能入学，但实际入学的女性很少。许多教师通过说服和羞耻感来塑造学生的举止，较少使用体罚。通常情况下，学生会因为才智和道德得到衷心的赞赏，然而他们也被教导要服从权威。

学者争论学校到底在多大程度上打开了学生的眼界。有些显然做得很好，例如米歇尔·德·蒙田等几位出色的人文主义者在接受训练的同时，挑战各种所学观点。然而似乎大多数公立学校的教育提倡服从、接受权威、支持现有秩序、肯定层级制度与社会地位。以死去的语言死记硬背古代权威的著作段落，并不会自动打开新的思维方式，强调对语法规则的严格学习或许也有可能让人接受并促进权威。当然，全欧洲大多数世俗和宗教当局都在以极为仔细的教育法规和课程安排来保证这样的结果，在德语区尤其如此。然而，我们或许难以用清晰的标准区分出两种教育类型，说这种开阔视野，那种僵化思路。欧洲的古典学校既培养出不拘传统、富有创造力和创新精神的杰出人才，也培养出技能纯熟、思维清晰的精英分子。这种组合必定对欧洲的发展作出了巨大的贡献。

自中世纪晚期开始，识字率就持续而缓慢地上升。在整个德国，大约每20人中有1个具备阅读能力，只算城市地区的话大概是1/3男性人口。宗教改革让这个数字大幅攀升。越来越多的世俗信众能够读懂甚至写出拉丁语文章，越来越多的非神职受教育者能在法庭充当证人、作为神职人员代表或提供其他需要专业知识和身份的社会服务。学校的大量出现显然有所帮助,尽管读写多是在家中习得的。神圣罗马帝国、苏格兰、瑞典和瑞士的识字率上升尤为显著。1686年，瑞典的路德宗教会设立严格规定，在婚姻和圣餐礼方面添加识字的要求。到了18世纪40年代，西南部的斯科讷主教区，91%的男性和93%的女性能够阅读。然而，在欧洲的大多数地方，阶级、性别和城乡差别依然存在。18世纪的新英格兰殖民地大概是当时地球上唯一消除了这种差别的地区。

与中国对比来看，这种情形更加惊人。作为印刷术——包括雕版印刷和活字印刷——的诞生地，数世纪以来一直拥有活跃的图书市场，同时又热衷于将大量精力投入学习，但直到20世纪以前，识字率都没有出现大规模的上升。科举考试可以说是中国社会中获取成就的唯一可行途径，为考试所做的准备要求极度刻苦的努力，而且其历史悠久的统一书写语言只被少数人真正掌握，这些因素导致识字成了小部分精英分子的特权。而在欧洲，最低程度的“功能性读写能力”，特别是本国语言，逐渐得以发展。

宗教改革的思想与实践还带来另一个后果——限制既有权威的理论得以发展。马丁·路德并非欧洲第一位主张良心至上的知识分子，但他的表达和实现方式产生了巨大的政治影响。然而加尔文与路德都以专制主义的观点看待国家，尤其是那些支持他们眼中真正教会的国家，主张人们应该对政权绝对服从。但是，在某些地区，宗教改革的确带来相当程度上的宗教与政治宽容，最突出的便是荷兰。

大约在1600年左右，一位名为雅各布·阿米纽斯（1560～1609）的神学教授公开鼓励宗教宽容并挑战加尔文的教义。他的追随者失去了来自联合省城市政治寡头的保护，被迫逃亡。然而他们的信众依然在没有领导者的状态下保持聚会，并进行“自由预言”——让圣灵指引他们的祷告和发言。1620年到1650年间，这种“社友会”运动传遍荷兰。大多数情况下，其成员没有受到迫害。事实上，自16世纪晚期后，成千上万名激进的新教徒——主要是再洗礼派、灵修派和唯理福音派——逃亡到尼德兰，尤其是北方的荷兰省。荷兰可谓欧洲对宗教最为宽容的地区，占统治地位的荷兰归正会寡头并不赞同那些新来者的信念和实践，但只要这些信众的活动保持在私下进行，他们就睁一只眼闭一只眼。更重要的是，这些寡头统治者希望避免任何冲突，以免正常商业活动受到干扰。社友会运动维护思想和表达的绝对自由，吸引了许多激进分子。学者称此运动为第二次宗教改革。

欧洲宗教的碎片化让异见分子找到庇护所。早在15世纪早期，英格兰的罗拉德派就在苏格兰寻求庇护。在16世纪中期，日内瓦和英格兰收留了许多新教难民。一个世纪后，在英国光荣革命与内战（见第十章）时期，数以千计的英国新教徒逃往低地国家。胡果·格劳秀斯（1583～1645）的《战争与和平法》（1625）是国际法领域的奠基性著作，书中提出此种做法的法理正当性。作为阿米纽斯派信徒，他本人于1621年以难民身份移居法国。勃兰登堡选帝侯腓特烈·威廉（1620～1688）于1685年正式确立该实践，于同年《南特敕令》被废止后，向法国胡格诺派提供庇护。其他国家也随之推出类似法律，包括英国（1708年）与其北美殖民地。

路德派法学家与神学家也提出论据来证明人民有充足理由反抗压制信仰自由的统治者。这个被称为“抗争的宪法理论”最初出现于

16世纪20年代后期（贵族对此持欢迎态度，因为他们自1465年起就开始了反对法国国王路易十一的斗争）。该学说强调，具有权威的政府官员“应该遵循上帝的要求反抗”“压迫正信”的“上级”。这一观点成为1550年《马格德堡宣言》的中心论点。关于这个问题的第二个论证是所谓“抗争的私法理论”——如果一个统治者尸位素餐，那他就应该停止行使上帝授予他的职权，作为独立个体的他也应被反对。加尔文宗的神学家迅速在欧洲各处宣扬类似的观点，包括法国、荷兰、英格兰与苏格兰。加尔文和他的追随者还发展出一套理论与实践，通过民选法官来辖制统治者的权力。

英国人约翰·波内特（约1514～1556）和克里斯托弗·古德曼（1520～1603）更进一步声称每一个公民都有权反对不公正的权威，因为上帝与人立约要求“对那些激怒上帝的事物，应起来与之为敌”，这是“每个人的义务”。这些论点成为一个世纪后约翰·洛克（1632～1704）《政府论》一书的基石，不过洛克认为政治反抗是一种道德权利而非宗教义务。当1572年圣巴塞洛缪日大屠杀迫使胡格诺派在法国发动全面抗争（见第十章）时，他们需要在理论上为自己的行为找出正当性，这一事件因此为这两种理论的发展提供了现实联系。讽刺的是，为了获得更大的说服力，激进的加尔文宗神学家着重引用了包括阿奎那在内的经院神学家、罗马法典编纂者和大公会议重要成员的理论，那些都是天主教思想家的著作。毋庸置疑，欧洲反抗权威的知识基础是多方面的，并且富有活力。

自信、极具宣传能力而且组织良好的加尔文宗虽然人数不多，却成功地在欧洲各国发声，获得许多权利。当时这些国家无法从哲学上否定宗教宽容，或拒绝赋予其他教派同样的权利。如历史学家林·亨特在论述日后的人权运动发展时所说，权利就其本质上来说，有着“向下传递的趋势”。中世纪与现代欧洲早期的基督教徒对于异类——不信上帝者、犹太人、土耳其人和持异见者——的普遍态度当然不尽人意。在其生命后期，路德也加入了这个不人道的人群，但他在 1523 年写了一本《耶稣基督是个犹太人》，宣称即便与非基督徒结婚也没有什么错，因为每个人都是“完完全全的人，是上帝的完美造物，与圣保罗、圣彼得和圣露西一样”。与此类似的还有提倡全民识字、所有受洗信众都是教士等学说，暗示着社群中的每个人都应该拥有平等的权利，尽管路德本人没有作出这样的逻辑推论。宗教改革的思想中充满了激进的想法和原则，给世界带来了正反两面的影响，但此时这些后果并未立刻显现。

布拉德·格雷戈瑞最近做过一项研究分析那些负面影响。他认为，因为坚持只有解读《圣经》才是发现真理的关键途径，宗教改革家打开了通往真理主张巴别塔的大门，后世因为宗教教义之争产生各种暴力冲突。在他看来，只有政教分离，才能确保和平的社会生活得以发展。宗教因此在很大程度上成为私人事务，政府慢慢地夺取以前分属世俗和精神两个领域的所有权力。科学因其令人生畏的展现能力催生上帝不存在以及宇宙中不存在道德确定性的想法，并使之广为流传。现代社会的大多数人都认同每个人都拥有权利，但没有人能够解释为什么必须这样，因为普遍的形而上基础已经不复存在。而且，道德随着宗教信仰，一同变成私人事务，结果导致人类无止境的贪婪所带来的冲动不再有公共的宗教谴责予以节制。最终，西方社会沉迷于对物质财富的创造和消费，直接导致现在对环境造成的灾难性威胁。

* * *

如果说政治上的碎片化导致欧洲在 1500 年前所具有的活力、创新性、转化动力和物质成就，那么这些特征之所以能够持续，部分原因是宗教改革所带来的文化与神学的碎片化，其直接后果是破坏了在几个世纪里帮助把碎片化的欧洲政权联系到一起的大多数欧洲人的信仰系统和组织——罗马教会。在接下来的转型中，其他权威也相继衰弱或垮塌，其中既包括王权，也包括固有的宇宙认知。下面一章将详述地球是如何被赶下传统宇宙观的中心位置的。路德本人亲自促进了这一发展，他拒绝亚里士多德和其他经典权威，并坚持运用自己的理智来解释基本证据——质疑与实证构成科学革命的两个关键要素。

第八章　科学革命

1258年	蒙古人攻陷巴格达
1300年	炼金师格伯发现硫酸
1315年	蒙迪诺·德·卢齐提出解剖原则
1317年	教皇约翰二十二世禁止修习炼金术
1471年	费奇诺翻译《赫尔墨斯文集》
1531年	盖伦的解剖论文集被再次发现，成为该学科标准
1533年	欧洲第一个植物学研究学会成立
1543年	安德雷亚斯·维萨里写作《人体的构造》，哥白尼发表《天体运行论》
1560年	自然奥秘学院在那不勒斯成立
16世纪晚期	显微镜问世
1609年	开普勒发表《新天文学》
1619年	开普勒发表《世界的和谐》
1614年	弗朗西斯·培根发表《新亚特兰蒂斯》
1616年	伽利略与教会争论
1620年	弗朗西斯·培根发表《新工具》
1637至1641年	勒内·笛卡尔发表《第一哲学沉思集》
1660年	伦敦王家学会成立
1687年	牛顿提出宇宙运动三定律
1751年	本杰明·富兰克林发表关于电流的论文
1755至1797年	十几种新元素被发现
1869年	门捷列夫设计元素周期表

人们倾向于认为革命领导人十分大胆甚至傲慢，但事实并不总是如此。查尔斯·达尔文是一个谦虚、不喜自夸的人，而且一生中大多数时间都遭受着各种反复发作的病痛的折磨，但这并不影响他凭一己之力改变我们对自然世界的认知。达尔文的影响超越其他任何人，他用整整20年时间，搜集各种证据证明一个全新的革命性理论，这个结论如此激进，以至于他以玩笑的态度向朋友坦承“就像是供认谋杀罪行一样”。达尔文主义理论意味着物种并非由上帝创造并保持一成不变，地球上所有生命拥有共同的祖先，在漫长的时间里通

过对随机的基因突变进行“自然选择”而逐渐演化，这个过程不需要超自然因素的参与，也不牵涉到决定论或目的论。换句话说，任何生物的演化既不必然，也不朝向具体的目标。这些演化生物学的基本原则如今已经被大多数受过教育的人所接受，听上去也并不是与宗教信仰水火不容——著名科学家、美国国立卫生研究院主任弗朗西斯·柯林斯就是一个虔诚的基督徒。然而，这些原则的确颠覆了无数人的宗教信仰。

有意思的是，现代科学作为理解自然规律的颠覆性新方法，之所以被欧洲人接受，在很大程度上是因为他们相信上帝创造了一个合乎理性、遵循法则且稳定的宇宙，能够被人类理性所理解。现代科学综合了实验手段、应用于自然界的数学假设、严谨的逻辑思考、空间的几何化、对自然事物系统性分类，以及对解释世界的新方法的惊人的接受度等等。

艺术天才在前辈大师和同时代人的影响下，以独特和亲密的视角再现现实世界。一首诗或一尊雕塑或许永远无法被超越，但科学的发展却完全不同。科学知识和观点会遗失，例如文稿被毁或文明湮灭，但人类对于自然世界的认知大多数都被积累下来，经历一个又一个世纪，从一种文化传到另一种文化——从古巴比伦、埃及、印度和中国传到西方。人们在流传下来的科学传统基础上，研究、解释、发展。知识与实践的积累在今天变得更缓慢也更丰富，如果没有这些积累，艾萨克·牛顿就不会宣称“如果我看得更远一点的话，是因为我站在巨人的肩膀上”。今天没有一位诗人能与荷马的成就媲美，但是现在任何小学生所具备的科学知识都超过了德谟克里特（约公元前 460 ～前 370）。早期近代欧洲，知识分子群体庞大又紧密联系，他们探索世界、共享信息、借鉴千年来的科学成果，孕育了现代科学。

古代与中世纪的科学源头

古埃及和美索不达米亚的学者发现了天体与地球运行的规律，留下对星辰和其他天体运行的详细记录，发展出复杂的计数体系，设计繁复而精确的历法。然而他们以神话方式解释自然运行，将其归于神祇的干预。与之对比，早期希腊哲学家也提出对于各种自然现象的解释，但他们并未将世界的运行归功于诸神。前苏格拉底时期的思想家想要知道世上万物由什么构成、如何运动以及如何随时间变化。他们认为土、水、气和火是最基本的元素，世间万物都从基本元素生成。一方面，他们设想现实在根本上是统一的，这样就有可能为现实存在提供一个理性的解释；另一方面，他们又试图寻找这些原则的具体表现，如阿那克萨哥拉（约公元前 500 ～前 428）认为地震是因为水一下子涌入了地下空洞，而阿那克西美尼（约公元前 585 ～前 528）的解释则是地下土壤的崩塌。这种唯物论观点与早期中国思想家所提出的以构想出来的“阴阳”互相作用为中心的解释形成鲜明对比。

其他古希腊思想家，尤其是毕达哥拉斯学派，认为万事万物的基础是数字。他们认为人们可以通过数学关系来理解现实世界。毕达哥拉斯学派在音乐声调中发现了泛音比例，并将其视为宇宙内在数字规律的最佳例证。很多个世纪后，类似的洞见促进了欧洲的科学革命。

同时，柏拉图和亚里士多德达到了人类对自然世界的首次系统性认知。柏拉图认为有一个理性存在依据理性原则创造了万物，但随后就不再干预其运动和行为。与毕达哥拉斯学派相似，他将数学看作现实世界不变的语言。他还认为宇宙具有“灵魂”，或者被注入了神圣的意义和目的。他的学生亚里士多德则更脚踏实地，他同意老师对现实世界具备内在目的性的观点，但将之归因于事物各自的本性，从而每一种事物都值得被研究。他系统研究过的主题包括逻辑学、植物学、动物学、物理学、宇宙学、心理学、形而上学、伦理学、政治理论、美学、修辞学、诗歌、戏剧和音乐，他更是为那些无法理解的不可见力量及无法触及的遥远物体提供大胆的解释。在他看来，一切都可以被解释。近代之前，柏拉图与亚里士多德为后世几乎所有自然哲学主题划定范围，至少在近东和欧洲是如此。

一些不那么著名的希腊思想家也对我们理解自然界作出了显著贡献。德谟克利特和伊壁鸠鲁（约公元前 341 ～前 270）提出一种理论，认为不可见的、无法打破、无法分割并且永恒存在的原子在永恒的虚空中运动，形成并再生了自然界的基本物质，这些物质构成万事万物。原子运动是纯粹机械的，不带任何目的。欧几里得除了打下几何学的基础之外，还用几何计算来帮助理解透视这一视觉效果。人类历史上最伟大的数学家之一阿基米德提出杠杆原理，发明螺杆泵，发现计算复杂图形面积的方法，并计算出圆周率 π 的近似值。托勒密更发展出一个将地球置于太阳系中心位置的精巧的天文理论，尽管这个理论是错的，却统治着天文学，直到被牛顿彻底推翻。

希腊思想家还在医药领域获得了突破性成就。科斯的希波克拉底（约公元前 450 ～前 370）和他的追随者发展出一种维持健康的整体性预防手段。他们认为恰当的饮食和生活习惯是维持体液平衡的基本手段。一个世纪后，迦克墩的希罗菲卢斯（约公元前 330 ～前 260）和他在亚历山大医学院的学生进行了在大多数文化中被视作禁忌的人体解剖，确立解剖学和生理学的基本原则，为这两门学科奠定基础。帕加马的盖伦（约公元 129 ～ 200）掌握神经系统、循环系统等人体解剖学知识，这些成就在接下来的 1000 多年时间里都没被超越。西方基督教徒直到中世纪后期才对希腊和罗马学术成就有些微兴趣。

在欧亚大陆的另一端，强大的中国科学传统也开始出现。哲学家墨子（约公元前 470 ～前 391）的追随者在逻辑学、数学和几何光学方面都取得了相当成就。这场运动在几个世纪之后受到压迫，大多数著作都已散佚，但将科学知识运用到土木工程、天文学、气象学、制图和地震早期预报等实际问题上的传统被保留下来。这些学科在中国接下来的2000年时间中得以持续发展，然而在传承过程中常常会出现中断，这意味着科学家常常不得不“从头再来”。对于磁力的早期理解使简易罗盘在2000多年前就已问世，1000多年后更为精巧的、适合海上导航的指南针出现。中国的炼金术士在追求永生的过程中，对理解各种有机物和无机物的贡献深远长久。他们没有盖伦对于在药物中使用矿物和动物副产品的禁忌，研究者发现了大量药物治疗手段，虽然有些方法可能致命。中国的科学发展在很大程度上停留在经验主义层面，很少导向系统性的解释或构建具备层次结构的知识体系。

穆斯林学者将分布在欧亚大陆各地的民族所掌握的知识综合起来，在数学、医学、天文学、光学等领域作出前瞻性的贡献，他们在化学上的成就尤为突出。贾比尔·伊本·哈扬（约721～815）对煅烧、还原、升华、蒸馏和结晶等化学操作进行方法上的描述，并指出它们在冶金和玻璃制造之类工业上的应用。他还下结论说所有金属的基本要素都是硫或汞的纯化形式，认为如果按合适的比例混合就能得到黄金。这个理论激励着炼金术士在理解化学反应和物质特性方面获得难以计数的进步，尽管阿维森纳对金属嬗变的可能性进行了详细的反驳。贾比尔最出名的继承者穆罕默德·伊本·扎卡里亚·拉齐（865～925）将矿物分成了6大类，其中包括4种“挥发性物质”、7种金属和11种盐。然而，伊斯兰世界的科学研究渐渐变得更依靠猜测与推理而非实验，并在蒙古于1258年征服巴格达后走向衰弱。一些穆斯林学者取得了伟大成就，特别是在天文学方面，他们在几个世纪里都保持着丰富的学术和思辨传统。伊本·沙提尔（1304～1375）、阿里·古什吉（1403～1474）等天文学家的工作对哥白尼（1473～1543）产生确定无疑的影响，甚至可以说正是这些工作让哥白尼的突破性发展成为可能。同样值得一提的是，这些穆斯林思想家对早期近代欧洲的一系列非凡的科学进步作出重要贡献，但对伊斯兰世界却未带来什么影响。

大多数希腊的学术文献通过阿拉伯译本和原始文本进入欧洲图书馆。亚里士多德的一些论点对基督教信仰产生严重挑战，例如宇宙从来就有而且将一直存在，以及灵魂在人死后不能继续存在等等。阿奎那融合亚里士多德思想和基督教信仰的工作并不能让所有人满意，但的确保护了这位古希腊首屈一指的科学家和思想家免遭尖锐的责难。阿奎那的努力也打开了细致分析并再解释古希腊思想的大门。

我们在第三章中已经讨论过，经院哲学家深入地辩论各种有关上帝、宇宙、自然、心灵和伦理的问题。他们常常试图验证一些难以置信且富有争议的创新假设。成百上千位学者在欧洲各地十几所高等学术机构中工作，他们彼此分享想法，互相学习，从一处转移到另一处，对新出现的想法提出批评，渐渐地达到发现的临界点。

例如，在 14 世纪前半叶，来自牛津大学墨顿学院的逻辑学家和数学家将速度定义为运动的强度，这是一种引人注目的新解释。就像颜色可以有亮度差别一样，他们认为运动也可以有快慢差别。他们还定义了均匀加速度（匀加速运动），与现代物理学的定义完全一致。他们以此为基础整理出几条定理，譬如“墨顿定律”指出，在相同时间内，物体做匀加速运动与以最终速度的一半作匀速运动，移动的距离相同。其他学者验证了他们的结果，并在其上进一步构建新的发现。巴黎大学的尼古拉·奥里斯姆（约 1323 ～ 1382）为墨顿定律提供了几何证明。

物理学的发展在许多方面都需要归功于中世纪思想家的工作，他们几乎都是教士或僧侣，譬如奥里斯姆。他拒绝亚里士多德关于重物被拉向地球中心，而轻的物体则飘向“月下层”的观点，认为物体离地面越远，其重量减少得越多。而且他与亚里士多德相反，认为是地球而非太阳在运动。反对意见则声称如此一来地球上的所有物体都会飞离，他回应道所有物体都在一起转动，所以不会发生物体飞离的现象。另一位巴黎学者让·布里丹（约 1300 ～ 1360）修正了亚里士多德关于抛物线运动的理论，他从希腊化时期的近东地区的观点中找到依据，这些观点经伊斯兰自然哲学家传承下来。布里丹认为投射物并非由于一种持续的外部作用力而产生运动，而是在发射时力就内在于物体本身。他称这种力量为“冲力”，只有阻力才能抵消这种效果。这个思想与现代物理学中“惯性”的概念惊人地接近。

知识的积累、严格的学术、方法论的多样以及强烈的探索精神让欧洲与世界其他可能与之竞争的地区相比更胜一筹。伊斯兰世界的黄金时代已经结束，零星的天文学和数学进步依然时不时出现，但再也没有关键性的发展。随后几个世纪出现了数个富裕而强大的伊斯兰帝国，如奥斯曼土耳其、萨法维伊朗和莫卧儿印度，但都是传统的农业国家，在世俗统治者的权威之下只有少部分知识社团和僧侣阶层获得发展。印度的宗教——佛教、耆那教和印度教强调从世俗关切中解脱，鼓励超凡脱俗的顺服。一些数学家依然完成了非凡的开创性工作，但纯粹的冥想吸引了大多数天才头脑，而且系统性的研究相对罕见。至于中国，儒家知识界很少关注科学，而且明王朝反对并严禁对外通商和探索。虽然有见识的学者与自然哲学家屡屡可见，但大多数情况下，严格的集权官僚体系是他们赖以谋生的途径。

总体上，世界其他伟大文明缺少无拘无束的批评风气和探索精神，在资助和资金来源方面也缺乏多样性，对知识以及新奇事物兴趣寥寥，而欧洲在中世纪晚期和文艺复兴时期的情况截然不同。事实上，在那个时代及更早的世界历史上没有任何其他文明的成员能够像欧洲人一般如此自由地接受全新的概念、实践、机构、理论、技术、发明、术语和产品。在随后的两个世纪里，这种趋势更为明显和广泛。以强烈的求知热情和无与伦比的开放心态接受其他文明的成就，同时伴以严格的、系统性的研究及知识积累，欧洲为对自然世界的理解发生质变打下了坚实基础。

方法与途径

柏拉图和亚里士多德都没有发展出现代意义上的科学。柏拉图使用的是演绎法，通过强调普遍原则在具体事物上的应用来得到真理。亚里士多德则从具体和详细的观察中积累证据，然后作出自然哲学各个分支的各种假设。然而，亚里士多德的终极目标是列出基本原理并找到其背后的最终原因，而非仅仅是解释自然的各种寻常现象。在他看来，最佳的科学模型是几何学，但是数学（和逻辑学）的规则和前提只适用于描述概念性事实而非真正的物理性存在。早期的近代科学家的确利用数学和逻辑学来组织和解释物理现实的观察结果，不过数学和逻辑学本身不能产生关于自然世界可通过实验证伪的知识，即我们所称的科学。

中世纪欧洲法学院的法律学家为近代科学的出现提供了社会学、方法论和机构组织上的贡献。如同我们在第三章中所讨论的，他们试图使用经院哲学的方法将欧洲各地的不同法律、习俗、基本宗教及哲学文献统一起来。与近代科学家一样，中世纪法学家发展出一套行为准则来确保自己的客观性、诚实性、方法论上的怀疑、对新思想的开放，他们认为自己的任务是尽可能接近真相而非寻求最终答案。借助这些准则，他们发展出完整自洽的知识体系，从具体观察中得出普遍原则，然后再系统性地运用到具体案件中，他们提出创造性的假设并通过对历史案件的进一步审视和研究来验证它们。哲学、医学和神学领域的学者很快将这种方法论应用到自己的领域之中。

大多现代数学者都承认，中世纪和文艺复兴时期的“巫师”碰巧撞上了真正的科学突破。从《新约》时期到圣奥古斯丁的早期基督徒将一切魔法视为邪恶的存在。与之相比，一些古希腊和罗马的作者，记录“自然魔法”或自然奇迹——传说中表现出神奇性质的自然物体或现象的事例。皮埃尔·贝隆调查过的利姆诺斯岛陶土就是一个明显的例子。穆斯林与中世纪基督教作者将这些传说保留了下来，在欧洲引起很大的兴趣。将柏拉图所有著作译成拉丁文的马尔西利奥·费奇诺（1433～1499）是一位影响深远的人文主义哲学家，他和尼古拉·奥里斯姆都曾经非常仔细地研究过自然奇迹。

费奇诺在1471年翻译的《赫尔墨斯文集》影响尤为深远，这是一部写于公元2到3世纪的希腊文集，里面涉及炼金术、占星术、数字占卜术、远古知识等秘传主题。费奇诺的译本在半个世纪时间里先后出了二十几个版本。他1489年出版的魔法文集《从天体获得生命》也获得了同样的成功。费奇诺借鉴了新柏拉图主义者、阿维森纳、不知名穆斯林思想家和阿奎那的思想，认为如果理解了天地神灵之间的自然联系的奥秘，人们就能操纵它们为自己服务。用费奇诺的话来说：

> 自然魔法能够利用自然中的物体获取各种天体的有益力量，给人带来健康……就像农民使其土地适应天气来生产粮食供人食用，所以智者、教士为了人类安全，可使宇宙间的低级物体适应那些更高级的力量。（自然魔法）将自然物质置于与自然因素正确的关系中。

作为医生，费奇诺寻求利用现实物体和天体中隐藏或不可知的力量来治疗病人。然而，作为基督教教士，他小心地遵照阿奎那所立下的规矩，比如说，有意佩戴用于同魔性智慧交流的护符和单纯拥有自然的治愈力量完全是两码事。

对于费奇诺和古代自然哲学家来说，自然界中存在神秘（隐藏）力量是毋庸置疑的事实。能用电流捕猎的鳐鱼就是一个例证。古代医生对电鳐发电的原因和性质一无所知，但并不妨碍他们用这种鱼来治疗疼痛。只要自然哲学家找不到对这种现象的非神秘主义解释，电鳐就是自然界存在神秘力量的完美证据，直到18世纪他们才开始理解其背后的机制。

在中世纪和文艺复兴时期的欧洲，对于自然魔力的信念激励了数以千计的炼金术士孜孜不倦地开展研究。他们追寻古代希腊和伊斯兰黄金时代所传下的理论和实践，有些甚至传自古老的印度和中国，期望能够理解事物的内在本质并转化自然，例如将贱金属变成黄金，或制出能够恢复青春的神药。这些希望激励着欧洲炼金术士追随伊斯兰前辈的脚步，利用大量的材料做了无数实验，为现代化学的出现铺平道路。

炼金术带来的显著进步包括大阿尔伯特（约1200～1280）分离出砷元素，以及1300年左右西班牙僧侣伪格伯发现了硫酸，他假借8世纪穆斯林炼金术士贾比尔之名发表了这一发现*。这是一个巨大的突破，在此之前学者只知道腐蚀性非常弱的酸，例如从醋中提取得到的醋酸。一些学者认为这是化学史上自3000年前认识到如何从铁矿石中分离铁之后最重要的进步。格伯还发现了浓硝酸。这些酸让炼金术士能够溶解更多物质、生成沉淀、分离单质、制盐等。大约在同时，有着加泰罗尼亚血统的医生阿诺德·威兰诺瓦（1235～1311）翻译了大量阿拉伯语科学著作，发现一氧化碳，并且第一次使用蒸馏法得到纯酒精，还发现酒精的防腐和消毒作用。一些炼金术士滥用自己的能力，例如把假金当真金出售，导致教皇约翰二十二世（1316～1334年在位）于1317年禁止炼金术。即便如此，炼金术士依旧偷偷地进行研究。

化学发展的下一位重要人物是帕拉塞尔苏斯（1493～1541）。他和追随者在整体上拒绝逻辑学、数学、亚里士多德的元素理论、盖

* 格伯（Geber）即贾比尔（Jabir）的拉丁文转写。

伦的人体医学和经院哲学思想，即拒绝一切抽象途径。他们主张通过观察和实验仔细研究“自然之书”。许多身为执业医师的帕拉塞尔苏斯派成员希望用化学来治病，特别是正肆虐欧洲大陆的新式性病。传统医生不遗余力地为盖伦派的治疗方法辩护，“化学哲学”的信奉者针锋相对，毫不退让。化学阵营中的罗伯特·弗拉德（1574 ～ 1637）提出人与万物统一以及宇宙和谐的神秘主义观点，其中完全没有用到任何数学概念。

数学提供了认知这个世界的第三种变革性方法。约翰内斯·开普勒（1571 ～ 1630）在《世界的和谐》（1619）等著作中反驳了弗拉德。他认为，依靠数学，人们可以更精确地描述物理现实以及更普遍的自然秩序，这远比定性的方法优越，同时他也否定柏拉图和亚里士多德倾向于描述、分析、直观、追问事物本质的那种部分使用数学但并不注重定量分析的方法。而自中世纪盛期以来，成千上万的欧洲人都参与到大规模无组织的测量、赋值和定量中来，一切可及的物体、条件、状态和过程都得到测定。

约翰·德·穆利斯（1290 ～ 1351）开发出一套音符系统，借助音符的形状和大小定义各个音之间的相对长短。一个世纪后，本尼迪托·克特鲁戈里确立记账原则。数学家还将自己的技能用于战争、航海发现、建筑与工程、钟表制造、造型艺术等各种各样数之不尽的领域中，例如一位名叫卢卡·帕乔利（1447 ～ 1517）的数学教授在空间计算上帮了列奥纳多·达·芬奇大忙。印刷革命让对数、直角坐标等强大的数学工具被更广泛的人群所接触。用数学探索世界可能是欧洲社会区别于其他文明的最大特征。其他社会在数学上也获得突破，并同样将这些成果应用在实际事务之中，但数字与测量的力量在欧洲的渗透之深，对技工与职业人士产生的影响之大，对提升生产效率的贡献之高，是其他社会所无法比拟的。

具有先见之明的思想家已经意识到他们正在进入一个全新的时代。它将远远不只是文艺复兴时期人文主义者畅想的那样媲美古代世界那么简单，其结果将超出所有人的预料，实现几乎无法想象的学术成就。因此，“新”这个字出现在主要著作的标题里也就毫不奇怪了，例如弗朗西斯·培根（1561 ～ 1626）的《新工具》(1620)。亚里士多德的《工具论》是对经院思想影响最深的经典，然而培根反对亚里士多德那纯粹建立在逻辑学基础上的《工具论》，提出了相反的“新方法”。培根希望能够在已知最好的方法上构建一条新的治学之道，他将所有的自然哲学家分成两类——经验主义者和理性主义者：

> 经验主义者，就像蚂蚁，简单地积累与利用；理性主义者，就像蜘蛛，自己织网；蜜蜂则在两者之间，从花园或原野中的花朵处获得材料，然而又有自己的能力去转化与消化。这与哲学研究的本质异曲同工，因为哲学研究也并非仅仅把来自自然历史和机械实验的材料简单地存放在记忆之中，而是要经过智慧的转化与改造。我们希望这两种自然哲学家(即经验主义者与理性主义者)所建立的更紧密与持久的同盟（以前从来没有实现过）能带来更多成果。

简单地说，像亚里士多德那样仅仅观察与分类，或像柏拉图那样仅仅发展宏大的理论，都是不够的。两者对于加深人类对自然世界的理解来说都至关重要，缺一不可。

自然哲学家观察世界万物，还需要先摒弃自身对现实世界的偏见，就像要换一双眼睛。培根认为“与获得未知事物的信息相比，我们需要更多地关注已知事物”，研究者需要事先规划好观察和实验。至关重要的是，他们应该保留详细的实验笔记，记下能够回答很多问题的实验数据。这些数据应该包括“什么东西消失不见了，什么东西依然存在，什么东西增加了，什么变大了，什么缩小了，什么东西结合在一起，什么东西分了开来，什么进程一直持续，什么进程被打断，什么东西有推动作用，什么东西起阻碍作用，什么东西占了主导，什么东西屈居下风等等问题”。

具有创造性的思想家想出了全新的方法来分析与组织每一个研究领域中的知识。约翰·德吕安德尔（1500 ～ 1560）是人类历史上第一个将解剖结果绘制成图的解剖学家，他在 1557 年提出知识体系的“数学”模型，以便学者能分清事实和虚构。人文主义者彼得吕斯·拉米斯（1515 ～ 1572）发展出一种组织知识的方法，有点像“二十个问题”游戏 * 那样，该体系从最普遍的问题开始，逐步过渡到最具体的。他的学生西奥多·茨温格（1533 ～ 1588）后来写了一本《旅行建议方法》，在这本书中，他解释了如何恰当地组织观察和实验所得的庞大数据。在同一年代，还有其他学者发表了类似的论文。

不少博学家 ** 对发生在不同领域中的进步都有所理解，并乐于亲自尝试各种实际可行的实验，还与欧洲各地的同行广泛交流。年复一年，整个大陆的学术氛围逐渐浓厚。16 世纪后期，仅仅在德国，每年就会出版至少 1000 本差不多可以算是科学论著的书籍。不过学术进步几乎都不在校园里，因为经院主义的僵化和宗教正统的桎梏限制了研究者（譬如，路德宗的大学就必须严格遵守《奥格斯堡信纲》所规定的学说）。

以团体形式来帮助学术交流的需求催生了一种全新的学术社团——学会。1560 年，撰写过关于“自然魔法”百科全书的吉安巴蒂斯塔·德拉·波尔塔（1535 ～ 1615）在那不勒斯成立了自然奥秘学会，任何曾在自然哲学方面有新发现的人都能加入。半个世纪后，弗朗西斯·培根提出“通往科学的道路与通往哲学的不同，不是每次只有一人能够行走其上”。他在《新亚特兰蒂斯》（1614）一书中，呼吁成立由十几名专业研究者所组成的学术机构。几十年后，罗伯特·波

*　一种问答游戏，通过提问不断缩小范围来猜出对方所想的物品。

**　Renaissance man，字面意思为“文艺复兴人”。

义耳（1627～1691）这样级别的科学家开始定期聚会，像是一所“看不见的大学”，这便是伦敦王家学会（1660）的前身。虔诚的波义耳同时在化学、医学、物理学、机械和农业领域开展研究，更重要的是，他只关心实用的知识。他多次强调发表每个实验结果的必要性，因为只有这样才能建立起其他人能够追踪的文献途径。1665 年，世界上最早的两本学术期刊，法国的《学者期刊》和英国王家学会的《哲学汇刊》开始发行。

哲学方法论上最根本的变化是由勒内·笛卡尔（1596～1650）提出的“方法论的怀疑”。笛卡尔毕业于法国西北部的一所耶稣会高中，经过几年的四处游历，最后在 1628 年定居于荷兰共和国。他在两部主要著作《谈谈方法》（1637）和《第一哲学沉思集》（1641）中反复思考我们应如何获得知识。“一次又一次，我发现感觉具有欺骗性，”他叹息道，“我们需要特别谨慎，哪怕只被欺骗过一次，我们也不该保持对其完全信任的态度。”例如，一根插在水里的树枝看起来就像是折断了。同样，在被火焰改变外在形态之前，我们的感官会认为蜡具有固定的形态和特征，然而即使变了形，但我们的心智依然知道这还是那块蜡。因此，比起感受，我们应多相信理智。但许多我们所理解的知识来自不可靠的来源。为了将事实与虚构区分开来，他决心怀疑自己所学到的一切。

经过各种努力之后，他的结论是他只能确信一件事——*Cogito, ergo sum*，即“我思故我在”。这种思想让笛卡尔发展出不同于亚里士多德学派的概念，他不以热、冷、湿、干等定性描述来理解物理现实，相反，他认为现实世界存在两种极为不同的现象——思想实体（*res cogitans*）和广延实体（*res extensa*）。广延实体的基本特征包括长、宽和高，人们可以精确测量广延实体，理解它们的形状、位置和运动。笛卡尔的理论打开了数学物理学的大门，他将代数与几何学结合在一起的开创性解析几何研究也促进其发展。最后，他将所有事物区分为思想和身体——只有人类能将两者结合在一起，尽管是以一种笨拙的方式——的观点为机械论与唯物主义世界观搭建舞台。这种观点视自然界为各种发生于其中的实验与反应的总和，带来其后科学的巨大成就，但也为虚无主义提供了生长的土壤。

欧洲人的学术热情、组织化的学术研究、丰富多彩的哲学方法、学术人员间的紧密交流、理论与应用科学之间的相互激励以及分享学术成果的众多渠道和方式，这一切都不见于世界上任何其他地区。

多个世纪以来，中国都是世界上最富裕、最有组织和最强大的文明。其农业体系养活了历史上数量最为庞大的人口（尽管也一样经历人口灾难和民众起义）。其政府高效而又无处不在，深入私人领域。中国的医生采用一种古老但相对有效的整体性医疗方法。工匠和建筑师在十几个繁荣都市中维持着高度发达的物质文化。艺术家和文学家创作出大量优秀的作品。学者编纂大量经典。中国人与整个东南亚和印度洋地区互通有无。科学家在磁学、光学和数学领域作出许多出色但往往是零星的发现。大量学者对于自然世界积累了体量巨大的知识，但很少将它们组织到一起形成一个解释体系。为什么中国的思想家更看重经验而忽视理论路径？如同我们在第一章中讨论过的，大多数富有天赋的中国知识分子为通过科举考试消耗了极大精力，其成功通常需要文字创造性和令人惊叹的骈文写作能力，但理论才华以及想象力的作用不大。理学的正统观念更是束缚了知识分子。

在宋朝，朱熹（1130～1200）融合了儒释道三家，构建了一种独特的世界观。朱熹的哲学几乎是柏拉图式的，注重培养个人道德，并将之与自然现实的形而上学观念联系到一起。他认为，宇宙是由作为原则的“理”和作为物质力量的“气”所构成。“理”通过人性、正义、礼仪和智慧而自我展现，而“气”则由阴阳五行复杂的相互作用形成，通过具体的五种物质媒介（即五行——金、木、水、火、土）来展现。所有事物都由阴阳五行的复杂混合而产生。朱熹倡导“格物”，不过他所关心的物更多属于道德与人性领域而非自然世界。朱熹的理论成为了中国的官方教义，他从古老的儒家经典中摘取编成的“四书”，加上孔子本人编纂的“五经”，成为随后数百年时间里帝国科举考试的核心教材，直到1905年科举被废除。

几位思想家对这种正统观点提出挑战，王阳明（1472～1529）就是其中之一。他本人既是政治家又是军事家，痛恨治学中不假思索的死记硬背。他认为每个人都有分辨善恶的内在能力，人们能够通过经验获得所有对于道德的理解和对于这个世界的知识，主张理解自身并追求道德生活是人类的终极目标。清初，顾炎武（1630～1682）谴责官方哲学中模糊而隐晦的形而上学理论和学者对“天人合一”之类主题喋喋不休的争论。他遗憾地认为，正是思想的固化，让官员和学者都无法应对政治和社会的现实问题，导致了明王朝的覆灭，因此他鼓励追求“经世之学”，并寻求能减少社会苦难和贫穷的方式。他开创的运动渐渐演变为一场对儒家经典的考据热潮。

当欧洲正开始走上一条几乎彻底转变人们对自然与现实看法的道路时，中国人最聪明的大脑却被禁锢在哲学正统之中。直到12世纪，来自波斯和伊比利亚的穆斯林学者都一直为科学和学术进步作出过无数贡献，然后他们却突然都停住了脚步，只有天文学是近代为止伊斯兰世界唯一持续发展的自然学科。世界上其他伟大文明的思想家和学者也还依然处于被隔绝和埋没的状态，大体上贡献不多。

生命科学

解剖学是欧洲中世纪晚期的自然哲学家最早获得一系列真正意义上进步的领域。继亚历山大学院的医生之后，1500多年时间里似乎没有人解剖过人类尸体。14世纪的欧洲，出于法医目的而进行死后解剖是一项常规操作，但大多数医生对解剖学还是一无所知，而且他们受到穆斯林著作译本的影响，觉得就算不知道身体是如何运作的，也不妨碍自己治疗疾病。这个时期，只有一篇盖伦所著的关于消化系统的简短论文被翻译成拉丁文。博洛尼亚大学的医学教授蒙迪诺·德·卢齐（约 1270 ～ 1326）以此文为基础，在 1315 年出版了一本教科书，阐述解剖学的基本原则。他还将解剖学这一科目加入到自己的课程中。在这门课上，蒙迪诺朗读自己的课本，外科医生则指出相关器官和身体部位。这种实践后来成为中世纪后期大多数医学院的标准教学法。事实上，即便在盖伦的主要论文集《论人体各部分的功能》在 1322 年被翻译及出版之后，大多数学者和医生依然更喜欢蒙迪诺的文集，其于 1476 年出版，并在 1600 年前再版达 27 次，想要越过蒙迪诺并非易事。

列奥纳多·达·芬奇是最早的异见者之一。与其他意大利艺术家一样，他仔细研究过动物和人体解剖学，并亲自动手解剖。他还阅读过盖伦的著作，并在 1506 年以激烈的措辞批评蒙迪诺。长久以来一直未被发现的盖伦长篇论文集《论解剖程序》于 1531 年出版，这是一个转折点。蒙迪诺从脏器入手，盖伦则自骨骼开始，然后扩展到肌肉、神经、静脉、上肢及下肢动脉，再往后才是他以功能区分的内脏器官。很快盖伦就成了新的权威，其他研究者以他的成果为基础进一步添砖加瓦。

安德雷亚斯·维萨里（1514 ～ 1564）成为这些后继研究者中的佼佼者。作为帕多瓦大学的教授和后来查理五世与菲利普二世的宫廷医师，他革新了整个人体解剖学的教学。首先，他不依赖标本，而是亲手操刀进行公开或私下的解剖。他解剖动物，也解剖人体，寻找两者间的异同点。其次，他重新验证盖伦的每一个结论，并指出多处不够精确的地方。最后，他将详尽的图示收录在自己的教程和出版物之中。他的《人体的构造》（1543）一书中带有近百幅示意图，由久负盛名的提香工作室的艺术家精心绘制。此著作实现了十几项解剖学和生理学上的突破，尤其是在循环系统与神经系统方面。将艺术、科学和最新技术成果结合也充满革命性。

在整个欧洲，对于动植物的知识呈指数增长。帕多瓦大学医学院于 1533 年成立植物学讲席，其他学校也随之跟进。在 16 世纪三四十年代，德国的新教植物学家出版了关于已知植物的百科全书，并依据古代作者和详尽的实地考察收录它们的产地和医药用途，还带有好几百幅详尽的插图。奥托·布伦费尔斯（约 1488 ～ 1534）收录的插图极为精确和逼真，绘有植物的根、表面细节，以及从各个不同的角度展现的叶和花。意大利植物学家卢卡·吉尼（1490 ～ 1556）在博洛尼亚大学建立了一个植物标本库。到他去世时，标本库已遍布欧洲各地。16 世纪后半叶，欧洲好几个城市都出现植物园。这些学者大多都信仰新教，这并不仅仅是一种巧合，因为宗教改革的一个主要观点就是挑战权威并直溯本源。

两位瑞士的新教植物学家——康拉德·格斯纳（1516 ～ 1565）和人称阿格里科拉的格奥尔格·鲍尔（1494 ～ 1555），系统性地研究“化石”，即从地下挖出来的东西。他们分析、归类并描述宝石、岩石、金属、琥珀，以及真正意义上的化石。格斯纳还鼓励在化石领域开展研究合作，并在《化石记》（1565）后附上现有样本目录，促进了全欧洲化石搜集的发展。这两位学者都考虑过这些化石来自史前生物的可能性，但他们最终都放弃了这种想法。对于笃信《圣经》的虔诚基督徒来说，这实在过于离经叛道。

格斯纳还出版了欧洲第一部动物学著作《动物志》（1551 ～ 1558），这本书厚达 4500 页，除了借鉴古希腊和罗马时代的先行者，他还亲自观察。意大利自然学家乌利塞·阿尔德罗万迪（1522 ～ 1605）计划撰写一部 11 卷本的动物学专著，他自己完成鸟类、昆虫和低等动物三卷，与另外三位合作者完成了这项伟业。这些学者都是所谓的博学家，即通才。格斯纳被认为是西方目录学和现代植物学之父，他还撰写并出版药学、医学、冶金、化石和神学专著。以文艺复兴时期学者的标准，格斯纳的博学并不算稀奇。本章接下来讲到的学者大多数都有类似的跨学科学术成果，只有哥白尼在其一生中出版专著不多，而且专攻一门，在同时代人物中算是例外。

年复一年，学者和自然哲学家不停地推进对于自然世界的理解，出版大量的论文、百科全书、文摘等学术著作，彼此之间通过紧密的知识交流网络直接对话。人类的知识发展与以前历史相比变得更成体系、更剧烈也更广泛。如果在伊斯兰黄金时代每 10 到 20 年就有学者作出显著成果的话，在文艺复兴时期，几乎每年都有巨大的科学进步。例如，1545 年巴累（1510 ～ 1590）开始以扎紧动脉的方式来止血。翌年，吉罗拉摩·法兰卡斯特罗（1478 ～ 1553）提出微小的病原体可能是疾病传染背后的原因。1551 年，皮埃尔·贝隆描述了不同动物物种之间的共同之处。这些还仅仅是生命科学中的进展。科学的创新发现直到今天都没有一刻停歇，大卫·兰德斯称这个进程为“发现的常规化”。

当然，要实现惊天动地的成就，自然哲学家必须先具备足够的知识积累。在生命科学方面，两件最显著的转变发生在对循环系统的认知和现代科学分类领域之中。

阿拉伯的穆斯林博学家伊本·纳菲斯（1213 ～ 1288）提出血液是在肺循环中获得氧气并回流心脏的观点。但即便伟大如列奥纳多和维萨里这样的欧洲学者，依然坚持盖伦的观点，认为静脉血产生于肝脏并从那里出发流向全身及右心室。因此，一些“静脉血”将不得不穿透一道事实上并不通透的隔膜进入左心室。盖伦认为来自肺部的空气被直接泵入左心室并在那里将血液转化为动脉血流向脑部，再通过神经流到其他器官。一些后来的医生，如在 1553 年被烧死在火刑柱上的新教徒迈克尔·塞尔维特对肺循环有一些涉猎，但整体上依然相信盖伦的学说体系。直到威廉·哈维（1578 ～ 1657）的研究被发表前，医学界都未能挣脱盖伦的枷锁。

从剑桥大学毕业后，哈维花了五年时间在帕多瓦大学学习医学。帕多瓦大学的医学系在解剖学领域历史悠久，学术自由氛围浓厚。1602 年，哈维搬到伦敦，开馆行医，并加入王家医学院。通过 14 年来对动物与人体解剖细致入微的实验与观察，他得出结论——血液循环于两个封闭的系统之中。他于 1628 年发表了自己的发现：首先，心脏将血液泵入肺部，在那里获得氧气，再通过动脉将富含氧气的血液泵到全身各处。氧气被消耗后的血液通过静脉回到心脏，再一次重复此过程。哈维简单而又优美的理论不仅阐述了事实，更让整个生理学发生根本改变，对于循环系统的正确认知同时也带来对呼吸系统、消化系统和身体其他系统的更精确认识。医学中的科学革命开始了。

医学知识的进步还应该归功于新的医学器械的发明。其中最重要的是16世纪中后期的显微镜，它的出现令研究者能够观察并理解解剖学的细节。哈维未能解决的一个难题是血液如何从动脉经毛细血管进入静脉。直到1661年，马尔切洛·马尔比基（1628～1694）才借助一台简陋的显微镜发现了这一机制。更重要的是，荷兰学者安东尼·范·列文虎克（1632～1723）自1674年起开始使用显微镜观察各种微生物。在不到十年时间里,他观察并精确描述了精子的功能，还成功分离出细菌。另一个荷兰人简·施旺麦丹（1637～1680）则通过显微镜发现红细胞。

概念上的进步也对医学的发展起了推动作用。1596年，瑞士植物学家加斯帕尔·博安（1560～1624）出版了一部植物分类著作，以“属”“种”归类法对6000多种植物进行分类。大约140年后，一位名叫卡尔·冯·林奈（1707～1778）的瑞典动植物学家提出一个精妙的生物分类法则。他将所有生物分为两界（植物界与动物界），然后再进一步细分，从粗到细分别为纲、目、属、种等。其著作《自然系统》的第10版精确分类4400种动物和7700种植物。林奈的分类体系与方法让研究者能够组织并理解生物学领域所积累的海量信息，每种生物与其他生物有或远或近的联系，一个简单而稳定的物种标记和命名体系诞生了。林奈分类法是科学革命时代以理性、系统和实用为特征的自然哲学的一个缩影。

宇宙学

理解我们所处的行星到底如何运动在历史上任何一个时期都是件无比困难的事。常识和经验告诉我们地球是静止不动的，天体绕地球不停转动；在极远处，黄道是恒定不变的，行星则以不同的速度由西向东朝着同一个方向运行。然而，当我们仔细观察，星体的运动轨迹有些奇怪，每隔一两年，行星都会以一定的节奏放慢速度、停止运动甚至反方向运动一段时间，再回到自己原先的轨道里。在所有文明里，观星者和天文学家都注意到这种反常，可是在大多数情况下他们都没有提出哲学上的解释，更遑论科学上的了。

与其他人群相比，古希腊人在试图攻克这些难题的过程中获得的成果较多。毕达哥拉斯的学生菲洛劳斯（约公元前 480 ～前 385）声称地球、月亮、太阳、五大行星和比这些天体更为遥远的恒星都绕着“中心火”转动，这个中心火不能为我们所见，因为地球上住着人的部分永远背对着它。随着希腊旅行家探访东方的恒河等遥远地区，却依然无法看到“中心火”，于是毕达哥拉斯的后世门生放弃了这种主张。柏拉图的学生，同时也是毕达哥拉斯追随者的赫拉克利德斯·彭提乌斯（公元前 387 ～前 312）设想地球绕着其轴心自转。在所有行星之中，水星和金星的轨迹最特殊，总是出现在太阳附近，因此赫拉克利德斯认为这两颗行星事实上绕着太阳转动。与毕达哥拉斯一样出生在萨默斯岛的阿利斯塔克（公元前 310 ～约前 230）则更进一步，认为太阳是世界的中心，可惜他的论文现在已经佚失了。按阿基米德的引用，他认为“恒星与太阳的位置固定不变，而地球则绕着太阳作圆周运动”，其他行星也同样围绕太阳运行。然而在随后近 1800 年的时间里，天文学家拒绝接受阿利斯塔克的日心说理论，将地球看作一个在广袤宇宙中漂流的天体或许让那些古代思想家的心灵难以承受。

亚里士多德的模型显得更能慰籍人心。他以月亮为界将宇宙分成月下层和月上层。月下层包括地、水、气和火，会随时间腐败和变化，月上层则是一个不朽的世界。最重的土元素处于宇宙的中心，而最轻的火元素，则自然而然地向上方运动。这四种元素的混合和再混合构成了月下层世间万物及其所有变化。天体则由一种名为“以太”的稳定物质构成，形成一系列同心、不可见、转动着的球形壳体。它们相互保持着一定距离围绕在地球之外，形成月亮、太阳、行星，或固定而遥远的恒星带。“第一推动者”则居于布满星辰的苍穹之外，并赋予最外层球壳不变的原动力。就像在一整套互相勾连的齿轮组中一样，这种原动力层层传递进来。在那个不动的推动者之外，不再有任何东西。

这个模型虽然简洁，却无法解释那些显而易见的天体异动。除了位置回归之外，还有亮度变化问题。尤其是金星、火星和木星，它们的亮度一直在起落变化，违背亚里士多德关于天体从不变化的论断。他随后又采用一种带有 55 个嵌套的同心球壳的复杂体系，每个行星都由几个球壳控制，每一层球壳以各自不同的倾角轴心转动，以此来解释行星的反常运动。毕竟当时整个天文学的存在意义就是为了证明所有天体都无一例外地作着圆周运动，为了不断地完善这个体系，将近 400 年后，托勒密发明了一个更不现实的理论模型。他想象天体都固定在一个个“本轮”上，换句话说就是连接在大旋转球体上的小旋转球体。在某些例子里,他还在本轮上进一步嵌套本轮。所有这些设计，以及那些将转轴从球体中心移开的各种几何学变换，终于可以解释各个天体的运动，但还是没法解决行星的亮度变化。这个模型还将宇宙学与月下世界的物理现实分割开来，无法为天体世界真实的运行规律提供科学解释，而且实际上也从来没被真正用来描述物理过程。尽管如此，托勒密的宇宙观还是在近 1500 年的历史中被认为是当时世界上最科学的主流宇宙学模型。

经过从罗马陷落到加洛林文艺复兴的“黑暗世纪”之后，有些学者相信宇宙和地球的形状如同摩西所建的圣幕，相较起来，托勒密的系统还是占据着支配地位。中世纪的思想家在现实之外又增加了许多层次，想象出一个“存在链”，从最底层的矿物质开始，通过一系列地位不同的生命体向上延伸，穿过天体的水晶球壳，到达天使序列，最终抵达上帝本身，中间没有空缺之处。而人类因为其双重属性，同时在天地两界留下足迹。千禧年后，严肃的天文学家都已知道甚至接受了赫拉克利德斯的行星理论，但他们依然坚信地心说。类似地，地图中的大地呈现为长方形，与此同时，航海线路图则十分详细，被水手广泛使用。历史证明在几个世纪里对于同一个现实世界持有两种互不相容的观点是可接受的，但这种状态始终如同一个嘀嗒作响的定时炸弹，准备着将中世纪世界观炸得粉碎。

宇宙学的突破之路上有几道传统观念构成的难关，包括“天体”作着一成不变的完美圆周运动、物理学家和天文学家研究着完全不同的对象、数学并不应用于自然哲学之中，以及静止是自然界所有物体的自然状态等等。先后出现的三位杰出开拓者——哥白尼、开普勒和伽利略挣脱了这些成见的束缚，为牛顿伟大的理论总结铺平道路。每位创新者都各自扮演重要角色，尽管他们各自的成就并非完全靠一人之力。

尼古拉·哥白尼胆小怯懦，甚至为人谄媚，怨天尤人，闷闷不乐，还极度保守吝啬。他并没有几个朋友，常常对他人的好意不领情。他接受了为期12年的教育，其中9年在意大利，随后在普鲁士找到几份闲差。这些职位给了他足够的闲暇时间来进行自己的研究。与科学家相比，他更像是一名哲学家或数学家，他本人并没有在观察天体上投入太多时间，他的数据大多是从古代天文学文献中扒出来的。1514年，哥白尼将自己的手稿《小注解》交给几位朋友传阅，此篇短文的目的是改善托勒密的模型，让它与所谓的普遍圆周运动原则相洽。为达到这一目的，他引入了几个全新的想法，例如行星围绕太阳旋转、地球绕着自己的轴心自转，以及恒星所处的位置离太阳系极为遥远等。哥白尼的模型比托勒密的体系更为简洁，托勒密的模型假设了无数天体围绕地球转动，而新的模型通过自身转动的地球轻易地解释了同样的现象。但问题在于，他无法证明地球的确处于运动之中。

因此，他在随后大约 15 年中试图用数学的方法来证明自己的结论是准确的。虽然当时的著名学者和天主教高级教士都鼓励他发表自己的观点，他却因为怕被嘲笑而始终拒绝。直到 1543 年，一位仰慕他学说的学者安排出版了哥白尼的不朽杰作《天体运行论》，刚好赶在哥白尼去世前送到他的手上。负责该书出版最后阶段的安德烈亚斯·奥西安德（1498 ～ 1552）是一位路德宗神学家，他擅自给该书加上一段未经授权的前言，否认此书所提出的结论，并称其仅仅是一种假说。我们不知道哥白尼对该前言作何感想，甚至都不能确定他是否阅读过这段文字，但这个前言的确暗示读者地球绕日旋转和自转并非现实存在。虽然许多学者仔细阅读了该书，但显然它并未立刻引起什么轩然大波。直到 1616 年，教会才宣布该书为禁书，当时该书已经出版了 70 多年，距伽利略极大地改进望远镜，发现支持哥白尼学说的观察结果也已过去 7 年。

颇具讽刺意义的是，哥白尼在很大程度上受制于亚里士多德对于现实世界的解释。早在 100 多年前，就有几位牛津大学与巴黎大学的学者对运动、动量和加速度等概念进行了严谨的研究，然而哥白尼对于这些成果的态度或忽视或排斥，因为它们非正统。哥白尼也不能假想一个无限的宇宙，因为亚里士多德的理论体系中没有这个革命性的观念，尽管这是哥白尼自身理论的必然推论。缺少明确而稳定的宇宙中心令宇宙变得混乱而无序，但这一切都不是他想要追寻的。就如开普勒后来的评论所言："哥白尼希望解释托勒密，而非宇宙。"但不管他的最初愿望是什么，哥白尼带动了一场自己并不认同的革命。

约翰内斯·开普勒是个十分注重事实与细节的观察者，我们对他的了解远胜于对怯懦的哥白尼。他那当雇佣兵的父亲是家中暴君，在开普勒 17 岁那年抛弃了家庭；母亲争强好斗，后来被以女巫的罪名起诉，也常常与自己的丈夫一同失踪；几个兄弟和叔父同样属于游手好闲之辈。童年时的开普勒还罹患好几种慢性疾病，饱受折磨。周围的人对他充满敌意，争吵不休。然而他终究还是从自己卑贱的家庭出身和生活环境中脱颖而出，投身于对哲学和科学真理热情而大胆的追求之中。

年仅 24 岁的开普勒卓有远见地把握住了行星的运行轨迹与它们离太阳的距离之间的数学相关性，他将这五颗行星与五种“柏拉图”立体相联系，即人类能感知到的完美几何对称体。世界上只有五种柏拉图立体，而六个（当时已知行星数）行星之间存在着五个间隔，这让开普勒相信上帝以完美的几何学来构建宇宙。他的观点后来被证明完全错误，但这毫不影响他几十年如一日毫不停歇满怀热情地进行着这场头脑游戏，完善自己的数学技巧。“除了数字和数值，人类思维还能把握什么？”他在 1599 年写道，“如果我们能够正确地把握它们，另外如果上帝允许我这么说，我们在这方面对于世界的理解就能与上帝相同，至少在我们有生之年所能理解的程度上如此。”正是数学这种工具让他能够解开天体物理中的几个棘手问题，而在大多数情况下，其他思想家对这种问题是从来没想过的。

开普勒的第一本著作《宇宙的神秘》出版于 1596 年，伽利略这样的现代思想家对这本书厌恶不已。事实上，读了这本书的人中，没几个意识到作者的天才之处。为数不多的几位认可作者的人中，就有丹麦贵族、观星者第谷·布拉赫（1546 ～ 1601）。作为宫廷占星师，他有着强大的支持者赞助他建造结构繁复而又装备精良的天文台并雇佣大量助手协助观测。这些天文台最先建于丹麦，然后又在波西米亚建了一个。布拉赫对于观察与测量的精确性有着近乎执着的痴迷，为修正古代与现代的星表投入大量精力。他对科学最主要的贡献就在于揭示精确而且系统化的数据记录对于天文学研究的重要意义。仔细观测让他能够捕捉到天体运行变化的发生，例如突然出现的新星。对于开普勒来说，这些是他极度渴望得到的重要数据。

1600年，机会终于降临，布拉赫邀请开普勒加入他的波西米亚小组，或许那时候他就已经感觉到除了开普勒之外没有人能够从自己所收集的海量原始数据中构建一个全新的宇宙模型。仅仅18个月后，布拉赫去世，开普勒被任命为神圣罗马帝国皇家数学家，他终于获得这座数据金矿。这座金矿产出的成果就是1609年出版的《新天文学》，这本900多页的大开本巨著充满各种计算，给出了太阳系行星运行的物理解释。他认为，每一颗行星都同时受到两种看不见的力的作用，一个将其拉向太阳，另一个则推离太阳。他给这两个力起了名字——引力与惯性，不过真正理解两者的本质还得等到牛顿的到来。开普勒还给出了他的两大行星运动定律，它们可以被称为历史上最早出现的两条真正意义上的科学定律。第一条定律——行星轨道是椭圆，而非完美的圆周形状。对于有着传统信仰的他，这实在是一个巨大的失落，但事实就是事实，无论如何，开普勒最终选择了真理。第二条定律描述了行星轨道的共性，尽管它们的运行速度不同。一门全新的科学和全新的宇宙观就此出现，物理学取代几何学成为宇宙观的支配力量。

10年后，开普勒发表了他的另一本巨著《世界的和谐》，书中呈献了行星运动的第三条定律，更论证了蕴含在天体运行等物理现实深处的数学和谐。事实上，这条定律本身就是这种和谐的体现，它描述了任意两个行星绕日运转的周期及它们和太阳的平均距离之间的关系。对于开普勒来说，这个发现以及他先前两个定律的意义就在于为对宇宙的神秘理解作出了贡献。

探索星空的下一个有力推动来自一位意大利物理学家和数学家，他利用新近发明的望远镜系统观察星空。伽利略·伽利雷（1564～1642）是一位杰出的思想家和天才发明家，他满脑子都是现代思想，对形而上学、神秘主义和盲从权威毫无兴趣。1610年，他发表了一本虽然简短但却影响深远的著作《星际使者》，以无可争辩的事实言简意赅地描述了四颗新的行星（实际上是木星的卫星）以及天空中一大批新的恒星。亚里士多德的宇宙观进一步分崩离析。

伽利略随后迎来他人生的大起大落。势力强大的高级教士和耶稣会天文学家证实并赞许他关于月球表面不平整以及在月外星空中天体运动规律方面的发现。然而，大多数亚里士多德主义的教士反对他的科学观点，而且人多势众。1613 年，伽利略在另一部著作中提出太阳并非恒定不变的证据——太阳黑子现象，同时他在书中第一次公开支持哥白尼学说。伽利略的这一立场所导致的推论立刻成为公开或私下讨论的热门话题，因为他公开否认科学是神性或信仰的某种变形。“《圣经》与自然一样来自上帝，”他写道，“前者来自圣灵口述，后者则是上帝意志的忠实执行与体现。”1615 年，当时最著名的神学家和极具影响的红衣主教罗贝托·贝拉尔米诺（1542 ～ 1621）完全被折服，承认哥白尼的模型优于托勒密的理论。然而，他依然坚持哥白尼的模型仅仅是一种假说（他说对了）。因此,对于《圣经》解释的调整,需要更多的科学证据证明其能更好地描述现实。（《约书亚书》记录上帝命令太阳而非地球停止转动。）

伽利略不顾他那些聪明的支持者的建议，将自己的声誉押到这场大论战之中，终于在 1616 年被推到教皇面前。虽然教会从来没有正式宣布地球静止是信仰正统，但依然谴责哥白尼系统“是谬误，与《圣经》相违”。只有不再宣称哥白尼体系是科学真理，才能躲过宗教迫害。伽利略本人不得不公开宣告自己不再支持该学说（一种说法是不再讨论该学说，具体史实如何已无从考证）。

1623 年，伽利略的命运出现转机，他的坚定支持者之一被选为教皇，成为乌尔班八世（1568 ～ 1644）。在与教皇进行了几次亲切友好的交谈之后，伽利略恢复勇气，发表了一部大胆辩护哥白尼理论的著作《两大世界体系的对话》。在这部著作里，他将自己的教皇朋友描述得愚不可及。随着该书问世,教皇很快就意识到自己被侮辱，为此怒不可遏。1633 年，伽利略被以异端罪名提交宗教裁判所问罪，他否认出版《对话》一书是为哥白尼系统辩护，这显然与事实不符。在意识到已经没有退路之后，他最终放弃了自己的主张，并宣誓“放弃、诅咒并痛恨”以前支持日心说的观点。随后他被判处终生软禁，被限制在位于佛罗伦萨郊外的庄园里，对着托斯卡纳的丘陵美景——他从未在监狱中待过一天，他接着在力学、机械学和动力学方面开展研究并获得卓越成果。

在这些领域里，伽利略可称是“开创者”，他发展了“全新的自然哲学”，成为17世纪科学研究的模型。他在1638年发表于荷兰的《关于两门新科学的谈话和数学证明》一书中，展示自己将数学与实验应用于普通物理材料、物体和过程后得到的结论，推翻了亚里士多德物理学说的核心信条。他的自由落体定律指出，如果没有空气阻力或其他表面摩擦力影响，不同大小与重量的物体在坠落时都将以同样的速度加速下落；他的抛物线运动定律给出依据投射的速度与角度的不同以及作用在该抛射物的向下引力不同的情况下，任意物体在空中所呈现的抛物线（事实上是椭圆形的）轨迹的数学描述与预测；他还发现了惯性原理。与开普勒一起，伽利略给出人类历史上最初的具有数学精确性的科学定律。

一段小插曲值得一提，耶稣会与伽利略之间的紧张关系还直接影响了中国近代科学的发展。当耶稣会学者在从17世纪30年代开始向中国介绍数学天文学成果时，许多中国天文学家满怀热情地拥抱这一全新的研究方式。但伽利略随后更进一步的研究成果却并未传给中国人，因此中国人并未系统性地对物理现象进行定量研究。更甚的是，中国天文学家将他们所接触到的欧洲研究方法结合到中国的传统天文学概念上。换句话说，虽然在17世纪的中国就已出现科学革命，但却无法在根本上改变中国社会。

将地球从宇宙中心的宝座上移开并将其想象成与其他行星一样平凡地围绕太阳在广袤的空间里运行需要巨大的勇气，更不用说这个设想完全缺乏感官上的证据支持。传统的重压、教义的断言，以及地球上最伟大哲学家的权威都被打破。哥白尼、开普勒和伽利略击败重重阻力以及自身的各种弱点限制，将人性带到一个新的起点，重新且科学地认识现实世界。他们三个都是天才，但他们并非独自一人闭门造车，他们生活在特定的社会环境之中，这个社会质疑一切，热衷于对所有事物进行系统化分类和研究，不停推进人类知识的发展。

这些努力最终孕育出艾萨克·牛顿（1643～1727）的伟大成果，无可争辩地推翻了亚里士多德的物理世界。作为杰出的数学家，牛顿发明了微积分（与他同时代的戈特弗里德·莱布尼兹也独立发明微积分）；作为发明家，牛顿设计了第一座反射式望远镜；他还热心于炼金术和数字占卜。或许正是他对神秘力量的信仰令他得到揭示万有引力定律的灵感，描述物体依据相互间的距离各自吸引的力量。事实上，相隔9300万英里的超长距离，太阳还能有足够的力量将地球束缚在固定轨道上而“不需要任何其他媒介，任何物质性媒介”，这一观点本身让牛顿自己都觉得“不可思议”。然而，他在《自然哲学的数学原理》（1687）一书中给出这个结论的准确数学证明和他的三大普遍运动定律（即惯性、加速、作用与反作用定律）。利用这四条基本原则，我们能够解释一切比原子大并远低于光速运动的物理对象的行为。

就这样，牛顿不仅建立了经典力学的科学基础，更是将上帝请出宇宙运行的日常过程，从此以后人们理解到天体运行只是基于机械运动原则。这就是教会一直以来针对哥白尼理论所要求的无可争辩的证据，整个欧洲的学者都以巨大的热情欢迎此书，牛顿也因此迅速成为知识界的半神，尤其是在英国，尽管并非所有学者都全盘接受他的结论。在接下来的好几十年里，大多数法国科学家更喜欢笛卡尔的学说，即涡流说。在“以太”中旋转的漩涡，是让行星沿着各自轨道运行的动力。

牛顿的实验方法以及他的科学成就所带来的成功极大提高了自然

哲学在社会生活中的地位，振奋了欧洲知识界，并激励一大批科学研究的开展。到 1692 年，牛顿的理论迎来更广泛的读者，一开始在英国，随后在欧洲大陆。18 世纪初期，伦敦的各个咖啡馆中都展示或提供“实验哲学”课程与实验。创业者甚至在伦敦的十几家报纸上大做广告，向商人、学生和社会精英，包括上流妇女推荐课程。许多职业科学家因为这种公众的热切需求发了小财。其中最受人欢迎的课程莫过于牛顿原理与光学，但听众对波义耳的空气泵实验一样满怀兴趣。

解密自然：化学与电学

罗伯特·波义耳对炼金术满怀热情，正是他为现代化学的出现打下最早的基础。他奉行严密而系统的实验主义，进行难以计数的实验。炼金术士常常对自己的研究工作秘而不宣，但波义耳不属此类，他将自己的实验细节事无巨细全部记录下来并公开发表，包括对实验步骤、仪器和观测结果不厌其烦的描述。发明于意大利的水银气压计和德国的空气泵让波义耳拥有仔细研究空气特性的工具。1660 年，他发表了 43 个系列实验的结果，显示空气具有重量和压力，缺乏空气会阻止燃烧并伤害各种生物，但对磁力、声音传播以及摆的运动毫无影响。1662 年发表的第二波实验结果陈述了波义耳定律——气体的体积与它的压力成反比。

在前一年，波义耳在他的《怀疑的化学家》一书中反驳了古希腊人对于四种基本元素——地、火、气和水——构成世间万物的观念。他的研究显示将这些元素进行组合无法生成新的物质，也无法从另一种物质中提取它们。相反，他指出：

> 一些基本而简单，或者说完全纯化的物质，不由其他物质所构成，也不互相构成，却能够作为那些由这种完全纯化的物质所直接化合而成的物质的成分，最终融入这些化合物之中。

显然，他对于元素的认知并未如同现代所普遍认识的那么精确。然而，研究者慢慢地分离出如其所描述的确确实实的化学元素（如磷元素于1667年被发现）。

同样重要的是波义耳创立了重要而有效的研究方法。他发明了化学分析——检测物质化学成分的步骤。例如，他使用氨气来检测铜，用硝酸银来检测水中的盐分，检测矿泉水中30种不同成分，还发明出一种可靠的方式来检测酸碱性。他鼓励其他研究者用他的方法来研究各种物质，不仅仅是为推动医学或炼金术，而是进一步将化学当作一门独立的科学来发展。

欧洲十几个国家数以百计的研究者开始了征途，从最早以燃素说来解释燃烧的德国化学家约翰·乔基姆·贝希尔（1635～1682），到用实验证据否定这一学说的俄国化学家米哈伊尔·罗蒙诺索夫（1711～1765），当中最伟大的是一位有钱又有权的法国贵族银行家安托万－洛朗·德·拉瓦锡（1743～1794），他在法国大革命恐怖的最高潮中被砍了头。拉瓦锡证明至那个时代为止依然保持神秘的燃烧本质是一种来自空气的成分——他称之为氧——与其他物质的化学结合。他还解释了氧在金属锈蚀与动物呼吸过程中所扮演的角色，指出除非在真空中进行实验，否则研究者必须考虑到空气中某些成分对化学反应的影响。最重要的是他提出并证实物质在化学反应中不会凭空产生，也不会无故消亡，即质量守恒定律。

欧洲的科学家紧密合作，并且相互在各自研究的基础上添砖加瓦，形成一个知识分子共同体——“文人共和国”，欧洲各地的实验室结出丰硕的成果。十几个不同地区的实验研究者发现并分离出十几种不同的元素，仅举几例：1755年苏格兰的实验室发现了镁，1766年英格兰的实验室发现了氢，1774年位于瑞典的实验室发现了钡、氯和锰，1797年法国的实验室发现了铍和铬，1789年匈牙利的实验室发现了碲，1783年在西班牙发现了钨，1794年芬兰发现了钇，1789年普鲁士发现了锆。1808年，约翰·道尔顿（1766～1844）发表关于化学元素和反应的原子理论，指出每种原子都有不同的原子重量，某些特殊的原子构成元素，并通过不同的组合形成化合物，进而构成各种现实物质，化学反应不会破坏原子，仅仅是让它们重新组合。阿莫迪欧·阿伏伽德罗（1776～1856）更进一步地区分了原子与分子。瑞典化学家琼斯·雅可比·贝采里乌斯（1779～1848）的研究证实了道尔顿的理论。1828年，他发表了当时已知元素的相对质量表,他发明的化学表述体系至今仍在使用,只有极小的改动（例如以 H_2O 表示水分子）。最终，1869年，俄国化学家德米特里·门捷列夫（1834～1908）提出元素周期表，按照原子质量从小到大的顺序以及化学性质的相似性排列。门捷列夫准确地预言许多新元素的发现，在周期表里为它们预留了位置。

我们可以列出在化学领域所发生的几十甚至数百个突破，而在其他科学领域,这个数字更是成倍增加。科学还在地理上进一步扩展。铂元素的发现是南美科学家完成的；来自塞郎（斯里兰卡）的矿石让金属锆被发现；从1676年到1678年，埃德蒙·哈雷（1656～1742）带领一个科学团队进入南大西洋考察，并在圣赫勒拿岛上建起了天文与气象观测站。欧洲之外的研究者也开始带来科学突破，大多数发生在英属北美殖民地，也就是后来的美国。一位18世纪的非欧洲科学家更是出类拔萃，被誉为“新时代的牛顿”。

本杰明·富兰克林（1706～1790）的同时代人之所以这么称呼他，是因为他同写出了《光学原理》的牛顿一样，设计并进行不计其数的实验，对各种自然现象及其背后的性质、后果、作用与反应提出各种假想。他被选为伦敦王家学会成员而无需履行缴纳会费的义务——这是从无先例的荣誉，他还是法国科学院仅有的8位外国院士之一。富兰克林在生前就已享有盛誉，他的科学论文在整个欧洲都有广泛的读者。我们应该如何解释这位出生在欧洲之外，仅仅接受过两年正式教育的伟人所取得的巨大成就呢?

简单的答案是富兰克林使用牛顿的实验方法彻底研究了一个牛

顿不熟悉的物理学主题。他证明通常情况下的电力以及几乎所有电学现象都具有同一种单一的“流动”本性，流动的是一些附着在大多数粒子之中的更小粒子。富兰克林认为起电仅仅是原本就已存在于物质之中的电“流质”（电荷）的重新分配而已，而非任何电荷的新生或消弭，他据此提出电荷守恒定律——接受更多电“流质”的物体带正电荷，而那些流失电“流质”的物体带负电荷。他的理论解释了刚出现的新发明莱顿瓶的神秘特性，证实莱顿瓶的两个电极永远带着相反却又等量的电荷。他还正确地假设了闪电是一种电流现象。总而言之，他的理论解释了导电、绝缘、静电感应、接地以及电荷间的吸引与排斥等现象。富兰克林于1751年首次发表的电学论文代表实验方法学上的新高度，通过构建理论概念，设计并实施实验，构造、检验并完善理论假设，直到解释并呈现实验结果。

富兰克林的成就显示出欧洲的科学方法能够传播并转化到世界的其他地区，尽管暂时只有美国地区成功地运用了这种强有力的工具。

启蒙运动

与此同时，从圣彼得堡到费城，学者与政治家寻求各种方法将科学革命的原则转化到人们生活的每个方面。他们提出理性主义、怀疑主义、建设性批判主义、系统化思考以及解决各种问题的方法论，将这些成果运用到政治、社会、法律、经济和商业中。他们挑战传统、权威、成见、固执和习俗。在这些努力所带来的成百甚至上千种改善生活与社会的方式之中，就含有那些影响巨大的新观念，如政治分权、人权、妇女解放、限制政府权力、罪刑相当等等，不一而足。

在几乎所有领域，学者与政治家常常互相合作，统合信息。例如，1716年，法国摄政王奥尔良公爵腓力下令调查整个法国的矿产资源分布。在该世纪结束时，地质学家威廉·史密斯（1769～1839）完成被后世学者称为“改变了世界的地图”的第一稿，对整个英格兰、威尔士地区和部分苏格兰地区进行地质调查，列出每个地方的主要矿产类型。我们还应该提一下德尼·狄德罗所编纂的百科全书（1751～1772），共35卷71818条，按字母顺序排列，还有3129幅插图，其涵盖范围之广是空前的，但却不绝后，与多达113卷的《美术和工艺的概述与成就》（1761～1788）相比还是相形见绌，毕竟后者涵盖海量的技术与工艺信息。遍布人类知识体系各个分支的专业知识被系统化、目录化并以数学和图示的方式详细描述出来，变成成千上万部学术著作出版，而且常常多次再版，甚至被翻译成多种文字。

信息交换的方式与渠道也在这个世纪大幅增加。期刊与报纸数量呈指数增长，廉价版本图书的发行、图书馆借阅服务的出现以及遍布欧洲主要城市、为知识阶层服务的咖啡馆中随处可见的阅读材料让普通人能够轻易接触到各种书籍，这些发展引发所谓的“阅读革命”，人们不再像以前一样反复阅读不多的几部书，而是开始广泛阅读。越来越多受过教育的精英自发组织起俱乐部或学会，如沙龙、辩论会和共济会社团（见第十四章）。此类学术社团在欧洲的数量激增，就算是小镇和边远地区也不例外。女性虽然依旧处于低下的社会地位，但在这场热火朝天的运动中一样起了重要作用，更是沙龙的主角。

对于社会、工作、休闲和生命本身越来越理性与系统化的思考不可避免地增加各种制度、组织和商业运作的效率和影响。总之，西方的居民——现在的西方已经包括欧洲和北美——越来越理解并拥有实用性的技术和知识，因此也越来越强大，越来越富裕。

现代科学的黑暗面

当然，人类越强大，他们作恶的深度与广度也越大。随印刷革命而来的滥用科学风险并不那么显而易见，但大多数人都能很快想到科学进步所带来的诸如核武器和生物武器的威胁。这的确是一把双刃剑——现代科学既显著提高了全球人类的平均寿命，也带来世界大战的惊人破坏。

科学革命还对我们的心灵产生深远的影响。将思维与实体分离让我们能够以纯粹的机械方式来看待物理现实，将之看作可被观察、测量和控制的物质世界。怀特海（1861 ～ 1947）称这种观点为“科学唯物论”。这种思维模式让开普勒和牛顿得以用物理定律来描述自然界的运行方式，而他们开辟的小径最终吸引了数以百计甚至后来数以百万计的科学家投身于研究各种事物运行机制以及如何在实际中应用那些原理的伟大事业之中。对于物理和化学进程及其后果的理解更让工匠等技术人员得以提高和应用自己的技术潜力（见第十一章与第十二章）。科学将一切事物都视为客观对象进行研究的倾向同样深刻地影响了生命科学与社会科学的发展。特别是达尔文带来了生物学的革命，让现代人重新理解生命世界。达尔文认为，生物的出现源于盲目和无意识的演化，一个被他称为“自然选择”的机制导致各种生命体由简至繁地出现。

但是这些思想家和他们的理论真的解释了现实世界的所有方面或真正理解了这个自然世界吗？大卫·休谟早在 200 多年前就无可置疑地证明如果我们把每一个对象当作完全独立的个体的话，完全区分物理对象间的因果关系是不可能的。而且，粒子物理也已揭示物理现实并非如笛卡尔所想象的那样由完全独立自足的物质所构成。通过仔细分析，我们发现原子由更小的粒子所构成，而这些粒子还能再分，最后成为小块的能量波动，互相之间一刻不停地运动、变化和相互作用。因此，每一个物理对象，每一个三维坐标中的一点，都仅仅是一系列相互作用的集合而已。这也涵盖了所有的经过几亿年演化形成的生命体，而这些生命体的形成又是源于上百亿个不同的基因随机突变，被自然选择出其中“最适应”的那些组合。顺理成章地，无数现代人得出结论，不再相信任何事。我们将在第十三章中探讨这个影响我们的社会与文化问题。

* * *

为什么现代科学最初出现在欧洲？换句话说，为什么是欧洲人最早发展出严格的科学方法来研究自然？他们对新知识和新思想格外包容，仔细观察，系统化地将数据分类，将数学应用于自然现象，提出并检验假想，坚信宇宙是合理的，以及乐观地相信宇宙的秘密能够被揭示和理解。

学者提出各种可能的解释。有些归功于基督教神学，因为它认定上帝创造了一个理性、有序和稳定的世界。这种世界观保证了所有人只有通过发现上帝所设定的规律，才能更好地完成上帝给予的义务——崇拜造物主。因此，哥白尼、开普勒、牛顿甚至伽利略对宇宙运行规律的科学研究都是为了证明上帝的伟大。相比之下，其他宗教信奉一个随意而无序的造物主，或完全不提造物主。当然，并非所有的基督教信仰都鼓励科学研究。一些中世纪神学家和 17 世纪的原教旨主义者认为科学研究是人类自大的表现。数个世纪以来，持有这种观点的人在伊斯兰世界中要更多，尤以安萨里为代表。

基督教信仰还认为上帝能够化身为人类，"住在我们中间"（约翰福音 1：14），这赋予物质世界巨大的内在价值。重要的是几乎所有的基督教思想家都坚信在我们的意志之外独立地存在着一个现实世界，亦即造物主的世界。与之相对，佛教与道教强调物质的虚无性，我们必须脱离物质世界才能获得极乐。道教炼金术在技术上有相当成就，例如火药的发明，但道士和高僧都没有在现代之前于科学发展上作出任何显著贡献，尽管他们的教义中包含一些符合现代科学深奥结论的只言片语。

另一些历史学家强调欧洲的法律和司法传统。早在古希腊时代，他们就已发展出公平理性的法律和司法概念及司法实践，罗马时代更是将这些实践写入法典，使之成体系。而中国虽然有着灿烂的文化成就，但除了刑法之外，其他法律概念与实践对于社会并没有什么作用。正是中世纪欧洲这种对法律体系系统化的追求为后来自然哲学方法的重要发展铺平了道路。

还有学者认为科学的进步需要将物理现实隔离于生命的价值和道德之外，而欧洲人最晚在中世纪就已逐渐实现这一点。相对应的，在几乎整个东亚地区占支配地位的理学教义则将两者混为一谈，让人难以对其中之一展开单独研究。

或许我们可以用考虑源头的方式来理解这种文化上的不同。西方科学传统的部分源于美索不达米亚和埃及文明，但其途径却是通过希腊和罗马的中转，这种中转使西方继承到的文明与源头发生显著的断裂。与之相反的是中国与印度文明直到今天依然与它们古老的传统有着直接传承关系，没有受到其他文明的明显介入。另一个值得注意的因素是中国文明经过将近2000年的发展成就辉煌，但也因此变得自满。而欧洲，因为从其他文明中大量吸取精华，在近代实现了科学与工业革命。与之相比，不论是中国还是其他文明都无法轻易吸收如此巨大的变革。

最后，实验、铸造等机械工艺在许多人类社会的发展中都起到刺激作用，尤其在那些最开放和最富创造性的社会中。纵观历史，直到宋朝为止，中国的发明家都是最具创造性和最多产的，但儒教精英常常对于工匠与实验者满怀轻视，其后果就是许多技术成就不是被遗忘就是被忽略。当然，贵族对于手工业者的鄙视即便在中世纪或近代欧洲也广泛存在，尤其是在相对不发达地区。显然，发明家与科学家受到最大尊重的地方往往也是商业、政治和工业革命最早发生的地方，这种现象并非巧合。

第九章　商业革命

13 世纪 70 年代	意大利商人通过集资的方式分散成本以降低风险
1300 年	蒸馏法在欧洲出现
1347 ～ 1351 年	黑死病肆虐欧洲
15 世纪	合伙人合作成立美第奇银行
16 世纪初期	巧克力通过西班牙传入欧洲
16 世纪	特许公司兴起
1520 年	葡萄牙在巴西首次种植甘蔗
1543 年	土豆传入欧洲
1571 年	伦敦王家交易中心开业
1592 年	荷兰精英投票决定宗教节制和宗教宽容
17 世纪初期	报纸开始出现且数量大增
1600 年	欧洲胡椒年进口量达到 2000 吨，至 1680 年增长到 5000 吨
1602 年	荷兰东印度公司成立
1615 年	咖啡传入维也纳，然后扩散至全欧洲
1668 年	1500 万磅烟叶进入欧洲，50 年前进口量仅为 2500 磅
1694 年	英格兰银行成立
17 世纪后期	火灾与人寿保险在伦敦发展
1713 年	乌得勒支和约签署
18 世纪 20 年代	大公司股票开始在伦敦和阿姆斯特丹股票交易中心上市
1750 年	在随后 100 年里，欧洲人口翻了一番
1792 年	纽约证券交易所的前身纽约证券和交易管理处成立
1807 年	英国禁止奴隶交易
自 19 世纪 30 年代起	银行革命横扫欧洲
19 世纪 40 年代	人造肥料出现

想象这样一个国家，成立一家哪怕只有一名雇员的公司，都需要 207 个步骤和将近一年时间的全力以赴，或者如果想要获得一块国家所有土地的使用权，你得花上平均两年时间搞定 65 个机构的审

批。不幸的是，根据秘鲁经济学家埃尔南多·德·索托的研究，全球许多地区的多数人所面对的就是这种困境。例如想要合法申请一块位于埃及沙漠里的国有土地需要 14 年时间，难怪从巴西到菲律宾几百万人从不试图建立合法的土地归属制度，而是擅自占有。这是一场悲剧，除去那些占有者的家园面临毫无预警地被铲平的风险，更严重的是他们无法通过抵押房产来获得创业资金。因此，用德·索托的术语来说，这些房产是“死资本”。这些法外且无确切归属的房地产在 1997 年时的价值可能就有 9 万亿美元之巨，比当年欧盟和美国的国内生产总值之和都多。太浪费了！

与此相比，早在中世纪时期，欧洲就已出现对地产与商业所有权的法律保护。（中国的地产权利体系出现得更早，无疑也是导致其伟大经济成就的因素之一。）在这样的有利环境中，工匠、小业主、商人和投资者更大胆地发明出让资本积累和财富最大化的各种机制。就像欧洲医生面临大规模爆发的瘟疫时不再责怪星象，而是切实地研究病理表现，开出可用的药物以治疗和预防一样，商人也随着经济周期中不停变换的环境改变自己的商业模式。当雇员的劳动能力变得越来越值钱时，他们就会在经济上予以让步，商人还建立成千上百个地方商业市场，遍布整个大陆；他们对高端商品和货物尤为重视；投资能够节省劳力的技术，并改变策略以适应不断增加的专业化趋势。宏观上看，资本稳步累积，利率下降。在消费者需求水平上，越来越多具备消费能力的人口渴望着享用来自地球最远角落的各种奇珍异宝。

商品崇拜

看起来难以置信，但实际上千真万确的是世界历史上最伟大的经济繁荣甚至整个西方崛起很大程度上缘于欧洲对无甚营养价值的食物和消费品的渴望，从中世纪时的胡椒、肉豆蔻到近代的蔗糖、烟草，人们寻求各种手段来调剂原本寡淡的生活，这种渴望导致几百万人投身于购买、贸易、寻找、进口那些欧洲无法生长的原料甚至为之征战。人们在试图理解欧洲财富与实力的扩张进程时，常常忽略的因素之一恰恰就是：如果这些商品能够在欧亚大陆西部大量自然生长，或许崛起并殖民世界的将是中国。

耳熟能详的说法其实并不准确，中世纪欧洲人不使用香料来保存肉类。相反，厨师加入各种奇异的调料，有些配方以今天的烹饪传统来看简直匪夷所思，例如在肉菜中同时加入桂皮、丁香和姜。随着时代变迁，香料变得更易获得，许多调料成为必需品。到了14世纪，甚至许多农民都买得起胡椒，而富人则享用堆积如山的各种昂贵香料。1475年，巴伐利亚－兰茨胡特公爵乔治迎娶波兰公主雅德维加，婚宴上用了386磅胡椒、286磅姜、207磅藏红花、205磅桂皮、105磅丁香和85磅肉豆蔻。当然，这些总重超过半吨的珍贵植物制品中有相当一部分被当作礼物赠与宾客，但注意：此次宴会比达·伽马带着大量胡椒回到葡萄牙早了大约四分之一个世纪。欧洲人显然已经有能力获得大量奇异香料，他们对提升物质生活品质的商品趋之若鹜，并且他们想要更多。

在其后的两个世纪里，胡椒充斥了市场，最初控制胡椒贸易的是葡萄牙，随后是荷兰。达·伽马的第二次印度之行带回1700吨香料，其中大多数是胡椒，相当于威尼斯一年的进口量。换句话说，在欧洲，这些香料的供应量如火箭般蹿升。很快，胡椒就成为普通商品，几乎所有人都负担得起。事实上，到了17世纪，对于许多讲究的厨师来说，特别是法国，香料变得过于普通，食物中天然的微妙口感成为精致的欧洲菜系的目标。

接下来的消费热点是糖，糖“征服了整个世界”。甘蔗的原产地是孟加拉海岸，几百年前就已扩散到波斯、地中海沿岸和中国。1520年左右，葡萄牙人开始在巴西种植甘蔗，几十年时间里就大为繁荣。到16世纪70年代，欧洲人开始大量消费这种甘甜物质。

为了填补对“白色黄金”无止境的需求，企业家在巴西和加勒比海的岛屿上新开了许多工业园，带来“糖业革命”。生产这种昂贵白色晶体的过程相当复杂，种植园在这场大开发中占据中心位置。种植园经济带有几个革命性特点，它们产生巨额利润，吸引相当多的投资资本，因而成了当时全世界规模最大也最有效率的工业。种植园需要大量的劳动力投入，导致了大规模的非洲奴隶进口。种植甘蔗的利润巨大，使种植其他所有作物都显得无利可图，食物要靠进口，臭名昭著的三角贸易就此建立。这是欧洲商人沉溺于利润最大化的体现：他们的结论是，所有船只都必须满舱航行。加勒比海的种植园主富得流油。这场贸易的规模之大、利润之丰厚，令大量学者认为工业革命与欧洲殖民和奴隶贸易经济所积累的资本密不可分（见第十一章）。

我们可以对比着看看蔗糖对中国经济的影响。虽然中国的工匠和企业家早就发展出培育甘蔗和生产蔗糖的新技术，但蔗糖并未带给中国人饮食重要影响。而欧洲人，特别是 18 世纪，将糖加入各种食物之中，包括麦片、布丁和米糊。或许是因为中国人的文化更为平衡，很少被时尚变化所支配，而欧洲人，相较起来，更乐于追着时尚跳来跳去。

还有一种遍布整个欧亚大陆的发明——烈性蒸馏酒。其发明者可能是波斯人，也可能是更早几个世纪前的中国人（酒精“alcohol”这个词本身的来源是阿拉伯语）。中世纪的欧洲炼金师大约在 1100 年前后学会蒸馏技术，并从 14 世纪时开始生产各种烈酒，最早用葡萄酒制成，也就是白兰地，然后用各种水果、蔬菜和谷物，以及糖。这些饮料的最早用途大多是医疗，但很快就被赋予文化涵义，不同的民族迅速发明出一种或多种“民族”烈酒。16 世纪，白兰地的生产与贸易开始发达，大多集中在大西洋沿岸，荷兰商人占据着统治地位。整个 17 世纪，其生产向内陆扩张，在数量上大幅增长，同时价格大幅下降。消费也飞跃上升，在士兵中尤其流行。

其他激动人心的新产品全都来自其他大洲。其中有三种是提神饮料——咖啡、茶和可可。作为新世界的出产，可可于16世纪早期传到西班牙，至今依然是那里最风行的饮料。这种古老的阿兹特克特产慢慢征服了其他国家的皇亲国戚，17世纪中期，伦敦出现了一些出售热可可的商店。与此同时，为数更多的茶室也纷纷开张。接下来的100年间，欧洲每年从中国进口约7000吨茶叶。茶在葡萄难以生长的北欧受到热烈欢迎，而咖啡则像暴风雨般迅速占领欧洲全境。与在中的国享有古老传统的茶不同，咖啡作为饮料的出现不早于1470年，其诞生地是位于非洲之角上方的亚丁。咖啡首先征服了大半个伊斯兰世界，再于1615年传到威尼斯，随后又扩散到其他大城市，17世纪后期在巴黎大获成功。1672年，巴黎的第一家咖啡馆开张，它模仿君士坦丁堡的咖啡馆——16世纪60年代，君士坦丁堡有超过600家咖啡馆。四年之内，巴黎的几家咖啡馆业主结成行会。换句话说，咖啡馆文化在法国迅速开花结果。到1700年，法国与英国有几千家这样的咖啡馆。为了满足咖啡需求，欧洲的冒险家开辟了许多咖啡种植园，遍布印度尼西亚到南美洲。

茶与咖啡很快成为欧洲最流行的饮料，以不同方式在文明进程中起了重要作用。自大约17世纪90年代起，妇女开始成为英国、荷兰和北非英国殖民地下午茶的主角，仪式感十足地宣示她们在家庭事务中的控制权。似乎就是在这种仪式中，英国人与荷兰人成为世界上最早将茶与糖结合到一起的人群。有一种观点认为，正是下午茶这种仪式，成为北欧及其殖民地定居者阶层归属感转化的标志，在此之前，这种阶层归属取决于出身，而在此之后，阶层归属的决定因素变成以自律、节制以及家庭秩序为衡量标准的“受尊敬程度”。伦敦的茶园欢迎女士到来，事实上常常特地迎合她们的特殊需求。相较起来，咖啡则是男人的饮料。大多数情况下，咖啡馆中聚集的都是男士，不管是打发时光、洽谈生意还是交流思想。显而易见，两种饮料都在近代对欧洲文化产生了明显影响。

烟草，作为另一种具有提神作用的植物，在这几百年时间里对欧洲人的影响更为巨大。哥伦布在自己第一次航行中就见到加勒比原住民吸食烟叶。讽刺的是，不过百年，烟草就被誉为能够治疗从头痛到肿瘤等一大堆疾患的神药，从而声名显赫。而且越来越多的人仅仅为了找乐子而拜倒在它脚下。然而很快，就有人出来反对这种草叶，包括英国国王詹姆斯一世，谴责它危害健康、不合礼仪、不道德并且在经济上造成浪费。自 1630 年开始，北欧的许多政府禁止了烟草，对违反者处以小额罚款。但公众的反对、越发广泛的传播以及对烟叶征税能带来巨额收入的意识，使禁烟法律在 1700 年前后纷纷失效。特别是英国，他们在北美的殖民地既无贵金属资源，又无奇异香料出产，只能靠烟草贸易赚钱。来自切萨皮克地区的烟草进口从 1616 年的 2500 磅增加到 1668 年至 1669 年的 1500 万磅——全被征税，但一般会再次出口到其他欧洲国家。民众以及他们的政府都上了瘾。

为什么欧洲人会满腔热情地寻求这些非必需商品并将其融入自己的生活方式呢？当然，他们对于新奇事物的喜好和他们对新习惯的适应是主要原因。咖啡在征服欧洲前就已在伊斯兰世界大受欢迎。日本人也从自己的邻居那里学会了茶艺，但除此之外，茶在东亚其他地区并没获得太大的成功，而且大多数东亚人并不往茶里加糖。欧洲人将烟叶带入亚洲，从菲律宾开始，烟叶迅速传遍亚洲以及非洲的北部与东部海岸。许多亚洲人发展出复杂的方法吸食烟叶，包括使用雕刻精美的烟杆和水烟。与之相对，可可在整个亚洲（除了菲律宾）都没什么市场。我们并非以此就看轻或批判其他文化的开放性和适应性，只是想通过对比东西两边尝试新事物的意愿，来反映欧洲社会对新事物那近乎轻率的态度而已。

农业革命

近代欧洲人并没有将自己的收入全部浪费在“非必要”的商品

上。农民与贸易商在食谱、食品产量和营养多样性上取得了长足的进展。某些地区，食物产量持续地超过了消费。这种富足在历史上出现过好几次，例如12到13世纪时的西欧或1680到1780年间的中国。然而，新增人口每次都最终赶上并耗尽系统生产多余食品的能力，随之而来的是人口灾难。但在近代欧洲，农业产量的增长逐渐达到一个可以持续满足人口增长需求的模式。基本上，自从17世纪20年代开始，英国与荷兰就不再有饥荒，这种富足逐渐惠及欧洲其余地区。更可观的是，自17世纪30年代开始，食品产量进一步提高，带来人口的增长以及100年后的人口爆炸。从1750年算起，欧洲人口在100年时间里从1.42亿增长到2.65亿。此前每次人口增长都会带来食物涨价，但这次不同，1800年后，至少在英国，两个指数开始朝相反的方向移动。让这成为可能的，正是后来很快蔓延到欧洲其他地区的所谓农业革命。

我们很难用一两句话讲清这场欧洲农业经济的演化。几十年来，学者都为这场转变始于何时以及究竟是什么因素起了决定作用而争论不休。事实上，许多产业和地区所经历的变化无论在速度上还是在方式上都有巨大的差别。例如在中世纪晚期的英国，选择育种已经在16世纪初让牛的个头大大增大。英国“圈地”运动自1500年开始历经大约300年才基本完成，既在地理上合并、分隔了土地，也将中世纪以来的共有土地系统转变为私有土地所有系统。学者估计被圈起的农场比开放式农场单位产量高13%～100%。土地耕作者也花了几百年时间学会将固氮植物引入田地，在泥土中加入石灰来增加泥土的含氮量，排干湿地，开垦林地，混种不同作物，以更有效率的方式轮种作物，以及采取专门化的农业策略。以英格兰和威尔士为例，所有上述发展的后果包括不停进步的食谱、自1675年起不断增加的谷物出口，以及从1540年到1700年间人口数量增加至600万。

其中影响最大的新作物是土豆。土豆原产于安第斯山地，生长快，种植方便，而且比谷物产量更高。从17世纪中期的德语区西部开始，随后是1709年大饥荒过后的法国，渐渐地，土豆成为普通欧洲人的主食。政府与统治者开始推广土豆种植。例如，在1744年，普鲁士的腓特烈大王（1740～1786）免费分发土豆种子，传授种植方法。1773年，安东尼－奥古斯丁·帕门蒂尔（1737～1813）发表了一项研究报告，用科学方式揭示土豆的好处。在随后几十年，土豆普及到了法国。到19世纪初，数以百万计的欧洲人，尤其是北欧人，几乎全靠食用土豆为生。1845年到1849年发生了可怕的土豆大饥荒，北欧尤其是爱尔兰的土豆作物大量受灾，即便如此，土豆的风行程度依然丝毫未受影响。

土豆在欧洲的成功显示出几个重要的趋势。探索与殖民扩张所带来的新作物无疑让欧洲大陆受益。（玉米虽然比不上土豆重要，但在巴尔干地区大受欢迎。）近代欧洲人对新食物表现出相当的开放性。政府官员系统性地倡导农业发展，科学家仔细分析作物的营养价值，用实验寻找最佳种植方法并将发现公之于众。

科学创新为农业进步作出巨大贡献。早在16世纪，发明家就发表了播种机（中国人几个世纪前就已发明）的设计图纸，虽然直到19世纪初才在英国大规模推广。农业专家如英国的亚瑟·扬（1741～1820）不遗余力地提倡实验，他宣称实验“是所有实用知识的理性基础，让我们把所有可能都尝试一下”。农场主协会自18世纪后期开始出现，他们致力于传播实用知识、维护图书馆并主办讲座和展会。再一次，就像在其他几乎一切人类努力的领域中所表现的一样，欧洲人寻求理性，并以最精巧的方式将农业知识系统化。其中最重要的突破是约翰·贝内特·劳斯（1814～1900）于19世纪40年代早期对过磷酸钙复合肥料的发现与推广。

中世纪经济管理体系的逐渐崩溃也刺激了农业的增长。限制市场关系的法令与规章阻碍了经济增长达数个世纪之久，虽然各地的方式与程度不同。固定价格，建立统一的度量标准以防止欺诈，征收交易费用，严格限制交易时间和地点，以执照限制甚至完全禁止中间商或贸易商，限购等等。所有这些规定的目的都是为了保护消费者，防止财富向商人聚集。

但随着欧洲经济活动扩张和农产品增加，贸易商找到各种方式规避这些规章。在许多地方，这些规定名存实亡，或被完全废弃。随着欧洲城市的发展，他们对于食品的需求远远超过邻近地区的供给。从16世纪到19世纪，市场从当地发展到地区、国家，以至于国际规模。商人组建沟通网络，共享供求、价格、运输、当地法律法规、贷款方式、贷款来源等信息。

欧洲人也开始控制生育。至少从16世纪开始，尤其是西北欧，与其他文化中的民族相比，他们开始推迟结婚，女性与男性的结婚年龄分别约为24岁和26岁。没有人有意识地组织这种变革，学者对此似乎也没有确切解释。或许它来自想要避免人口灾难的欲望，尽管经济史学家E. L. 琼斯认为大多数亚洲人应对自然灾害（那里的灾害与欧洲相比更频繁，后果也更严重）的方式是保持高生育率。不管怎么说，将结婚推迟到成年之后，让个人和夫妻更容易为未来的富足生活打下坚实的基础，因为他们能够有足够时间去积聚技术、财产和资本。与马上成立家庭相比，晚婚意味着可以有更多时间上学、做学徒、继承家族生意或农场。

资源共享

法律的改变令欧洲人更容易管理风险，因此也更愿意冒险。中世纪时欧洲和中东的标准商业形式都是合伙人体制。通常情况下，合伙人人数较少，几乎都由具有血缘关系的亲戚为了实现某一商业项目组成，项目完成后自然解散。每开始一个新项目，他们通常都需要从头谈判。尽管有这些不足，合伙人体制还是为加入者提供了一种资源共享风险分摊的机制。8世纪中叶，比欧洲类似机制出现至少早了 3 到 4 个世纪，穆斯林金融业者就开始接受存款、放贷并发行汇票——虽然真正的银行尚未出现，商人也不将大量资本并到一起。这种状态一直持续到 19 世纪，中东地区才出现首家联合股份公司。类似地，中国商人早在唐朝就开设典当行。从宋朝开始直到明朝，首先是私人商号，随后是政府开始发行官方纸币。不仅如此，当时政府发行的纸币还是世界上第一种“法定货币”，也就是背后没有实物支持的不可兑换的货币。正当欧洲的金融创新开始起飞时，中国已触到天花板。

伊斯兰的继承法解释了为什么大型穆斯林公司迟迟没有出现。《古兰经》要求逝者财产的三分之二应被分给数量众多的近亲与远亲，确保继承人都能获得少量遗产。这条规定保证了女性的经济安全，但却同时抑制了大量财富的累积和实力强大的贵族阶层出现。在欧洲，虽然各地区略有不同，但通常情况下，法律只将继承权限制在家庭核心成员中，而且并未写明谁有权继承财产。事实上，自中世纪始，与伊斯兰继承法截然不同的长子继承制已经盛行欧洲。到 16 世纪时，这依然是北欧大多数地区主要的继承制度。这种制度让数目极多的相对稳定的私人财富积聚成为可能。伊斯兰世界中实力和特权通常几乎完全依赖政治上的照顾，而富有的欧洲贵族与商人家族的权力和影响往往来自私有财产，君主对此无法染指。

这个差别极大地影响了两个地区的商业演化进程。想象一下两家合伙人企业，各由五人组成，一家在伊斯兰世界，而另一家位于承认长子继承的欧洲国家。两家企业中各有一名合伙人去世。在欧洲国家的那家企业，去世的合伙人把股份传给自己早就刻意培养的儿子。虽然随着项目结束，合伙合同也就结束了，但继承人很有可能按原来的条件签署新的合作合同，生意就能接着做下去。与之相比，在没有长子继承权的国家，去世的合伙人可能有相当多的继承人，其中的任何一个都可以拒绝续签合同，或要求将逝者遗下的财产变现以获得自己的那份。另外，穆斯林实行一夫多妻制，在通常情况下，富有的男子会有许多孩子，更进一步增加上述情形发生的概率。穆斯林的企业出于谨慎，更愿意采用较少人数的合伙人。这又让他们难以形成规模经济，无法广泛地共享资源并实现进一步的组织创新。

随着欧洲商业在 11 到 12 世纪开始逐渐发展起来，商人针对各种新机会改造合伙人体制。13 世纪的意大利金融家开始形成长期合伙人制度，合伙期可达数年之久，而且合伙人间也开始出现没有血缘关系的情况。100 年后，弗兰切斯科·马可·达蒂尼创建了一个遍布欧洲的商业帝国，由许多不同的合伙人架构构成，最后都向他汇报。有些合伙人，也就是企业的部分拥有者，通过企业内部晋升而来。就像我们在第三章中所讨论的，达蒂尼通过相当复杂的会计方法控制自己不断扩张的商业帝国。

穆斯林创业者无法发展出这么复杂的合伙人制度，几个世纪以来，在南亚和东非市场，穆斯林商人的合伙人机制完美碾压他们当地竞争者那更为原始的组织制度。但随着欧洲商人在 16 世纪初开始登上世界舞台，后者更精巧的商业模式又轻松击败了大多数穆斯林竞争者。欧洲商人常常通过各种私下契约的方式将各种商业模型下的元素整合到一起。这样，合伙人体制变得更为长效，或者公司中的小股东利益能够获得保护，免受大股东侵犯。总体说来，大大丰富的可能性让商人及金融家找到了越来越高效的方式分担风险、聚集资源并追寻商业机会。

中世纪欧洲法律的创新允许一种全新的商业实体诞生。法学家比照罗马法与教会法，承认“公司法人”的法律地位，该实体在拥有财产、法庭作证、提起诉讼、进行合法与其他活动等方面拥有与个人一样的权利，而不受个人寿命的限制：此类机构原则上可以永远存在下去。许多行会、大学、宗教社团和城市获得了这样的法律地位。伦敦市就是一个典型例子，最初成立于 12 世纪，至今依然拥有其管辖范围内四分之一的土地。一些商业机构也获得了类似地位，例如至今尚存的阿伯丁港务局，成立于 1136 年。但在 19 世纪法律再次变更之前，很少有以营利为目的的商业机构以合伙公司形式存在（见第十一章）。

近代早期，占绝大多数的是王室为了从海外攫取更多资源而允许的特许经营公司。早在 1347 年，瑞典国王就授予斯托拉·科帕尔贝里铜矿公司特许经营权。但特许经营公司的高峰时期在两个世纪后。大多数特许经营公司都拥有对某个地区的贸易垄断权，有时候需要将一部分所有权交给授予自己专营权的王室作为交换。通常情况下，所有人都能购买公司股份，其责任被限定在所投入的资本上。换句话说，商业上的失败或公司破产不会让投资人的其他财产遭受损失。通过对其他财产的屏蔽保护，此类公司的有限责任特性鼓励有闲钱的人将自己的部分财富投入到较大风险的投资中去，掀起一波创业大潮。1555 年成立的莫斯科公司是此类公司中的第一个，还有聚焦于黎凡特、非洲、弗吉尼亚、哈德逊湾，当然还有东印度与西印度等地区的公司。这些公司很快成长到相当规模。1592 年，53 家商号加入黎凡特公司。这些公司拥有极大资源。1620 年，英国的东印度公司派遣 40 艘全副武装的战舰护送来往英格兰和亚洲的船队。到 1700 年，该公司在伦敦的总部有 350 名雇员。因为长途商业航运常常会面临灾难，包括损失一艘或多艘货船以及因此造成的许多水手死亡，资源共享是一个合理的解决方案。

官方特许经营公司在近代早期欧洲经济发展中所起的重要作用让一些学者主张欧洲政府对商业的支持是西方崛起的重要因素。西方统治者和政府官员不仅创造了一个有利商业的法律环境，更积极推动世界探索和商业扩张，包括为商人提供军事保护等等。而在欧亚大陆的其他地区，商人间很少合作，而且常常面对来自政府的明显敌意。社会历史学家伊曼纽尔·沃勒斯坦认为，皇帝不能表现得像商人那样，以增加自己治下某个地区或王国的财富为目标。“为了让整个帝国看上去像个整体，他不能通过剥夺其他经济体财富的方式来促进自己的经济发展，因为他只有一个经济体。”当然，欧洲国家的诸王在构建跨国商业帝国时表现得就像彻彻底底的商人，互相激烈竞争。再一次，欧洲的政治碎片化促进了创新。

学者还曾争论新教在资本主义发展中所起的作用。商业革命主要发生在新教国家，即便是信仰天主教的法国，控制上层金融的依然是新教徒（以及较少一部分犹太人）。但路德宗和加尔文宗都明确反对关注商业、追求财富、放贷逐利和其他各种形式的贪婪。与此同时，他们还拒绝懒散和灵修，赞赏努力工作。路德建议人们“向小鸟学习”。当然，欧洲的市民不需要路德告诉他们脚踏实地努力工作。几百年来，经济、政治与文化活动令城市生活变得越来越紧张。懒散与城市生活水火不容。欧洲的市民越来越倾向于系统性、分析性、自发性和个体性的生活。因为那个时期几乎所有商人都是基督教的虔诚信徒，他们毫无疑问地将自己的生活前景投射到信仰中去。所以，一个同样成立的历史问题是资本主义的发展在新教成长中的作用。虽然看上去中国、印度和伊斯兰世界里的商人和市民都采用相似的理性和实用方式来应对商业和信仰的矛盾，但因为除了欧洲之外，再没有其他市镇达到与之相近的政治与经济自治水平，其居民也就无法在宗教方面发挥出同样有力的影响。

在宗教和政治的共同影响之下，一种新的公司形式及革命性的融资模式在荷兰诞生。1592 年，阿姆斯特丹的政治与经济精英（在那里，他们是同一拨人）投票支持宗教节制和宗教宽容，并支持“培育和平与和谐”。在波罗的海和伊比利亚半岛之间的高效贸易——谷物、木材、羊毛、牛皮、盐、腌鲱鱼等，给以荷兰省为首的尼德兰北部七省带来高度繁荣。1565 年，不少荷兰合伙人公司常常有多达 100 名合伙人，仅仅在波罗的海航线上就有大约 700 艘商船往来。合伙人常常向家人或关系紧密的熟人借钱。商人还接受存款，支付利息来获得资本，就像银行一样。那些诚实可靠、功成名就的商人自然而然地吸引到更多愿意投钱的放贷者和存款者。

1585 年，西班牙攻占安特卫普，6 万名新教徒带着技术、商业经验、资本和国际贸易人脉逃亡到阿姆斯特丹。就在这几年，荷兰发明了经济高效的槽型船，并改造风车来锯木，让大规模建造槽型船成为可能。荷兰商人慢慢扩张自己遍布全球的商业网络，并开始倒卖各种各样的制品和原料，包括丝绸、糖、瓷器和香料。为了装备船队并分摊风险（1595 年到 1601 年间，前往亚洲的荷兰商船中有五分之一有去无回），荷兰人成立了大量联合股份公司。为了进一步发展规模经济，省督拿骚的莫里斯和其他政治首脑在 1602 年说服这些公司的老板组建联合特许经营公司，政府为之注资，这就是荷兰东印度公司。该公司有超过 1000 名投资者，大多数与公司高层无血缘联系。

荷兰东印度公司的成立标志着又一次商业突破。它进行的是几乎永久性的商业活动，而非就每一次具体经营项目与不同股东签订不同合约。（其他公司也很快采用这种经营方式。）随着 1611 年阿姆斯特丹股票交易所开张，荷兰东印度公司的股票开始公开交易。“上市”让荷兰东印度公司迅速筹集到 650 万荷兰盾的巨额资本。最初的投资者没有理由抱怨：股票价格很快就上涨了 15%。那些购买股票并长期持有的人也同样满意，因为股票价格在 20 年里翻了三番，而且公司在这 20 年里平均每年支付高达 18% 的分红。投资者无疑期待高回报，在现金流不够的年头，公司用香料或债券的方式支付分红。荷兰东印度公司的成功导致模仿者遍布欧洲——从俄国到葡萄牙。

为了防止资本的大幅波动，荷兰东印度公司要求股东的投资持续十年。这些股票的二级市场迅速兴起，让股东能随时按自己的意愿购买或出售自己的股票。投机随之而来，有些人贷款购买股票，频繁交易，并以股票作为贷款的抵押。这样，一个高效但伴随着高风险的系统出现了，支撑它的是富裕的荷兰社会所积累的巨量储蓄。

随着阿姆斯特丹以及在范围更广的联合七省中的资本持续增长、积聚，以及资本在消费者、信用贷款和资本市场中的流转，短期贷款的利率稳步下降，从 1600 年前后的 8% 下降到 1608 年的 6.75%，再到 1619 年的 5.5%。与不得不支付更高利率的其他欧洲地区竞争者相比，如此廉价的贷款自然给荷兰生意人相当大的优势。复杂的金融衍生品和市场的发展让投资者在控制风险和寻求高回报方面都获益良多。

在几乎每一个行当里，荷兰商人和金融家都把竞争对手甩在后面。因为船只更便宜，船员人数更少，荷兰人货物的到岸价格比英国竞争者平均低 40%。在敌对风险较低的航线上，他们将船上的火力装备降到最低，而船员在船上也乐得忍受最简朴粗犷的生活。总体说来，荷兰的加尔文宗信徒，从农民到银行家都愿意勤俭持家。

到 17 世纪中叶，尼德兰共和国，特别是荷兰省和泽兰省打造了一个巨大的海外帝国。其在国际航运上的统治地位无法撼动，每年的平均运输量高达 50 万吨，船队几乎覆盖全球海洋的每一个角落。在每个地方，荷兰的航海家和商船战士都成功地击败竞争者。显然，宗教分歧或政治对立完全不在荷兰商人的考虑之中，他们在贸易上一视同仁，无论对方是盟友还是敌人、基督徒还是穆斯林、天主教徒还是新教徒。他们对海外殖民的兴趣相对较弱，但商业经营繁荣无比。从波斯到日本，荷兰商人购买、运输并出售名目繁多的制品和原料，大多数贸易都发生在亚洲国家之间。到 17 世纪晚期，尼德兰共和国是欧洲最富裕的国家，或如同当时的一位英国人所说："不仅当代人羡慕，或许在未来的几代人中都会被视为奇迹。"对于荷兰这样一个国土狭小资源缺乏的国家来说，的确是了不起的成就。

我们能在其中发现一个经济发展史上的关键性质。那些在经济发展上最成功的国家自然环境通常不好，热那亚和威尼斯就是显而易见的例子。考虑到其商业成功的程度，荷兰更是其中翘楚。它的土地常常被淹，需要为抵御海水侵蚀付出不断努力；低海拔与湿润的土地带给荷兰大量传播疟疾的蚊子；荷兰的森林资源几乎可以忽略不计，提供不了太多木材；在地下，几乎没有石料能被开采；虽然荷兰在航运中占据发达地位，但它的港口水浅而且在冬季还会结冰；即便是位于英吉利海峡沿岸的风车，也要直面肆虐的西风，设置的位置并非绝佳。有时候，一个资源匮乏的民族发明能力很强，同样，丰富的资源反而会让创新窒息并阻碍经济发展。不然的话，资源丰富的俄罗斯就不会为大规模的贫困所累，而资源匮乏的日本也不会成为当今世界第三大经济体。

对下一任经济领导者英国来说也是一样。英国的人口（1600 年时大约为 425 万）约为尼德兰共和国的 3 倍,资源也比荷兰丰富一些，但与法国相比，就差了许多。但英国的商人、探险者和殖民者几乎在任何时候都强过法国。从 17 世纪 20 年代开始，英国东印度公司的商人就开始在印度海岸成功地扎下根来，开展亚洲贸易。英国的投资者、创业家、商人和定居者也同时在新世界落脚，尤其是在切萨皮克地区、马萨诸塞以及两者之间，还在小安的列斯群岛和牙买加建起无数据点。切萨皮克的烟草种植园和加勒比的甘蔗种植园带来巨大利润，为商业的进一步发展提供资金。

英国内战（1642 ～ 1651）减缓了经济发展，但发生于 1688 年的光荣革命带来王室与议会之间的权力分享（见第十章），创造了对经济发展极为有利的环境。早在 1694 年，英国政府就赋予英格兰银行这一私有联合股份公司特许经营权，该银行管理公共债务并印制纸币，同时也拥有开展商业银行业务的权利。英格兰银行有英国政府的全力支持，并且能够将整个国家的金融资源汇集到一处，这使得英王室相较起欧洲甚至全世界的其他政府，能够以更低的利率贷到更多的款项。这是让英国取得军事胜利的重要因素，特别是七年战争的胜利，给英国领土增添了加拿大、佛罗里达和一些印度的重要地区。从 1700 年到 1780 年，英国的国际贸易量翻了一番，部分原因是英国拥有当时世界上最有效率且最大规模的商船队。即便美洲殖民地独立以后，也没有影响他们与前宗主国的贸易关系。英国的繁荣显然不建立在对领地的实际控制上。对于英国来说，仅仅与地球上遥远的地区建立联系并保持紧密的国际关系就能刺激经济增长。

英国金融业的复杂程度也持续上升。1571年，伊丽莎白女王正式成立伦敦王家交易所，商人聚在那里交易货物和股票。1698年，股票交易商搬去交易巷，那是一条遍布小酒馆、商店和咖啡馆的街道。后来乔纳森咖啡馆渐渐变成他们聚集的中心。前一年，整天泡在乔纳森咖啡馆里的约翰·卡斯塔因在每个星期二和星期五公布自己对股票与商品的出价，让投资者能够仔细跟踪价格波动。这种做法很快普及开来。当时，交易员经手大约140家联合股份公司的股票买卖，包括英格兰银行和东印度公司，渐渐地，公司的数量和类别都增加了。

更重要的是，金融与商品交易所是信息的交流中心。顾客与交易员能够在这里分享各种潜在商业交易的宝贵信息。一个买家对某一资产了解得越多，他的购买决定就越理性，越有利可图。这个规律早在人们开始交换商品时就已出现——换句话说，甚至出现在人类文明开始之前。只是到了此时此地，人们才真正做到理性地做出金融交易的决定，使买家与卖家都从中受益。

经济史学家戴尔得丽·麦克洛斯基更进一步提出，与以前任何时期与地区相比，该时期（自17世纪晚期开始）的西北欧洲人开始更为关注商业、金融、创业和其他营利性创新。贵族地主、知识分子、巨头、僧侣和其他精英自古以来就是人类社会的统领者，过去他们一直轻视此类活动，用轻蔑的态度和具体的法律规章扼杀商业发展。按照麦克洛斯基的说法，实业一旦获得广泛的社会尊重，就会释放出整个社会阶层的创新能力，各种实用创新在社会的各个角落持续诞生，当中就包括商业，近代经济发展即由此开始。这种心理上或她所谓的“自我意识”转变看起来的确在西方财富与力量的崛起上发挥了重要作用，虽然她并未解释这种转变为什么会发生。我们在前述章节中所列出的证据显示当时的欧洲已经有了相当的实业和创新，在这个基础上，那些内心里已经意识到实业与创新的潜力及其重要性的人们只需要多跨出一步，公开承认它们有益于社会就行了。

事实上，西北欧洲社会对实业和创新可谓狂热，南海公司就是其中一例。这家成立于1711年的公司承担了英国政府在西班牙王位继承战争（1701～1714）中积累的债务，凭此垄断与西班牙美洲殖民地的贸易权，1713年《乌得勒支和约》签订后又得到对西班牙在美洲殖民地的奴隶贸易控制权。1720年，对该公司股票的追捧令其价格在一两个月内就从100镑出头疯涨到1000镑以上。同年9月，公司股价崩盘,数以千计的大小股东遭受巨大损失。南海公司“泡沫”的破灭使法属密西西比公司和更广范围内伦敦、阿姆斯特丹与巴黎的股价应声急跌。

显然，欧洲经济的长期增长并非一帆风顺。仅仅在17世纪，就发生了20年代的金融萧条、好几次货币危机和1637年的郁金香狂热。学者仔细研究了经济发展与商业周期循环的关系。这些通常被称为“重商主义者”的第一批经济学家倡导保护性关税、增加出口、剥削殖民地和以各种手段让贸易更有利于己方。他们展示了人类有能力控制或至少强烈影响经济活动的信念，或者说，他们相信经济体相互交缠，其中一个经济部门的收益可以抵消另一个部门的损失，这种想法远比他们提出的具体措施更为重要。只有在经济发展相对稳定的时期才会出现这么多学者致力于研究刺激经济更快发展的方式。

更多资本市场相继涌现。17世纪晚期，伦敦股票交易中心的前身开始营业，一个世纪后，交易员聚在纽约华尔街的一棵树下开始交易股票。1792年，24名交易员成立了纽约证券和交易管理处，后来演化为纽约证券交易所。伦敦和纽约在接下来的300年中统治了国际金融。英国和美国的资本家发展出效率极高的金融机构，聚集并有效地分配了巨大的金融资源。他们用较低的成本吸引更多资本，形成良性循环。因为流动资金能够帮助经济增长，这就使得最高效获取流动资本的金融中心和流动资金规模最大的资本市场战胜其他竞争对手，而且其规模、效率和速度都在随时日呈指数增长。

尽管泡沫和萧条无法避免，股票交易和市场增长却并未停止。

许多大企业发现自己必须通过出售股份来筹集资本。只要经济活动扩张，公司数目增加，能把投资者和寻求资本的公司拉到一起的股票交易员和交易所就一定不可或缺。从 18 世纪 20 年代开始，最大的英国公司就同时在伦敦和阿姆斯特丹交易自己的股票，预示着两个经济体在经济上的进一步融合。

商品市场和交易商也起着类似作用，在 18 世纪一样迅速繁荣。王家交易所依然是他们的聚会中心，虽然专门化的交易商更愿意集中在附近的咖啡馆里，主要交易领域也常常出现在那些咖啡馆的名字中。交易员聚在牙买加咖啡馆中分享西印度商业机会的相关信息并完成交易，而那些专注于与美洲殖民地贸易的就在弗吉尼亚咖啡馆会面，诸如此类。

学者热烈地讨论殖民地财富对宗主国，特别是英国经济发展的贡献。当时英国强迫北美和加勒比的殖民者购买并运输英国生产的商品，例如弗吉尼亚的产品必须运往伦敦再转运往其他目的地，还要支付与英国消费者同等的价钱购买亚洲进口的产品。有些人认为这些措施给蹒跚学步的殖民地经济带来沉重负担，宗主国市场攫取大量利益；另一些人则指出规定英国消费者必须以世界市场上的最低价格购买产品显著提高了他们的生活水平。另外，考虑到殖民地的行政和防卫费用往往由伦敦承担，英国社会在整体上的受益可能就降低很多。看起来只有那些具备政治影响力的商业资本在与殖民地贸易中获得了大量好处。某位学者总结道："边缘总是被边缘化。"

银行革命

那些专门募集投资资本的公司为经济资源共享提供了另一种方式，这次是英国的金融家领头。伦敦的私人银行数量从 1750 年的不到 30 家增加到 1800 年的 70 家。这些银行从英国富裕的农业区上百家中小型省级私人银行处获取存款与汇票，向急需资本的工业区银行提供信用贷款。借此，英国开始挑战荷兰在国际资本市场上的绝对统治地位。整个18世纪，荷兰所资助的海外贸易项目比其他国家多得多，借给主权国家的贷款金额也最多，但到1820年，以巴林和罗斯柴尔德为首的英国银行家族几乎完全控制欧洲各国的贷款。为了避免错失良机，欧洲和美国的银行纷纷在伦敦设立办事处。

19世纪前半叶，法国也出现类似变革，来自外省、瑞士和更偏远地区的银行在巴黎成立分部。19世纪20年代前后，英国人出口了最多资本。到了世纪中叶，伦敦和巴黎成为国际银行业排名第一和第二的中心，巴黎还成为外国政府最大的债主和欧洲公司最大的投资者。

这两个城市引领了被学者称为“银行革命”的进程，这场革命从19世纪30年代开始横扫整个欧洲大陆。数以千计的新银行成立，其中大多数都采取联合股份公司的形式，向原先私人银行的绝对地位发起挑战。与私人银行一样，它们通过接受存款产生资本。联合股份银行发源于苏格兰，虽然通常股东人数不多。1826年与1833年颁布的法令分别废止以前英格兰和伦敦当地对此类银行的禁令。到1844年，大约有100家这样的银行在外省运营，伦敦有5家。尽管私人银行的数量与联合股份银行数量的比例高达12∶1，然而在伦敦运营的每一家联合股份银行持有的资本量都远远高于私人银行。英格兰的联合股份银行效仿苏格兰的模式，在全国各地成立数以百计的支行。随着工业革命将全新的财富带到英国几乎每一个角落（见第十一章），银行分支网络加速了这个正大步迈向全球首富的国家的金融资源流动。全新的银行网络协助将这些资源引流到各种投资机会中，为经济的进一步发展提供燃料。

与此同时，英国的金融家开始在全球各地设立独立的联合股份银行，从香港到中东再到拉丁美洲。到1860年，他们共设立了15家海外银行，合计有132家分行，主要业务是投资贸易，当中又以对英贸易为主，无论交易对象是谁。他们通过向当地顾客提供金融服务，尤其是通过接受存款来募集资本。当时世界上大多数地区缺乏高效的银行体系，这让他们大获成功。

在欧洲大陆和美国，银行革命以各种不同的形式呈现，但每一种都与英国有相似之处。它们之间最大也是最重要的共同点就是将成长经济体的财富合并起来，形成大量资本进行投资，同时鼓励人们存款，为上百万普通或略有财富的人提供金融机会。其他新银行还为 19 世纪下半叶欧洲与北美铁路大发展提供了资金（见第十一章）。

英国商人控制国际贸易中最大的份额——1850 年时超过 20%，到 19 世纪 60 年代时达到约 25%，是最大竞争对手法国的 2 倍左右。伦敦是当时世界上最大的港口，沿着泰晤士河向东延伸，直到伦敦塔的另一边。伦敦塔一侧就是金融中心（城市中心），在很大程度上就是为了向伦敦的商人提供金融服务。这些服务包括提供贷款、资助国际贸易、为伦敦商人安排在英国或世界其他地方的运输业务，并维持殖民地和国内各种各样的商品交易。除此之外，他们还提供一种更有用的服务——保险。

分散风险

从事投资就像参与赌博，甚至在某些情况下，像是俄罗斯轮盘，参与者双方都承受风险，希望以此换来回报——金钱收益或精神刺激。赌注越大，期望的回报也越高。当意大利的商船驶往黎凡特追寻财富时，他们面对失去船只、货物和生命的真实风险——与恶劣天气相比，海盗威胁更为可怕。但他们所期待的回报战胜了许多冒险家的犹豫。这些人并非傻瓜，早在 13 世纪 70 年代，意大利商人就通过以两个或更多投资者分担航海贸易成本的方式来分散风险。在另一些例子中，坐在办公室里的商人会部分资助规模较小的商人去从事海外贸易，并承诺如果发生沉船事故，自己将放弃所投入的资本，只要船只安全，双方将分享利润或损失。意大利商人通常对租借他们商船进行海外贸易的商人给予同样的保证。

14 世纪的前几十年时间里，意大利商人首倡海事保险，这一先驱性尝试带有明显的近代性质。富有的商人，即承保人，签订合同保障船上的货物——或船只本身——免受损失，以此获得其所保险价值的某一比例，即保费。保费多为 11% 到 18% 之间，取决于距离、航线、海盗及战争状况、船只种类、季节和其他因素。很多时候，几位承保人一起承保，分担风险。在这种情况下，保险经纪人收集各承保人的保证，直到总额足够覆盖潜在损失。在随后一个世纪中，竞争降低了保费，自然进一步促进了海外贸易。

其他航海者，尤其是佛兰德人与荷兰人也仿效意大利人的做法。法官与港口官员有时候会咨询意大利商人，为海事保险标准条款定下判例和规则。例如，承保人无须承担船只尚未离港或保险合同未签署就发生的损失。英国在海事保险方面落在后面，但在财产保险领域扳回一城。

商业革命掀起欧洲主要贸易中心的建筑高潮。个人、公司和机构纷纷建造奢华豪宅、巨大的仓库和工厂、富丽堂皇的交易所、行会大厅、办事处、作坊、商店、咖啡店、茶室、酒吧及银行大楼——更不用说数不胜数的普通住宅。伦敦的人口从 1600 年的 13 万增加到 1700 年的 50 万。为了满足新出现的建筑行业需求，投资者、投机者、房地产经纪人和建筑商聚在一起，分享各自的专业知识，以“手册”指导如何以最佳方式资助、购买、出售、出租和估价不动产。当时的市场缺乏公共记录，也没有新建房屋、已售房屋、贷款申请和其他相关信息的年度数据，因此这些书籍对于市场参与者来说变得不可或缺。尽管想要理清这样的市场极为困难，但我们还是能够猜测在 17 世纪后期，大约 1/4 的伦敦家庭拥有房产。确实，许多人未经许可就建了房子，但惯例法还是承认这些房产的。房主能够将其出租或抵押，成为投资渠道。换句话说，原先的“死资本”现在能够产生远超当初花费的价值，因此让伦敦人本来就在快速增长的财富再次大幅增加，使他们能更多地投资商品与服务，包括新生和原有的生意。

1666 年 9 月，伦敦大火灾吞噬了超过 1.3 万栋房屋，包括几十座教堂、44 个商会总部、王家交易所和海关大楼。事后，金融家争相将海事保险的模型应用到火灾风险上，毕竟他们对以合伙人和联合股份公司的方式分摊风险的经验已经十分老道了。

尼古拉斯·巴尔本（1640 ～ 1698）是最早承保火灾险的人之一。仅用了十年，他的公司就成立了伦敦历史上第一支消防队，其工作就是扑灭投保房产的火灾。1706 年，太阳火灾保险公司首次开展建筑火灾险之外的商业及个人财产火灾险业务。随后几十年间，其他大型保险公司也相继涌现。大多数保险公司同时提供海事、火灾和人寿保险。他们很快开发出各种方法评估风险并雇佣勘测员检查建筑的位置、结构和稳定性，雇佣医生为申请人寿保险的顾客体检。他们还确认潜在顾客的道德性格（即所谓“道德风险”）：他或她是否倾向于携带特别风险？火灾保险迅速风行于勃兰登堡选侯国（最初由政府强制推行），并且在几十年中扩展到欧洲北部其他地区。

近代欧洲人每天面对的风险范围之广会让今天发达国家中的大多数居民大吃一惊。周期性的流行病、收成差的荒年、警力不足、政府官员乱作为、频繁火灾和旅行风险……这清单几乎没有穷尽。以财产权为例，与当时甚至现在世界上的大多数地区不同，欧洲大多数国家和地区的大多数土地都被人合法占有，并在其上建造房屋。在没有系统性的土地登记和房地产交易的公共记录的条件下，确认任何一块地产的所有权都是一件难事。直到 17 世纪早期，此类官方记录才开始在各地零星出现（例如，苏格兰是最早的例子之一）。没有这种系统，人们难以了解某块土地或房产有没有产权负担或被留置。未被发现的产权负担占据伦敦有关房地产诉讼中的大部分。按某本指导手册作者的说法，避开这些法律陷阱的唯一办法是“只与诚实的人交易”。

信息共享

传播启蒙思想、分享新知识的欲望，以及在人类每一个努力范畴中都普遍存在的对透明度和效率的追求推动了那个年代各种活动的发展。科学家和思想家出版各种专著、学术期刊和科普作品。旅行家、航海家和制图师将自己关于地理学和导航技术的知识以波多兰航海图、地球仪、地图集、地图和游记等形式展现出来。各个领域的专家撰写并发表许多入门书。金融家、交易员和投资者通过研究股票与商品交易市场的指数来“读出”价格，共享供需信息。他们也从17世纪广受欢迎的信息来源处——期刊和咖啡馆——寻求帮助。

刚进入17世纪，报纸就已出现在欧洲城市之中。熙熙攘攘的阿姆斯特丹迅速成为当时最具活力的周期性出版物之乡。半公开的专门性时事通讯和官方文件抄本也开始风行，而且与报纸相比更易逃过审查。欧洲各处纷纷出现的咖啡馆——1700年时仅在伦敦就有2000来家——里摆着各种出版物，人们聚在那里交换商业、金融、国际时事和政治上的观点与信息。一位学者宣称，咖啡馆“不仅仅是交谈的地方，更是渴望新闻的公众细读期刊的图书馆”。更何况，许多期刊就是从咖啡馆开始的。爱德华·劳埃德（1648～1713）在1688年至1726年间在伦敦金融区拥有一家咖啡馆，他出版了一份关于船舶与航运的新闻周刊，向经常光顾自己咖啡馆的商人和承包人提供信息。

在商业中，供需、价格、机会、风险、金融、潜在利润和生意上的其他相关信息越精确、可靠和一致，就越能帮助人们作出明智和稳健的决策，投资与运营也就越成功。自古以来，商人和创业家就寻求并利用关乎自己生意的重要信息。那个年代，荷兰与英国所能得到的商业相关信息够多够精，加上容易获取的资本，带来学者所称的“金融革命”。这些发展让欧洲其他地区的金融家和创业者难以，甚至不可能与阿姆斯特丹和伦敦的大银行及贸易公司竞争。

＊＊＊

其他地区的主要问题并非缺乏财富、生意头脑、贸易经验，抑或是不了解复杂的金融工具。毕竟几百年前人们就已开具、折让甚至交易汇票了，但此前没有一个地方的创业者和金融家创造出能将实体财产转化成大量抽象、可交易、可抵押并能产生资本的金融工具。法国的房地产、生意、农业收成和自然资源总量或许超过英国，在这方面中国更是英国的好几倍。而且，法国也有稳固的银行体系，1780 年时就有 70 家家族银行。1721 年，法国也成立了规模不大的股票交易所。但法国与中国的金融家并未掌握将数以千计，甚至数十万投资者有效联系到一起的方法。正是这种方法令投资者能够利用同胞多余的财富和个人、公司及机构的闲钱资助在全球范围内的国际竞争和贸易。毫无疑问，中国政府仅仅通过向农民收税就能获得足够资金进行全欧洲规模的军事或商业行动——甚至能够做得更大更好。根据估算，他们 15 世纪早期船队所带的宝物价值就足以负担整个七年战争。可是，中国人虽然拥有高超的商业手腕，却缺乏英国与荷兰——以及 1800 年之后的法国——针对商业和实业的法律与社会保护、相对宽松的管治环境和复杂的金融体系，他们的巨大财富无法变成不断增殖的投资与购买力。如果当时的北京也经历这样的金融革命，中国在随后的几个世纪里将轻而易举地处于世界经济的顶尖位置，然而，当中国和其他强国走上下坡路时，欧洲成为了无可比拟的经济强人。这种经济超越的其中一个后果是破坏性的，它导致世界范围的帝国主义（见第十三章）；另一个则是有益的，即争取政治自由的斗争。

随着欧洲商人的财富与经济影响力巨大扩张，他们不可避免地要求在政治上发出更多声音。财富、产业、商业技术、金融影响力和其他经济特征给予拥有者自信与尊严。这些人习惯于高效、明智并成功地对重大事情作出决策，但在大多数人类社会中，政府官员、政治巨头或其他贵族习惯于细节化管理甚至干涉所有经济事务，更糟的会没收财产或骚扰商人。商人应对这种磨难只能靠贿赂、寻求庇护或其他屈辱性举动。在近代早期的欧洲，明确的财产权、对商业利益的法律保护、具影响力的金融机构和相对稳定的财富聚集让相当数量的人群能够挑战由统治者与政府官员所垄断的政治力量。

第十章　政治革命

公元 800 年	查理曼加冕为神圣罗马帝国皇帝
11 世纪晚期	意大利出现自治政府的第一次成功尝试
1159 年	索尔兹伯里的约翰发表《论政府原理》
1188 年	莱昂国王阿方索九世召开议会
13 世纪	农民要求议价权与土地所有权
1215 年	《大宪章》签署
1291 年	瑞士行政区获得事实上的自治
1312 年	教皇废除圣殿骑士团
1324 年	帕多亚的马西略写下《和平保卫者》
1460 年	巴塞尔大学成立
1499 年	瑞士行政区从神圣罗马帝国获得事实上的独立
1513 年	马基雅维利完成《君主论》
1568 至 1648 年	八十年战争（荷兰独立战争）
1572 年	圣巴塞洛缪日大屠杀
1615 年	法国三级会议停止召开
1648 年	《威斯特伐利亚和约》签署；英王查理一世被处死
1658 年	英国斯图亚特王朝复辟
17 世纪 70 年代	英国殖民地首次大规模引入奴隶
1686 年	詹姆斯二世成立新英格兰自治领地
1689 年	英国通过《宽容法》和《权利法案》；光荣革命
1700 至 1750 年	英国殖民地经济总量增长了 500%
1776 至 1783 年	美国独立战争
1787 年	制宪会议在费城召开
1789 年	三级会议再次在法国召开；大革命开始
1792 年	法兰西共和国成立；法国国王路易十六被监禁
1794 年	恐怖统治于 7 月 27 日结束

1163 年，索尔兹伯里的约翰（约 1120 ～ 1180）和国王亨利二世大吵一架后逃往法国。他坚定不移地站在坎特伯雷大主教托马斯·贝克特这边，反对亨利压制教会的努力。1170 年，约翰回到英国，当四位忠于亨利的骑士进入坎特伯雷大教堂谋杀贝克特时，他就在边

上。1176年，约翰出任沙特尔主教，四年后寿终正寝。根据这段简单生平，人们或许会对约翰曾公开支持诛杀暴君感到讶异。约翰是一位人道主义哲学家，常常引用异教作家的著作，他曾激进地宣称社会成员有消灭暴君的道德义务，否则就是暴君的同谋。他如何能够在公开发表如此激进的言论后全身而退？难道合法的君主不比一切妄议都要高？显然在欧洲，君主也有办不到的事。

与世界上其他任何地区相比，欧洲人享有催生自由的土壤及政治多元化的适宜环境。最主要也最根本的原因是政治碎片化，单一的统治者无法完全统治整个欧洲大陆。而中国、蒙古或奥斯曼帝国那种统治辽阔国土的稳定中央集权模式在欧洲行不通。与儒教和伊斯兰教一样，基督教是欧洲文化不可或缺的黏合剂，但与其他伟大宗教教义不同的是，基督教除了传播宗教，还在哲学基础上对政治权威提出挑战，将政治进一步碎片化。除了这块基石之外，前述章节所讨论过的各种转化都对将权力分散于个人、机构、组织和社群作出过贡献。创业者和金融家、出版商和行会大师、科学家与学者、有产者与市民、高级教士与大臣都行使各种权威。与当时以及此前世界的其他地区相比，个人与其所组成的集体限制了君主的权力，只要有足够多的成员联合起来，一致行动，那么一个有限政府体系的诞生就是可能的。

自由的基石

欧洲的地理有利于政治碎片化。长江、黄河及其河谷主导着中国，控制它们就能让统治者统治中国。与之对比，没有一条河流能联合欧洲，从而一个中央集权的欧洲体系也难以建立。罗马统一了地中海地区，但这只是欧洲的一部分，他们将文明带到南欧——道路、水渠、高效的政府、法律体系、伟大的语言以及基督教。在此基础上，中世纪欧洲诞生了。

随着罗马帝国的崩溃以及十几个割据政权的崛起，欧洲大陆的经济活动、人口、通讯方式、知识成就和技术创新都迅速衰退。欧洲分裂为四大迥异的区域，互相之间除了基督教信仰和偶尔的王室通婚之外没有什么关联。在几个世纪里意大利半岛维持着核心区域地位。教皇国是半岛上的重要力量，其领土来自法兰克国王矮子丕平（741～768年在位）于公元756年攻占的拜占庭帝国的西部残余。教皇国以罗马为中心，领土狭窄，但其影响与权力却不仅限于国土内。意大利之外欧洲最繁华的城市文化大多位于地中海沿岸，特别是加泰罗尼亚、朗格多克和普罗旺斯地区。公元800年前后，查理曼攻占欧洲北部位于莱茵河两边的心脏地带，这里后来发展为法国和德国，发展得很好。随后的几个世纪中，战士与传教士陆续东进，将斯拉夫和其他民族拉入欧洲范围。最后，周围地区进一步向西边和北边延伸——西班牙北部、英格兰、爱尔兰、苏格兰和斯堪的纳维亚先后皈依基督教。

欧洲的政教关系与其东南的大帝国相去甚远。拜占庭帝国的俗世事务由皇帝独断，宗教权威则由君士坦丁堡、耶路撒冷、安条克和亚历山大的四大牧首分管。而阿拔斯王朝的哈里发既是宗教首领又是世俗首脑，统治着从北非到波斯的大片土地，直到10世纪大权旁落，地区首领瓜分了其权威。而欧洲，几百年间，只有教廷能提供知识、管理甚至政治上的统一，其他一切政策都是地方性的。

统治权威的类型多到令人吃惊。修道院，特别是按照圣本笃法规成立的修道院，享有行政与宗教上的高度自治。该法规还在每个社区中设置了某种民主形式，即允许僧侣选举他们的修道院长（但一旦选出，院长就享有绝对权威），同时也禁止院长歧视其治下的僧侣。在第三章中讨论过的克吕尼与熙笃会修道院还享有相当的政治自治权，常常直接对教皇负责。主教也同样能够以神权为基础行使世俗权力。在某些事务中，例如，在第一个千禧年之际监督“上帝的和平”运动时，他们能够指挥骑士和其他领主，手段包括威胁逐出教会、诅咒永堕地狱，及展示逝世圣徒的神圣遗物等。当然，世俗领主对地狱景象越是恐惧，他们对当地宗教机构的奉献就越是丰厚。大量财富增加了宗教机构的声望和威严，使其能够买到更多遗物。例如医院骑士团、圣殿骑士团和其他十几个在十字军东征时成立的军事性宗教组织也拥有深远的政治影响力。为前往圣地的朝圣者与圣战者提供帮助的圣殿骑士团，成为使用信用证的先驱，积聚巨量的金融和土地财产，构建了一个国际金融帝国。

日耳曼、凯尔特、斯拉夫和其他民族在中世纪早期统治了大半个欧洲，他们常常通过群众大会的方式集体决议，有时候所有自由人都能够出席这类群众大会。集会议题包括战争、判决、国王选举。在加洛林王朝之前，几百名统治着欧洲各地的国王就是被这样选出来的。尽管君权逐渐集中，大多数国王依然遵循传统，召集会议，如英格兰贤人会议以及冰岛全体议会。最早只有骑士和领主有资格出席会议，他们常常是国王最亲密的追随者，通常只在战争前聚集。

后来，社会其他阶层的成员也获邀出席。1188 年，莱昂的阿方索九世（1171 ～ 1230）在伊比利亚西北部召开第一次此类集会——科尔特斯，与会者包括贵族、教士和平民（或“第三等级”）。正如第四章中提到的，统治者召集此类代表会议的目的通常是要求臣民在王位继承、战争、增税或其他危机中支持自己。到了 13 世纪，被德国学者称为等级政治的机制在欧洲大陆的大多数地区出现，统治者通过这个机制与社会的三大阶层分享权力。

同样在中世纪时期，某个社会阶层，如城市居民、教士、贵族甚至农民的区域性协会开始出现，不过并无官方认可。城市与其他社区常常出于经济或政治目的结成联盟。大多数此类联盟，如同王室召集的代表会议一样，逐渐式微，但也有瑞士和荷兰的邦联这样的例外（见下文）。民间会议和地方联盟聚集到一起决定各种事务在世界各地以及历史各个时期都有，但只有在欧洲发展出这样的机构化形式。

随着在第二章与第五章中描述过的自治城镇的兴起，统治者与领主的权力受到相应限制。这些自治城镇与其他文化中的城市有很大差别。大多数欧洲城镇通过将原本毫无力量的个人资源整合在一起来构建权力中心，实现自治，所有居民得以豁免供养领主等义务。这些城镇居民几乎都以制造业或贸易为生，他们中的许多人也需要分担自我管理和防卫所带来的必要负担。城市就像一个由社区合并而成的实体，选举产生官员、保存档案、收税、建筑高墙、维持民兵。这种管理方式随着时间推移演化得更加复杂。1450 年，美因河畔法兰克福的城市政府由 18 个不同的委员会构成。然而，除了少数几个意大利城邦，大多数自治城市依然会寻求当地或地区统治者——亲王、国王、主教或公爵——的支持，如在与其他城市或政治实体发生矛盾时进行裁决、铸币、保障城镇所属地区的秩序等等。为了获得这些好处，大多数城市社区在封建领主间发生政治争执时通常与所在地的统治者结盟。

在城市内部，工匠与商人联合起来成立各种协会和行会。这些机构保护成员的权益，制定并维护行业标准，争取最大限度的政策优惠。在近代初期，行会常常因限制创新而成为工业和经济发展的阻碍，创新企业索性搬到城外，以逃离行会的约束。行会在近代的印度与中国同样盛行，但正如第二章中所提到，行会在那里并没有获得政治上的影响力，同样，这两个国家虽然有不少城镇发展成大都市，却从来没有获得过类似公司法人这样的地位，也从未结成过类似汉萨同盟那样的城市联盟。

除了市镇，还有其他“部件”具有第三等级的影响力，包括大学、宗教团体和教派组织，以及在法国及邻近区域的高等法院——它们是一种司法团体，具有登记所有王室法令的权力。当欧洲的大学与行会一样，开始扼杀多方面研究时，更具创新精神的学者与思想家开始在大学之外从事学术研究。他们搬往欧洲各处，互相通信，成立学术期刊，加入学术社团。这是欧洲文化的重要特点——个人和社团不断地探索能够将自己与所从事的活动有机结合起来的新方式。伊斯兰和中国社会与之形成鲜明对比，在统治与被统治阶层之间几乎没有任何中间组织存在。一位学者曾经说过："肆意行使的权力常常与脆弱的社会基础结构……相伴相生。"

欧洲农民是第三等级中人数最多的，但是在几乎所有全国或地区性的议会中都没有直接代表，唯一的例外是瑞典，那里的自由农民具有相对更大的权力。国王与贵族的斗争常常会增加农民等其他平民的权利，因为双方都想讨好第三等级以赢得支持。法国等地出现地区性议会。这些机构阻碍或至少减缓了全国性议会的发展。

政治权力碎片化让欧洲不可能产生在整个大陆范围内推行学术与政治统一、征收沉重税收并压制创新的统治者，形成类似中国或奥斯曼帝国这样的强大集权帝国。在欧洲大多数地方，只要有意愿与决心，人们总能逃离政治和宗教迫害，在生活的几乎所有方面进行实验，同样能够逃脱的，还有苛捐杂税。

政治斗争以各种方式进行，取决于斗争双方背后的利益集团。国王热衷于通过召集各阶层会议来寻求支持者，因为贵族几乎在欧洲所有地区的乡村都占据优势。国王偶尔还会惊讶地发现，城镇与贵族结成联盟。1302年，"美男子"腓力四世为了与教皇争夺对法国教会的控制权，召集法国第一次三级会议以团结市镇和贵族。在巨大压力之下，教皇不得不在1312年解散圣殿骑士团，腓力立刻没收了骑士团在法国的巨大财富。一个世纪后，法国国王开始有意削弱三级会议，直到后者于1614年后彻底休会。当然，法国各地地区性委员会的兴起也间接为这个趋势推波助澜。同样的情形也发生在欧洲的大部分国家。

即便各阶层会议的影响力式微，但它们还是在历史上留下有益的影响。统治者个人的任意妄为受到限制；国家与教会间权力的分割变得更加具体和规范；贪婪的封建领主失去了劫掠城镇居民和村民的权利——或者至少，在大多数地区，自愿放弃了这种权利；促进商业的法律和财政政策得以发展；最后，精英开始倾向于向体制和法律效忠，而非向统治者或王朝。在这个基础上，国家意识开始发展，最初在法国和英国，随后是荷兰和瑞典。

欧洲近代早期独特的政治进程之所以如此，在很大程度上要归功于其财产私有权基础。贵族能够在欧洲乡村占据支配地位，缘于他们对土地的所有权。在那些地主不享有明确产权、其权益全赖统治者喜恶的社会，如奥斯曼帝国，权贵永远不可能获得像等级会议中的阶层或法人实体那样普遍的政治影响力。他们的权力只能来自宫廷宠信、军功或其他不确定因素，因此是短暂的。与此相反，欧洲贵族成为一种集体的政治力量，其个体成员所拥有的地位与影响力虽然受到君主的打压，但很少被完全正式剥夺。尽管传统与法律支撑了他们的社会地位，但如果没有庞大的土地财产做后盾，欧洲贵族不可能经常性地成功限制甚至挑战王室的特权与权威。同样，城市社区拥有的不断增殖的财产使其能够通过谈判获得税务豁免，令其置身于世俗统治者的控制之外。土地私有制让欧洲农民也享有相对较高的地位。（中国的农民也享有土地所有权，但其他社会阶层则没有确定的财产权。）尤其是身处边远地区的贵族，常常依靠提供免费土地来吸引劳动力，我们在第五章里讨论过这一点。从 13 世纪到 15 世纪，整个西欧的农民都逐渐有了土地所有权，谈判能力也得到长足进步。所有权带来力量，与其他伟大文明相比，欧洲的财富更为分散在不同的社会阶层之中，权力也因此变得更为分散，统治者所受到的限制也因此更多。

地位、权利和权力在欧洲还来源于遍布社会各个阶层的事务所，这些机构内部自治、规范管理、合法组建。营运方在权利与义务上有着内在的明确界定，其成员来自公信力高的团体，如行会、城市公社或大学。出任这些职位所必须的程序与规则是明文规定的，如果有人不严格遵守就会被剥夺任职合法性。这与伊斯兰世界的对比可谓天壤之别。穆斯林出任官职凭借的是个人素质，因此孩童、妇女或无能的人很少占据高位。从表面上看，穆斯林式的筛选法在政治选拔上更有效率，但实际上它打开了政治斗争、暴力、随意判决等的大门，因为在每个层面上的政策都更依赖个人意愿而非制度规则和规范。欧洲出现的复杂体系蕴含着社会每一阶层对法治的尊重。

在欧洲，即便是统治者也觉得自己有遵守法律的义务。这种认为法律高于政治权力的概念源自12世纪意大利法学家格拉提安对自然法的理解，他认为，“王公也要受法律约束，并依照法律行事”。他们可以改变旧法，但必须依照明确的现行法律程序。中世纪晚期的欧洲统治者为了确立自己的权威，还要获得法律专家的支持，这就让后者的重要性逐渐上升，最终获得司法贵族地位。这个贵族制度下的新生强力因素自然地强化了“王在法下”（*rex infra legem*）的观念。

15世纪早期，正如第七章中所述，一些欧洲政治理论家提出，与个体统治者相比，各行各业的代表分工合作，能够更有效率并且更合法地行使领导权力。这些会议至上者坚称，集体决策因为鼓励合理争论并通过各种不同观点间的妥协，能够获得更好的结果。尽管如此，传统还是在欧洲的大多数地区占据上风。

不到一个世纪之后，层级森严的教会再次确认自己的权威，美第奇家族成为佛罗伦萨的主宰，查理四世开始建立自查理曼帝国之后最伟大的欧洲帝国，独裁君主出现在许多其他欧洲国家，其中最典型的莫过于法国。这是火药革命的时代（见第四章）。集结巨大的军事力量需要大量金钱，同时还需大量官僚负责征收。曾经繁荣的区域强国如利沃尼亚、诺夫哥罗德和勃艮第相继从地图上消失，面对显而易见的地缘政治危机，几乎所有地方的统治者都要求并得到了权力的强化，地方自治传统被削弱，税收越来越重（虽然以今天的标准来看，依然相当轻微）。然而，在欧洲大陆不多的几个角落，自治传统依然存在。

该传统得益于几百年来欧洲关于政府本质和界限的理论。索尔兹伯里的约翰是最早也是中世纪时代最伟大的政治哲学家之一，作为主教曾多次代表坎特伯雷大主教出使罗马，他是那个时代最博学的人。我们在先前已经提到过，他为诛杀暴君辩护。

他认为，每个社会都像是一个生命体，由多种官能、器官和组织构成。约翰认为统治者就像大脑，教士是灵魂，国王的顾问就像心脏，王室法官和地方行政官如同感官，财政官吏相当于肠胃，税吏和战士是双手，工匠与农民则是双腿。生命体的每个部位都必须与其他部位协同合作，各自承担重要的责任与功能，正如所有人都必须为共同利益而工作。一个逃避该责任的统治者冒犯的不只是公平正义，还有上帝的意愿。社会成员应该在一定范围内忍受这种不公正，并祈祷这种不公正会得以纠正，但一旦超出某个临界点，而且这种不公正依然没有得到纠正的话，那么社会成员就有义务消灭暴君。约翰似乎并没有暗指某位具体的暴君，而是提出关于公正政府简单普遍的原则。（公元前3世纪，儒家学者孟子也提出过类似思想，但却没有进一步发展。）

诛杀暴君的想法与当时关于政治本质的大多数思想相冲突。在约翰之前的大多数学者均遵从圣保罗和圣奥古斯丁的观点，认为政府是人类因其原罪而不得不经受的诅咒或惩罚。1260年，约翰翻译完亚里士多德的《政治学》，字里行间透露出他对国家的理解，即国家是一个正面和创造性力量，这对教会的负面观点形成挑战。圣托马斯·阿奎那调和了亚里士多德的思想和教会对于上帝在历史上拯救人类的乐观看法。人们可以将统治者制定的法律与上帝在我们心灵中刻下的自然法相比较，以此来判断法律有多公正，也就是说，这些法律是否有利于整个社会的共同利益。因此，在不同的著作中，圣托马斯认为刺杀暴戾的篡位者以及通过组建有公信力的机构，废黜滥用权力的暴君，甚至通过起义反对暴君都是合理的，因为那些不公正的法律是危害社会的“暴力行为”。罗马教会神学支柱之一的思想家为造反辩护，这是相当伟大的行为。我们无法想象在其他伟大文明中出现类似思想。

在第七章中提到，新教理论家更进一步地鼓吹抵抗不公正统治者的合理性。有些人避免用宗教理由来反对暴君，而是引用自然法理论、罗马法和教会法，以及罗马的共和国理想来为自己的观点辩护，以争取更广泛的支持。但即便是菲利普·德·普莱希斯－莫尔奈（1549～1623）的著作《反暴君论》这一“学术世俗化转变”的典型，对《圣经》的引用依然超过对世俗著作引用的5倍之多，而且对杀死暴君的辩解主要基于暴君妨碍基督的拯救。事实上，莫尔奈认为信仰上帝的人，凭借他或她与上帝订立的誓约，有权将教会从不公正的统治者治下解放出来——因为所有人类都是兄弟姊妹，都是上帝的孩子，而暴君伤害了所有人，阻碍上帝意旨的实现。莫尔奈的著作以拉丁文翻印了几十版，并在16世纪后期被翻译成各种语言。

上述所有习俗、传统、制度、规则、政治实体、思想和价值观，以及地理与历史上的偶发事件，都对近代欧洲共和理想和政体的发展作出了贡献。

早期欧洲的自治政府

战争一刻不停地在欧洲大陆上演，再强大的国家也逃不脱被征服的命运。想要保证领土完整，同时又不将财政和军事力量完全让渡给单一统治者，这既需要勇气，也需要运气。一些国家有天然屏障的保护，聪明的外交政策也能赢来防御性盟友，再加上不松懈的军事训练和高超的谋略，让相对贫穷和微小的国家在整个中世纪晚期至近代早期具备对抗大国的能力，繁荣的经济让较小的国家也能承受较高的军事预算。但同时具备上述所有特点的国家凤毛麟角，它们在整个大陆趋向专制主义的背景下为共和理想以及自治政府的传统保留一席之地，并为后来横扫欧洲的一系列政治革命打下基础，树立公民政治参与、多样性和自由等一系列西方标杆。

古典时期之后，欧洲第一次成功的自治政府实践发生在11世纪末的北意大利。帕多瓦、佛罗伦萨、比萨、锡耶纳、热那亚、阿雷佐、米兰等其他城市社区的公民引领这场潮流，他们陆续建立通过选举产生的理事会，行政官被授予最高行政与司法权。通常情况下，这种安排由书面文件保证。由此产生意大利城邦，有些学者更喜欢称它们为城市共和国。所有纳税并定居在该城市的家庭男主人拥有投票权。意大利文艺复兴时期的政治理论家大量借鉴以西塞罗为代表的古罗马著作，明确列出公民所扮演的角色——作为选举人，他们会追求自身利益，而统治者的角色则应该是公民的代理人和公正的管理者。按照他们的理解，共和主义就是避免统治的随意性，并让最"恰当"和有德性的公民参与进来的政治程序。此处所说的德性是指公众精神以及视公利重于私利的意愿。

贵族在理事会中常常占有绝对优势，社会其他阶层的成员只能结成联盟组建自己的委员会。这些委员会有时候会与官方发生冲突，有时候甚至对官方置之不理。文艺复兴前的意大利作家维泰博的乔瓦尼（活跃于13世纪），在1250年哀叹道："如今几乎每个城市都被割裂，已经感觉不到政府管理的秩序了。"几十年后，帕多亚的马西略在他的《和平保卫者》一书中说道，与单一统治者或寡头相比，人民作为整体，通过选举代表，能够制定出更能满足所有人需求的法律，而人们也将更自觉地守法。他还进一步宣称民选官员必须为共同利益服务，否则就应下台。当马西略完成这本杰作时，帕多亚等城市共和国的民选政府已经被世袭制统治者所取代。

哪里出了问题？答案是马西略和其他思想家对公民领袖太有信心了。1518年前后，佛罗伦萨政治理论家尼科洛·马基雅维利（1469～1527）在《论李维》一书中解释了这个基本问题：亚里士多德描述了三种主要的政府形式——君主制、贵族制和民主制，这三种形式都会随时间而堕落，各自演变为专制、寡头和暴民统治，而后三种又会转化成新一轮君主制。马基雅维利进一步断言群众是自私、懒惰、多疑的，除非强迫，否则不太可能追求共同利益。而且因各自财富的多寡、谋生方式和社会地位的不同，群众对利益有不同的诉求。政治系统提升权贵、中产或穷人中的某个阶层，必然会亏待另外两者。如果一个系统能够照顾到社会中所有主要利益，政治摩擦就会更少，稳定性更牢，公众满意度更高。马基雅维利特别提到罗马共和国时的混合政府——包括了执政官、元老院和来自人民的保民官，这种政治体系鼓励公开竞争，自由是其必要条件。但在马基雅维利所生活的危险世界，保卫政体免受外来威胁常常需要强硬的，甚至是专制的中央集权。因此，他在《君主论》中为希望建立强大国家的统治者开出了药方。

北意大利城市共和国为十几本影响深远的著作提供了难得的样本，这些著作成为自古典时代以来第一次支持自治的文本。在后世欧洲甚至世界范围内的政治斗争中，许多人从这些著作中找到灵感。一直繁荣到 18 世纪的城市共和国威尼斯也起着重要作用。贵族家族在该政体中占据统治地位，但他们伟大的公民观让威尼斯免于重演其他意大利城市共和国的内乱。威尼斯的混合政府将权力分配给市议会、元老院和总督（同时也是城市总治安官），大致上满足马基雅维利的标准。威尼斯强烈抵制教皇的权威，即便这一做法多次给威尼斯带来外交危机，这其中蕴含着国家高于教会的理念。这一切都激励着欧洲北部的政治改革，尤其是在荷兰与英国。

如我们在第四章中所讨论的，哈布斯堡家族试图对瑞士地区实行更直接的统治，但这三个瑞士行政区在 1291 年反而获得事实上的自治，到 1300 年“发展成一种前所未有而且令人惊讶的政治自治形式”。在随后的 60 年里，又有 5 个行政区加入它们，其中最重要的是帝国自由市苏黎世和伯尔尼，连带二者附近的广袤土地。它们没有结成统一的政体，而是组成“杂乱的联盟”，但是凭借一连串胜仗、精明的外交、难以包围的山地地形和杰出的军事战术抵挡住了持续不断的威胁。哈布斯堡家族的皇帝和其他统治者之所以不惜发兵入侵，是因为害怕瑞士脱离帝国，从而为其他地区树立坏榜样。这的确是一个可怕的范例，森帕赫战役之后不到十年，最初的那三个行政区就废除了农奴制。从 15 世纪 50 年代开始，几十年内，其他行政区签订各种条约加入联盟，增强各行政区之间的合作，但在地方事务中依然保持着严格独立。在瑞士周围，法国、哈布斯堡奥地利和勃艮第相互争斗、互不相让，凭借灵巧的外交手腕，1474 年前奥地利 * 公爵西吉斯蒙德（1427 ～ 1496）代表哈布斯堡帝国宣布永久放弃对瑞士的封建领土要求。与此同时，瑞士联邦还通过外交、战争等手段向北方、南方与东方扩张领土。在勃艮第战争中取得的一系列战役胜利，尤其是 1476 年在格兰森和莫拉的胜利，保障了瑞士的独立地位。1499 年施瓦本战争结束后签署的条约让瑞士事实上从神圣罗马帝国独立。

加入联邦的十三个行政区（1513 年时）以及另外几个关联市镇、行政区和领地，采用自治的方式自我管理，几乎不受其他势力干涉。尽管如此，政治性集会——联邦议事会——还是在 14 世纪出现。每个行政区派出两名代表，1400 年时每年至少召开数次，目的是商量共同政策以及解决行政区之间的冲突。在伯尔尼和苏黎世等主要城市中，行会与城市贵族分享政治影响，推行相对民主的管理。乡村地区也逐渐允许土地自由买卖。联邦经济相对活跃，主要产业包括出口奶酪、纺织品和雇佣军。1460 年成立的巴塞尔大学成为人文科学的主要中心，吸引了诸如伊拉斯谟、帕拉塞尔斯等学者和加尔文、慈运理等宗教改革家。

瑞士联邦在 1648 年三十年战争结束后正式获得政治独立，直到今天。然而，瑞士的每个行政区都被少数贵族家族所统治，他们压制大众对政治的参与，阻碍经济的发展和技术创新。更糟的是，闻

* 前奥地利（Further Austria）又称“外奥地利”，哈布斯堡家族在南德意志地区拥有的多块领地的合称。

名于世的瑞士雇佣军遍布欧洲的各国军队，让瑞士失去劳力，而当大规模军人回到家乡时，更是带来社会动荡，最后武器与火药革命（见第四章）终结了瑞士军队的英勇优势。瑞士虽然一直保持富足，但没能成为如同荷兰般的商业、金融和军事强国。

尼德兰北部七省所处的地理位置或许有利于自治政府的出现。砂质、沼泽遍布又常受水淹的土地很难引起大领主兼并的兴趣。抽干沼泽、维护堤坝需要居民的通力合作和相对平均主义的奉献精神。16 世纪时，整个荷兰也只有 12 家公认的贵族家族，其中有几家拥有大量土地，但大多集中在 10 个南部省份，而且他们的地位、财富和影响力正处于衰落中。事实上，中产的城市居民（市民）控制省里的议会、行政管理和法庭。其中最强大的荷兰省议会成员中，只有一名是贵族。

神圣罗马帝国皇帝查理五世于 1506 年继承低地国家，通过派遣摄政来管理它们。1549 年，双方谈判签订《国事诏书》，低地国家得以豁免封建义务。查理五世希望以此根除新教并在这些分散的土地上建立中央集权，“十七省”各有自己的法律、习俗和政治制度。查理还寻求分割并控制各省议会、各阶层以及国家议会，并不断增加税收来支持无休止的战争。例如，他多次对布拉班特省的代表施加压力，要他们放弃维护自由特许的誓言，该特许源自 1354 年约翰三世公爵所授予的《光荣入城法案》。但一年年过去，查理和太子菲利普二世（1556 年登基）面对的都是十七省的抵抗。这些省份的宪政体制使得外来统治尤为困难。只要有一个省份反对，即便是经过漫长磋商才达成的协定，也无法生效，必须从头再谈。

菲利普既不会荷兰语，也不会法语，完全没有其父对荷兰人的同情心，因此更急迫地推进荷兰的集权计划，对新教徒的迫害也更为严厉，并试图征收更重的税。整整十年，双方关系变得越来越紧张，小冲突持续不断，普通民众对皇帝的不满与日俱增。西班牙官员和其支持者担心荷兰人将国王变成名誉领袖。1566 年爆发了一场消灭偶像的运动，加尔文宗信徒在荷兰各地的教堂毁坏“偶像崇拜”的塑像和画像。8月，菲利普派遣阿尔巴公爵带领一万名士兵去镇压叛乱。他设立特别法庭，处死了超过一千名被指控的叛乱者，其中甚至还有坚定信奉天主教的贵族，他们的“罪行”只不过是容忍新教。这些举动让荷兰进一步分裂，导致被称为荷兰起义的八十年战争（1568～1648）。

这场战争由一系列漫长而血腥的反抗与战斗构成，带头的常常是激进的加尔文宗教徒。奥兰治威廉一世是该运动前20年的主要政治领导人和军事指挥者，他是荷兰、泽兰和乌得勒支省的执政（军事首领，而非政治领导人）。他得到法国、英国甚至奥斯曼帝国的支持来对抗哈布斯堡帝国。荷兰和英国的海军力量在西班牙本土和海外侵扰并夺取西班牙商船（运气不佳的西班牙无敌舰队因此报复英国）。威廉在1572年与1573年采取了一项机智的策略，他下令掘开堤坝，用水将荷兰与泽兰的大部分包围起来。最后，在1579年，十七省一分为二，南部十省保持天主教信仰，忠于西班牙，由贵族统治；北方七省则由加尔文宗、中产阶级和商人统治。

欧洲第一支职业化、领薪俸、训练有素的军队开始在北方出现。当时欧洲典型的贵族军官将荣誉置于一切之上，而与之相对，在荷兰军队里，战士的职责是赢得战斗，而非荣耀。在此之前，士兵对挖掘战壕保护自身予以轻蔑的拒绝，而荷兰士兵则将铲子作为标准配置随身携带。

1581年，北方七省的国家议会宣布脱离菲利普的统治，后者是压迫荷兰人民自由的暴君。然而他们试图从荷兰之外选出一个大公作为名义统治者的计划彻底失败。安茹公爵因为试图攫取绝对权力而被驱逐，莱斯特伯爵则自愿离去。因此，1587年，议会任命拿骚的莫里斯担任荷兰与泽兰总督，他就是那位在第四章中提到过的杰出军事改革者。次年，七省宣布建立共和国。莫里斯直到1625年去世前大多数时间一直担任七省的主要政治与军事领导人，虽然大多数行政事务仍由地方、市镇和省级政府处理。事实上，人们可以严肃地质疑是否真的有一个叫荷兰的国家存在。1648 年缔结的《威斯特伐利亚和约》结束了三十年战争，最终确定联省共和国的独立地位。

如我们在第九章中所讨论的，荷兰共和国在那时已经开始成为世界上最强大的商业力量，它拥有最大的船队、最多的商业贸易联系、最大量的资本聚集和最高效的金融系统。在艺术、科学和知识领域，很少有国家能够与 17 世纪小小的荷兰共和国相媲美。该国的富裕以及宽容吸引并培育出一大群天才：在哲学上，有笛卡尔和巴鲁赫·斯宾诺莎；在科学上，有物理学家和数学家克里斯蒂安·惠更斯（1629 ～ 1695）和安东·列文虎克（1632 ～ 1723）；在绘画上，天才艺术家更是数不胜数，如伦勃朗（1606 ～ 1669）和维米尔（1632 ～ 1675）。还有几十名著名人物逃离自己的祖国到荷兰寻求庇护，如保王党人托马斯·霍布斯（1588 ～ 1679）及提出有限政府的理论家约翰·洛克。

荷兰人并未发动革命。他们仅仅是保留了中世纪以来的依宪组织、自我管理的政府形式。在近代，城市商人精英主宰着政治。庞大的财富和高效的资本市场让商业寡头得以无须依靠税收来资助一场长期的独立斗争，也因此避免阻碍创新的政治集权化或不断扩张的官僚阶层，而其他大多数欧洲统治者却没有这种幸运，无法避免这个战争常态化且花费巨大的时代所带来的负担。尽管按照通常的政治学意义来说算不上革命，但荷兰人的成就却具有相当激进的意义：他们建立了共和的联邦国家，享有高度的宗教与政治宽容，政府权力分散，经济高效而稳定，而且不需要推翻既存的政治经济和社会体系及结构。而欧洲第一场伟大的政治革命却需要面对这样的挑战。

英国革命

中世纪早期，日耳曼部落一次又一次地乘船入侵不列颠群岛。

以同样的方式，诺曼底公爵威廉于1066年征服了英格兰，劫掠当地贵族，建立中央政府，并在全国各地修建城堡。在其后的600多年时间里，再没有其他外部力量成功入侵英国，统治者因此感到没有必要维持一支常备军。在处处都在进行军事革命的时代，这种做法闻所未闻。没有常备军队带来两个重要的政治后果：第一，英国君主没有建立复杂且侵入性的官僚系统的紧迫需要；第二，君主很难推行与精英阶层意志相违背的法令。

英格兰的法律体系也限制了王室权力。我们在第三章中讨论过，欧洲大陆上各国政府和法学教授常常依据罗马法来制定新法、构建法律制度和法理，而英国统治者和法学家则保留习惯法传统，只引入罗马法中的一部分组织功能。在习惯法体系中，法官在判案和处理诉讼时有着巨大的灵活性。有时候他们依据议会通过的法令，另一些时候他们遵循其他法官的判决，还有一些时候他们自己扩充法律原则，而不依循任何法条，形成“判例法”或“先例”。随着时间推移，习惯法变得紧密、复杂、充满特例，且不受君主控制。与此相对的是整个罗马法体系追求的是合理性，大陆上的法学家努力调和法律与王室敕令，助长了专制主义。

习惯法催生了一种相当绝妙的机构——信托。与公司一样，信托拥有永久法人权利，但与公司不同的是，人们不需要官方允许来建立信托。英国人出于慈善目的成立信托，譬如将财产留给长子之外的继承人，或者将财产留给女性，或者建立各种机构。到了18世纪，有几百家声名卓著的绅士俱乐部、知识学会、政治联盟和宗教修道院（包括天主教、犹太教和持异议的新教）以信托的方式运行。许多商业机构也以信托的方式维系，其中就有我们在第九章中提到过的伦敦股票交易中心和其他几家大的保险公司。就连律师会馆——培训所有律师的机构，同时也是律师联合会——从中世纪时也已经以信托的方式成立了，其会员拥有巨大的财富和权力，本可以轻易组成公司，但显然他们更喜欢信托的独立性。

中世纪时，教会与世俗精英偶尔会给王权加上法律或宪法上的限制。例如，1100 年，征服者威廉指定的继承者威廉·鲁弗斯（1056 ～ 1100）逝世，顺位继承人诺曼底的罗贝尔（1051 ～ 1134）正在圣地进行圣战，因此弟弟亨利（1068 ～ 1135）的继位不那么名正言顺，不得不同意颁布《自由宪章》。在这份文件中，亨利承诺终止最近对教会和治下数个大家族的压迫性政策，包括开征新税种、随意罚款以及干涉婚姻选择和合法继承等。然而，亨利违背了大多数承诺。

100 多年后的 1215 年，另一位英国国王约翰（1199 ～ 1216 年在位）的权威跌到谷底，缘由是他在法国战场遭受的一系列挫败，以及为挽回损失而新开的税种。在几十年后被称为“议会”的会议上，他面临着以坎特伯雷大主教为首的一群贵族的反叛，不情愿地签署了《大宪章》，进一步削弱了王室权力。这部宪法允许贵族召开“大议会”而无须国王允许，讨论废除苛捐杂税、保护商人以及其他旅行者自由旅行的权利等事务，当中最重要的是它明确写道：“任何自由人，如未经其同级贵族之依法裁判，或经国法审判，皆不得被逮捕、监禁、没收财产、剥夺法律保护权、流放，或加以任何其他损害。”短短几十年后，英国法学家将“国法”解读为限制国王权力的法律。《大宪章》限制王权的主要条文与精神成为英国宪法以及“王在法下”原则存续多个世纪的基石。而在当时，这些王室法令授权成立市镇一级的政府，给王权加了一层有效而及时的限制。

与此同时，与法国的百年战争让英国国王爱德华三世不得不承诺所有新开征的税收必须获得上议院与下议院的同意，而且只有议会有权废除自身颁布的法令。即便如此，在几个世纪里，英国国王还是在这种权力分享的安排中享有资深合伙人的地位。

英国国王还慢慢地把罗马教皇降为了次要合伙人。与其他欧洲君主相比，英国的这一变化发生得更早，也更激烈。首开先河的是国王爱德华一世，他在 1306 年颁布了《圣职授职法令》，禁止任何宗教当局将通过税收或其他强制方式获得的金钱或贵重物品出口他国。1350 年，又颁布了同名的第二部法令，禁止教皇未经咨询地方意见任命主教。还有其他一系列法令，其目的都是为了限制教皇及其代理人在英国政治、经济中的影响。其中最出名的法令要数 1392 年理查二世颁布的《王权侵害罪法令》，从明显指代罗马教廷的“外国人”处获取教职以及允许“外国人”处理英国相关事务，变成严重犯罪。如同我们在第七章中所述的，这些长期有效的法律为亨利八世提供了反叛教皇的合法性。

当亨利寻求议会支持，将英国教会和他本人从罗马教廷的监管下解放出来时，英国似乎走在了远离议会君主制的道路上。从 1485 年到 1529 年间，议会只召集过 11 次，平均将近每 4 年才开 1 次，每次持续时间平均 10 到 11 个星期。亨利八世 1509 年登基后只召集过 4 次议会，直到宗教改革议会，这届议会几乎不间断地从 1529 年开到 1534 年。通过支持国王与罗马的决裂，议会在原则上确立了作为国王合作伙伴的地位。

接下来的几十年里，议会的权力慢慢增加。1523 年担任议长的托马斯·莫尔还只能谦卑地请求国王同意议员在议会自由发言，30 年后，伊丽莎白一世承认议员的自由发言是“实践中的权利”。虽然伊丽莎白挑战议会的立法权，尤其是事关宗教的法律权力，但她还是承认议会有权参与任何新法的制定。法学教授、议员、驻法大使以及女王顾问托马斯·史密斯爵士（1513 ～ 1577）在《英联邦》（1583）中说“英格兰领土内的至尊权力属于议会”。学者对都铎王朝时议会权威的广泛程度有不同意见，但确定无疑的是在接下来的斯图亚特王朝时，议会权力发生了真正显著的突破。

1603 年，没有后嗣的伊丽莎白女王驾崩，英格兰王位传给了苏格兰国王詹姆斯六世（1567 ～ 1625 年在位）。他在 1598 年发表《自由君主之真正法律》，阐述君权神授的国王能够按自己的意愿统治国家，除了上帝之外，无须向别人负责。但作为英格兰的詹姆斯一世国王，他登基后面对的是一个空空的国库。不管自己多么热衷于专制政治，没有议会支持就得不到增加税收的权力，因此他只能通过出售贵族头衔和王室土地的方式筹措资金。

他的儿子查理一世于1625年登基，同样表达出对专制的信奉。他娶了法国国王的女儿，这位王后笃信天主教，拒绝皈依英国国教圣公宗。满心疑虑的议会贵族投票有条件授权国王征收进出口关税（“吨税和磅税”），但期限只有一年，而非按惯例终身授权。面对国王的反对，下议院索性让该法案完全流产，剥夺国王巨额收入来源。查理认为自己不应受议会决定的制约，继续征税，同时强行从其治下的贵族处借款，拒绝付款者被逮捕投狱。当贵族的律师向国王法庭申请人身保护令时，国王回应道，他有权以国家名义向任何人发出逮捕令。

1628年，查理再一次召集议会，要求确保收入来源。议会花了大多数时间辩论并通过《权利请愿书》。依据追溯到《大宪章》的宪法源头，立法者禁止军队入驻私宅，强迫借贷，在和平时期实行军事法，剥夺被监禁者的人身安全保障，以及征收未获议会授权的税收。为了获得授权，尤其是面对法国和西班牙战场上的接连惨败时，查理同意签署该法案，他相信事后可以反口不认账。随后他依旧故我，连续11年不再召开议会，又与法国和西班牙讲和。他还无视传统做法，征收杂税，迫害不同信仰者。不满愈演愈烈。

转折点在1640年初到来，查理插手苏格兰宗教事务的做法导致了一场叛乱，让英格兰面临入侵的危险。查理召集议会，迫切地寻求资金，但当他发现议会把注意力集中在滥用王权时，迅速解散了议会。随着战场惨败，他再次召集议会，这届长期议会持续13年，它要求国王的属员负起责任，只拨给国王足够维持生活的款项。又经查理的同意，立法规定议会每3年必须召开1次，每次至少持续50天；不经议会同意，国王无权解散议会。1642年，查理逃离伦敦，开始募集忠于自己的军队。作为回应，议会也开始招募自己的军队。1642年9月，双方首次交战，保王党赢得了胜利。

在激进者赶走国王和其他当权派之后，虔诚的加尔文主义清教徒和激进的长老派成员占据议会，建立名为新模范军的职业军队。清教徒和中层贵族奥利弗·克伦威尔（1599 ～ 1658）成为这支军队的卓越指挥者。在内战两个阶段里，他带领着忠于议会的“圆颅党”几次打败忠于查理一世的“保王党”，苏格兰与爱尔兰军队都是圆颅党的盟友。最终，查理一世的军队在 1648 年 8 月被彻底打败。5 个月后，特别组建的高级法院以叛国罪判处查理死刑。合法的君主因某项罪行遭到废黜并被当众处斩，这在欧洲历史上从未发生过。

剩下的议会党人宣布成立“共和国”。它延续了最初确定于 1642 年的政策，例如禁止戏剧表演、用税收取代封建税费、减少政府对经济的干预、确保对清教徒派别的宗教宽容、根除国教教堂里的装饰和音乐等。1653 年，克伦威尔被赋予许多相当于国王的特权，成为任职终身的“护国公”。他多次镇压来自爱尔兰与苏格兰的保王党叛乱，打退一次针对英格兰的入侵。但无论议会还是克伦威尔都不能逾越法律，践踏自治的政府制度，建立庞大的官僚机构或试图废除议会。然而，克伦威尔侵入性的清教主义和高税收让全国各地转而支持斯图亚特王朝，克伦威尔死后两年，君主制在 1660 年复辟。

议会确认查理二世需要至少每年 120 万镑的收入，但又不保证他能确实征到这笔钱。在位后期，英国强劲的经济增长和免受欧洲战争的影响终于让查理获得了相对财政独立。事实上他很少召集议会，英国又像欧洲的大多数国家一样，开始转向专制方向。1685 年，查理二世寿终正寝，他的弟弟继承王位，是为詹姆斯二世（1685 ～ 1688 年在位）。

议会给新国王划拨了丰厚的年金，作为回报，在位期间他几乎不过问议会的决定。他还是一个同情天主教的专制君主，允许天主教徒担任军团指挥官，通过选举舞弊来支持拥护自己政策的候选人（他的哥哥也是这方面的老手），并且多次解除异见法官的职务（查理也干过这事，不过没有弟弟频繁）。他统治初期曾发生过一场叛乱，让他有借口将王室军队数量扩大 3 倍至 2 万人左右。随后他进一步扩大其规模，到他统治后期，军队人数超过 2.9 万。这是一支欧洲大陆风格的常备军队，在许多英国人眼中是自由的威胁。同样威胁自由的还有缓慢增加的职业官僚。1687 年，詹姆斯颁布《信教自由宣言》，同时对天主教与清教徒实行宗教宽容。该法案和其他几个法案在部分程度上降低了英国国教的统治地位。为了进一步推进改革，詹姆斯有计划地解除了几百名反对派官员的职务，命令邮政系统散发支持政府的宣传资料，同时监控反对派的传单，禁止国教教士在布道中批评天主教会。

1688 年 6 月，詹姆斯和玛丽王后的儿子出生，他显然将被培养成一名天主教徒，这为许多新教贵族、传统主义者和保守主义者敲响警钟。他们大多数视天主教与专制政治为一体，于是忧心忡忡的精英集团邀请奥兰治亲王威廉三世，同时也是詹姆斯的女儿玛丽的丈夫，入侵英国。威廉在发动进攻前发誓自己的目的是恢复“英国政府的宪法”。11 月，威廉率 2 万士兵登陆，许多新教徒保王党人也转而投入他的麾下，詹姆斯逃亡国外。“非常议会”判定詹姆斯退位，王位由威廉和玛丽继承。

这就是光荣革命。史无前例地借由国内民众的自作主张，其领导者废黜了国王，建立君主立宪制度，对王权施以严格限制。可悲的是，还是有 2 万人因此丧生，其中许多是苏格兰和爱尔兰人（尽管英国内战中的死亡人数是光荣革命的 10 倍）。1689 年 2 月发布的《权利宣言》列出前国王的罪行，禁止常备军，将议会视作与国王平等的立法者，要求征收新税须经议会批准，重申向国王陈情的权利以及（新教徒）携带武器的权利，同时废除酷刑。有权参与政治的人群依然被限制为极少数拥有财产的男性，但《宣言》中许多明列的权利适用于更广泛的社会阶层。12 月，议会在《权利法案》中再次重申这些原则，并加入君主不得信奉天主教的禁令。这些条文中的一部分相当激进新颖，特别是将詹姆斯的儿子排除在王位继承人之外、禁止拥有常备军，以及规定国王无权废除议会所通过的法案等。

威廉和玛丽采纳了许多限制自身权力的政策，就连他们任命的主教都相信王权有限和宗教宽容。1689 年 5 月，他们修订《宽容法》，将信仰自由的权利覆盖到所有新教徒，并保障天主教、犹太教等少数派宗教信徒的人身安全。在外交政策上，他们是尊崇宗教宽容和政治自由的荷兰共和国的坚定盟友，向专制制度下的法国宣战。威廉和玛丽还支持制造业发展，听从那些认为制造业将是通向未来繁荣的关键的经济学家的建议，同时撤回对垄断性的东印度公司的支持。尽管政治紧张持续存在，但新国王依然将几乎整个英国团结在一起，结束了几十年的争吵、猜疑、憎恨和内战。大多数人开始相信议会控制下的君主制公正地代表整个英国的利益。在 1707 年颁布《联合法案》之后，整个苏格兰也被包含在英国之内。

反对君主专制的派别称为“辉格党”，他们认为最合理的制度是依靠理性、自然法、宗教布道、历史和常识建立的有限政府。他们引用《圣经》，指出无论扫罗王还是大卫王都不是凭借出身建立统治的。他们在几个世纪里屡次重申《大宪章》。依据英格兰的“古代宪法”，国王应该宣誓维护法律并公正裁决。他们的核心论点是英国君权从来就是受限的，征收新税必须获得议会的同意。

最深刻的辉格党人莫过于哲学家约翰·洛克。他的著作《政府论》于 1689 年 12 月匿名发表，但其实十年前就已完稿。该书驳斥了社会广泛接受的君权神授观点，提出契约性质的政府理论，认为只有大众认同才是政府合法性的来源。他从两个原则出发：第一，上帝所创造的每个人都是自由与平等的；第二，在洛克仿效托马斯·霍布斯构建的理论模型中，自然状态里没有任何个人可以合法地向他人展现权威或行使权力。因此，国民政府只有通过被管理者的同意才能建立。然而，民众只有在能够期待获得某种商品或服务的回报时才会同意支持政府。霍布斯是一个悲观主义者，内战时期的暴力对他产生了巨大影响，他相信个人之所以赋予统治者治理权，是因为后者以保护他们免受暴力侵害作为交换；而洛克则是一个乐观主义者，相信人类的社交本性，认为政府的出现是为了更为正面的目标，譬如保护人民的生命、自由和财产。统治者只有保证实现这些目标，才具备统治的合法性。因此，政府与国家的存在是为了服务公民，而非相反。换句话说，政府的存在是为了防止包括统治者在内的任何个人获得在脱离自然状态时就已放弃的绝对权力，这意味着君主专制和公民社会是相抵触的。

其他辉格党理论家和政治家在政府的契约概念方面没走到洛克那么远，他们害怕这将导致民主共和国的出现。但他们都反对不受限制的君权，支持代议制政府以及富人参政。社会上也多支持这种观点。

加尔文宗信徒，尤其是英国清教徒在这场斗争中起了至关重要的作用。他们以个人名义或联名形式支持许多当时政治上极为激进的观念。首先，他们提出彻底改革，包括所有法律和制度。“一个新天新地”（《启示录》21：1）激励许多人加入到这场斗争之中。在内战时期和过渡初期，出版业经历大发展，书报审查制度名存实亡，清教徒出版了超过一万本小册子鼓吹司法改革。其次，加尔文宗深信“下级官员”反抗暴君是上帝赋予的权利甚至义务。他们强调原罪和人内在的自私本性，这一切合乎逻辑地引出这一思想：以成文宪法来约束包括统治者在内的个人。第三，与路德宗相比，加尔文宗更注重个人信仰，并确信个体有权通过联合在一起的方式保卫信仰，哪怕面对的是来自世上既有秩序与强权带来的压迫。在与斯图亚特王朝的斗争中，清教政治领袖毫无惧色地主动面对监禁、罚款、失业、酷刑甚至死亡，也不向他们认定的暴君低头。这些勇敢的人在很长时期内推动了西方世界争取民权的斗争。

美国革命

英国革命迅速波及美洲殖民地，引起殖民者的第一次反抗。

1686 年，国王詹姆斯二世在北美成立新英格兰领地，这片行政区最终涵盖今缅因州到新泽西州范围内的英国殖民省份。总督艾德蒙·安德鲁斯（1637 ～ 1714）对殖民地政治、宗教和经济事务的干涉早让殖民者心怀不满。因此，当光荣革命的消息传到新英格兰后，他们在波士顿起义，推翻了安德鲁斯的统治。这次起义并不令人吃惊，毕竟殖民者领袖与英国革命者一样，也是加尔文激进改革主义的拥趸。

英国探险者于 1585 年在弗吉尼亚——以童贞女王伊丽莎白的名义命名——海岸外的洛亚诺克岛上建立第一个殖民点。108 名殖民者在等待补给期间尽数死亡。22 年后的 1607 年，一家私营联合股份公司建立詹姆斯敦，这是英国在北美的第一个永久殖民点。1608 年，定居者推选约翰·史密斯船长（约 1579 ～ 1631）为詹姆斯敦委员会主席，这可能是美洲的第一次民主选举。三年后，他的继任者托马斯·盖茨爵士（1585 ～ 1622）确立美洲的第一个法律体系（带有强烈的清教徒色彩——包括强制性的安息日休息规定）。1616 年，殖民者开始出口烟叶。1619 年，弗吉尼亚州第一届议会成立，分为上下两个议院，在詹姆斯敦教堂集会。政府由一名总督和六名选举产生的委员会成员组成，乔治·耶德利爵士（1587 ～ 1627）被选为第一任总督。他们研究、修改并通过法律，如同在祖国的议会一样，只是更自由自主。

不幸的是，就在同年，“第二种美洲”出现。荷兰商船载着 20 名黑人到达美洲，他们被强迫为奴，原则上，他们可以在支付完赎金后获得自由。然而没过多久，弗吉尼亚的种植园主开始购买奴隶，这项买卖慢慢成为该州的经济基础。于是，就在同一时间同一地点，出现了地球上最自由的人类社会基石，但少数族裔却生活在最可怕的束缚之中。皮科·米兰多拉认为人的命运可以从残忍的暴行延伸到天使般的纯真，这个观点在美洲找到了完美的体现。

同时，随着五月花号于 1620 年在新普利茅斯靠岸，在离詹姆斯敦北方直线距离 450 英里处出现了一个完全不同的英国殖民者定居点。这次航行不仅仅有野心勃勃的男性探索者，更有41户家庭，包括35名不信英国国教的清教徒。他们认为英国已经腐败到无以复加的地步，不惜另起炉灶去追寻一个符合上帝标准的公正社会。弗吉尼亚公司给了他们土地和自治权。在穿越大西洋的航行中，41户家庭的户主签署了一份“条约”，这是一份宗教政治合约，以上帝与以色列子民所定的契约为基础，同时也借鉴了加尔文宗对契约社区的理念以及开始流行的社会契约这一哲学概念。又有成千上万名定居者追随而来——仅17世纪30年代就有2万人之多。他们并非过来观光一圈就返回，而是在普罗维登斯*帮助下建造全新而独特的家园——“山巅之城”。他们——或至少那些“神圣正直的”自由人——同样实行自治，所有人都阅读《圣经》，自行理解经文，选举自己的牧师，自行决定社区里的宗教事务，不需要主教凌驾其上。

当政治或宗教管理——它们常常相伴相生——在某些少数人群眼中变成负担或不合心意时，那些心生不满的人总能搬迁到另一块地方，建立一个自己喜欢的殖民点。于是罗杰·威廉姆斯（1603～1683）在罗德岛建立了一个新定居点。人们在那里享有相当广泛的宗教自由，而且政教分离，教派竞争不受约束，所有自由居民都可以参政，印第安原住民也受到人道的对待。每个殖民地各有特色。从纽约到特拉华之间一块广袤的区域原是荷兰殖民地，第二次英荷战争（1664～1667）后落入英国手中。许多天主教徒和其他非主流教派的信徒居住在马里兰。新教的几乎所有主要教派都能在这些殖民地中找到代表，同时还有分散在各处的犹太教信徒，和从来不去任何教堂的人。来自荷兰、德国、爱尔兰、威尔士、瑞士和法国的移民也在各处定居。在政治上，这些殖民地有两个共同点——自治和广泛的政治参与。1636年，马萨诸塞的殖民者制定了具有宪法性

* Providence，此处语意双关，普罗维登斯既是地名，即五月花号停靠处，同时又是上帝与天意的意思。

质的《清教徒法典》。在随后的十年左右时间里，所有的殖民地都制定了类似的基础文件。

这块土地的自然资源无比富足。这些资源不是金银，不值钱，殖民大国看不上，但却吸引了大量技术移民——木匠、工匠、玻璃匠、制陶匠、鞋匠、银匠和数不胜数的其他手艺人。革命前，移民中至少有一半到达美洲时的身份是契约工或劳力移民，他们需要工作五年或更长时间以支付横跨大西洋的船资，只有还清欠债后，才能变成自由民。殖民地商人就像检查牲口一样检查他们，根据健康、力气、才能和技术来给出或好或坏的合约。在付清债务后，大多数人都为自己工作，这让他们能在美洲过上比祖国好得多的生活。与世界上几乎所有地方都不同，普通人能够无偿或只以很小的代价获得良田。从海岸线开始，定居者慢慢地向内地推进，边界在不停移动，一路上随自己的意愿建立村镇。投资者购买、出售或投机于未经开垦的荒地。奴隶慢慢地扩散到整个南方殖民地（1727 年的人数达到了 7.8 万），成为那里的经济基础。

劳工的短缺同时也催生大量机械实验。水力锯木坊生产出大量木材；1760 年，造船厂每年能够建造三四百艘船。虽然伦敦禁止殖民地从事制造业，但他们依然生产了许多产品，如条铁、布匹和家具。美洲经济迅速发展，1700 年时的经济规模仅仅相当于英国的 4%，到 1775 年时已增至 40%，同时人口也增长了 10 倍，从 25 万人增加到 250 万。殖民地人均收入大概是当时世界上最高的。人们吃得很好，有充足的蛋白质摄入，让他们身板比欧洲人更大，体重也更重。大多数人都可算作中产阶级。

制度、文化和城市化都飞速发展。费城成为大英帝国中仅次于伦敦的大城市，拥有一家能外借书本的图书馆（1731）、一家志愿消防队（1736）、一个学术学会（1743）和一所高校（1751）。到了 1763 年，殖民地有二十几份周报。在当时，没有一个殖民社区拥有这么丰富的期刊或报纸。

自 17 纪末 18 世纪初开始，英王再次试图加强对殖民地的控制，废除豁免或拒绝延期，并在 1696 年成立贸易与殖民委员会，但因为伦敦并未向总督支付薪水——原则上，他们是王室在新世界的代理人——而且甚少派督察来检查工作，于是殖民者依然故我。英国制宪主义者的胜利，特别是光荣革命的胜利，在许多殖民者眼中就是他们自己的胜利。慢慢地，从 18 世纪初期开始，许多殖民地的下议院通过谈判、宣称或强夺等方式从总督和上议院处获得政治控制权。因为大多数白人男性都有投票权，议会无法强制执行被大多数投票人拒绝的法令，因此毫无悬念地，美洲殖民者的税负是欧洲文化覆盖范围内的人群中最轻的。

虽然到 18 世纪早期时，清教徒作为社会力量来说已经走了下坡路，但宗教还是生活中相当重要的组成部分。复兴运动时不时在边境地区爆发一下，卷入其中的除了母国背景不同且自认掌握上帝真意的传道者之外，还包括一些杰出的思想家，如乔纳森·爱德华兹（1703 ～ 1758）。爱德华兹是一位博学者，13 岁就进入耶鲁大学，以全班第一的成绩毕业。他宣称上帝的本质在于爱，我们能够自由地选择去接受他的爱，仅此就能转化我们自己和这个世界。他激励了乔治·怀特菲尔德（1714 ～ 1770）那样的巡回传教者。怀特菲尔德是一个英国人，自 1740 年起的 30 年间来回 7 次巡游殖民地，发动“宗教大觉醒”运动。社会上还有另外一些人的观点比较有影响，如约翰·卫斯理（1703 ～ 1791），后来他回到英国发动了卫理公会教派运动。许多人在露天集会上布道，极具说服力，也常常引来非常情绪化的反应。他们受德国的敬虔主义影响颇深。这场运动影响了为数众多的殖民者，让他们感到与上帝直接联系，除此之外，还带来人人平等、宗教体验比机构和教义更为重要等激进观念。大多数布道者并非诉诸情感，相反，逻辑和论证是他们成功的重要因素，他们说服成千上万的殖民者，使他们相信只有同时将心灵与头脑都“定罪”，才能获得精神上的重生。

就这样，美国革命发生的几十年前，美洲的殖民者对他们自身和社会的理解就已经经历了深刻的转化。许多人开始将自己看作一个人，一个美洲人，或许还是一个独特的被上帝所宠爱的个体，同时被上帝注入的还有不可分割的权利和注定实现伟大之事的信念。宗教大觉醒因此是美国人民历史上具有重大意义的发展。我们甚至可以说正是它让革命成为可能。

突然发生在文明世界边缘的一场全球性战争，间接地导致了美国革命。这就是七年战争背景下发生的法国－印第安人战争（1754～1763）。这场战争起始于今匹兹堡附近的一个小冲突——乔治·华盛顿（1732～1799）带领的弗吉尼亚民兵袭击了一个法军军营，杀死十几名法国士兵。这场战争以法国惨败告终，为此法国不得不放弃在北美的殖民地、几座加勒比海岛屿和位于印度的重要据点。英国虽然赢得胜利，却为此欠下巨额债务——从 6000 万镑上升到 1.33 亿镑。英国国王急于为 1 万名驻扎北美的英国士兵筹措薪金，于是开始更多地干涉殖民地的管理。不幸的是，北美殖民地之所以效忠母国，主要是出于对法国的恐惧。既然现在安全已经不是问题，北美殖民者为什么还要忍受外来干涉？

1763 年末，国王禁止殖民者向西越过阿勒格尼山脉定居，然而殖民者对此禁令置之不理。伦敦雇用更多收税官员进入殖民地，下令严格征收海关关税。其实在此之前，殖民者就一直没有交过多少关税。1765 年的《印花税法案》对所有法律文书和（除书籍外的）印刷品征税，在所有殖民地引起公愤。作为英国人，他们认为自己不应该支付未经自己同意的税赋。一个又一个城镇的人群走上街头，有些地方还发生袭击收税官员住宅的事件。10 月，大多数殖民地派出代表在纽约市开会谴责该法律。几百位商人发誓抵制英国商品。英国议会于 1766 年 2 月投票撤销该法，但同时又通过《宣示法案》，确认英国议会对殖民地拥有绝对的立法权。1767 年对许多商品开征的关税激起更多暴动和抵制。最激烈的抵制来自波士顿，1770 年，一队红衫军向反叛的人群开枪，打死五人。

一场媒体扮演重要角色的战争开始了——具有极高文化程度而又聪明的北美殖民者在这方面一开始就占据优势。生动的海报、仔细研究过的历史文献、煽动性短文、哲学论文等出版物枪林弹雨般地打向伦敦，其中包括托马斯·杰斐逊（1743～1826）于1774年发表的《英属美洲权利概述》。

杰斐逊承接洛克的观点，认为决定一个人社会地位的应该是他的品质而非出身，国王与贵族并无统治的特权。他又强调个人权利的重要性，特别是生命与自由权是天赋的，这些权利为每一个社会主权赋予立法权。英国传统和殖民地长期存在的自治实践也支持美洲独立的权利。

殖民者不仅有强有力的论点、高效自治的传统和先进的通讯技术，领导人更是遍及各个领域。除了像杰斐逊和约翰·亚当斯（1735～1826）那样的知识分子，还有像帕特里克·亨利（1736～1799）那样的雄辩家、享誉全球的博学者本杰明·富兰克林，以及有着钢铁般意志的杰出组织者和魅力十足的领导者——乔治·华盛顿。这些能人团结在一起，在一个远离世界文明中心的地方实现一个宏大的理想，这本身就是一件了不起的事情。

接下来发生了一系列事件、冲突和战役——波士顿倾茶事件（1773），列克星敦和康科德战役（1775），英军士兵犯下各种暴行，如焚烧市镇和屠杀妇孺等。1774年到达费城的英国人托马斯·潘恩（1737～1809）在1776年出版的《常识》一书中详尽地描述了这些恐怖罪行。他谴责国王乔治为暴君，要求北美彻底脱离英国统治。就像是为了直接回应他的要求，6月份召开的第二届大陆会议授权杰斐逊等人正式起草《独立宣言》。虽然那句著名的“人皆生而平等”保留在全票通过的定稿之中，但大多数来自南方的代表迫使定稿剔除明确指出奴隶制邪恶的字句。在政治上，《独立宣言》剪断了北美与英国及英王的一切联系，呼吁国际社会承认并接受北美独立建国。

在艰难地进行了两年战争之后，富兰克林最终于1778年从巴黎得到宝贵的支持。富有的法国商人派出十几艘满载补给的商船，法国政府则为起义者铸造大炮并派遣数千名士兵，许多贵族军官也提供了帮助。法国人通过这种方式愉快地抓住机会报了在15年前被英国击败的一箭之仇。西班牙与荷兰也提供了帮助。1782年，英国军队已经或战败或被围，法国舰队（临时性地）获得在英国东面海域的优势。面对法国与西班牙联合舰队咄咄逼人的入侵准备，英国开始寻求停战。

1783年的《巴黎和约》确立美利坚合众国完全独立的地位，承认其继续向西扩展定居点、驱逐原住民和在南部各州扩展奴隶制的权利。废奴运动开始在北部各州兴起，各种立法和诉讼此起彼伏，某些地区如宾夕法尼亚州和马萨诸塞州，率先在1780年废除奴隶制。但对于原住民问题却很少有人发声,数千名原住民曾为英军作战。英国虽然失去这些殖民地，但其他方面损失不大，保住了直布罗陀、加勒比海与印度的据点，继续通过与美国的贸易赚钱，同时加强对加拿大的控制，大约有6万到8万名效忠英国者移民到加拿大。但西班牙与法国却在战后积累大量债务。

从战争废墟中诞生的新政权表现出激进的平等主义。教育和世俗成功决定人们的社会地位。在战争中，上千名普通公民在政府与军队中担起重要责任。华盛顿是一名意志坚定的共和主义者，拒绝接受由他掌握独裁权力的请求。战争期间，所有州都制定或修改了宪法，因此当1787年制宪会议在费城举行时，代表们已经有了足够经验思考该如何组建政府。宪法起草者借鉴洛克和孟德斯鸠的理论，谋求拆分政府，建立一个相互制衡的制度，并采用联邦制进一步分散政治权力。防止权力集中的最大目的是洛克所说的保障个人生命、自由和财产权，以及詹姆斯·麦迪逊（1751～1836）所强调的保护政治少数派。

13个州的人民——在公共广场上、教堂里、小村庄和大城市中——参与热烈的辩论，决定是否批准新宪法，这在当时可以说是史上最广泛、最民主的方式。许多参加者坚持加入《权利法案》来确保个人和州的权利。

一些学者否认美国革命的激进性。每个人的解读可能与他们对于“激进”的定义相关。如果“激进”指的是巨大伤亡以及对现存社会、政治和经济秩序的暴力推翻，那么美国革命算不上激进。但我们也无法否认人类历史上第一次割断现存政治联系，推翻欧洲殖民统治的确称得上激进。而且，自从17世纪初期就开始打下基础并在其后不断发展的英属北美殖民地堪称历史上最具革命性的政治成就——大约50万欧洲人跨越大西洋，在一片未开化而且人烟稀少的土地上建立自治政府，在经济上获得成功，起草并通过世界上第一份成文宪法，确立代议制政府的规则和实践，建立相对高效的自治机构，所有一切都在相对来说没造成什么流血牺牲的情况下完成。

有人曾经反驳说美国革命是一群伪君子背叛《独立宣言》中的理念而犯下的“背叛世界希望之罪”，这是一位学者的原话。而美国史专家迈克尔·J. 罗兹比基最近发表的一项研究则持相反观点，那些奠基者并非伪君子，而是更为传统意义上自由的信徒。在他们的观念中，自由只是社会中部分成员——那些最适合代表并领导更广泛人群的人才能享有的特权。他认为那些北美省份的精英害怕来自伦敦的严格控制会使他们失去特权，因此创造出自由、平等和独立的观念，借此维持自己的社会地位，同时又不会提高大多数同胞的社会层次。然而，一旦这种观念被宣扬、赞美，并被新共和国的政府文件视为神圣不可侵犯的权利之后，其他社会阶层的成员也开始要求分享同样的特权。

1789年时，大多数州里只有拥有价值40镑的地产或年收入有40先令的白人男性才有投票权。慢慢地，财产限制被纳税额取代，甚至被彻底取消。在许多州，新移民可以在联邦选举中投票，他们中很少有人在欧洲享有这项权利。最后，在19世纪30年代的杰克逊时代，选举权进一步扩大（虽然添加了公民限制）。到了1855年，几乎所有的白人男性（甚至许多州还包括非公民）都获得了选举权，这期间未经任何斗争。除了美国之外，没有任何一个国家有如此广泛的普通人能够享有该政治权利。就这样，无论建国者的目的是什么，结果是毋庸置疑的——在共和国的基石上，自由和平等的观念被广为尊崇，并逐渐延伸到更多人身上。不幸的是，黑人与妇女依然被排除在选举权之外，他们争取选举权的道路注定艰难甚至充满血腥（见第十四章）。

历史上，成功的政治革命一定会带给民众更广泛的权利和参与度。精英们或许开启了早期革命，但通过宣扬自由和人权，他们打开要求更高包容度的大门。政治原则要么普遍适用，要么就称不上原则。没有一种基本逻辑可以将某部分人排除在天赋权利之外。

为什么美国革命如此成功？与欧洲国家或拉丁美洲的殖民地不同，英国殖民地没有根深蒂固的贵族阶层、国家教会、封建权利、顽固的行会、中央集权的官僚机构、国王等传统机构，自然也就不需要使用可怕的暴力来推翻他们。而且，正因为这些机制的缺乏，殖民者需要自治以免陷入无政府混乱。就像那些最先进的欧洲社会——荷兰共和国和英国的立宪君主制，美国人也发展出高水平的经济、政治、社会和多元文化，其程度比当时世界上任何社会都高。

为什么北美具有如此令人惊异的创新性，而中美洲和南美洲却没有？拉丁美洲的殖民地发展并繁荣得更早，但到了1750年，格兰德河南北的人均收入已大致持平；到了1820年，北美的人均收入是南边的两倍；到了2000年，收入差距更是高达五倍。地理差异显然对差距的扩大有影响，我们在第一章里就提出南北地理轴心，尤其是赤道，它让人的迁移以及思想和货物的流动变得更为困难。更重要的是欧洲人殖民的目的差异——北方的殖民者想要建立“山巅之城”和商业帝国，而南方的殖民者更希望寻求荣耀、财富或政权，因此国家机构让财富与权力集中在极少殖民精英手中。同样重要的因素还包括殖民者的身份——北方多是最先进的欧洲人，但南方的殖民者却常常是最不愿意从事创新和实验的欧洲人。同样，格兰德河以南的人们也不适应自治。面对政治和社会变革，南方的顽固传统制度以暴力镇压。因此，从西班牙与葡萄牙治下争取解放的战争血腥而漫长。顽固的制度还在下一个爆发政治革命的国家中扮演重要角色。

法国与革命传统

法国革命尽管伴随着巨大的混乱、暴力和流血，却没有产生太多值得称道的成就。法国民众并没有获得自治权、永久性民权或显著的政治参与，除了一段很短的时间外，其成就甚至还比不上君主立宪制带来的多，更不要说与共和制相比。另外这场革命斗争也没有为经济发展作出什么贡献，虽然废除了封建税赋和内部关税，法国的农业依然落后，仅够自足。行会体系的解体、专利权的引入、公制度量衡，以及统一的内部市场使制造业和贸易获益良多，但商业在整体经济中仍旧只占很小规模，而且保护主义倾向依然严重。政府对商业事务的干预和行政上的集权反而变本加厉。最后，切断与英国的贸易联系更是进一步阻碍了法国的工业化进程。当时到底发生了什么?

最重要的是，与北美殖民者相比，法国人除了地方基层之外毫无自治经验；与英国人相比，他们又缺乏一个全国性的代表大会制度，最近一次三级会议召开还是 1614 年。互相勾结的统治精英霸占着法国的大部分权力、财富、名望和权威。国王宣称自己具有绝对和神圣的统治权。数万个贵族家族（与之相比，英国只有区区 220 个）控制着巨大的财富，为国家文化定下基调，并从各种法律特权中攫取利益。数目巨大的富裕平民通过买官和投资地产的方式加入到统治阶层之中，获得各种特权，如免于向士兵提供住处、免服兵役、免受绞刑或鞭刑（除非是叛国罪）和免除大多数税赋。他们还享有官位世袭权。另外，法国领主还有权从自己属下的农民那里攫取各种金钱、服务或财产。最后，牢固的天主教会控制着法国的教育系统，教会收入庞大，对政府最高层有巨大影响力，在全国推行宗教正统。直到 18 世纪中期，政府官员还常常残酷迫害新教徒。学者称这种根植于传统与习俗的相互勾结的权力关系为“旧制度”。人民感受到权威，倾向于服从，忠于某一具体地方或国王个人（而非国家这一抽象概念），对故土有着根深蒂固的归属感。

旧制度下的法国相当富裕，拥有欧洲最好的道路和运河系统。这些基础设施大多建于 18 世纪，极大地缩短旅途时间，降低运输成本。法国也继续支配着欧洲奢侈品的制造。法国商人紧紧地控制欧洲与中东的贸易，他们在大西洋三角贸易中的商业活动也大幅增加。事实上，法国的国际贸易商代表了该国最具创新精神的商人。有些人赚到巨额财富，尤以奴隶贸易和来自加勒比海的进口贸易为甚。

但金融上的制约减缓了经济发展。法国没有中央银行，也没有发展完备的股票交易市场，只有很少的私人银行，几乎没有联合股份公司。商业还是家族生意，很少能产生大规模的经济效益。工业产业也很分散，与英国相比，机械设备的数量远远落后。更糟的是，创业者常常将自己获得的利润投资于土地（有时候还能借此获得封建领主的权利）、买官或购买国家债券以寻求稳定的金钱回报或社会地位，而非用于扩大生产。讽刺的是，将资本投入到商业冒险之中的往往是贵族。许多学者都注意到，在法国，商人出身和贵族出身的财富精英，其利益与特点有趋同倾向，但在整体上两者又都没有展现出特别的激情。同样，18 世纪时的法国农业也没经历什么创新。总体说来，与英国和荷兰共和国相比，法国在经济上大大落后。

虽然法国人在经济活力上有所欠缺，但在知识领域却生机勃勃。第八章所讨论过的启蒙运动就发生在法国，开展得如火如荼。数以百计的社会批评家聚集在沙龙里，在那里，最高贵的贵族也会与平民中的佼佼者肩并肩地讨论思想、政策、局势等俗事。这些知识分子或哲学家大多排斥教会，认为它反启蒙、腐败和无包容。几乎所有人都谴责政府滥权和乱作为，但并未因此而反对君主制。同样，大多数人也不提倡民主制、普及大众教育、民众广泛参政或者知识多元化。即便如此，启蒙运动者的思想还是逐渐渗透到 1780 年时约占法国男性人口一半的有阅读能力群体之中。一些自称启蒙者以出版“阴沟文学”为生，作品中常常连篇累牍地报道王室成员、大贵族等上流人士的性丑闻，尽管有不实之处，然而普通民众倾向于相信“上流圈子”里的肮脏丑事。

政府官员和国王都没有对新思想和创新视而不见，但他们担心新事物对普通民众的影响，于是用严格而且极具侵入性的系统进行审查。即便是声名显赫的思想家如狄德罗、卢梭（1712 ～ 1778）和伏尔泰都有过锒铛入狱、流放或躲避警察的经历。然而政府官员甚至法庭成员有时都会庇护持不同政见者，宣扬他们的著作或阻挠审查。商人冒险从荷兰或瑞士将禁书偷运进法国贩卖，赚得盆满钵满。政府的压制除了得罪知识分子之外，对于阻止他们思想的传播几乎毫无效果。随着时间推移，知识分子宣称自己比国王和那帮王公大臣更有能力为法国人民的共同利益作出判断和宣传。他们的这种态度得到法学家，尤其是高等法院（它们还具备批准王室法令的权力）成员的共鸣。

有些政府政策起到反效果。1756 年，法国与宿敌奥地利讲和，随后又可耻地输了七年战争，公众开始剧烈反对国王和他领导下的政府。接下来又是一系列外交上的羞辱，其中最值一提的莫过于 1772 年奥地利、俄国和普鲁士第一次瓜分波兰。1771 年，路易十五大大削弱法院的权力，不仅刺激了公众的激烈反对，就连路易十六在 1774 年将法院恢复原状也依然没让事态平息。这位新君软弱、优柔寡断、缺乏魅力，根本无法应对因支持美国独立所导致的国家财政危机。社会下层民众对土地的渴望以及不断降低的生活水平，再加上18世纪80年代中期气候不佳导致的农业歉收，还有酝酿中的社会暴力，使得相当一部分法国人生活在困苦之中，尤其是1788年到1789年的秋冬两季。

好几任财政大臣试图应对这种绝望的情境。与英国一样，政府无法在未获代表同意的情况下加税，但与海峡对面不同的是，法国不存在一个能够表决同意的代表组织！因此，路易在1787年临时组建了一个“显贵会议”,这是自1626年以来权贵机构第一次召集会议。显贵会议拒绝了国王开征新税的请求，于是国王随后在1789年召开三级会议。

国王希望三级会议能够同意加税，然而三级会议却自封为全国议会，要求立法权和制宪权。8月，三级会议提出《人权与公民权利宣言》，里面写到的人权定义范围比美国革命所建立的还要广。随后，看到民众对起义的支持和许多官员、士兵对执行镇压命令时的犹豫，革命领导者变得更为激进。1790年，他们没收教会财产，解散宗教修道院，废除贵族和地方法院，要求官员向国家宣誓效忠。1792年充斥着暴力，领导者宣布这是一场“革命战争”，聚在一起的民兵抓住国王，杀害了他的侍卫，并在9月屠杀了超过一千名囚犯、教士和其他“反革命分子”。随后不久，国民议会宣布法国成立共和国。三个月后，经过简短审讯，国王被处死。为了强制实现社会平等而采取的价格调控、私有财产限制等管制措施让经济活动陷入停滞。翌年9月，面对军事失利，革命者开始了“恐怖统治”，导致全国数以万计的人失去生命。1794年7月27日晚上，罗伯斯庇尔（1758～1794）本人也成为这场由他自己发起的运动的最后受害者。与恐怖统治同时进行的还有“去基督化”运动，禁止展示十字架，禁止教堂敲钟，禁止做弥撒，新修历法，废除星期日和基督教节日。暴民洗劫教堂并在里面庆祝“理性的狂欢”，政府官员则逮捕、驱逐和屠杀教士。

这种惊人的转折让人大跌眼镜。1789年5月出席三级会议的代表中没有一个人能够预见或赞同最后的结局。当时几乎所有人都只是希望一场温和的改革，让政府变得更有效率，实现贸易自由、法律面前平等、宗教容忍，不再乱作为及保护公民权利——包括绝对的自由与财产权。但一次次选举把越来越激进的领导人推上前台，依然无法改善普通人的经济状态，他们自然而然地要求有人来做点什么。一种能够同时满足“受欢迎”和“可执行”两个要求的政策就是煽动打内鬼的暴力行为，是那些所谓的内鬼让革命无法回应大多数人的期望，未能带来社会进步。政治和宗教的压制在许多地方激起反革命情绪和叛乱，革命党倒台。为了挽救大革命，领导者不得不放弃许多最初提出的主要原则。

不幸的是，革命领导人所推行的政策和措施带来经济停滞甚至倒退。全法国的制造业都发生了衰退：譬如 1789 年之后，马赛的工业生产在一年里下降了 75%；海外贸易也遭受同样的打击，从占全法国商品总产值的 25% 下降到 1796 年的 9%。随着商业活动减少，人们逃离大城市。大革命扩大了土地的私人拥有，损失的是教会所拥有的土地，这可能刺激农业生产，但最后总产量还是降低了。最终，贵族地主和政府官员从革命中捞到远比工业家、企业家和商人多得多的利益，成为最大的获益方。1789 年 8 月 11 日颁布的一项法令废除了封建领主权利，这无疑是法国后来民主进步的先决条件。

英国和美国的革命派寻求的是认可、制度化那些早已存在的实践、习惯、管理和经验，或至少以之为基础更上一层楼。这些务实的人，尽力实现可行而合理的目标。他们要求沿着过去几十年的政治传统继续前进。他们追求的权利具体而实在——无代表不纳税，私人住宅不驻军队，王权不得干预司法，同时采取措施保障权利不受侵犯，而这只是其中几个重要的例子。许多法国大革命的领导人则相反，至少在大革命最激进的那个阶段，他们想要改变世界——彻底铲除所有地方的压迫，推翻根深蒂固的旧制度，培养德行完美的公民，建立基于理性和平等的社会，甚至彻底抛弃宗教。这种大范围的转化之所以失败，部分原因是法国社会中大多数人的反对，千百万人对于革命进程中的各个因素心怀疑虑或全然拒绝。更何况这些因素中的几个还自相矛盾，只要想想这场革命的口号——自由、平等、博爱——就能体会这一点。

尊重个人自由，特别是处置自己财产的权利很难与革命领导人和普通民众所期待的社会公平相契合。而博爱，或者宣誓效忠国家而非国王，在许多革命者眼中也意味着放弃完全的个人自由权利。难以调和这三个革命目标本身也是大革命最终“失控”的因素之一。

除了恐怖与革命战争，拿破仑还借助革命的名义征服了大部分欧洲。法国军队废除贵族特权和农奴制，在所有被征服的地方推行《拿破仑法典》。或许大革命影响最深远的遗产就是这部法典和公制度量衡了。据戴维·乔丹教授的观点，法国大革命最重要的事是拿破仑将革命制度化并给革命“植入法国时间”。同样重要的是在法国与美国革命激励下的加勒比海起义，尤其是1791年法属圣多明戈反抗奴隶制的那场规模宏大、血腥并最终成功的起义。这场斗争最终导致法国革命者于1794年废除奴隶制（后来拿破仑废除了该法案）以及1804年海地独立。欧洲国家的大联军最终在1815年终结了革命战争，留给法国的并非新政体，也不是工业化经济，更不是享有充分公民权利的社会，而是新观念、争取社会公平的心灵圣战、挑战并寻求推翻既有政治现状和权威的传统。一位学者曾经这样表达这个理念——不再有信仰、制度、统治者、习俗或法律“理所当然地被接受”。

这个革命传统给19世纪的欧洲带来多场社会动荡、解放战争和政权颠覆。1830年和1848年，一波又一波暴力革命的浪潮席卷欧洲大陆，但与那些激励它们的理想相比，其结果常常大打折扣。农奴制与封建领主制度的确在欧洲中部和东部被一扫而空，某些国家如普鲁士和皮埃蒙特—萨伏依还成立了稳定的宪政政府。更重要的是，大众通过俱乐部、组织、示威和投票等形式参与政治并形成先例，激励着全欧洲的人民去追求自己的天赋人权。几十年内，大多数欧洲国家实现了这个目标，其中就包括法国革命者提出的理想——男性公民的普遍投票权、言论与集会自由、宪政政府、主权在民等等。这些理念和更激进的目标成为全世界所追求的理想。

受法国大革命的理念和实践激励的政治活动家可以分成三种主要流派。一是古典自由主义的支持者，他们理想中的最高价值包括政治参与、财产权、有限政府、个人责任和法律面前人人平等；另一些人则认为社会与经济的平等是最高社会道德，从而发展出各种社会主义思想和实践；第三方则将对民族与国家的忠诚提升到最高地位，国家意识激励着这一类爱国革命者为民族独立而战斗，建立民族国家政府并创建爱国社团。数以百万计的人投入其中，愿意为了民族国家利益牺牲生命。自由主义、社会主义和国家主义三种理念是现代社会中动员个人与集体行动最有力的知识建构。它们激励国家政府的产生，鼓励革命夺权，引起波及整个世界的经济全球化。任何文化的任何政治理念都不具备这样的影响。

在人类历史中，起义、宫廷政变和推翻政府不停上演，几乎遍及每一种文化。如我们在第四章中提到过，在 1911 年到 1912 年辛亥革命发生前的 2000 年里，中国平均每年都有大规模人口参与的起义发生。从 17 世纪到 19 世纪，奥斯曼帝国首都伊斯坦布尔的群众起义与精英政变更是家常便饭。事实上，在近代早期，起义与革命在整个欧亚大陆上此起彼伏。但只有在本章所讨论的那些革命中，反抗者提出具体的、以宪法为导向的和广泛的政治前景，而且只有英美两国的革命成功地实现目标。革命的成功激励后来者的模仿，最初在法国，随后扩散到整个世界。有些时候这些革命结出硕果，例如拉丁美洲的那些解放斗争，而在另一些例子里，最终迎来的却是灾难。

* * *

当法国革命党人将自己的国家和大半个欧洲拖入持续超过 20 年的动荡与战争之时，另一场革命正在海峡对面以及刚独立的美国展开。工业革命让盎格鲁美国的经济生活面目一新，随后又扩展到整个欧洲，最后遍及全世界。几百万年来，人类只能利用风能、水力和骡子，物理能源的缺乏阻止了稳定持续的经济增长。但一系列创新解决了这个难题，释放出煤炭这种其貌不扬的沉积岩石里近乎无穷无尽的能量。

第十一章　工业革命

13世纪	英国工业中的煤炭消耗开始上升
1279年	中国宋朝灭亡
1474年	专利法在威尼斯出现
1666年	伦敦大火
1688年	光荣革命
17世纪初	纽科门蒸汽引擎被设计与制造
1700年	伦敦人口达到57.5万
1709年	亚伯拉罕·达比有效地利用从煤炭制成的焦炭来熔炼矿石
1750年	用焦炭冶铁成为行业标准
1764年	珍妮纺织机问世
1769年	水力纺纱机以及博尔顿与瓦特蒸汽机问世
18世纪80年代	亨利·科尔特发明搅炼锻铁工艺
1785年	埃德蒙德·卡特赖特发明动力织布机
1787年	世界上第一台蒸汽机轮船下水
18世纪末	乔舒亚·韦奇伍德以工业化方式生产陶瓷制品
1800年	瓦特蒸汽机的专利到期
1813年	沃尔瑟姆波士顿制造公司成立
1815年	工业技术开始传播
1819年	美国最高法院裁定公司拥有固有权利
19世纪20到60年代	西方发达地区的经济发展速度大大超过人口增加速度
1830年	利物浦和曼彻斯特之间建造第一条主要铁路线
1831年	产业工人占英国劳动力总数的41%
1844年	《股份公司法》制定
19世纪50年代	美国、法国和英国公司获得有限责任权利
1860年	伦敦人口达到3188485
19世纪	铁路的扩张极大地刺激经济发展

从建造埃及金字塔到第一台蒸汽引擎出现之间的近4000年时间里，人力与畜力是进行陆地运输或工程的主要动力，辅以滑轮、杠杆、雪橇或推车。新石器时代，在公元前3100年到公元前1500年

间三个时期修建巨石阵的人们就已经能够将重达30到50吨的巨大石块移动超过20英里，并将它们围成一个完美的圆，还把7吨重的石块作为横梁架在石柱上。19世纪30年代，最早的蒸汽机车以每小时15英里的速度拉动90吨煤炭，终于让后人打破了祖先创造的纪录。在此之后，我们才实现现代意义上的经济成长。

自人类出现以来的几乎整个历史阶段，经济只以相当缓慢的速度发展，而且这种发展的出现通常相当偶然，持续时间也很短。例如某个地方有一些天才匠人，发明一种新的农业技术，增加了产量。随后在一代人，或至多几代人的时间内，大家生活得很好，并且人口倍增。然而，多出来的嘴巴、当地精英，或外来入侵者以及抵御入侵者的需求不可避免地消耗了盈余，让生活水平再次降到从前的水平。同样无法避免的还有气候和自然灾害。即使在中国宋朝、欧洲中世纪或德川日本（1603～1868）那样的经济繁荣时期，经济的年增长率很可能也就刚过0.2%，而且三者的经济增长在维持了一二百年后就完全停滞。1700年前的1000年里，欧洲经济的年增长率在0.11%左右。以这样的速度，经济总量翻倍大概需要630年。

生产总量年均增长率至少为1到2个百分点的现代经济增长，从历史角度来看几乎是无法想象的。我们在第二章中描述过的无数技术、农业、制度、基础设施和知识创新并没有让中世纪欧洲获得哪怕超过0.5%的持续经济增长，比19世纪中期时的英国所实现的4到5倍于此的速度低得多，而在随后几十年时间内美国和德国又再次打破这个纪录。这样的跃进不可能凭空产生，它需要一个长期的孕育期。实际上，也的确是几个世纪的创新以及革命转化才让这样的飞跃成为可能，同样重要的还包括整合这些进步并以此为基础进一步发展。

资源积累

所有的人类文明都发展出各种天才方法来确保生存。每一种文明也都贡献了各种思想、传统、制度、发明和其他突破，可惜并不是所有成就都能流传到今天，事实上，很多发明这些成就的文明本身也消亡了。在最近的1000年中，撒哈拉以南的非洲民族对于当今世界所作的贡献或所留下的遗产相当有限。然而，谁能够忘掉非洲最初的贡献——智人在地球上出现，人类发展所获得的所有贡献中最重大的一个？如果所有文化都曾努力适应这个世界，那么只有持续并长期地将这些适应整合到全部生活之中，并形成全新的整体，才能孕育出伟大的文明。古埃及创建了伟大的文明，获得巨大成就，并持续将近3000年。然而在今天，他们的丰功伟绩除了令人惊叹的艺术与建筑遗迹和被古希腊人吸收并传下来的科学与数学法则，几乎已经无迹可寻。希腊人与罗马人的贡献虽然辉煌得多，然而创造这些贡献的文明也不长命。事实上，历史上的伟大文明很少能够完整地保存到今天，中国是为数不多的一例。

任何文化都不具有中国那样的社会与政体，长久地保持活力、繁荣、高度创新。其文字历经3000余年，经过改良后沿用至今。虽然遭受过多次崩溃危机，但中国的历代统治者还是保持了黄河与长江流域这片巨大国土的统一，并创造有利条件，促使文化长期并极致繁荣。宋朝尤其如此。

两宋时期（960～1279）的中国社会在历史上达到人类文明的最高峰。艺术家创造出相当逼真的雕塑与绘画作品，包括精确地描绘建筑与机械，显然，他们对数学与工程有着极为专业的知识，尽管他们并没有真正明白透视原理。宋朝时的技术发明无论在多样性还是重要性上都令人吃惊。其中最著名的创新包括双门运河水闸、火药武器、复杂的帆船、罗盘、水运仪象台和胶泥活字印刷。

北宋时期（960～1127）的工匠还以煤矿石为燃料熔炼生铁，建造通风设备排出矿道中的毒气，并建造风炉来精炼铁矿石。与之对比，西方利用焦炭冶铁始于1709年（详情后述）。虽然近来有学者对总产出的早期估算提出质疑，但事实上很可能在1064年到1078

年间的这段时期，中国的年铁产量就相当于整个欧洲在 18 世纪初期的总产量。但在 12 世纪到 13 世纪的女真与蒙古入侵后，中国的铁产量一落千丈。

冶铁产业命运的变迁反映出中国历史上一个更大的问题：虽然中国技术的核心元素留存下来，其进步却远非平稳。苏颂（1020～1101）设计的精巧的天文钟就随着女真族入侵而湮灭。复杂的机械钟表再次出现在中国是几百年后欧洲人将其带入。火药被发明之后，中国工匠花了三四百年才发展出简陋的火枪，例如投火器、带火弓箭、手铳和原始的大炮。而欧洲人在 13 世纪中期从蒙古人那里学到火药配方后，只用了不到 200 年就制造出威力强大的火炮。我们从中可以看到欧洲变化加速的早期例证。

很难比较 1200 年到 1300 年间的中国与欧洲。中国在艺术和雕塑上的成就以及高耸入云的佛塔，与欧洲几十座规模宏大拥有同样升入云霄的尖顶并饰以上千平方英尺的彩绘玻璃的哥特式教堂相比，代表着更具创造性或更精致的文化吗？或者大量精通儒家典籍同时又在诗词绘画上造诣颇深的学者型官员所取得的知识成就，超越了欧洲大学教授和教士精英的贡献吗？欧洲城市精英能够行使政治权利、自治权力并主持规模虽小却又极为重要的社会团体，中国却没有这样的机制，这个差别是否重要？我们能将中国大得多的国内市场、工业产出和人口与欧洲较小、更碎片化和以商业贸易推动的经济相比吗？中国的法学家编纂的刑法典比欧洲更完善，但在民法方面却被欧洲远远抛开。中国文学家写下了大量文学与哲学作品，但没有人能像圣托马斯·阿奎那那样写出覆盖 100 个议题，既实用又深刻，且条理清晰的作品。欧洲的政权碎片化导致许多统治者不得不与臣民的各种团体分享权力，这是权力巨大得多的中国皇帝难以想象的事。最后，中国的精英没能成功地借助思想、信仰和价值观来挑战既有政治与文化秩序，而欧洲则通过宗教改革和近代政治革命实现了这一点。

大多数学者都确定无疑地认为11世纪到13世纪时中国的成就无论在深度、广度和精细程度上都远超当时的欧洲，那些在两处都生活过的旅行者，譬如马可·波罗，也持有同样的观点。谁能责怪他们？马可·波罗惊叹杭州的繁华，那里曾是南宋的都城，直到被蒙古征服（1279），可是在接下来的几十年时间里依然是当时世界上最大的城市。他看到平整的街道、运作良好的下水道网络、引入温泉水建成的公共浴室、商品极度丰富的集市、巨大的公共公园、宏伟庄严的宫殿、定时夜巡以及为所有居民登记造册的复杂系统。在随后的数百年时间里，没有任何欧洲城市具有这些功能。当然，中国人也是经历千余年才发展出这些成就。与此同时，欧洲已经开始走在通往革命性剧变的道路上。

一个又一个世纪，欧洲人不断进步。制度成熟度和技术发展水平提升，知识水平、储存和传播信息的能力增长，协同工作和组织社会网络的规模扩大，对兵法的掌握日益精进，经济手段和交易趋于合理化，对自然界的理解与日俱增，个体与法人权利意识萌生，既有权威、传统信仰和习俗受到挑战，事物得到定量与测量，制造工艺机械化，系统化的观念被应用于生活。这些变化为18世纪末和19世纪欧洲的生产机械化与现代经济的出现打下基础。

其他社会当然也在这些领域中的部分甚至全部取得进步，只是速度与密度不及欧洲。另外欧洲也没有经历那种破坏巨大的发展停顿，例如蒙古征服，12世纪以来穆斯林宗教权威阻止哲学探究所导致的对创新和发展的妨碍，或15世纪以来中国与日本的闭关锁国。相反，欧洲变得更为开放、更具创新精神。在1500年到1800年间，成千上万的欧洲人为了做生意、探险、科学文化目的及传教而到访中国，而只有两三百名中国人，大多还是皈依基督教的信徒，到访欧洲，通常是去罗马或那不勒斯。这个时期，欧洲的知识氛围鼓励跨大陆合作和广泛的文化资源积累。从1474年开始在威尼斯实施的专利法显然是世界历史上的首创，在促进发明上功不可没，它让技术描述变得更为精确，同时还将技术进步的详细过程保存下来。

印刷革命与透视原理的结合精确记录下技术知识上的细节转化，在此之前，因为缺乏合适的保存媒介，这类进步常常会被湮没在历史长河之中。幸得成千上万的发明家、设计师、创业者、科学家、艺术家、专业人士、业余爱好者（这是一个在1748年才进入辞典的名词）、工匠、教授、工程师和其他专家或非专业人士一起分享并交换知识、技术、经验和观念，到了18世纪，这些进步的源泉开始产出丰硕成果。就像第八章详述的那样，学会与期刊将学者联合起来交换想法，而大学、俱乐部、报纸、大众出版物和系列讲座则将最近的突破传播给更广泛的听众。知识在其他伟大文明中也同样持续进步，但更多时候只是以封闭的方式进行。

例如在中国，学者专注于哲学思辨，对从事手工劳动的人怀有传统上的贵族式轻视，他们也同样很少与工匠或技术专家交流。与此对比，库萨的大主教尼古拉（1401 ～ 1464）虽然将自己的大部分知识思考奉献给神学、哲学、数学和法学，同时又在政治与外交上扮演重要角色，撰写关于天文学和物理学等题材广泛的著作，甚至还触及诸如矫正视力的眼镜之类的细致主题。欧洲最伟大的头脑在启蒙运动开始前300年里变得越来越重视实践，最后促成了该运动的发生。那个时代典型的思想家德尼·狄德罗坚持将最细节和普通的技术专业知识公布于众。他与具有相似看法的“公共知识分子”从来不会因为知识的来源而对其轻视。

俄国的彼得大帝（1682 ～ 1725 年在位）也具有同样的观念，或许这种观念来源于自己早年在莫斯科郊外“德国人聚居区”与西欧人共处的经历。他在位期间致力于引进并采用大量科学、技术、文化和管理（虽然不包括政治与宪法）等专业知识，以转变俄国。俄国得以成为世界上第一个“发展中国家”，到1900年仍属欧洲大国。可能当时其他具备冒险精神、不墨守成规的统治者也一样可以通过类似方式将自己的国家欧洲化，但直到明治维新（1868）时的日本，没有任何其他国家实现这种转变。无疑，基督教是俄国在文化上与欧洲具备的重要的相同基因，但同时东西方教会之间巨大的信仰鸿沟也带来阻力，或许只有像彼得那样强硬的统治者，才能将如此多的外来影响强行施加到国民之上。

同时，欧洲的专家与工匠数量逐渐增多，这些都是实用知识的巨大宝藏。这些宝贵的信息包括所有已知材料的性质，化工业各分支里最佳的实践与操作方法，气体和各种材料在不同温度与压力下的表现，化学品和化合物在家庭、商店、战场与军营中恰当的使用方法，以及如何正确地测量事物并记录相应的结果和数据。作为个体，这些人只是为某个具体的目的寻找实用的解决方案，但作为一个整体，他们为共同的知识进步作出贡献。当然，那个时代领头的知识分子——伏尔泰、亚当·斯密（1723 ～ 1790）、切萨雷·贝卡里亚（1738 ～ 1794）——的目标是改善全人类的生存状况。事实上，深受法国胡格诺派影响的英国著名科学家、发明家约翰·T. 德萨古里埃（1683 ～ 1744）在 18 世纪 30 年代就认为科学应该“让艺术与自然为生活必需品服务”。

从库萨的尼古拉时代开始，越来越多的饱学之士到处旅行、广泛交流、学习多种语言。专家设计并制造出相当复杂的科学仪器，编纂阅读手册、百科全书、字典、教科书和新闻报刊，并将最新的技术与文学著作翻译成欧洲主要语言。欧洲各地受过教育和具有务实头脑的人前赴后继地发展人类知识和理解力，18 世纪时在这方面最为出色的莫过于英国人。

万事俱备

英国探险家和植物学家约瑟夫·班克斯（1743 ～ 1820）担任王家学会主席长达 42 年，常与企业家领袖通信往来。约瑟夫·普里斯特利（1733 ～ 1804）是一名学者、神学家、科学家、文法学家、政治理论家和历史学家，他最早分离出氧气，还是苏打水的发明者。他的妻子玛莉·威尔金森的父亲和兄弟都是成功的实业家。普里斯特利还是月球学会的常客，这家位于伯明翰的非正式俱乐部自18世纪70年代起就吸引了许多著名科学家、商人和知识分子。经常参加聚会的有伊拉斯谟·达尔文（1731～1802，著名的自然学家，提出进化论的查尔斯·达尔文的祖父）那样的名人，还有设计第一台机械上高效、经济上实用的燃煤蒸汽机的苏格兰发明家詹姆斯·瓦特（1736～1819），和资助并管理生产瓦特蒸汽机的英格兰制造商马修·博尔顿（1728～1809）。在接下来的25年里，博尔顿与瓦特一共售出大约450台蒸汽机，标志着人类获得革命性的新动力来源，令普通生产者也拥有从前法老才掌握的生产力。

仅仅在17世纪这100年里，英国就从一个几乎纯粹的农业国进化成世界上城市化最发达的国家之一。伦敦是英国最大的城市，1550年时人口大约为7.5万到12万，到1700年时则有49万到57.5万——约占当时英格兰和威尔士总人口的1/10。即便在世界范围，能够超过伦敦人口数量的大概也就只有北京（约100万）、暹罗的大城府（大约100万出头）和君士坦丁堡（大约70万）了。同样在1700年，英国还有六七个城市居民数超过1万——诺维奇、布里斯托、埃克塞特、约克、曼彻斯特、纽卡斯尔和大雅茅斯——人口居于5000到1万之间的城市还有二三十个。新制造产业在全国各地涌现，专注领域也扩展到传统纺织业之外，譬如制糖、玻璃、陶器、铁和造船。矿工也开采出越来越多的煤、铅、铁和锡。

商业活动稳步繁荣。各种商店在大大小小的城市开张。建筑商用砖石建造大量房子，尤其是在1666年伦敦大火之后。即便是住在小城镇和村庄里的普通人也热衷于购买在17世纪早期时只有富人才买得起的商品，例如镜子、书籍、钟表、陶瓷制品、亚麻床上用品、窗帘和银餐具等等。闲暇时的消遣也丰富起来，包括矿泉疗养地和度假村、带有小摊的公园以及咖啡馆——仅仅在伦敦一地就超过 1000 家。迅速扩展中的道路体系上行驶着固定班次的驿马车，将大城市与小城镇连接起来。邮政服务也变得更为高效，17 世纪 60 年代早期开始使用邮戳，到了 70 年代，大伦敦地区已经出现保证当日送达的寄送服务。1680 年，一个名叫威廉·杜克瓦（1635 ～ 1716）的企业家在伦敦建立业务范围广而又广受欢迎的私人邮政系统，但王室以侵犯邮政总局专营权为由强行关闭了他的服务。英国各地数量众多的创业者寻求各种机会，希望能从广大民众日益增长的财富和可支配收入中分一杯羹。这是个致富的时代。只要社会上有需求，人们就会想尽办法发明、供应、配制、建造、展示或服务。一个生机勃勃并不停成长的国内市场带来消费文化，就像荷兰共和国里曾经发生过的一样。

尽管几乎所有欧洲国家在 17 世纪的大多数时间里都经历了经济下行，但英国和荷兰共和国的经济依然持续增长，尤其是荷兰。这或许是缘于它们被整合进国际贸易网络之中。虽然荷兰依旧在国际贸易中占据统治地位，英国却在快速赶上，在 1700 年之后不久赶超荷兰成为第一。在 18 世纪它的外贸总量翻了 5 倍。

其他因素也促进英国的工业发展。事实上，整个欧洲的几乎每个村庄或市镇里，小规模的创业者——常常是农民，有男有女，在农闲时工作——从事着采矿、织布、捕鱼、纺线、酿酒、打铁、制造、缝纫、腌菜、锯木、铸模、蒸馏、手工等工作，为邻近市场或更远处的中间商提供其他时髦商品。那些没有土地的低等阶层成员承担大多数此类工作，他们常常四处迁徙，寻找雇佣机会。与欧洲其他地方的人相比，英国人似乎展示出更大的创业精神和地理上的流动性。开始于 16 世纪的圈地运动将数十万农民从土地上赶走，逼得他们只能在其他地方寻找就业机会；另一个原因是农业产量的大幅增长，将大量劳动力从农田中解放出来。18 世纪下半叶英国死亡率的下降或许部分应归功于天花预防接种以及卫生条件改善，这更进一步刺激了劳动力的增长。英国密集的人口、狭小的国土和相对发达的河道与运河网络也大大降低了运输成本。

不仅知识分子、科学家、发明家和企业家能够轻易地互相合作，拥有土地的上层阶级甚至贵族成员也有通过加入王家海军、商船队和商业来追求冒险的传统，“出身良好”的庶子因为严格的长子继承法律被剥夺继承权，常常从事此类职业，他们的兄长对此也乐观其成。贵族轻视肮脏和高强度的体力劳动，这自古以来就是阻碍经济发展的巨大因素。与欧洲其他国家的精英相比，这种歧视在英国精英阶层那里要轻微得多，荷兰或许是唯一能与之相比的国家。而且，经济利益常常将商人、地主和政府精英绑在一起。牧羊人的成功取决于国际市场上的羊毛价格，收税官也一样。伦敦的商人常常将大笔款项借给国王，更加强了这种互相依赖的联系。

1688 年发生的光荣革命并没有在英国引发商业或工业革命，因为那个时候英国已经拥有相对发达的金融体系和社会结构，牵涉到大量劳工、社会与地理的流动性、城市化和无处不在的创业精神。但国王与富人（议会所代表的阶层）达成协议所带来的政治稳定的氛围依然激励发明家、创新者和创业者冒着损失资本、时间和努力的风险来从事更勇敢也更有利可图的商业冒险。

最后，遍布英格兰、苏格兰和威尔士的储量丰富的煤炭和铁矿石常常相伴而生，多集中在水流湍急的河流附近。这一切综合在一起，为即将到来的工业繁荣提供了能量来源和原材料。煤炭与铁矿石相伴而生在欧洲其他地区都有，例如西里西亚、鲁尔区和乌拉尔山脉。事实上，在世界范围内也不罕见，如恒河平原东部、中国北部和宾夕法尼亚西部。因此，英国虽然与荷兰共和国相比占据独特的优势，但与地球上其他潜在竞争者相较起来的话却未必如此。

学术争论

面对英国工业发展的众多有利条件，一些历史学者挑出两个最基本且值得专门阐述的因素——煤炭与殖民地；但也有一些专家认为奴隶贸易才是原始资本的来源；还有其他学者认为伟大的亚洲文明才是让这一切开始的源头。因此，在我们开始描述工业革命的主要阶段前，先来看看这些争论。

珍妮特·L. 阿布－路哥德在 20 年前提出，在黑死病从英吉利海峡到中国黄海的欧亚大陆间肆虐的前一个世纪，全球的商贸体系就已相当发达。在这个“世界体系”之中，中国与中东地区占据支配地位，而欧洲则只扮演从属角色。每个参与者都发展出复杂的金融、技术和制度创新，大家都处在经济发生革命性转化的前夜，但突然出现的自然或人为的灾难与趋势——黑死病以及明朝皇帝实行海禁，开始闭关锁国——打断了这个进程，只剩下欧洲有能力殖民美洲，获得新兴商业与工业革命所需要的资本。当然，位于欧亚大陆两端的相对类似的“前资本主义”并不意味着两者在实现真正现代意义上的经济增长方面具有相同的机会，就像 1750 年的俄国与英国也有相似的“前工业化”，但这两个国家发生工业革命的概率显然并不相同。10 年后，安德烈·冈德·弗兰克提出，在公元 1500 年后，一个以亚非为中心的世界经济联合体依然保持繁荣。在这个观点里，欧洲再一次处于边缘位置，只有在获得进口自美洲的大量白银之后才打入这个最富裕的市场。

彭慕兰的研究要详细得多，结果显示晚至 1800 年，中国，尤其是长江下游地区与欧洲相比，在富裕程度、商业创新、道路河流连接和经济发展方面毫不逊色。更难得的是，中国的政治精英对于市场关系的干预比欧洲少得多，类似荷兰东印度公司这样的专营公司都是由国家专制权力批准的，中国则没有类似的对应机构。英国较小的地理面积、相对有限的人口与自然资源使得企业家要从地下开采煤炭，并从新世界获得食物与原材料。彭慕兰在此处采用了“幽灵面积”概念，最早提出该概念的是乔治·博格斯特伦，后来在 1980 年威廉·R. 卡顿的著作中得到进一步发展。进口的木材与粮食补充了英国所缺乏的林地与农田，规模可达数百万英亩，而一旦进入工业革命，煤炭又为英国经济提供了规模巨大的“幽灵劳动力”。

虽然没有明证，但彭慕兰暗示英国消费者能够以全世界最便宜的价格从北美获得糖与棉花。然而，事实是糖或类似商品在英国的价格是全世界最高的。彭慕兰也无法证明美洲的奴隶劳动力比印度或中国的自由劳动力成本更低。因为在近代早期，粮食价格与劳动力价格直接相关，而印度和中国的粮食生产成本低于美洲或欧洲，所以亚洲的劳动力成本应该更低。因此一个合理的推论就是中国和印度的企业家没有那么强的意愿使用机器生产，然而彭慕兰否认这种观点。

另一个彭慕兰没有足够强调的重要因素是18世纪时中国大大超过同时期英国的巨大领土，特别是在英国失去其北美殖民地之后。他或许还应该注意到英国家畜与人口比大大高于中国。例如，1695年时，600万英国人口拥有约120万匹马，这些马的劳动力大约相当于600万到1200万男性劳力，极大地补充了英国的劳动力和生产力。而且全国大量牲畜所产生的肥料也加速了农业产量和人均消费增长和城市化进程。但戴尔得丽·麦克洛斯基认为仅仅依靠欧洲人均土地面积增加6倍——基于E. L. 琼斯的计算——也不可能解释在过去200年时间里西方人的生活水平提高16倍。更何况，俄国与蒙古，以及历史上许多其他地区实现了领土的指数增长，却没能孕育出现代社会或任何伟大变革，甚至连大幅提高生活水平都没能做到。

另外，英国企业家并不能直接攫取煤炭和殖民地。他们依然需要通过开采煤矿来获得其革命性的能量，在那之前他们必须先发现新的土地，并在离家数千英里的异乡培植一个社会，将产自三个不同大陆的原材料和工业流程整合成复杂的商业操作，最终将产品输出到全球市场，与原先早已占领欧亚大陆市场的生产者竞争。英国人，以及不久之后的美国人和其他欧洲人实现了这些突破，将自身和广义的西方带到一条革命性的转变之路上。而中国人和印度人则没有。

后来出任特立尼达和多巴哥第一任总理的埃里克·威廉姆斯（1911～1981）认为奴隶制和奴隶贸易带来的资本积累提供了工业革命所需的资金，英国议会之所以在1807年禁止奴隶贸易仅仅是因为这个生意已经不再那么有利可图。许多学者接受这种说法，并以事实与数据作为佐证。他们的发现包括：好几位英国和新英格兰的工业领袖的第一桶金都来自奴隶贸易；到19世纪中期，棉花生产占据美国出口一半左右，廉价的奴隶劳动力让殖民地经济的快速发展成为可能；殖民地为母国生活水平的提高（尤其是大量的蔗糖消费）作出大量贡献，而且这两个奴隶制基础经济体都吸收了大量棉布产能。

但其他专家提出反驳。首先，大多数奴隶贸易的利润都在贸易商手中，或只在当地经济中流转；其次，只有生活在英国的蓄奴者的财富才会“漏到”社会的其他阶层里，但这部分财富所占的比例很小；第三，奴隶制废除之前，贩奴一直保持着很高的利润率，事实上，当时无论是交易的规模还是奴隶价格都居高位；第四，17世纪末18世纪初的英国种植园对于城市居民收入和国民总收入的贡献比例都很有限，就算世界上最大的蔗糖生产地巴巴多斯，在经济上也仅与英国国内一个较小的郡相当。一个世纪之后，制糖业对英国全国经济的贡献大概只有2.5%。在18世纪末奴隶贸易达到最高点时，其所占的英国船运总吨位的比例可能都不到3%。

总体看来，英国殖民地对英国本国工业化早期的资本贡献相当有限。更重要的是，戴尔得丽·麦克洛斯基令人信服地证明资本积累并非发动工业革命的必要条件，因为在19世纪中期大建铁路之前并不需要巨大的资本投入。无论如何，如果资本积累真能带来经济发展，那么在殖民地获得最多黄金白银的西班牙才应该成为第一个工业化国家，然而直到20世纪，西班牙的经济依然停滞不前。同样，历史上众多征服者大规模地剥削其他社会，但没有一个能够带来迅速的经济发展。

同理，对外贸易本身似乎也不会推动工业化。英国的进出口总额在18世纪翻了四倍有余，但人口只增加了一倍。而且在那个时期，没有任何贸易品或任何贸易伙伴不可或缺。18世纪几乎持续不断的战争一次又一次地中断贸易，迫使英国寻找替代商品与市场。同样无法确定的是对外贸易的增长是否导致大多数英国人的消费增长和生活水平提高。无论怎么计算，对外贸易给英国经济贡献的价值确定无疑只占经济总产出的很小一部分。退一步说，如果仅仅贸易就能带来工业化，为什么近代印度洋地区广泛而紧密的贸易体系没能导致当时最发达的亚洲国家率先工业化？

生产的机械化是多种因素共同作用下产生的，并非单靠一两个因素。这些因素包括一个互相关联而且相互依赖的网络，在其中进行着资本、土地、劳动力、商品、想法和创新技术的交换。毋庸置疑的是，与其他国家与地区相比，在近代欧洲，特别是英国，这种网络显得更具活力、更多样和更高效。仅仅拥有财富——例如煤矿和殖民地——并不能自动转化成创新。人们需要首先找出如何创新性地使用这些财富的方式。这就是欧洲对现代世界的贡献。类似罗伯特·马科斯的观点——“英国幸运地发展出以煤为燃料的蒸汽机”，暗示工业革命的发生仅仅是运气。实际上，这一发展可不仅仅依靠运气。

连串创新

数个世纪以来，欧洲人一直用传统方式冶铁。南方多将铁矿石置于锻铁炉内直接熔化，北方则使用鼓风炉分两步炼制，但两种方式的热量来源都是木炭。木炭由专门的工匠提供，他们将木头在低氧环境中慢慢加热到相当高的温度。制造1吨锻铁需要大概10吨木炭，而制造1吨木炭大约需要10吨木材。不难想象，森林的过度采伐慢慢成为欧洲许多地区面临的问题。

从13世纪开始，英国各处的壁炉、锻铁铺和石灰窑的煤炭消耗越来越大。在接下来的300年里，工匠在多种工业生产中尝试利用矿物作为能源，如玻璃制造、制陶、酿酒、制造染料和熔炼有色金属。逐渐地，与其他欧洲国家的人相比，英国人掌握了更多关于火炉、窑和锻铁炉的技术知识、各种类型煤炭的特性，以及哪种燃料——木柴、木炭、煤炭、泥炭或焦炭——最适用于哪种工业用途。这些经验和专业知识让一位名叫亚伯拉罕·达比（1678～1717）的英国贵格派教徒实现了重要的技术突破。

1709年，在尝试了各种商业冒险之后，达比在西米德兰兹的什罗普郡建了一座高炉。烧木炭的高炉通常比锻铁炉体积要大，但更重要的是它能通过从炉子下方注入空气而产生更高的温度。从以前在谷物作坊当学徒的经验中达比了解了焦炭，而且他相信通过高温分解从煤矿石中提取的焦炭，其燃烧效率要比木炭更高。显然，他的想法是对的。达比的业务是家用铁器生产，但因为各地不同种类的煤炭带来各种技术挑战，焦炭熔铁直到1750年前后才成为英国冶铁工业的标准，在欧洲大陆则发展得更晚。

同时，工匠和企业家还开发了其他新技术。1710年左右，一位浸礼会牧师托马斯·纽科门（1664～1729）设计出一台能够工作的蒸汽引擎。当时，渗水是困扰全英国各处矿井的难题，他的初衷是用新发明来泵水。几年后，达比的冶铁技术让纽科门的蒸汽机得以使用更大的活塞，增加了马力。这些创新在随后几十年里极大地增加了煤炭和其他矿石的开采量。

18世纪的英国开始出现一些可喜的变化。回顾历史上各种发明，重要技术创新最初1000年左右才有一次；随后，取决于判断标准，变成100年一次；到了1500年左右，如同我们在第八章里提到的，每隔一两年就有一次科学突破；到18世纪，英国工程师和发明家在技术上达到同等速度，尽管多数是改良自欧洲大陆的创新。为什么会有这种时间延迟呢？科学了解自然和世界，而技术则改造自然和世界。要实现这些改造，详尽的知识、扎实的技术和丰富的经验是必不可少的。现在，历史上第一次，人类到达了一个持续运转、不断加速的科学与技术互相促进发展的转折点。

18 世纪上半叶，羊毛纺织依然是英国生产与出口量最大的商品。普通人在自己家里纺布——所谓的“茅舍经济”——用的是手动纺织机和转轮。然而，来自印度的新织物开始在欧洲社会各阶层中流行，这种经由专业纺织工编织的织物有着艳丽的花纹，质地更柔软，穿起来也更舒适，这就是棉布。英国纺织工随即开始生产棉布，尽管在赢利能力上还无法与印度竞争者相比。对于这种可爱的新织品——马德拉斯布、印花棉布、轧光印花棉布、平纹细布——的热爱，再加上持续性的技术更新和寻求利润的企业冒险相结合，彻底改变了这个产业。

纺织生产的机械化需要许多步骤。英格兰西北地区伯里市的约翰·凯（1704 ～ 1780）在 1733 年实现第一个飞跃。他的“飞梭”让一个工人就能操作手动织布机。然而，害怕失业的织布工对此深恶痛绝，更要紧的是这个飞跃导致一个新瓶颈的出现——能够织更多的布，意味着需要更多纱线。巧的是当时正好有一个来自法国的胡格诺教派信徒刘易斯·保罗（逝于 1759 年）来英国避难，他和他的伙伴——英国木匠、发明家约翰·怀特（1700 ～ 1766）设计了一种用滚轴来转动的装置，将棉纤维抽出并捻成纱线。不幸的是，这对伙伴试图建立商业纺纱厂的努力无人问津。与此同时，保罗发明了一个板状机械，用于棉花纺织前的最后加工，这个机械在 1748 年获得了专利。

这个故事的下一步发展充满阴谋、欺骗与不公。1764 年，两个发明家——詹姆斯·哈格里夫斯（1720 ～ 1778）和托马斯·海伊（1718 ～ 1803）都声称自己设计了能够同时处理多根纱线的“多轴纺织机”。海伊找来一个也叫约翰·凯的兰开夏钟表匠造出了这台机器。几年后，凯遇见理查德·阿克莱特（1733 ～ 1792），告诉他多轴纺织机的秘密。阿克莱特的商业头脑十分高超，却缺乏道德约束。1769 年，他获得水力驱动的多轴纺织机版本的专利，称其为纺丝机。在富有的合伙人提供的资金帮助下，他在 1771 年设立第一家水力纺织厂。在接下来的 10 年里，阿克莱特又成立了几家工厂，雇佣数百名工人。临终前，法院以窃取他人知识产权为由判阿克莱特的专利无效，但此时他已经积聚大量财富，高达 50 万英镑。

其他几个创新也迅速跟进，有些不大起眼，如漂白、染色和印花的新工艺；另一些则将纺织业进一步机械化。1779 年，塞缪尔·克伦普敦（1753 ～ 1827）发明走锭细纱机和一种能够纺出粗到可以用来大规模生产的纱线。五年后，一位名叫埃德蒙·卡特赖特（1743 ～ 1823）的牧师在 1785 年获得自己设计的动力纺织机的专利，带来这个产业的又一次飞跃。这个发明将所有生产棉布的元素合并在一台机器里完成。不幸的是，这个装置的效率很低，还经常断线。直到 1789 年威廉·拉德克里夫（约 1761 ～ 1842）在兰开夏的水力棉布纺织厂中引入一系列革新才解决这个问题。至此，从 1785 年到 1822 年，英国的棉布织品产量提高了十倍。最重要的是，每一次革新出现之后，就会有一大批新的革新改进最初的设计，然后又带来新一轮革新和随后的改进，这是一个极为有效率的周期循环，一直持续到今天。

就在同一年，约书亚·威治伍德（1730 ～ 1795）将亚洲进口商品中第二受欢迎的陶瓷制品的生产工业化了。他生于英格兰中部地区一个制陶工匠家庭，从很小时候起，他就开始试验不同材料、生火技术和制釉方法。从 28 岁时开始，他详细记录自己进行过的所有实验。一段时间后，他设计出极为精美的图案、纹理、颜色和浅浮雕，还能把这些图像印入硬度不同的各种陶器、珠宝托、浮雕宝石等装饰性物件之中。许多图案深受古埃及、希腊和罗马的影响。1762 年，他遇见一位接受过古典教育且游历广泛的商人托马斯·班特利（1731 ～ 1780），与他结成商业伙伴。班特利与约瑟夫·普里斯特利和本杰明·富兰克林私交甚笃，带给公司许多订单和人脉，这些人脉在诸如说服议会同意开修运河连接斯塔福德郡制陶厂与港口城市利物浦和赫尔时就起了相当作用。他们大获成功。

两位伙伴稳扎稳打地扩张生意，将不同类型的陶瓷生产分配到不同的专门作坊中去，在伦敦等各个城市开设展销店，采用各种最新的技术创新，在工厂附近建造工人宿舍，设立并支付保障生病工人基本生活的基金，开设学校培养绘画和制模学徒，实行世界上第一个定时打卡上班的系统。他们还开创新式营销技巧。1771 年，公司将自己的产品直接免费寄送给约 1000 名德国贵族。这个赌博大为成功，这些潜在客户中的大多数都上了钩。第二年，威治伍德通过在出售的每件商品上打上自己的名字而成为第一家为产品制定商标的公司。他们认为这些英国贵族和王室成员是“品味的立法者”，其名声能够为公司产品背书，所以特别重视王室贵族的订单，甚至亏本也在所不惜。公司有意将价格定得相对较高，但提供增值服务，譬如国内免费配送、为在运输途中损坏的产品免费替换和退货。显然，他们是这种至今依然流行的策略的开创者。威治伍德在欧洲、新世界、土耳其甚至中国都开发出一批上层客源。到 1783 年，公司将近 80% 的产品都销往国外。

同时，其他发明家和企业家改善了铁和蒸汽机的生产。约翰·威尔金森（1728 ～ 1808）是约瑟夫·普里斯特利的姻亲，在威尔士北部扩建了家族的冶铁作坊，后来又在 1757 年于什罗普郡建了第二座冶铁厂。就是在那里，他使用原煤来铸铁并开发了一种生产炮筒和蒸汽机气缸的机器。在随后几十年中，许多创业者尝试各种铸铁的方法。18 世纪 80 年代由亨利·科特（1740 ～ 1800）发明的搅拌精炼工艺在减少燃料消耗的同时大大提高了产量。1779 年，由亚伯拉罕·达比三世（1750 ～ 1791）领头的几位创业家开始建造第一座铸铁结构的桥梁。两年后，这座跨度 100 英尺、高度 60 英尺的建筑奇迹般地横跨在什罗普郡塞文河上。这项工程一共用了将近 400 吨铸铁。工程师还用铸铁建造垂直结构，18 世纪 90 年代，五六层高的铸铁结构房屋已经问世。

动力来源也大大拓展，几百台纽科门蒸汽机被建造出来。在过去的几十年时间里，纽科门蒸汽机一直在改进，持续运行在英国和欧洲大陆各地，直到 19 世纪初期。其中一部分纽科门蒸汽机造于 18 世纪 80 年代，通过曲轴连接到纺织机等机械装置上。1778 年，博尔顿和瓦特改良新型蒸汽机，比纽科门蒸汽机的效率高 5 倍，同时煤炭消耗量减少了 75%。5 年后进入市场的一个新型号机器能比纽科门蒸汽机更高效地驱动旋转机械。到 1800 年，他们生产了将近 500 台引擎，大多用来为纺织厂提供动力。很快，瓦特的专利过期了，为随后到来的几十种改善、革新和新设计打开大门。让我们用数字来说话，产生 1000 瓦功率的动力成本从 1760 年的 5000 镑降到了 1810 年时的约 1000 镑。与此同时，工匠设计出各种各样的机械工具进行金属加工，包括车床、刨床和铣床，令机械师能大规模生产品类众多的实用或装饰性商品。

发明家将煤炭产生的动力用到越来越多的地方。一位苏格兰工程师，同时也是博尔顿和瓦特铸造厂的雇员——威廉·默多克（1754 ～ 1839）设计出一种燃气灯具，燃料是煤炭的副产品。到了 19 世纪 10 年代，公用事业公司已经在伦敦建造了路灯系统，而巴黎的则完工于 20 年代。默多克还在 1784 年发明了一辆自动蒸汽汽车。三年后，美国发明家约翰·费奇（1743 ～ 1798）在德拉瓦河试航世界上第一艘蒸汽船。1807 年，另一位美国发明家罗伯特·富尔顿（1765 ～ 1815）开始世界上首次蒸汽轮船的定期航行服务（往来于纽约市与奥尔巴尼之间）。

来自美国和英国的十几名工程师与发明家在接下来的 20 年里设计出高压蒸汽机，将之装在火车头中，还建造了较短的铁路线，开通城际火车服务。首次客运铁路班车开通于 1830 年 9 月，运行在英国西部港口城市利物浦和相距 35 英里的内陆城市、纺织工业中心曼彻斯特之间。铺设这条线路需要极高的工程技术，如在利物浦地底开挖一段长度超过 1 英里的隧道、建设几十座桥梁和高架工程、爆破多石丘陵、穿越一片巨大的泥炭沼泽。短短几十年，英国、美国和欧洲大陆的工程师成功地在所有主要城市之间通上铁路。

如前所述，到目前为止，制造业投资所需要的资本相对来说并不巨大。大多数英国创业者通过个人积蓄、家庭成员借款，或者与几位商业合伙人合作的方式筹集资金。阿克莱特、达比（祖孙三代）、威治伍德、博尔顿与瓦特都以规模不大的合伙人方式组建自己的企业。他们尽量避免有限责任公司这一方式，因为这会减轻投资者的义务，他们想要将投资者的个人责任与他们的商业伙伴绑在一起。但建设一条铁路线，哪怕是一条很短的线路，也需要巨量的金钱投入和一种全新的商业模式。

特许经营公司很久以来一直在美洲殖民地大为流行。自美国最古老的特许公司哈佛大学（1636 年获得特许经营权）成立以来，上百家自治市、教堂、商业和公用事业以这种方式经营。然而政府常常严密管控这些实体，有时候随意取消特许经营权，这个缺点使其难以成为最理想的商业模式。1819 年，最高法院判定特许公司享有固有的私有权利，美国各州政府和英国议会都放松了管制。随着铁路修建的兴起，英国议会每年都批准成立几十个特许经营公司。1844 年《合股公司法》让成立特许经营公司变得更为简单，只要注册登记就行，一下子就出现了几百家新公司。与此同时，美国与法国的法律授予公司有限责任，英国议会也被迫于 1856 年通过了类似法律。就像打开了泄洪闸门，接下来的 6 年时间里，仅英国的企业家就成立将近 2.5 万家有限责任公司。投资者自然更愿意支持破产后债主无法尽数追索股东私人财产的公司。

有限责任公司在两个方面深刻地影响西方社会。首先，它们成为自中世纪时期城镇出现后的第一个重要的新型政治参与者、自治实体和权力集合体。它们存在于社会之中，对政府施加有力的影响却又保持相当程度的独立。其次，历史上第一次出现了成千上万的商业组织，相当一部分财富被吸引到市场，合理地分配到几万乃至几十万个商业机会中。自然地，许多公司破了产——占 1856 年到 1883 年间英国成立的所有有限责任公司中的 30%。然而，这块色彩斑驳而又不停扩张的商业拼图上众多小碎片的失败，并没有对经济体系的发展造成永久性伤害，更不要说摧毁，在适应消费者需求、增进资源配置效率、提高劳动力与创业天分的组织等方面，经济体系得以进一步成长。年复一年，投资者的数量与范围都在增大，越来越多的人愿意为将来赌上一把，期待以此增添自己的财富，并相信生活将会日益富足。自由企业时代的曙光开始出现。

非西方社会很晚才加入这一进程。奥斯曼帝国议会直到 1908 年才给予公司合法地位，当时已经有几十家总部在巴黎或伦敦的外国公司在帝国内从事经营。

铁路的出现大大地改变人们出行和货物运输的方式。几千年以来，人们只能以每小时几英里的速度慢慢前行，间或有一些加速。他们徒步、骑乘动物、划船或扬帆。当时最快的船只，速度也不超过 14 节（时速 16 英里），因为多变的风向，通常情况下的航行速度要慢得多。而现在，人们突然之间就能够以每小时 25 ～ 30 英里的速度移动。几年之内，铁路的速度和运力就获得很大发展，无论客运车还是几百吨的重型货车都能以时速 60 英里的速度行驶。在 1830 年到 1870 年之间，铁路运输为英国省下 1.5% 到 20% 的成本，取决于你相信谁提供的数字。

铁路公司改变了商业模式。它们不仅利用了大量资本，同时还创造出巨大的规模经济以及全新的组织管理技术，让数以百万计的乘客和货物能够按照严格计算的时间表穿越数千英里。19 世纪中期，一些大型铁路公司都雇有 50 名以上的经理，他们以专业化和精细化为己任。在随后几十年里，经理人数一增再增。他们中更具创新精神的一批开发出复杂的定价和排班算法、组织架构等合理的管理方法。为满足各种实用目的修建的铁路需要筹集大量资本，催生纽约股票交易中心，从19世纪30年代每天交易几百股发展到50年代每天交易数十万股。

1845年，将近2500英里长的铁路将英国的各个工业中心、港口、自然资源开采处和农业区连结在一起。到了1860年，总长度增至约9000英里。将全国每个角落都纳入铁路网中需要相当的工程技术，譬如1830年投入使用的泰晤士河王家阿尔伯特大桥跨度将近半英里，连接了德文郡和康沃尔郡。1830年，全球煤炭年产量是3000万吨，英国占了4/5。40年后，世界煤炭年产量上升到1.1亿吨，英国的占比依然将近全世界的一半。这是一场能源利用的革命。19世纪中期，英格兰和威尔士约1800万人口消费了大约5000万吨油当量的能源，只比当时整个清王朝统治下3亿居民的能源消耗少一半。这些能源消耗带来工业产能的巨大增加。英国生铁的产量从1830年的70万吨增加到1870年的400万吨。总的说来，1870年时的英国商品出口量超过当时法国、德国和意大利三国出口量的总和。

英国成为“世界工场”。英国主要纺织品生产地兰开夏郡的棉纺厂数目从1835年时的676家增加到1850年时的1235家，几乎翻了一番。大多数此类工厂雇佣工人的数量相对较少，平均150人左右，大多属于家族企业或数量有限的合伙人。激烈的竞争让大量同类企业破产，催生纺织机械的二级市场，不断地激励着其他创业者进入这个行当寻求财富。1800年时，英国的工业、商业和服务业的产出就已超过国民经济生产总量的一半。1831年时，英国工业人口占总人口的41%，超过任何一个产业。随着各个工厂吸引越来越多的劳动力，英国城市人口迅速增长，到1850年占全国总人口一半。遥遥领先的纺织中心曼彻斯特的人口数量从1772年时的25000增长到1851年时的367232。其他主要工业中心，如利兹、伯明翰和谢菲尔德的人口也同样以极快的速度增长。伦敦的人口增长速度更是让所有城市相形见绌，在1861年达到了3188485，这在人类史上绝无仅有。

毫无疑问，煤炭为英国工业提供燃料，加速了革命。人们或许会怀疑，如果没有煤炭，英国的企业家和创新者是否还能发动这场变革。毕竟，直到18世纪末期，大多数铁匠作坊还没有放弃用木炭冶铁。正因为英格兰没有铜矿（见第四章），机智的火炮制造师才会在16世纪时用更便宜的铸铁代替青铜，变不利为有利。如果真的没有煤炭，19世纪早期的英国工业企业家会不会找到其他实用的替代能源，例如风力和水力，或者从欧洲大陆进口更多木柴或煤炭？几乎能够肯定他们会这样做，因为独创性、科学与技术专业知识的联姻、有利的社会与经济条件，还有热切的创业精神对英国工业革命的贡献似乎远大于遍布英国各地的煤炭与铁矿。对于工业化向欧洲大陆扩散的观察也支持这个观点。

扩散

自18世纪末期开始，英国议会禁止技术工匠移民国外，也禁止出口精密机器。但在阻止这类技术扩散中更有效的还是法国大革命和拿破仑战争。的确，这一切减缓了欧洲大陆工业化的进程（尽管法国在许多国家推行的改革为后来经济的快速发展打下基础，如同我们在第十章中所讨论的）。然而，1815年后，在一个个人享有各种公民权利的开放社会之中阻碍工业与技术扩散变得十分困难。欧洲与美国的企业家和政府通过获得许可权、学徒和工业间谍等方式获得各种先进技术。同时，数以十万计的英国工程师、承包商、技术工人、经理、工头甚至工业家移居到比利时、法国、德国和美国。这些国家的企业家和创新者很快就在工厂里建立机械化生产体系，并加以改进，加入创新性的流程、方法和设备。譬如吉拉德（1775～1845）发明的湿法纺纱提花织机、克虏伯（1812～1886）的铸钢工艺——英国工业家也在自己的工厂里采用并改进该工艺。1842年，英国政府废除最后一项技术与技术工人转移禁令，并始实行自由贸易政策。

大多数情况下，每个欧洲国家都以各自的方式发展某一工业领域。例如在比利时和德国，煤炭、钢铁和工程的地位超过纺织业；瑞士的企业家则在苏黎世周围建立一些纺纱厂，但更集中的则是诸如钟表和科学仪器这种劳动力密集型制造业。瑞士作为一个整体，虽然从未完全实现工业化，却依然发展成极为重商的社会，并获得极高的人均国民收入；而法国工业家则发挥技术劳动力的优势，集中发展奢侈品制造业，例如在丝织品方面，法国占据极大的消费市场；瑞典的钢铁工业则大大发展，在木材、铁矿石和纸浆等原料的出口上大获成功，并且也出现了机械化的纺织工业。工业化在南欧与东欧进展缓慢，意大利和俄国直到1900年左右才开始稳定发展。

虽然发展速度不同，但我们能够看出，欧洲作为整体，几百年来所积累的创新和变革，催生了工业革命。仅举一例，英国铁路发展后的40年时间里，欧洲的主要国家铺设了5万英里铁道，将欧洲大陆上比较发达的地区连接到一起。工业发展还以其他方式跨越国界：法国与比利时共享巨大的煤矿，和德国共享巨大的铁矿；而普鲁士、奥地利、俄国则同时共享煤矿与铁矿。而且，整体比较先进的国家往往有比较落后的地区（苏格兰北部和瑞士的山地各州），整体比较落后的国家常常又有个别比较发达的地区（加泰罗尼亚和波西米亚）。那些没有尽早工业化或沿着英国路线发展的国家（例如荷兰与丹麦）同样经历了巨大和持续的经济增长和广泛的商业化。事实上，作为对比，世界其他地区在20世纪前实现工业化的寥寥无几，我们可以公平地认为，把欧洲看作单一的社会经济圈，各国都具备足够包容的条件，促进经济以史无前例的速度发展。

第一个实现工业化的非欧洲国家在19世纪成为世界领导者。劳动力短缺和土地资源丰富成为美国经济的主导特征。这两个因素让许多美国农民放弃种植谷物，因为这种作物需要季节性的强劳力，美国农场主更愿意生产肉类、乳制品一类的农产品，因此他们的食谱也比欧洲人的健康。那些从事制造业的工人通常在机械化工厂或手工作坊里全年全职劳作，生产效率比英国高许多，因为直到 19 世纪早中期，茅屋经济依然占据着英国劳动力中相当大的比例。美国劳动力的短缺自然提高了劳动力价格，刺激他们不断寻求能够节省劳力的机械和方法，激励着企业家以最高效的方式分配工人。在这些方面，美国胜过欧洲任何地方。他们创造出规模经济，引入劳动专门化和部件标准化，比欧洲更早也更快开发并采用新的生产技术。

到 19 世纪二三十年代，一些外国人开始谈论“美国生产体系”。这个体系引入不少起源于欧洲的因素。1770 年，法国就开始以能够互换的零件来装配枪支，在随后 10 年里，制造商，如发明轧棉机的伊莱·惠特尼（1765 ～ 1825）进一步改良这一做法。自 1814 年左右起，康涅狄格的伊莱·特里（1772 ～ 1852）开始用能够互换的零件和标准化的装配方法来大规模生产钟表。美国建国初期时的劳动力短缺激励着企业家系统性地发展这种生产方式。由托马斯·布兰查德（1788 ～ 1864）发明的几种专门化的木工工具，例如不规则车床，促进了制式零件的普及。制造业的各个分支里新发明一个接一个出现。布兰查德的第一个机械创新（1806）能在 1 分钟里生产 500 个一模一样的平头钉。

美国体系生产出的第一种重要的大销量日用消费品是鞋。由无需技术的工人使用劳动分工和标准化材料制成的产品涌入原先需要熟练工匠手工制作的市场中，鞋的价格大幅下降，让普通消费者能够购买更多。整个美国，人均鞋产量从 1840 年的 2.1 双增加到 1850 年的 3.5 双。换句话说，仅仅 10 年时间，鞋子的生产效率翻了近一倍，而且不需要大量的资本投入或大规模地引入机械。

新英格兰地区的企业家主导美国的纺织业。英国工程师塞缪尔·斯莱特（1768 ～ 1835）于 1789 年将最新技术带入美国，并与贵格派商人莫斯·布朗（1738 ～ 1836）合伙在普罗维登斯附近建立起新世界第一家水力纺纱厂。斯莱特雇佣当地居民家庭，在工厂边为他们建造宿舍，每个家庭成员负责专门的任务。他后来又与更多合伙人合作，在 1799 年新开两家工厂。1815 年，其中的一家有 5170 个纱锭。斯莱特的工厂里的熟练机械师和经理成为新英格兰、纽约甚至新罕布什尔企业家的宠儿，让“罗德岛体系”进一步传播开来。

虽然斯莱特和其他人将纺纱业完全机械化，但 1810 年时几乎每个新英格兰人都依然在自家生产棉布。1815 年之前，就连纺织厂也还在使用手动纺织机。弗朗西斯 · 卡波特 · 洛厄尔（1775 ～ 1817）来自名声显赫的波士顿世家，拥有哈佛文凭和无可挑剔的商业经验的他将美国纺织工业带到一个新水平。1810 年，他参观了一家位于英国兰开夏的纺织厂，像照相一样将自己所看到的设计、布局以及动力纺织机等工业机械的操作方法深深地刻在记忆中。1813 年，他与其他几位合伙人成立沃尔瑟姆波士顿制造公司，通过出售股份的方式获得 40 万美元，这在当时是惊人的资本。包括洛厄尔在内的 7 名投资者最初的资本投入是 10 万美元。该公司仔细地策划商业策略，如精细的财会体系、层级化公司管理结构、细致的劳工组织、寻找并采用最新的技术进步、（成功地）游说保护性关税、注重生产能被消费者负担的布品，并垂直化整合从纺线到织布的生产流程。他们提出并完成了一个戏剧性的早期工业发展示例——世界上第一家完全整合的纺织厂。公司对于聪明、接受过良好教育、出身良好家庭的年轻女性开出高工资，并为她们提供完善管理的宿舍，后来还在宿舍区加建图书馆、教堂和商店。根据当时参观者的说法，“纺织女工”衣着得体，散发出自尊的气息。

公司的所有这些精心准备为初始投资者带来丰厚的回报。销售额从 1817 年的 5.1 万美元左右上升到 1820 年时的超过 26 万美元，成为了全美最大的纺织品生产商。1817 年，公司建立单独的机械车间，开始销售动力纺织机等设备。同时公司的生产规模继续扩大，在 19 世纪 20 年代初建造了一个完整的工厂社区，并以当时已去世的洛厄尔命名这座新城（1826 年获得城镇地位）。短短几十年内，从工业中心这一角度看，洛厄尔就已超过了美国的所有城市。早在 1835 年，投资者就已开通从波士顿到洛厄尔的铁路，这是马萨诸塞州的第一条主要铁路。美国的工业革命轰轰烈烈地向前推进。

整个国家的经济生产以令人眩晕的速度增长，基本上每年的平均增速达到 4%，经济规模从 1820 年到 1860 年间翻了 5 倍。而人口增长跟不上经济增长，工资大幅提高，可支配收入因此翻了将近一番。制造商加大资本投入，增加消费品的产出。工厂规模变得越来越大，制造业工人的生产率以 2% 到 3% 的速度健康增长，这得归功于大量被开发出来的节省劳力的设备——有些是美国人发明的，例如抛光钢制犁头和机械收割机（见第十二章）。农场主越种越多，以投入到由铁路联系在一起的全国市场中去。随着人均农业产量的提高，几百万人口从农村搬到东部沿海城市，使得城市人口从 1820 年到 1860 年增长至原来的 7 倍。中西部人口增长得更快，东部的投资者争相开修公路、运河和铁路，将东部主要城市与中西部腹地相连。一个整合的、工业化的国家经济开始发展。

* * *

除了美国，没有任何一个非欧洲国家能够重复这个奇迹，至少短期之内如此。然而，一年又一年，十年又十年，世界其他地区的民族和国家与西方的差距变得越来越大。

即便在 18 世纪中期，某些欧洲人如伏尔泰，显然视中国比自己所在大陆先进得多，这一结论说不通。印度棉纺业的总体产量和质量以及中国丝织品、瓷器和陶器难道不是远远超过欧洲的同类产品？两国的农业生产同样高于欧洲，养活了更多人口，或许还提供了更高的人均热量摄入。许多人认为中国的官僚体系比同时期任何国家都发达。

而实际上，这些“显而易见”的事实要么不真实要么无关紧要。例如最近的研究显示，在整个清王朝，其中央政府实际上规模相当小、效率低下、财政亏空（按人均计算），而且更不关心国家发展——与路易十四的政府相较而言。更重要的是，如果欧洲具有与中国或印度相似的社会经济基础，其经济也不可能获得飞跃。我们在本章前面已经提过，工业化或许需要一个长期的孕育期和大量有利条件，不仅与原材料相关，更牵涉到文化、知识和社会环境，而且实际上还依赖于许多行为习惯和态度，这些条件或多或少同时出现在欧洲各国和某些欧洲的海外移民社群，特别是美国。至于为何如此，依然是个难题。

然而，这个进程一旦发动起来，其加速的步伐将变得越来越快，至少 19 世纪中期时这已经确定无疑。发明带来更多创新，优化的流程激励着优越的制度，高效率的机器节省大量时间。技术革命由此开始，且再未停止。工业革命是更多变革的孵化器。

自从人类学会用火，我们伟大的技术和观念突破都会在带来收益的同时带来风险。即便是作为交流媒介所需要的非凡力量——语言同样也带给我们无法避免的各种错误观念。因为语言的和我们自身的不完美，这些错误观念有些甚至是灾难性的。我们至今讨论到的所有革新都带有“黑暗一面”，每一项革新都增加了人类的力量，也因此带来更多被滥用的机会。例如，军事力量和航海技术让欧洲人得以征服整整两个大陆；宗教改革虽然赋予了数以百万计的普通信徒个人精神权威，同时却也让整个欧洲笼罩在长达数十年的宗教战争之下。工业革命的出现让这个趋势变得更为剧烈，人类第一次问出了遥远的“持续性”问题——我们能不能无限制地持续保持经济和生产力的加速增长；人类能否深入地球的每个角落探险；出版永无止境的新书；不受限制地追问宗教教义；将自然界当作客观对象进行研究；商业化每种产品与服务；将政治力量合理分配到日益广泛和复杂的社会阶层之中，持续性地将劳动力越分越细，同时又不威胁到人类社会的内在黏合性？

19 世纪初期就有声音对工业化所带来的危险发出警告。“卢德分子”（Luddites）等手工匠人抗议用机器取代技术工人，造成雇主在永无止境的竞争中降低商品售价和工人工资。诗人与艺术家公开反对以过于理性的态度对待生活和自然。“我们通过谋杀实施解剖。”威廉·华兹华斯（1770～1850）在1798年提出警告。其他人也高唱着“卢德分子之歌”，哀叹工业就是“黑暗的撒旦工厂”。贵族则叹息在城市扩张之下，田园牧歌式的乡村天堂永久消失。社会理论家开始谴责经济剥削，构建乌托邦社会的蓝图。因此，从一开始，许多富有远见的人就已意识到工业革命所释放出的技术力量的两面性。尽管他们对此满心疑惑，但技术变革还是飞速发展，并极大地提升了西方的实力、财富和生活水平。

第十二章　技术革命

18 世纪 70 年代	生产率开始大幅提高
1800 年	首个电池问世
1810 年	彼得 · 杜伦获得罐头包装专利
1825 年	伊利运河开通
1830 年	塞勒斯·麦克科米克接管制造自动收割机的家族生意
1831 年	首次发现电磁感应现象
1836 年	塞缪尔 · 莫尔斯发明最早的电报雏形
1839 年	查尔斯 · 古德伊尔发明硫化橡胶
1843 年	约瑟夫 · 达特发明谷物传送带
1857 年	贝塞麦转炉炼钢工艺大大降低钢铁价格
1867 年	芝加哥肉类加工工业开始出现
19 世纪 70 年代	垂直整合的商业战略开始
1874 年	托马斯 · 爱迪生成立门洛帕克研究实验室
1875 年	亚历山大 · 格雷厄姆 · 贝尔发明电话
1880 年	第一台电梯问世
1882 年	威斯康星州阿普尔顿建造世界上第一个水力发电站
1885 年	世界上第一座摩天大楼芝加哥家庭保险大楼落成；第一辆实用汽车问世
1886 年	尼古拉 · 特斯拉发明交流电电力体系
1888 年	第一辆电车问世
19 世纪 90 年代中期	古利尔摩·马可尼发明第一个实用无线通讯装置
1899 年	世界上第一种化学合成药阿司匹林问世
1903 年	莱特兄弟成功试飞第一架飞机
1913 年	福特汽车公司首次采用装配流水线技术
1928 年	发现青霉素
1936 年	公共电视台开始播放电视节目
1946 年	世界上第一台电子计算机问世
1947 年	贝尔实验室发明晶体管

1895 年 8 月 26 日上午 7 点 30 分，位于尼亚加拉瀑布上游处的世界最大水力发电机开始运转。几百万加仑的水流奔腾着泄入埋在下方岩石深处的巨大水轮机中，巨大的动能被转化成电能。仅仅几

年之内，尼亚加拉瀑布电力公司又安装了20台发电机，共产出10万马力和75兆瓦的交流电力。在此之前，人类从未做过如此尝试。来自通用电气和西屋电气公司的工程师克服了一大堆难题，建造出第一个大范围电力输送系统，将大量能量首先送到附近的制铝厂，然后又到距离22英里之外的纽约州布法罗市。很快，该城就因全国最低电价和世界上最大的电气化学生产中心而闻名。这场变革的倡导者并未期望给工业带来革命，但结果却是如此。能源价格低廉且近乎用之不竭的时代开始出现。

食物生产

在历史上农业是几乎所有经济形态的基础。在过去的1万年，地球上几乎所有人都需要生产食物，大多数情况下只为了填饱自己和家人的肚子。种植技术的发展十分缓慢，如我们在第九章中所提到的，欧洲特别是英国和荷兰，16世纪起，谷物和肉类产量才开始逐渐提高。随着土地兼并、方法改良和新技术出现，生产率大幅上升，相当数量的农场主开始为供应市场而种植作物。学者对于作物亩产量大幅增长到底出现在什么时期依然存在争论，有些人认为发生在1770年之前，而另一些则坚信只能是1800年之后。事实上，与每英亩产量相比，劳动生产率的提高更为重要。毕竟，在中国和印度，当地农民用精耕细作的方式实现了很高的谷物亩产量。相反，19世纪上半叶，西方劳动生产率的极大提高使得大量劳动力从农田里解放出来，让欧洲的技术与科学革命成为可能。

与纺织业、炼铁业一样，种植业中的创新也有两个互补的领域。与那些产业不同的是，农场主和科学家既从机械学、也从生物学方面寻求改进。例如，几十年来，历史学家将粮食产量革命性提高的主要因素归于农业机械的应用，但近年来学术界开始提出发明家在选种、杂交、控制虫害、灌溉轮作、施肥和培育良畜等方面的投入要比机械发明多得多。仅举一例，1839 年两吨重的美国公牛“乔纳森大哥”在伦敦博览会上所造成的影响，远大于 1851 年麦克科米克收割机在水晶宫所受的重视程度。两种类型的进步共同协作，为过去 200 年间农业生产率的提高作出巨大贡献。

就像增加纱锭数量所造成的瓶颈只有依靠织布机机械化出现才能解决，谷物产量的增加也对更好的收割技术提出要求。对此，从 18 世纪 70 年代前后开始，欧洲和美国的工匠将长长的木制“剔除器”连在大镰刀上，制成谷物篮，这样农民就能同时完成收割和分拣两项操作。与普通镰刀相比，使用这种工具需要一些技巧，但它显著降低了劳动力需求。

英国和美国的发明家先后开发出更高效的犁。例如，新泽西的查尔斯·纽伯德（生于 1780 年）在 1797 年为一种铸铁爬犁申请专利，该装置将犁头与犁板合在一起。1814 年，纽约的杰斯罗·伍德（1774 ～ 1834）又将犁的部件制式化，这样如果农民的犁头或犁板坏了，就可以买一个零件装上，而不需要整个换掉。19 世纪 30 年代定居伊利诺伊的铁匠约翰·迪尔（1804 ～ 1886）采用抛光的钢制犁头，能够轻易翻开坚硬的草场泥土。据估算，这种新犁解放了三分之一的马匹。当然，随着农场主能够耕作比以前大得多的土地，他们需要收割技术上的突破。

塞勒斯·麦克科米克（1809 ～ 1884）满足了这个需求。他在弗吉尼亚州西北部的谢南多厄河谷长大，他的父亲设计了一个相对复杂的机械收割机，却没能获得商业成功。1830 年，父亲将这个计划转交给塞勒斯。7 年之后，他到芝加哥建了一个厂。作为一个有天赋的企业家，塞勒斯开发出一种有效的商业模型，如招募经过训练的销售人员、固定价格、接受分期付款、给予退款保证和广告宣传等。他的工程师持续不断地改进最初设计，在 1855 年巴黎举办的世界博览会上，他的收割机的效率比当时使用的欧洲型号高了 3 倍。美国农场主纷纷将自己拥有的欧洲型号低价转让，甚至面对高昂的税率和进口关税损失也不在乎。其他公司又在此基础上添加了将收割下来的谷子打捆的机械装置,最早用铁丝(1872),后来改用绳索(1880),这项创新被所有主要参与者采纳。

在这几十年里,能工巧匠又发明出许多其他农用设备,如19世纪20年代出现的马拉干草耙、30年代的小麦播种机、40年代的玉米播种机和干草收割机、50年代的自动风力灌溉机(让大多数农场主至少获得部分能源独立)、60年代的蒸汽动力拖拉机和打谷机、70年代的带钩铁丝网(让牧场主能够控制自己的牧场)和80年代的马拉联合收割机。十年又十年,机敏的创新者不断改善省时省力的机械设计和功能。到了19世纪90年代,整个美国的农业经济已经完成大规模机械化和商业化,超过历史上所有国家。

与此同时,美国的农场主和农业专家关于生物创新的文章也填满难以计数的期刊和通讯。收割机技术能浪费多少墨水?植物栽培、对抗疾病、选育良种、灌溉、养育获奖牲畜——这些才是能够让人无穷无尽写下去的主题。

因为连续不停的创新,美国农业生产率飞速提高。1830年时每生产100蒲式耳*小麦大约需要250～300工时,但到了1890年,只需要40～50工时,效率足足提高了5～7倍。在大约同样的时间段里(1839～1909),美国农场主把小麦产量从8500万蒲式耳提高到6.4亿蒲式耳。之所以能够获得这样的成就,部分要归因于他们在全世界范围内寻找产量更高的小麦品种、细心选育、将种植区域越来越向北扩张以增加种植面积,而最后一条也同样归功于选种。种植和收割100蒲式耳玉米所需要的工时从1840年的276下降到1900年的147。

劳动生产率的提高自然而然地导致工资增长,美国的工资比欧洲甚至世界上任何地方都高。一位到美国旅行的爱尔兰观察者在

* 计量单位,约合36升。

1850 年写道，任何一个新移民一年之内就能存够钱去西部买一片 80 英亩的农场。更夸张的是 1849 年开始的加利福尼亚淘金热，那里或许是历史上最多产的金矿，刺激全世界的经济增长，并引领接下来 30 年间加拿大、美国和澳大利亚的二十几次淘金热。顺理成章地，一大批移民涌入美国，大多数来自英国、爱尔兰和德国。到了 1854 年，新移民数量达到 427833 人，按人均计算，这是美国历史上移民速度的最高峰。（不幸的是，人口的增加以及几百万开拓者向西迁徙，导致安德鲁·杰克逊这样的政客用强制手段将印第安原住民从东部世代居住的家园“清除”出去。从 1851 年开始，他们被重新安置到印第安保留地，见第十四章。）

巧妙的政策帮助农业发展。作为林肯竞选承诺的一部分，1862 年通过的《宅地法》承诺除了最初加入美国的 13 个州之外，任何人只要在 160 英亩以下未经开垦的土地上住满 5 年，并满足一些其他条件，就能免费获得该土地所有权。美国农场数量从 1862 年的 200 万增加到 1910 年时的 600 万，耕地面积以每年约 1500 万英亩的速度增加，这条法律是诱因之一。到了 1934 年，约 160 万农场主（和手工业者）以此方式获得宅地，共约 2.7 亿英亩（42 万平方英里），超过整个法国和德意志帝国国土面积之和。这条法律带来一场革命，将更多土地以及更多财富分配到更多普通民众手中，而且速度比人类历史上任何时期都快。

1825 年开通的伊利运河连接奥尔巴尼和布法罗，然后又穿过五大湖区连接到整个中西部，整个区域的农场主能够轻易将自己的产品运往东海岸和欧洲。谷物涌入布法罗，1835 年到 1841 年间，从每年 11.2 万蒲式耳增长到每年 200 万蒲式耳。人们如何处理它们？通常情况下，它们被装在麻袋里用拖车、渡轮运来，一袋挨着一袋堆放在一起。1843 年，布法罗的商人约瑟夫·达特（1805 ～ 1857）建造巨大的木制储存箱，然后用以蒸汽为动力、皮带驱动的装填装置将谷物从轮船或驳船上运到仓库。这样储存的谷物可以利用重力从管道回流至奥尔巴尼的驳船。布法罗的其他商人迅速复制达特的设计，1860 年，这些分销商合计能够储存 150 万蒲式耳的谷物。当时世界上没有任何一个港口能够处理更多谷物。几年之后，数以百计的商人在布鲁克林和芝加哥安装类似的谷物传送带，真正以当时可能实现的最高效率将中西部与世界联系在一起。

芝加哥快速发展为中西部最大的都市。仅在 1848 年，一条运河打通密歇根湖和密西西比河；铁路又将芝加哥与密西西比河畔的伊利诺伊州加利那市连接起来；蒸汽驱动的谷物传送带开动起来，芝加哥商品交易所作为世界上第一家期货与期权交易中心开始运作——电报的诞生让其成为可能（详见下文）。交易所为卖出和买入制定了规则和程序,开始交易写在纸上的谷物和家畜的现货和期货。10 年之内，它又设计出小麦定级系统，让交易员能够将可交易仓库收据兑换为某一等级的谷物。到 1861 年，芝加哥的交易商每年处理 5000 万蒲式耳谷物，而 10 年前交易量不过 200 万。

芝加哥成为全国谷物之都，但肉类加工才真正确认这座城市的地位。1865 年，九家铁路公司一起在市中心西南方兴建了一座大型肉类成品库。在那里,创新性的肉类加工技术让这个行业实现工业化。从 1867 年来自纽约的菲利普·丹佛斯·阿穆尔（1832 ～ 1901）开始，芝加哥的肉类加工商开设屠宰场，安装由蒸汽驱动的悬挂式轨道系统。屠宰完的牲畜被悬挂其上，缓慢地经过 125 到 150 名工人面前，工人或切或剁，将猪或其他牲畜分解。每家工厂每天可以处理数千头牲畜。

阿穆尔和其他主要公司——斯威夫特、哈蒙德和莫里斯还在肉类的保存和运输领域进行革新。古斯塔夫·斯威夫特（1839 ～ 1903）在 16 岁那年就开始自己的屠宰生意。1875 年，他从马萨诸塞州搬到芝加哥，抓住铁路系统快速扩张的机会建立全国范围的肉类分销网络。1869 年，联合太平洋铁路公司和中太平洋铁路公司完成第一条横贯美国大陆的铁路。1890 年，蜿蜒在美国各地的铁路总里程为

167191 英里，到了 1910 年，该数字变成 249992 英里。19 世纪 80 年代，货车能在两天或更短时间内从费城开到芝加哥，相比之下，40 年代时同样的路程需要三个星期。斯威夫特机智地开发出冷藏车厢，1881 年每周都能够往波士顿运送 3000 头屠宰完的牛。竞争者也紧随其后。

斯威夫特创建了世界上第一个垂直整合的商业组织。在 19 世纪 70 年代之前，大多数工业公司仅仅制造产品，不直接购买原材料或确保对这些原材料的控制或权益，也不生产自己所需的零配件，更不直接在市场上销售自己的产品。相反，他们支付佣金给代理商，让他们帮自己做这些事。从 19 世纪 80 年代开始，斯威夫特和弟弟埃德温创建了一个规模巨大的地区性分销网络，在西部和中西部城市中建立好几家下属分支进行肉类加工，每家都有冷藏库，同时还建立采购中心，投资养殖场。其他肉类加工企业——至少是也建立了全国网络的那些——也采用类似的商业结构。就在同一时期，香烟、面粉和农业机械如塞勒斯·麦克科米克的公司等生产企业都开始采用类似发展模式。这种商业模式将涉及原料、生产、推广和分销，甚至在许多例子中，包括售后服务、金融、广告和特殊运送等等业务全部整合到一起。

业务整合的肉类加工公司在采购、制造的分销上都实现了规模优势，那些更成功的公司如阿穆尔和斯威夫特等将产品线多样化。它们从猪肉、羊肉、小牛肉、牛肉等简单的肉类开始，扩展到罐头食品和腌制品。专业人员想方设法将牲畜身上每个碎片转化成能够出售的产品，如人造奶油、刷子、琴弦、肥皂、胶水、肥料、梳子、纽扣和动物饲料。到 1920 年，一头公牛能产出 41 种不同的副产品。

其他食品加工公司也发展出垂直整合的商业结构，如位于明尼阿波利斯的通用磨坊和品食乐两家小麦加工公司。19 世纪 70 年代，结合并改善来自法国、德国和匈牙利的最新方法，两家公司建起世界最大的磨坊，几十个全自动铁、钢和陶瓷滚筒取代了石碾。1899 年，明尼阿波利斯的磨坊生产出的面粉，在美国超过排在其后的九座面粉生产城市产量的总和，达14291780桶。其中97%售往州外，三分之一销往国外市场。从1870年到1900年，美国食物和食物制品的出口获得巨大增长，不过占总产量的比例最多只有四分之一。

美国消费者从面粉价格下跌中获益良多。1872年的1美元能买到15磅面粉，到了1897年，1美元能买34磅面粉。其他产品的价格也有类似降幅，同一时间段，1美元能多买43%的大米、114%的糖、62%的羊肉、60%的黄油和42%的牛奶。人们的生活水平有极大提高。

但对于美国工厂中的工人来说，生活和工作条件极差，特别是1900年前后。在大城市里，较低阶层聚居的社区几乎毫无卫生设施可言，工伤和街头事故泛滥，工资极低，工作时间很长。然而，在随后几十年中，因为惊人的全国性经济增长，工资有明显提高。更重要的是，大公司开始引进“福利资本主义”政策，改善工人的生活条件。城市生活对于美国工人来说依然艰苦，但与地球上其他地方相比，或许还是比较好的。

随着土地的产出越来越丰厚，创新者开始寻找新的食物保存与加工工艺。从科学革命早期开始，诸如弗朗西斯·培根和莱布尼兹这样的天才就将自己的才智用于食物保存上。培根更是在尝试用雪作为防腐剂的实验中染上肺炎去世。到了17世纪初，欧洲科学家已经发现微生物，开始怀疑细菌是食物腐坏的原因。但细菌从何而来？有些学者提出“自动产生学说”。然而，意大利科学家拉扎罗·斯帕拉捷（1729～1799）于1765年证明微生物只有在已经存在的情况下才能增殖，不会凭空产生，他还发现加热能够杀死微生物。

大约在同一时期，法国人尼古拉·阿佩尔（1749～1841）尝试各种方法，试图在瓶子或罐头中保存水果、蔬菜、汤和肉类，得出和拉扎罗同样的结论。他留下详尽的笔记，要求保持最高的卫生和整洁标准，并且只使用最新鲜的原料。他最后决定用加热密封罐的办法来保存食物，这种方法杀死了导致食物腐败的细菌，他在1804

年的巴黎郊外开办的公司大获成功。1810 年，英国人彼得·杜伦获得用罐头保存肉类的工艺专利，作为胡格诺派信徒，他在海峡两岸都有联系。他的公司并没有在英国获得即刻成功，因此杜伦又在 1818 年为自己的方法申请了美国专利。19 世纪 40 年代后期，艾伦·泰勒和亨利·伊万斯设计出能大批量生产金属罐头的机器。10 年之后，约翰·兰迪斯·梅森（1832 ～ 1902）发明了用于家庭罐装食物的玻璃制梅森瓶。

威廉·安德伍德（1787 ～ 1864）在波士顿成立了最成功的早期公司，至今依然生意兴隆。他将芥末酱等调料置于罐中，随后又将酸黄瓜、果酱，后来还有鱼和海鲜加入自己的产品线。安德伍德将自己的大部分产品卖给定居在美国西部的开拓者，并通过在南北战争时期供应美国军队而发了大财。吉尔·博登（1801 ～ 1874）在 1856 年获得炼乳专利，也同样通过在内战时期销售罐头食品而大发其财。

因为罐头口味较差，所以在几十年里，欧洲大多数情况下只有士兵与海员才食用它们，但法国的沙丁鱼罐头是个例外。1836 年，沙丁鱼罐头生产了 10 万罐，到了 19 世纪 80 年代，这个数字增加到每年 5000 万罐。1851 年在伦敦水晶宫举办的世界博览会上展示了大量罐头食品，激起参观者极大的兴趣，或多或少刺激了这种新产品在整个欧洲大陆的风靡。但不得不提的是，那时的罐装肉类常常变质，或带有恶心的动物部位。

欧洲和美国食物制造商开始投入越来越多的实验和创新。英国规模较小的家庭作坊大量生产装饰艳丽的罐装小饼干，到了 19 世纪 70 年代后期，年产量超过 5000 万磅。位于英格兰布里斯托的弗里家族巧克力公司在 1847 年发明并开始销售块状巧克力，随后又在他们的产品清单中加入几十种新品，包括 1873 年起的复活节彩蛋。1870 年，安德伍德的儿子为名为“魔鬼味”的罐装腌制碎肉申请了专利，这种食物至今仍十分流行。1889 年，位于密苏里州的圣约瑟夫珍珠磨坊公司开发出世界上第一种预拌加工食品——松饼粉，取名“杰麦玛大婶”。在这之前20年，一位叫查尔斯·艾尔玛·西瑞斯（1851～1937）的费城药剂师开始推销一种名为沙士的新型“戒酒饮料”。很快，这种饮料就在美国大获成功，但在海外市场反响一般。1885年，另一位药剂师，佐治亚州哥伦布市的约翰·斯蒂斯·彭伯顿（1831～1888）发明可口可乐，起初将其作为包治百病的滋补药水出售。从1894年起，可口可乐以瓶装出售，在接下来的几十年里，它如暴风骤雨般征服了整个世界——就像几个世纪前的茶和咖啡一样，但这次，人类的发明已经突破自然条件的限制。

一家位于密歇根州巴特克里克的疗养院的院长、基督复临安息日会成员约翰·哈维·凯洛格（1852～1943）在1894年发明世界上第一种取得商业成功的早餐谷物食品——玉米片。他的弟弟威尔·基斯·凯洛格（1860～1951）最初与哥哥合作，后来在1906年自己开了一家公司，那就是后来的家乐氏公司。与此同时，疗养院的访客查尔斯·威廉·波斯特（1854～1914）也在1897年成立自己的谷物食品公司，开始销售自己的第一款产品——麦片。他们的成功激励其他人开始试验将谷物膨化、压片、烘烤。广告、包装和推销上的创新令这些公司重塑整个产业，事实上帮助建立了全新的食品加工业。从进入20世纪时起，食品行业的广告费用超过了任何产业。

在随后几十年里，经加工的食品和经科学设计的食品呈现出爆炸式的增长，包括泡打粉、奶粉和蛋粉、粉状风味凝胶、肉汁汤包等等。日裔美国发明家加藤悟在1901年提出速溶咖啡配方，另一位比利时－英国混血的美国发明家乔治·考斯坦特·路易·华盛顿（1871～1946）在1910年成功地将之市场化。1903年出现在市场上的“卷芯莴苣”是一种人工种植的莴苣变种，入口爽脆而没有普通莴苣常有的深绿色或苦味，还能持续保鲜几个星期。詹姆斯·刘易斯·卡夫（1874～1953）在1915年发明了一种经巴氏消毒处理的“奶酪食品”，在第一次世界大战期间卖了约600万磅给美军。最早那个安德伍德先生的一个孙子，在19世纪90年代后期与麻省理工学院的一名科学家深度合作，发现将罐头食品加热到更高温度能够杀死所有有害细菌，防止以前不时发生的罐头食品鼓包甚至爆炸。他们发表的论文帮助了整个产业，1910 年时，罐头产业年产量约为 30 亿罐，有些品牌畅销至今，安德伍德自不待言，此外还有亨氏、金宝、范坎普等。因此到 20 世纪 20 年代，鲜有美国中产阶级妇女还会在夏季贮藏水果或蔬菜。所有规模宏大、垂直整合、极度合理的公司雇佣的“食品专家”一刻不停地用同样的传统原材料开发新产品，据估算，仅小麦就被开发出大约 1500 种不同产品。同时，销售部门不遗余力地将它们推销进美国甚至全世界的数百万家庭中。

尽管进程比较缓慢，但纯粹的科学研究也给作物产量带来革命性的影响。格雷戈尔·孟德尔（1822 ～ 1884）在 19 世纪中叶仔细研究植物的遗传特性，查尔斯·达尔文（1809 ～ 1882）也在 70 年代研究植物杂交，这两项成果导致密歇根农业学院——现在的密歇根州立大学——的教授威廉·J. 比尔（1833 ～ 1924）在 1880 年通过异花授粉开发出一种高产玉米杂交株。到 20 世纪 30 年代，大多数美国农场主改种高产玉米，比那些使用天然授粉的普通玉米品种产量高 35%。总体上，技术创新提高了生产率，从 1930 年到 1987 年，美国中西部播种、授粉和收割每 100 蒲式耳小麦和 100 蒲式耳玉米所需要的人工小时数从 190 降低到 10。

从 19 世纪中叶开始，冷库和冰盒开始在美国流行，但冰块价格昂贵，令它们很难大规模扩大到工业应用之中。19 世纪 70 年代，澳大利亚发明家发明利用压缩气体降温的装置让肉类能在阿根廷、澳大利亚和美国之间实现跨洋运输。克拉伦斯·伯宰（1886 ～ 1956）将这项技术与古老的传说相结合。他于 1912 ～ 1915 年间在拉布拉多从事博物学研究时，从因纽特人那里了解到，将鱼和肉用极端低温迅速冷冻后，能保鲜数月不变质。整个 20 世纪 20 年代，他一直努力将这套流程商业化，最终于 1929 年将自己的专利卖给了通用食品公司。1930 年，通用食品推出以鸟眼为商标的一大系列产品线，包括冷冻肉、鱼、海鲜、蔬菜和水果。

1928 年得梅因市的奥托·罗韦德尔（1880 ～ 1960）发明切片面包，1930 年煤气灶的使用率超过煤炭与木柴。在这两年间，各种各样的技术改进持续不断地改变着饮食习惯。连锁食品超市获得巨大的市场份额，1915 年大西洋与太平洋食品公司开了超过 3000 家门店，1925 年时，门店数更是达到了惊人的 13961 家。市面上出现诸如《妇女家庭杂志》和《好管家》之类专门面向家庭主妇的杂志，上面刊登各种新菜谱，受到人们的青睐。今天发达国家的饮食习惯自此开始生根发芽。快餐连锁店和加盟店也如雨后春笋般出现，最早的应该是 1921 年开张的白色城堡和艾德熊。到 1933 年，美国人所购买面包中 80% 是预先切片的。

知识分子和烹饪大师瞧不起这种“工业食品”，哀叹这导致传统烹饪的消亡，指责加工食品缺乏风味和营养价值、用快餐食物代替新鲜食材，以及为方便运输而对蔬菜进行脱水加工忽视消费者的味觉享受。无疑，新鲜和天然的草莓在味道和口感上要比冷藏、罐装或基因改造过的更胜一筹。而且长期来看，肥胖与糖尿病已经成为严重的公共健康难题。但是，冷藏或罐装草莓还是要比没有强。那些现代食物加工方式批评者不能轻易否认这些技术和商业带给我们现代生活的各种便利。与过去相比，现在我们能够获得的食物数量、选择范围、进食方式以及获取营养的方便程度都发生了爆炸性改善。相较于准备培根鸡蛋或者煮粥，直接将麦片和牛奶倒进碗中能省下大量时间，而且营养不比前者低，甚至还要更好。并且，新的家务传统让数亿人获得更大自由去追求自己的文化目标，让他们能够选择或发明极其多样的生活方式，从传统的到反传统的，或两者的混合。新的种植方法同时也为美国几百万新移民提供拥有土地和生意的机会。所有这些变革带来我们将在第十四章中讨论的社会革命。

驯服雷电

当发明家、企业家、经理和科学家忙着改变西方（特别是美国）人如何吃、吃什么的时候，其他人带来了关于物质存在几乎所有方面的革命。这些变革中的大多数平行发生，但找到利用电力的方法发生得最早。

从富兰克林的发现开始，整个西方的学者和科学家致力于研究电的特性。夏尔－奥古斯丁·库仑（1736～1806）用数学方法定义静电的吸引力与排斥力。1792年路易吉·加尔瓦尼（1737～1798）证明一定形式的电流能刺激动物的神经系统。他的同事亚历山德罗·伏特（1745～1827）在1800年造出世界上第一块电池，能输出稳定电流。同一年，两名英国科学家，威廉·尼科尔森（1753～1815）和安东尼·卡莱尔（1768～1842）用电池将水分解为氢气和氧气，这是第一例有记录的电解反应。1820年，丹麦科学家汉斯·克里斯蒂安·奥斯特（1777～1851）发现电流产生磁场。

在早期研究者中，有一位没有接受过太多正规教育但实验能力出色的英国科学家——迈克尔·法拉第（1791～1867），他为人们对电与电磁场的理解作出无与伦比的贡献。例如，他证明各种电磁现象背后的统一本质，该项成果让他成为西方世界70多个学会的会员。从实用的角度看，他最重要的贡献是在1821年阐述电磁场如何能够导致金属物体的转动，这一洞见带来19世纪后期的电动机的发明。

与此同时，电力还引发通信革命。史密森学会的第一任主席约瑟夫·亨利（1797～1878）利用英国发明家威廉·思特金（1783～1850）发明的电磁铁，在铁块上紧密缠绕几百圈绝缘电线，并通上电流来放大电磁铁的强度。1831年，他设计了一个电磁装置，重量不到60磅，却能撑起超过2吨的重物。早在1821年，安德烈－玛丽·安培（1775～1836）提出通过导线用电流来发送编码信号的想法，但没有发明家真正造出这样的装置，因为即便短距离的导线都会让电流减弱。在实验中,亨利发现将电池串联起来能够增加电流驱动力(电压)。他在此基础上造了一个电报装置，但仅仅把它当作课堂展示。

没过多久，企业家就开始开发这个新机器的潜能。德国科学家首先尝试短距离电报服务，但 1839 年建立起首个商业电报服务的却是两名英国发明家——查尔斯·惠斯通（1802 ～ 1875）和威廉·库克（1806 ～ 1879）。1845 年，该系统帮助警察在命案发生后数小时内抓获嫌犯约翰·托厄尔(1784 ～ 1845),因此受到公众关注。前一年，受到国会资助的耶鲁大学毕业生、杰出的画家塞缪尔·莫尔斯（1791 ～ 1872）从华盛顿特区发了一份电报到巴尔的摩。他并不是电报的发明者，但他在让电报变得实用上居功至伟，尤其是他发明的容易掌握的二进制编码。

电报服务迅速传遍主要欧洲国家和美国。8 年时间里，大约 20 家美国公司运营着沿铁路架设的 1.7 万英里电报线，这些电报线用莫尔斯电码将从东部海岸到中西部再到新奥尔良的各大城市连在一起。电报线网向四面八方迅速扩张，到 1862 年，全世界的电报网长达 15 万英里，其中仅美国就占了 4.8 万英里。那一时期，西联电报公司已经成立，而纽约联合新闻社（并非今天美联社的前身）也建立了自己的电报业务。加利福尼亚（1861）、伦敦（1866）、印度（1870）和澳大利亚（1872）也连到线上。这项发明对商业帮助很大，而商业服务也是电报的主要业务。历史上第一次，商人能够实时跨越超远距离协调业务，让效率和生产率得到飞速提升，激励着进一步的创新。没有电报，斯威夫特和他的效仿者就不可能对自己的商业帝国进行垂直整合。

普通报纸业务也繁荣起来，记者争相将地方和国际新闻通过最简单的（“电报”）语言以最快速度报道出来。与过去任何时期相比，人们能够获得当前时事更多话题的更多信息，对于此类事件的猜测或谣言自然而然地陡然减少。政客不得不更谨言慎行，如今这种现象更为明显，一段轻率发言的视频能够轻易地毁掉一场政治竞选，美国国会前参议员乔治·艾伦在 2006 年就懊恼地意识到了这一点。*

19 世纪 70 年代的主要技术进步，让此前只能单向发送消息的通讯转而能够同时双向传递信息。这项突破对人类世界的影响更为深远。而使这项改进得以可能的人，或许是人类历史上最伟大的发明家，他将全新的能源注入无数通路。

托马斯·阿尔瓦·爱迪生（1847 ～ 1931）成长于密歇根州的休伦港，从小接受母亲的家庭教育。爱迪生 17 岁时成为电报发报员，还对修修补补有着无尽的兴趣。21 岁时他发明了电子计票器，并申请了第一个专利，两年后他从自己发明的股价记录装置上发了一笔小财。事实证明，爱迪生不仅是一位天才发明家，还是一名精明的商人、可怕的竞争者以及杰出的经理。他在 1877 年发明的留声机虽然后来被爱米尔·贝利纳（1851 ～ 1929）的发明取代，但依然是世界上第一台记录声音的仪器，标志着家庭娱乐工业的诞生。很快，普通民众就能随意聆听自己喜欢的音乐，就像从前的王公贵族一样。1891 年，爱迪生的摄影机再次打开广受欢迎的视觉体验的奇妙世界，当然，也开创了现代工业中最伟大和最独特的一个产业。在数量上，爱迪生获得 1093 个美国专利，在其他国家申请的专利更多。仅凭一己之力，他怎么能够获得如许成就?

1874 年，爱迪生以 3 万美元的价格将四路多工电报的专利权卖给西联，随后在新泽西州门洛帕克市（现在改名为爱迪生市）成立了世界上第一个工业研究实验室。他的实验室规模巨大，占了整整两个街区，聘用许多技术员和工程师，配备数以万计的化合物、原材料、研究设备和各种工具。就在这里，爱迪生和他的团队（大多数作为他的助手）为人类发展作出最伟大的贡献，如具有商业实用意义的电灯泡（1877）和发电输电系统（1880）。这些进步让人类摆

* 2006 年，在参加弗吉尼亚州参议员竞选活动时，乔治·艾伦（George Allen）两次在发言中使用带有歧视色彩的词语，此事件被网络及电视媒体广为传播。

脱直立行走以来就一直挥之不去的占据生活相当大比例的黑暗时间。光明，无论是直射的、闪烁的、明亮的、柔和的，现在都在每一个人手指可触的电灯开关的控制之下，这就是西方发明家的成就。

1880 年，爱迪生自己成立了第一家电力公司——爱迪生照明公司。两年后，他（或他的代理人）又在伦敦的霍尔本高架桥和曼哈顿南部的珍珠街建成世界上最早的商业发电厂，以蒸汽驱动的发电机为几十位客户提供电压为 110 伏的直流电。该计划需要巨大的资本投入和同样巨大的工程努力。在纽约，爱迪生埋设了 10 万英尺的地下电缆来输送电力，还发明了电流表，造了 6 台蒸汽发电机，每一台都比当时正在运行的同类机器大 4 倍。即便如此，工厂输送的电力也只能覆盖半径 6 个街区的范围，连续两年亏损。接下来，爱迪生又在东海岸的几个城市提供电力服务，还有几十家公司获得他的专利授权,用同样的系统在美国和欧洲的城市提供电力。不幸的是，爱迪生尽其所能坚持并推广的直流电只能以低电压维持，因此也只能传输较短距离，最多一到两英里。

同时，一位名为尼古拉·特斯拉（1856 ～ 1943）的塞尔维亚裔美国工程师和发明家，曾经在爱迪生的实验室工作过一段时间。他开发出效率更高应用更广的交流电系统。交流发电机能以相当高的电压输送电流，然后又可以通过变电器将电压降低到适合家庭或工业使用的范围。用这种方法，公用事业公司能够将电力输送到极远的地方。1888 年,特斯拉在位于匹兹堡的西屋电气制造公司找到工作，并得到乔治·威斯汀豪斯（1846 ～ 1914）的全力支持。1869 年，年仅 22 岁的威斯汀豪斯发明火车的空气刹车，这个装置成为工业标准和火车必备装置，他也因此掘到第一桶金。1886 年，他建了交流发电厂和电力输送系统,挑战并试图取代爱迪生系统。经过激烈的竞争，威斯汀豪斯大获全胜。当 1892 年爱迪生通用电气和汤姆森 - 休斯顿电气合并成为通用电气后，他们也转成交流电系统。

经过好几个国家数十名工程师、数学家和科学家对水轮机设计的一系列改进，发电厂的效率大大提高。第一个重要突破发生在1826年，伯努瓦·富尔内隆（1802～1867）发明高效的外流冲力式水轮机，它的弯曲叶片能在高压水流的冲击下转动，极大地提升动力传动的效率。进一步改进后，这个装置的马力越来越大，到1854年时，巴黎的一个水力发电厂中安装的一台冲力式水轮机达到了800匹马力。同时一名居住在马萨诸塞州的英国移民詹姆斯·B. 弗朗西斯（1815～1892）发明内流反应涡轮，它的机械效率更高（超过90%）。19世纪中后期，电气工程师在世界的各个水力发电站中同时使用两种类型的涡轮机。

1882年，威斯康星州福克斯河上的阿普尔顿的一座水力发电厂投入运营，这是世界上最早的水力发电厂之一，还得到爱迪生的专利授权，利用一台叫“艾尔玛”的涡轮发动机提供直流电。15年后，如前所述，由特斯拉设计，西屋电气建造，J. P. 摩根等投资者投资的十台巨大的富尔内隆涡轮机在尼亚加拉大瀑布的美国边境一侧开始运转，提供10万马力和75兆瓦的交流电力，这是当时世界上最大的装机容量，比第二名遥遥领先。长期来看，弗朗西斯涡轮机成为主流，现在世界上最大的水力发电站——三峡大坝——用的就是弗朗西斯涡轮机。

两年后，爱迪生开始使用瓦特-博尔顿型蒸汽机来发电。一位名叫查尔斯·A. 帕森斯（1854～1931）的英国工程师，同时还是一位伯爵之子，发明了以蒸汽驱动的涡轮引擎。传统的蒸汽引擎通过活塞的前后运动来产生能量，再以曲轴将前后运动的能量转换成旋转运动来驱动大多数机械装置。而涡轮本来就更为高效，能够直接输出转动，因此进一步避免了运动转换中的能量浪费。帕森斯建造了第一艘以涡轮驱动的蒸汽轮船——“透平尼亚号”*，1897年的试航就达到了34.5节（时速39.7英里）的惊人速度。很快，英国政府就

* 字面意思为涡轮。

为所有军舰定制涡轮发动机，1906 年第一艘涡轮驱动的战舰无畏号，速度 21 节（时速 24 英里），是当时最快的远洋战舰。同一年，巨大的远洋邮轮卢西塔尼亚号和毛里塔尼亚号投入运营，横跨大西洋的平均速度为 24 节（时速 27.6 英里）。新的引擎带来商船与军舰革命，也为电力生产作出巨大贡献。到 20 世纪 20 年代，燃煤的蒸汽轮机功率达到 10 万马力。1943 年，位于芝加哥的当时世界上最大的蒸汽轮机能提供 28 万马力的动力和 215 兆瓦的电力。

灵感的闪光

整个 19 世纪，发明家想出并开发几十甚至上百种节省劳力、提高效率、提升产量等具有各种各样功能的器械。从 19 世纪中叶开始，美国人表现出非凡的创新能力，部分是因为劳动力短缺，部分因为出色的专利法律。1836 年通过的《专利法案》要求发明者必须在注册专利时列出他们发明的详细步骤与描述，以便让其他发明者能在其基础上进一步改进。获得专利确认的创新成为能够买卖的资产，这是当时美国独有的创新激励机制。同样，因为其他国家的专利申请不要求对创新进行详尽描述和分析，美国的专利自动获得“其主张的设定权益，并即刻获得市场价值”。更何况，在法国或英国申请专利比美国贵许多，因此，美国普通人的创新也能获得很大程度上的法律保护。从 19 世纪 60 年代起,美国的专利数量开始直线上升，30 年后更是达到每年 2 万个之多。对于发明的狂热与着迷席卷全国，成千上万聪明的能工巧匠绞尽脑汁设计出有益社会并且取得商业成功的发明，实现自己一夜暴富的梦想。亚伯拉罕·林肯曾说，专利法“给天才之火注入利益这一燃料”。

哪怕只是描述 19 世纪仅仅一个 10 年中所有的发明都需要许多页的篇幅，但还是有一些重要发明值得一提，例如左轮手枪（1836）、银版照相法（1839）、硫化橡胶轮胎（1845）、电梯安全制动和自行车（1861）、炸药（1866）、纸带照相胶卷和机械收银机（1884）、机关枪（1885）等等。第一个设想出发明、第一个制造出发明以及第一个对原有设计进行显著改进的人常常获得荣誉，但几乎每个创新都经历了多人共同合作。

美国和欧洲的十几名发明家忙碌几十年试图设计打字机，直到1868年，居住在威斯康星州密尔沃基市的克里斯托弗·萧尔斯才设计出商业上实用的打字机，很快雷明顿公司就开始生产并向市场推广。这个发明带来商业、簿记和文件处理方式的革命。同样的革命还发生在缝纫机的发明上，虽然美国人在19世纪五六十年代就进行了几乎所有早期设计并推出最早的产品原型，但凭借在设计、推销、分销、市场和服务上的创新，辛格公司直到1900年才真正垄断世界市场，每年销售超过50万台缝纫机。这些机器带来制衣业的革命，无论是商用，还是家用。自此以后，越来越多的人能够根据自己希望的舒适度、品味、爱好和时尚制作衣服。

电动机的出现带来创新机会的大爆炸。特斯拉算得上是这项突破的大功臣。1888年，他在匹兹堡的西屋工业实验室工作，设计第一个具备实用价值的多相交流电动机（在此之前，所有电动机用的都是直流电，远不如交流电动机用途广效率高）。几年后，西屋推出一款用特斯拉的马达驱动的电扇。在随后几年里，交流电动机为各种稀奇古怪的装置提供动力。一位名叫H. 塞西尔·布思（1871～1955）的英国土木工程师在1901年获得第一台电动真空吸尘器的专利。1907年，美国清洁工詹姆斯·斯潘格勒（1848～1915）造出第一个旋转刷原型，随后将专利售予W. H. 胡佛（1849～1932），胡佛以此建立起一个商业帝国，其生产的旋转刷是同类产品中最出名的品牌。几十年内，企业家和发明家推出几十种电动马达驱动的装置和家用电器，如咖啡研磨机（1898）、空调机（1902）、洗衣机和电动搅拌机（1908）、电冰箱（1914）、手持吹风机（1920）、粉碎机和电水壶（1922）、洗碗机（1927）、开罐器（1931）等等。随着电力的价格稳步降低并延伸到越来越多的家庭——1930年时已经覆盖了70%的家庭，一个巨大的家用电器市场开始在美国出现。

利用电力节省人力的电器制造商常常在推销中称它们为“电子仆人”，就像1917年通用电气公司的一个广告所暗示的，人们相信机械能够“为洗涤、熨烫、清洁和缝补衣物出力”。这家公司还宣扬自己的产品“卫生、统一而且经济”，总之就是比人类仆人更好。随着工业公司不断寻求彻底转变西方家庭生活方式的可能，我们发现自己很难反对这些说法。毫无疑问，家用电器让家庭主妇的工作变得更为轻松，事实上还带给她们一种能够控制和掌握机器的感觉，同时也给了女性更多自由时间去追寻其他目标（虽然更高的卫生标准和家务管理占据了相对更多的时间），间接地提升了女性意识的解放（见第十四章）。

电动马达所改变的不仅是家庭和商业，还在更广泛的尺度上影响城市生活、工业和社会。从19世纪中叶开始，蒸汽驱动的升降梯开始应用于工业生产场所。1854年，美国工匠和发明家伊莱沙·格雷夫斯·奥的斯（1811～1861）在纽约世界博览会上展示他设计的升降机多么安全，在观众的惊叫声中，他割断拉着轿厢的绳子，但轿厢只下降几英寸，制动装置就自行启动，拯救了奥的斯的性命，也让他的生意一飞冲天。1880年，发明家和工业家维尔纳·冯·西门子（1816～1892）造出第一台用电动马达驱动的升降机——电梯。在随后十年里，众多发明家、政府监督官员和制造商改进电梯的速度、安全性、便利性和运行效率。他们给城市空间带来急剧变革的可能，尤其是在美国。

1857年，英国工程师和发明家亨利·贝塞麦（1813～1898）设计出一种全新的方法，极大地降低炼钢成本。美国南北战争期间，美国机械工程师亚历山大·李曼·霍利（1832～1882）改进贝塞麦工艺，提高它的效率，为美国钢铁工业的快速增长打下基础。丰富而廉价的钢材、高效率的电梯及水泥加固技术（发明于19世纪50年代的法国）首先激励芝加哥，随后是纽约，建筑师和工程师向上而非向外建造。芝加哥的家庭保险大楼建于1885年，高达12层，完全依靠钢结构支撑，外部墙体并不承重。随后几十年，建筑师和投资者互相竞争，看谁能造得更高。芝加哥一度领先，它在1895年就拥有高达21层的共济会集会所。随后纽约反超，47层高的胜家大楼（1908）、60层的伍尔沃斯大楼（1919）和令人惊叹的配有67部高速电梯的102层的帝国大厦（1931）先后落成。

两大原因使这种垂直发展成为合理选择。这两个最早出现摩天大楼的核心区域都面临着水域的限制和快速的城市发展。更重要的是，当时全新的垂直整合产业不仅需要将自己巨大的管理团队放在一起，还需要将相关的商业服务——打印、会计、广告等等都整合起来，以便交流。通过电梯在一幢大楼不同楼层间穿梭，自然比在占地巨大的工业园中的无数平房间来回要方便。

工程师的天才与钢铁相结合，让城市规划师通过其他非凡方式掌控环境。位于圣路易斯的横跨密西西比河的伊兹桥（1868～1874）长达1500英尺，连接布鲁克林和曼哈顿的史诗级钢索斜拉桥（1869～1883）则有1600英尺长，这些项目挑战着企业家和眼光超前的工程师的智慧。他们无所畏惧，从不会被困难吓倒。

电动马达还在另一个方面深刻地改变城市环境。在欧洲和美国的大多数大城市中，曾经流行用马拉车厢在钢制轨道上运行的公共交通。电动马达理论上能够同时拉动多节车厢，从城市街道上淘汰掉成百上千匹马。第一个成功设计来自弗兰克·斯普雷格（1857～1934），他曾在爱迪生实验室中工作过，是高速电梯的生产商。1880年，他设计出通过架在街车顶上的弹性臂从悬在车道上方的电缆将电流输送下来的方案。1887年下半年，斯普雷格获得一个利润丰厚但难度极大的合同——在多山的弗吉尼亚州里士满修一段12英里长、可跑40节车厢的街道铁路系统。毅力坚韧、天性乐观的斯普雷格克服十几重障碍，于1888年初修成该系统并开始运行。两年后，爱迪生买断他的专利，加入到在美国和欧洲各地修建有轨电车网络体系的竞争中去。到 1902 年为止，仅在美国就建了 987 个有轨电车系统，轨道总长度达 22576 英里。随后 10 年，城际间的有轨电车，特别是在美国东部与中西部，开始大为兴起。

从 1894 年起，企业家开始在工业生产中使用电动马达。事实上，几乎所有使用水力或蒸汽动力的工厂都能通过改用电力来提高效率。人们能够在任何地点建厂，而不需要选在靠近大量水源的地方。更重要的是，从前整个工厂的机器都由一台巨大的蒸汽机驱动，依靠的是难以计数的皮带，常常穿过几层楼面，但如果采用电力，每台机器都可以用自己的电动机控制，工厂也可以铺开在一个平面上，让原材料的移动变得非常方便。同时，因为不再需要那么多紧绷而易断的皮带，工厂也因此变得更加安全。大多数工厂都采用交流电，不过直流电在轧钢操作中更为有效。1899 年后的十年中，工业发电大幅增长，从总功率 50 万马力的 16891 台发电机增加到总输出 4817140 马力的 388854 台。最后，小型电动马达带来各种各样的手持工具——电锯、电钻、电刨、电动打磨机、电动刨机等等。这些工具大大提高了工匠和手工艺人的生产率。

电力还让声音传送成为可能。凭借亚历山大·格雷厄姆·贝尔（1847 ～ 1922）等人的设计，1904 年，几千家独立的公司在美国和欧洲各地建起地方电话交换总机。1907 年，美国大约有 550 万台电话连接在通讯网络中。美国大城市的居民早就开始习惯于使用私人电话，欧洲访客常常对此大为惊讶。长途线路的发展则显得缓慢，1892 年纽约与芝加哥才连上电话；1911 年，纽约连上丹佛；与旧金山更是到 1915 年才开通（归功于电子放大器的发明）。各种电话系统平行存在，互不相通，因此电话用户常常不得不同时购买多个电话公司的服务，这种情况至少持续到 1913 年美国电话电报公司获得垄断地位之前。20 世纪 20 年代自动交换机的出现使人们能够在大多数地方直接拨打当地电话。便捷而普遍的电话服务成为日常生活的一部分。

如果说蒸汽机的出现令十来位工业巨头具备以前法老的力量，并让普通人能够以“风驰电掣的速度”航行于陆地和海洋的话，电力则给了他们以前无法想象的能力，为他们打开全新的世界。电力把他们的世界照得比从前任何一位国王所能要求的更亮，让他们能够冷冻并随意保存食物、能够迅速造出高楼、能够以超过以前所有艺术家想象的方式记下声音与图像，而且只要动一下开关，就能获得前人未体验过的温暖或凉爽的舒适环境。总而言之，电力应用给了人类极大力量。电器的出现也带来西方下一个巨大的科学进步——至少在改变世界的意义上同样重大——大规模的汽车制造。

内燃机

早在 17 世纪，法国科学家丹尼斯·帕潘（1647 ～约 1712）就设想利用火药在气缸中爆炸产生的动力工作的引擎。在随后的 150 年里，几十甚至上百名发明家想要实现这个设想，用各种可燃气体和液体来代替火药，直到德国工匠尼古拉斯·奥托（1832 ～ 1891）在 1876 年造出实用的四冲程内燃引擎。它将从煤炭中获取的“照明气体”与空气混合并压缩，在每一次第三冲程时形成强力爆炸。蒸汽引擎在燃烧、产生蒸汽、传输动力的过程中浪费了许多能量，而奥托引擎里的燃料爆炸能将其产生的几乎所有能量都直接用来推动活塞上的连杆。到 1900 年，共有大约 20 万台内燃引擎为小型工厂、印刷作坊、泵站和发电机提供动力，遍布西方各地，尤其是美国、英国和德国。几百位发明家努力完善其设计，加入电点火系统、试验液体燃料、找出恰当的油气混合比例，最终造出一个足够轻便同时又足够提供驱动车厢所需动力的模型。

19 世纪 80 年代在德国出现多个主要突破，促进了汽车的诞生。戈特利布·戴姆勒（1834 ～ 1900）在奥托手下担任产品经理多年，在 1882 年创办自己的公司，并带上杰出的工程师和发明家威廉·迈巴赫(1846～1929)。1885年,他俩共同造出第一台实用汽车,卡尔·本茨（1844～1929）也在同一时期独立完成这一发明。欧洲和美国许多公司进入该领域，展开激烈的竞争。1893年，迈巴赫造出汽化器，该装置能在第一冲程即吸气冲程时将雾化的汽油喷入气缸。同时，本茨发明火花点火系统。1902年，罗伯特·博世（1861～1942）和他的总工程师戈特洛布·霍诺尔德（1876～1923）发明更为高效的点火系统，利用电磁驱动的高电压火花塞，每分钟能够点火几百次。

在戴勒姆和本茨的汽车开发事业脱颖而出的同一年还出现了另一个杰出的发明。1885年，英国发明家约翰·坎普·斯塔雷（1854～1901）将“安全”自行车投入市场，这个发明大受欢迎，带来对平整道路的巨大需求，进一步刺激起消费者对更强大的机械车辆的追求。随着自行车的发展，它们还直接带给汽车工业宝贵的技术进步，包括钢管构架、滚珠和轴承、辐条轮毂、充气轮胎和链条驱动。事实上，许多自行车制造商都试图制造摩托车和汽车。

进入20世纪，汽车工业获得飞速发展。1903年，亨利·福特（1863～1947）成立福特汽车公司。五年后，他推出T型汽车。接下来一年，美国汽车制造商打破了生产10万辆车的纪录。五年后，突破100万辆。

许多公司引入大小不一的技术革新，例如1902年出现的变速箱系统和转向节，使得车前轮在自由转动的同时保持车轴固定。随后十年更是见证了汽车发展的重要进步。查尔斯·F. 凯特林（1876～1958）在1912年发明的电启动装置让所有人都能轻松方便地发动汽车。翌年,文森特·班迪克斯（1881～1945）发明班迪克斯驱动装置,该装置利用离合机制让电启动在引擎点火后与之脱离。随后又出现了很多创新，包括四轮液压制动系统。这些创新以及其他无暇在此提及的创新都归功于美国发明家、科学家和创业家的努力。

“科学管理”这一概念形成于1900年之后，提出者又是一位美国人——弗雷德里克·温斯洛·泰勒（1856～1915）。他致力于大规模生产体系的管理和运行，其方法由对工人任务的观察、分析、简化和标准化四个步骤构成，主要目的是找出实现某种工作的“最佳方式”。泰勒最著名的成就应该是“时间与动作研究”，这项研究可以用来分析工人的表现。另一位美国人弗兰克·吉尔布雷斯（1868～1924）更是将这种分析又提高一个层次。他将小灯泡固定到工人的手臂和手上，然后用固定的长曝光相机拍摄他们工作。吉尔布雷斯随后仔细分析每张照片，找出无益的动作。这些研究让工厂面貌焕然一新，生产率越来越高，生产成本降低至原先的十分之一、二十分之一。随着劳动效率提高，工资也显著增加，几乎全社会的生活水平都获得提升。即便是相对不具备什么技术的工人也能成为高工资的机器操作工，这是 1910 到 1940 年间每个工业化国家中为数最多的职业人群。与此同时，训练有素的经理人数也大为增加，白领阶层人数也因此空前增长。

在这些研究的影响下，福特发展出革命性的流水生产线模型。看起来，芝加哥肉类加工业的“分解流水线”以及他在底特律发电站的工作经历教会他保持生产流程持续不断的重要性。这一全新系统中的每个元素都已存在多年——可替换的零件、传输带、工作专门化、高精度产品和科学管理，福特仅仅是将它们系统化并富有创造性地综合到一起，目的是以低成本制造高质量、耐久、机械构造简单的汽车。福特在 1913 年开始采用生产流水线体系，由 29 名工人组成，一台磁发电机的生产时间从 18 分钟减少到 5 分钟。一年之内，福特的员工通过一条长达 250 英尺的流水线组装汽车底盘，一个底盘的工时从超过 12 小时缩短到 90 分钟。面对眼前难以想象的成功前景，福特将员工的最低工资提高到 5 美元一天，而原先的平均工资才 2.25 美元。其他公司除了紧跟潮流外别无他法。

T 型车的产量从 1912 年的 17 万辆急剧增加到 1924 年时的 1000 万辆，而价格则从 1908 年时的 850 美元降低到 1924 年时的 290 美元。现在，福特生产着世界上的一半汽车。为了跟上福特公司所需零件的生产，供应商也不得不采用流水线生产——毫无疑问，竞争者也一样。福特的垂直整合控制了从供应到分销之间的许多要素，省下庞大的成本，带来巨大的经济规模。福特的成功让他得以寻求汽车工业之外的创新，他的公司还发明了一个方法将玻璃浇铸为连续薄片，并在工作台上任意移动，经卷曲、研磨、抛光和切割等工序制成标准大小的玻璃平板。1920年，钢铁产业采用类似方法来生产钢板。很快，工人开始在流水线上组装各种消费品。再一次，革新带来巨大的成本降低和价格下降。

福特的竞争者以美观的设计装饰、大量可选功能、每年改变风格和专为“各种钱袋和目的”设计的品牌序列（如通用汽车从雪佛兰到凯迪拉克）来挑战福特的领先地位。1929年，通用汽车成为在美国生产汽车最多的公司，占美国汽车总产量的32.3%。（所有美国汽车公司加在一起的产量占了那年全世界汽车总产量的85%。）汽车产业作为整体带来消费繁荣，工人赚到更多工资，因而能负担得起更多商品，进一步促进经济增长，形成一个良性循环。但与持续技术进步相比，美国汽车工业现在更注重风格和营销上的改良，最终导致后来的衰退，虽然这个结局尚在遥远的未来。

规模生产让汽油驱动的拖拉机数量大增成为可能。1910年时全美产量约1万台，到1917年时增加到将近9万台。人们不再需要饲养那么多马和骡子，意味着可以有更多土地来生产粮食。在几十种农机设备和依然稳步发展的技术创新支持下，拖拉机等农用机械让大多数田间操作的时间减半。农场的进一步机械化释放出大量劳动力，补充到经济的其他产业中去。

卡车等商业用车的发展不及小汽车，但第一次世界大战让它们大展身手，刺激了进一步开发。1905年时在美国道路上行驶的卡车和巴士还只有1400辆，1920年时该数字就已超过100万。这个数字还在逐年增加，古德伊尔（1800～1860）于1916年发明的充气卡车轮胎对此发展功不可没，同样重要的因素还包括出现在20世纪20

年代的专供客运巴士、迅速扩展的高速公路网以及欧洲和美国对柴油引擎的一系列改进。商业卡车将地处最偏僻一隅的人们覆盖进入更广泛的经济活动之中，而大型柴油驱动巴士给低收入人群更多出行和交通选择。

与汽油内燃机相比，柴油引擎更有效率，运行成本更低，更稳定，寿命更长，载重更高，它的出现和完善带来整个大型车辆的革命。从消防车到坦克，从火车头到潜水艇，从远洋邮轮到货轮都慢慢转用柴油引擎。40 年代时，柴油机的运用已经相当广泛，每年的运行成本比蒸汽机引擎低 30%，而且适用性也更强，完成同样的工作量，所需的引擎数也较少。船只因而获得更多的载货空间，因为不再需要占地巨大的煤仓以及煤炉操作工。所有大型运输行业的参与者都实现类似的成本降低和效率提升，增加了西方社会的整体财富。

内燃机带来的最后一项巨大成就值得一提——飞机。1903 年之前，发明家、科学家、工程师和机械师就已花了几十年时间展示并测试飞行的可行性，收集积累各种材料，尝试过几百种设计和原型，希望实现翱翔天空的梦想。威尔伯·莱特（1867 ～ 1912）和奥维尔·莱特（1871 ～ 1948）花了 7 年时间试验一种双翼飞机模型，该飞机以汽油引擎和精心设计的螺旋桨推动，并带有他们最重要的创新——能让飞行员通过三个轴操控机翼以及尾翼实现对飞行的控制。1903 年 12 月 17 日，他们成功地在基蒂霍克实现持续 59 秒的飞行（当天他们的第三次尝试），开启人类征服天空的年代。1909 年，路易 · 布莱里奥（1872 ～ 1936）首次成功飞越英吉利海峡，激励其他飞行员向更勇敢的纪录发起挑战。同样接受挑战的还有工程师，他们开发出更快、更大、更强劲的飞机。下一个大突破来自汽油涡轮发动机和涡轮喷气式飞机的设计与制造，最先完成这个创举的分别是 1939 年的德国和 1941 年的英国，不过发明的初衷是支持战争。

杰出的工匠式发明家时代慢慢逝去，接替他们的是接受过大学教育的科研人员。这个转变最清晰的迹象最初来自德国，随后扩展到其他西方国家。大学将重点从教学转为纯理论和应用研究。莱特两兄弟都没从高中毕业，与之对比的是，鲁道夫·狄赛尔（1858～1913）则以最优成绩毕业于慕尼黑工业大学，依据热力学原理来设计并建造柴油引擎。他首先从理论上推导出超高压缩可使油气混合物燃烧，随后才开始设计草图。从1882年开始，欧洲与美国的大学开始设立电子工程系，而且主修机械、电子和其后的化学工程的学生逐年增加，到了20年代，他们形成一个巨大的技术专家储备（麻省理工学院是世界上第一个设立四年制化学工程学位的大学，始于1888年）。改良、实验和灵光乍现能解决许多电力和机械挑战，但这些问题的复杂程度和最终的回报潜力很少能与化学和电子学范畴的挑战相比拟，而对它们的技术攻坚已经开始了。

化学革命

早在19世纪中期，西欧就已开始工业生产硫酸等重要化合物。现有工业往往也会带来新产物，例如人们发现将硫酸与普通盐混合后就能产生硫酸钠，这是洗涤剂的重要成分。19世纪的化学家通过电解来提纯化学元素，并设计出电镀和电解铝之类的工艺流程。在改良制铝生产工艺的过程中，一位在北卡罗来纳工作的加拿大工程师于1892年偶然发现一种工业化生产碳化钙（电石）的方法。这个发现带来工业与科学大发展，因为30年前，弗里德里希·沃勒（1800～1882）就发现如何通过水解电石来获得有机化学中的重要原料——乙炔。换句话说，研究者和技术专家让人类开始掌控化学反应和它们的特性，在各个方向获得潜力巨大的工业应用。

整个19世纪里，化学家和企业家制造出全新的化学物质。1839年，查尔斯·古德伊尔耗费多年时间进行实验，甚至因财务破产被债权人告到坐牢。出狱后，他在马萨诸塞州找到用硫加热加压处理橡胶以保持其形状和强度的方法。“硫化”橡胶成为制造雨具、防水和绝缘材料、轮胎的最佳原料。（在一位创业者以他的名字开办轮胎公司前很多年，古德伊尔本人就已经去世了。）一位名叫约翰·卫斯理·海厄特（1837～1920）的美国发明家，于1869年和1870年获得世界上第一种工业塑料——赛璐珞——的专利。它经由硝化纤维、莰酮和普通溶剂混合而成，最适于制造薄胶片，特别是摄影和电影胶片。自19世纪中期起，数十名化学家寻求以硝化纤维制造织物的方法，直到90年代才获成功，那就是被称为嫘萦的人造丝。

比利时化学博士利奥·贝克兰德（1863～1944），最初在大学教书，后来移民到美国。他发明了另一种商业上成功的早期塑料。在将自己的维洛克斯接触印相纸专利以100万美元的价格售予柯达后，他又在1909年开发出将苯酚和甲醛转化成一种廉价、结实、耐久的纯合成塑料的方法，命名为电木。电木耐热而且不导电，能制成杯子、餐盘、广告牌、梳子、珠宝、电话机和绝缘材料等许多产品，所以在广告词中被夸为“万能材料”。与其他许多发明家不同，贝克兰德成为名副其实的百万富翁。在接下来的几十年时间里研究者又发现几十种新型塑料和其他合成物，如聚乙烯、苯乙烯、聚苯乙烯、乙烯基聚合物、尼龙和硅酮。

越来越多的新化合物被发现，职业化学家——尤其是德国的——取得了大多数突破。自19世纪20年代开始，大学和政府资助的研究机构中的实验室系统化地研究所有已知元素和化合物。许多人研究煤炭分馏过程中产生的副产物，其中就包括杰出和热忱的科学家奥古斯特·冯·霍夫曼（1818～1892），他担任伦敦王家化学学院主席长达将近20年。1856年，该学院年仅18岁的学生威廉·亨利·珀金（1838～1907）偶然间发现一种煤焦油副产物苯胺参与的化学反应，产生一种亮紫色的合成染料。这是一项非凡的突破，因为这种颜色相当漂亮——事实上这是当时伦敦与巴黎最时尚的颜色，但是该色调的有机染料很快就会褪色。与他的老师相比，珀金更具创业头脑，因此发了一笔财。他还在医学、香水、食品技术、炸药和摄影技术上贡献颇丰。其他研究者很快合成更多颜色的染料。5 年时间里，欧洲有 29 家公司出产合成染料，其价格都大大低于被它们所取代的有机染料。

英国公司拥有好几种流行染料的专利，再加上英国巨大的煤炭储量和在纺织业中的统治地位，本来很有机会成为世界上合成染料生产的领先者。然而，英国没能充分利用自己的优势。相反，三家德国公司——拜耳、巴斯夫和赫斯特在莱茵河畔建立起巨大的工厂，实现规模经济，将每公斤染料的价格从 70 年代早期的 100 马克降低到 1886 年时的区区 9 马克。它们还充分利用范围经济，1913 年，仅仅拜耳一家公司就生产超过 2000 种不同的合成染料。这些成功的公司进行垂直整合，发展巨大的分销和采购网络。拜耳招募大量具备化学学习背景的销售员，为他们 1902 年时就已遍布全球的 2.5 万客户群体服务。他们还将生产部门分成几个专门化的分部，各自管理销售、采购、专利、记账和统计，每个分部各有自己的研发团队，由职业经理人管理。从专门实验室和生产车间的基层到高级行政管理人员的峰顶，整个组织被分成各个层级。第一次世界大战前西方的许多成功企业争相模仿这种模型。

通过多年研究，化学家和工程师实现了许多重要的实践突破。硝化甘油（1847）、三硝基甲苯（TNT，1863）以及最重要的炸药，阿尔弗雷德·诺贝尔（1833～1896）于 1867 年为炸药申请专利，带来采矿、建筑、石油和军工业的巨大发展。美国的硫酸盐制浆法（1867）和德国的硫酸盐制浆法（1879）大大提高造纸业的产量，与快如闪电的滚动印刷机（1847）和自动铸排机（1886）一类的机械突破相结合，再度引发印刷工业的革命，这次革命让西方社会的人能够买到大量书籍和报刊。普通和稀有金属的合金带来大量有用材料，譬如德国克虏伯公司从 1914 年开始推出的“不锈钢”。

1899 年，另一个全新并且改变世界的化学工业分支制药业诞生，其标志是菲利克斯·霍夫曼（1868～1946）或亚瑟·艾兴格林

（1867 ～ 1949）在德国拜耳公司工作时创造出世界上第一种完全合成的药物阿司匹林（乙酰水杨酸），学者目前也无法确定谁更有资格获得这项发明的荣誉。阿司匹林让拜耳公司获利无数，虽然霍夫曼合成的另一种药物海洛因能带来更多财富，但显然这个生意远远没有前者合法。

10 年后，保罗·埃尔利希（1854 ～ 1915）发展出化学疗法的概念。他和哥廷根大学的研究团队系统优化了一种叫对氨苯基胂酸的化合物。经过 600 多次实验，终于在 1909 年发明了治疗梅毒的药物胂凡纳明，以“洒尔佛散”的商品名推向市场，这是人类历史上第一种现代化疗药物。（埃尔利希因此获得诺贝尔医学奖。）随后的大多数制药研究沿袭了这种方式。在接下来的几十年间，科学家、工程师、兽医和医生聚在最初几十家，后来数百家研究实验室中工作——由政府、企业和大学资助——合成出种类多得惊人的药物、激素、维生素等有利健康的化合物。1928 年，苏格兰科学家、后来的诺贝尔奖得主亚历山大·弗莱明（1881 ～ 1955）发现青霉素，引发 20 世纪 40 年代开始的制药革命。历史上第一次，医疗能够系统性地治愈疾病。

研究者还发现生产几十种化学产品更有效和便宜的方法，带来数量众多的新产品。比利时人欧内斯特·索尔维（1838 ～ 1922）通过生产碳酸钠发了财，该产品是生产玻璃和肥皂的必需原料，他将专利授权给欧洲和美国的公司。其他人，特别是德国人，发现更聪明的方法生产氨气、氯气、硝酸、火碱、硫酸等制造肥料、洗涤剂、漂白粉和石油馏分所必需的化学品。一战前，德国大公司完全统治化学工业。然而，一战之后，美国公司在制药、电化学、合成肥料和石油化工方面迎头赶上，部分原因是美国政府在战争期间没收了位于美国境内的德国化工企业。

石油工业开始于 19 世纪中叶，当时的研究者发现能用硫磺酸将原油精炼出供照明的燃料，加拿大地质学家、企业家亚伯拉罕·盖斯纳（1797 ～ 1864）将这种燃料命名为煤油。随后半个世纪里，位于沙皇俄国巴库附近的油田出产了全世界大多数的原油。随着1859年宾夕法尼亚州西部油田的发现，美国成为重要的石油生产国。1865年，美国企业家建造了第一座用泵驱动的油管，这是一项重要的技术进步。几年之后，约翰·D. 洛克菲勒（1839～1937）开始了他的炼油生意，后来发展成一家规模巨大的垂直整合企业——标准石油信托公司。1879年，其他开发者沿着阿勒格尼山脉建造了长途输油管道。两年后，标准石油也加入进来，在接下来的近20年里，它统治着美国的原油生产和炼制市场。随后，1901年1月10日，德克萨斯州东南部产量惊人的“纺锤顶”油田的发现带来石油繁荣，十几家公司进入市场，美国一跃成为世界最大产油国。这个发现令油价暂时下跌到每桶3美分，廉价的汽车燃料时代开始了。

多亏了大公司的石油化工研究，石油除了作为汽车燃料，还成为一大堆产品的原料。该领域的引导者是联合碳化物公司，1920年，其雇佣的研究者发明从天然气凝析液中提取乙烯的方法。乙烯是生产十几种物质的重要原料，包括聚乙烯和乙烯基产品。二战后石油工业更是大获发展，每家主要石油公司都利用苯和丙烯等石油副产品来生产塑料、药物、溶剂、洗涤剂、胶水、润滑剂、合成纤维、杀虫剂、油漆、清漆、合成橡胶和染料。

在美国和德国，化学工业的研发飞速发展。从1921年到1946年，在美国200家最大公司中，从事化学研究的科学家比例从大约5%上升到30%出头，次一级的石油研究人员比例，从大约2%不到上升到接近29%。这些科研投入在战后几年中通过石油化工和制药行业内显而易见的革命获得丰厚回报。随着大公司，特别是美国公司从这些革命中收获巨大利润，它们将大量金钱再次投回到研发之中，进一步巩固美国的统治地位，也带来越来越多的工业革新。

机械、汽车、化学品、药物、橡胶、金属、加工与包装食品、塑料、电器、家电、船只、飞机、武器、火车头、纺织品、合成材料……一言以蔽之，全套现代、大规模生产的商品与原料被以越来越高的效率通过工业制造出来，成为20世纪的主题和象征，在此过程中极大地增加了西方（和迅速西方化的日本）的财富和实力。在此之前，从来没有一个国家、地区或文明能在这么短的时间里在这么多领域达到峰顶位置。技术进步令这种崛起成为可能。看上去自然界中不再有什么东西能够阻挡西方的进步了。

即便是不可见的世界也开始向西方研究者展现自己的秘密。1895年，德国物理学家威廉·伦琴（1845～1923）发现X射线，其他科学家和发明家很快就找到它的用途，譬如医学诊断和探测金属缺陷。在《梦的解析》（1899）中，西格蒙德·弗洛伊德（1856～1939）提出一种系统化分析潜意识的方法。到了1905年，阿尔伯特·爱因斯坦（1879～1955）发表狭义相对论，这是迈向解锁无与伦比的原子能的第一步。40年后，欧洲和美国科学家就设计并造出核裂变原子弹和核反应堆。政府与社会只使用了两次核武器，而且核能解决的也只是人类所需能源中的极小一部分，公众对核能内在风险的担忧阻碍了大规模应用。

利用科学知识解锁强力化学反应也不是没有缺陷的。类似二噁英和多氯联苯之类的有毒化合物污染着自然环境，时不时还会在人群中造成中毒伤害。有时候整个社区都会遭受危险化学物质污染，不得不整体搬迁，70年代晚期纽约州的拉芙运河事件就是一例。当杜邦公司在1982年弃用“化学带来美好生活”宣传语时，没有人感到惊讶。仅仅两年后，联合碳化物公司下属的一家位于印度的中央邦首府博帕尔市的杀虫剂工厂发生了人类历史上最严重的工业事故之一，大量有毒气体泄漏，接触该毒气的人群中有1.5万人身亡，另有50万人受伤。化学工业依然对维持现代生活贡献巨大，但今天接受过良好教育的人已经意识到其贡献伴随着环境污染甚至致死的风险。

如果说工业生产成为先是西方，随后扩展到整个世界的经济象征，那么我们也能令人信服地指出，对于不可见力量的掌握，通过编码、数据处理、算法、网络联接，以及对信息的传播与处理构成西方和整个世界经历的最新一波革命性转变。

电子与信息革命

19世纪60年代，或许是历史上排在牛顿与爱因斯坦之后第三伟大的科学家——苏格兰人詹姆斯·克拉克·麦克斯韦（1831～1879）用四条数学公式在理论上证明光、磁场和电流都只是电磁波的不同表现而已。他还预言更广的电磁波谱中无线电波的存在。20年后，海因里希·赫兹（1857～1894）在实验室里生成不同波长的电磁辐射，它们的频率比可见光低。几位发明家试图为无线电波找到实际应用，直到古列尔莫·马可尼（1874～1937）在19世纪90年代中期造出第一套实用的无线电装置——发射器、接收器和接地天线。他年复一年地逐步改善原初设计，延伸信号的传输距离。1901年，他在纽芬兰历史性地接收到发自大西洋对面、距离1700英里之外的康沃尔的无线电信号。西方（包括俄国）的数十名发明家和研究者从各方面改进了无线电技术。

1897年，马可尼建立起世界上第一家无线通讯公司，拿到英国、意大利等国家海军的合同。很快，德国的德律风根、美国的通用电气公司、美国电话与电报公司和西屋电气都加入了竞争。但在下一个技术突破出现之前，没有人从中赚到钱。1907年，李·德·福雷斯特（1873～1961）在托马斯·爱迪生等众多先行者的工作基础上，开发出真空三极管，能够生成、探测和放大无线电波。然而，一直要等到通用电气和美国电话电报公司的研究者在1912到1913年开发出高真空管后，它的全部潜力才被发挥出来。经过改良的装置在1915年让跨越大西洋的洲际电话和以无线电传输语音的服务成为可能。欧洲与美国的许多研究者在世界大战期间不懈努力，试图解决杂音、信号失真和信号衰减问题。发射管的功率从1915年时的25瓦增加到1918年时的250瓦，到了1921年更是到了10千瓦。

1920 年，西屋电气最早开始在匹兹堡设立 KDKA 电台进行定时无线广播，采用的是调幅技术（AM）。公众简直为此疯狂，消费者竞相购买收音机，商人更是热衷于资助各种节目。前一年，美国海军主导通用电气对马可尼公司的收购，建立了美国无线电公司，以确保美国在新出现的无线电通讯产业中的领先地位。这家新公司迅速成为世界范围内无线电广播与接收商业化的领导者。公司和企业家争先恐后地在美国各地申请电台执照，1923 年时达 556 个之多。收音机更是数以百万计地售出。娱乐和新闻广播遍地开花。到 1922 年末，年仅 31 岁的美国无线电公司杰出副总裁戴维·萨尔诺夫（1891 ～ 1971）在全国各地建立起超过 200 家分销中心。1926 年，他组建了美国第一家无线广播网络——全国广播公司，从 1926 年时的 19 家电台发展到 10 年后的 103 家。该网络带来大量收入，同样赚得盆满钵满的是通过向整个业界提供无线电和真空管技术授权的美国无线电公司。无线广播公司和服务很快扩展到全世界各地，1927 年全国广播公司在美国的竞争者出现——美国哥伦比亚广播公司。

美国三大电器公司都设有强大的研究实验室。早在 1900 年，查尔斯·斯泰因梅茨（1865 ～ 1923）就为通用电气公司在纽约州斯克内克塔迪建立第一个真正现代化的电子工程研究实验室，将跨度广泛的各领域科学家和专业人员聚到一起，既为了相互合作，又能独立地将科学成果系统性地应用到技术进步上。隶属于美国电报电话公司的贝尔实验室和西屋电气的匹兹堡实验室很快也加入进来。三家公司合计聘用几十名研究员，包括大量博士，带来持续不断的技术革新。因为苏联革命而流落美国的难民维拉蒂米尔·斯福罗金（1888 ～ 1982）在西屋电气找到工作，在 1928 年集齐发明电视机的主要元素。两年后，萨尔诺夫重金将他挖到美国无线电公司位于新泽西州卡姆登的新实验室，令其领导实验室。1947 年贝尔实验室发明一种摆脱真空管的半导体装置——晶体管，它同样能够放大和产生无线电等电子信号，引领整个电子工业中的缓慢变革，包括固态元件、集成电路、元件小型化乃至微处理器。

在这几年，大公司并未主导所有的技术研究和突破。菲洛·法恩斯沃思（1906 ～ 1971）生命中的最初 12 年在犹他州的一家伐木工棚中度过，他一生中大部分时间都维持着独立发明家和企业家的身份，对电视机、雷达和电子显微镜的开发贡献巨大。哥伦比亚大学的教授埃德温·阿姆斯特朗（1890 ～ 1954）在自家地下室的实验室里发明调频（FM）无线电技术。同样，在 20 世纪 20 年代，美国和欧洲的业余无线电爱好者开发出短波无线电广播与接收，该技术在雷达和长途通信领域中具有巨大应用潜力。

面向大众的电视广播首次出现于 1936 年的伦敦，不过大范围的商业播放要等到二战结束后才真正开始。萨尔诺夫执着地追求彩色电视技术，而他的竞争者则在巨大的技术困难面前败下阵来。1959 年，美国无线电公司第一次从全新的彩色电视技术中赢利，随后在彩色显像管等部件的生产和专利授权中主导着世界市场。从 1965 年开始，美国无线电公司就以多样化为目标进入计算机技术研究和非电子类消费品市场。但随着日本公司获得美国晶体管技术的专利授权并开展紧密的实用研究，日本企业一跃成为消费电器的世界领导者，美国无线电公司失去了自己的霸主地位。随着时间推移，松下电器凭借松下和夸萨品牌在世界范围内占据越来越多的市场份额。1968 年，索尼推出特丽珑彩色电视机显像管，这是当时世界上当之无愧的最佳显像管产品。松下在 70 年代早期开发出成为工业标准的盒式磁带录像机（VCR），而索尼则在 1979 年推出随身听、80 年代统领市场的 CD 播放机和 90 年代末风行世界的 DVD 播放机。索尼在荷兰菲利普公司的大力帮助下将“整个世界数字化”。没有任何一个国家的公司能与大获全胜的日本公司抗衡。

对于一个曾经闭关锁国的国家来说，仅仅一个世纪就取得如此成就不能不令人惊叹。1868 年开始的明治维新使日本在保持自身传统文化和精神的同时系统性地吸纳西方科学、技术、政治制度、市场经济，甚至价值观，成就了人类历史上最巨大和迅速的社会转型。日本的重要领导人如福泽谕吉(1835～1901)等公共知识分子意识到，如果日本想要建造 1000 艘战舰，就必须建设巨大的社会、经济、知识和技术架构，牵涉到 1 万艘商船、10 万名航海家、数目巨大的水手、商人和海洋科学专家。而且，全国还需要在几十个领域里同时取得类似成就。日本的第一个明显的胜利迹象来自军事成就。仅仅几十年时间里，日本就在日俄战争中战胜一个欧洲强国，并开始实行以领土扩张为标志的帝国主义战略，先后占领中国东北和东南亚的大部分。随着在第二次世界大战中的失败和随之而来的宪法强制性非军事化，日本人被迫将自己非凡的天赋应用到技术和商业扩张中，成为第一个成功实现这个目标的非西方国家。1900 年到 1950 年间，日本的经济增长只处于发达国家的低端，然而从 1950 年到 1987 年，他们的年度国内生产总值增速高达令人目眩的 7.1%，比置身其后的挑战者——德国和加拿大——高了 62%！在最新的技术前沿信息技术方面，他们在电子消费品市场中有力挑战了西方霸权。

然而，创新世界依然风水轮流转，演化不停。从 2001 年开始，美国的苹果公司实际上发明出个人计算机，通过推出苹果商店、iPod、iTunes、iTunes 商店、iPhone、iPad 和 iCloud 等，带给电子消费品产业一场新的革命。到了 2011 年 8 月，苹果公司成为世界上市值最大的公司。曾为本杰明·富兰克林和阿尔伯特·爱因斯坦写过传记的沃尔特·艾萨克森认为这些突破背后的推手史蒂夫·乔布斯是历史上最伟大的技术和企业创新家，可与爱迪生和福特并肩媲美。

几千年来，人类一直在寻找计算和处理数据的方法，从最早由古老的美索不达米亚人开发的计算板到 17 世纪中后期英国发明的计算尺、法国人发明的机械加法器一直到德国人发明的机械乘法器，不断以更复杂精巧的方式进行着计算。19 世纪精密工程的发展——能测量 0.00001 英尺的工具和仪表——让发明家设计出更为精妙和强大的计算器和数据处理机。特别值得一提的是美国人赫尔曼·何乐礼（1860～1929），他发明了电子“制表机”，通过在卡纸上打孔来编码数据。这些机器在1890年和1900年的美国人口统计中起了相当大的作用。他的公司后来演变成大名鼎鼎的国际商业机器公司（IBM），在其光辉历史的大多数时期都是计算机技术的世界引导者。

在与IBM和哈佛大学的合作中，霍华德·艾肯（1900～1973）设计出世界上第一台真正的计算机——自动顺序控制计算器（Mark I），1944年揭幕。该机器是一台巨大的电子设备——50英尺长，8英尺宽，能够在3秒钟内处理长达23位的十进制数字或两个11位数字相乘。两年之后，代表美国军方的约翰·莫奇利（1907～1980）和来自宾夕法尼亚大学的J. 普雷斯伯·埃克特（1919～1995）运行了第一台电子计算机，它拥有1.8万个真空管，能够运行与Mark I同样的乘法计算，但时间只需1/3000秒。在接下来的20年里，创新者用晶体管代替真空电子管，进一步采用集成电路和持续小型化的器件，开发出更复杂的二进制编码（或程序）来进行运算，并设计了一大批外部设备——存储装置、打印机、网络——造出运算能力惊人的数据处理系统。

1964年，世界范围内计算机技术的主要参与者IBM将旗下的360系统小型机商业化，该机型包括大小、速度和内存量不一的系列计算机，使用同一种操作系统和同一套外部设备。这是一场豪赌，幸运的是，360系统获得空前成功，迅速成为行业标准。它的总设计师吉恩·阿姆达尔（1922～2015）于1970年离开IBM加入富士通，为日本公司带来先进的计算机技术，帮助其成为IBM强有力的竞争对手。一个接一个的欧洲计算机制造商退出竞争，只剩下日本和美国公司在这个领域比拼。美国分别在60和70年代造出超级计算机和微型计算机。

IBM给整个行业带来革命。1981年，它推出相对便宜、量产的个人计算机，采用第三方（非专利）部件（例如英特尔微处理芯片）和一款简单但强大的操作系统。这套操作系统也是第三方开发并授权 IBM 使用，提供者是当时名不见经传的小公司——微软。销售随着爆炸性的消费需求一飞冲天。IBM 个人电脑的原型机及其克隆机成为行业和世界标准。因此，创业和创新焦点从计算机平台转移到微处理芯片、网络、软件和互联网上，21 世纪初期，美国公司无疑统治了所有这些领域。信息技术的下一个前沿或许是“量子计算”，其目标是利用亚原子特性以比现在最快计算机还要快许多倍的速度处理数据。

21 世纪的另一个发生非凡技术突破的主要领域是遗传学，其本身就是一种信息技术。随着许多物种，包括人类在内的整个基因组，也就是全部 DNA 测序蓝图的完成，科学家现在已经能够基本上设计出一种细菌基因组，将其导入细菌细胞内，使之像其他细菌一样自我复制。随着遗传测序成本以比微处理器更快的速度下降，基因工程注定带来医药和所有生物学范畴领域的根本性变革。其回报，或许同时所伴随的风险，同样令人惊异。

＊＊＊

前沿性的技术发展给西方社会带来了世界历史上最高的生活水平、最大的经济规模和效率、最庞大的财富和实力聚集，在一个世纪的时间里从重工业和制造业进入信息处理、控制论（对系统和组织进行分析以提高其效率），并在各种观念与数据间建立联系。换句话说，西方最具创造力的头脑从过去聚焦于具体的、物质的喧嚣世界转移到概念化的超凡领域。西方社会和公司依然保持设计和制造品种繁多的商品的能力，无论是天然的还是加工过的食品、精细工具、电子设备、汽车、航空和航天飞机、复杂的化学物和药物、电子消费品和计算机硬件。但非西方，尤其是亚洲国家生产了其中的相当大一部分，这归功于它们较低的劳动力成本。

第二个千年将近结束时的技术创新所结出的硕果与其说发生在

具体的电子产品中，不如说更多体现在电子应用上。IBM 和英特尔这样的公司继续提高微处理芯片的效率和速度——遵循摩尔定律，该定律最早由英特尔公司的共同创始人戈登·摩尔（1929～）提出，宣称计算机的计算能力每两年翻一番，至今依然成立。第三个千年开始的前后十年时间里发生了许多人类历史上最强大同时也是最有利可图的技术进步，这次突破让人们利用并释放“信息网络空间”的潜力，造就了谷歌、亚马逊、iTunes、易贝、脸书、网飞。

然而计算机革命的主要推手之一比尔·盖茨现在预言信息、电子和机械技术将会融合，导致“未来，机器人设备将成为我们每天日常生活里无处不在不可或缺的一部分……我们或许正处在一个新时代开启的边缘，个人计算机将走下桌面，让我们看到、听到、触摸和操纵我们自身无法直接到达之处的物体”。（日本是当前世界上机器人最大的生产国和消费国。）这个全新的技术革命已经为战争带来巨大的影响，并且必定会改变大多数生活在发达国家的人的生活。

西方技术创新和进步的故事主要来自对知识和信息越来越深刻的掌握。先是欧洲，然后是美国和西方其他地区的人们获得、储存、组织、分享和利用更多关于世界、自然、人类的抽象理念，与历史上出现过的任何其他文明或文化相比，西方不是略微超过，而是整整超出一个数量级。他们利用这些思想的力量获得对现实世界的掌控，增加自己的财富和力量，提高了西方大多数人的生活水平，随后扩展到全世界进一步提升更大范围里人们的生活水平。我们将在后面两章中讨论这些改变的后果——既有负面的，也有正面的。

第十三章　西方的危机

1842 年	《南京条约》的签订结束了第一次鸦片战争
1848 年	《共产党宣言》发表
1858 年	印度正式置于英国统治之下
1868 年	日本开始明治维新
1870 至 1871 年	普法战争
1881 年	恐怖分子刺杀俄罗斯沙皇亚历山大二世
1884 至 1885 年	柏林会议为瓜分非洲定下基调
1894 至 1895 年	中日甲午战争
1896 年	埃塞俄比亚在阿杜瓦战役中击败意大利
1898 年	英国在恩图曼战役中大肆屠杀苏丹人
1904 至 1905 年	日俄战争
1911 年	阿蒙森探险队到达南极极点
1912 至 1913 年	巴尔干战争
1914 至 1918 年	第一次世界大战
1917 年	俄国革命
1919 年	《凡尔赛和约》签订
1921 年	苏联新经济政策；大饥荒
1922 年	墨索里尼上台
1928 年	苏联五年计划和集体化开始
1933 年	希特勒上台
1939 至 1945 年	第二次世界大战
1949 年	中国共产党执政
1950 至 1953 年	朝鲜战争
1962 年	古巴导弹危机
1973 年	越南战争结束
1991 年	苏联解体，冷战结束

1840 年年中，大约 4000 名英国和印度士兵乘坐 50 艘战舰，包括 4 艘装甲蒸汽轮船，到达广州，这是当时中国唯一对外国人开放的口岸。英国人封锁珠江出海口，随后又向东北方向航行，一路上攻陷并封锁整个中国海岸出口。最初的谈判毫无进展。第二年，英

军占领更多口岸，毁坏要塞，击沉多艘中国船只。经历一个相对平静的冬季之后，英国人于1842年6月占领上海，7月又占领长江更上游的镇江，对南京形成威胁。中国政府求和。按照《南京条约》，中国割让香港岛，世界上最好的深水港口之一，当时却处在接近荒废的状态；除此之外，中国还向英国商人开放五个口岸，并给予英商有利的贸易条件——后来英国又在那些口岸设立法庭，按本国法律审判（治外法权）；并承诺价值2000万美元的战争赔款。很快，这些特权就被进一步扩大并延伸到所有主要西方国家。就这样，一个只有2800万人口的国家将人口比自己多16倍（4.35亿）的大清帝国打倒在地。

没有人认为第一次鸦片战争是一场正义的战争。联合王国在此前几十年时间里与中国的贸易一直处于大规模逆差，因为中国人对英国商人所提供的商品毫无兴趣。在官方层面，中国政府视所有外国人为皇帝的朝贡者。自18世纪晚期以来，英国商人发现鸦片在中国受到强烈追捧，于是向中国商人提供越来越多的鸦片（其中也有相当数量在中国国内生产）。到19世纪30年代，毒品滥用已经成为一个严重的社会问题，同时又是英国贸易从逆差变为顺差的重要因素。当一位中国官员在1839年没收并销毁价值在1000万到2000万美元之间的鸦片后，英国以军事手段实施报复。中国的工匠和工程师无疑具备精确复制西方军事技术的能力，但大多数官员却认为全盘模仿西方是一种耻辱。这场战争在英国和美国都不受欢迎，但它显示出中国这一当时除西方外最强大的国家已不再是欧洲强大海军力量的对手。

帝国主义

当欧洲人第一次冒险远航进入印度洋时，中国和印度的灿烂文明让他们眼花缭乱。这些文明的唯一缺点似乎就是落后的武器。欧洲之所以能殖民美洲很大程度上是因为他们所带去的病原体，与此同时很少有欧洲人能够在染上撒哈拉沙漠以南的非洲的传染病后活下来。他们在非洲和亚洲的海岸上设立据点，无疑也凭借船坚炮利统治了国际远洋贸易。他们自认为比其他民族高贵，主要是因为他们相信上帝的启示使他们掌握超越性的真理。

为了避开伊斯兰世界对亚洲奢侈品贸易的控制，欧洲人进入了更广阔的世界舞台，在这之前，奥斯曼帝国已经将势力扩张到欧洲门前。在14世纪下半叶，奥斯曼帝国的势力范围已经深入巴尔干半岛。土耳其近卫军从皈依伊斯兰信仰的基督教俘虏中招募而来，以之为核心的精英职业军事力量让几代苏丹在15世纪陆续占领拜占庭帝国的残余、希腊、塞尔维亚和波斯尼亚，又在16世纪初占领埃及、北非、克罗地亚、罗马尼亚、匈牙利和部分乌克兰地区。1529年和1683年，他们两次包围威尼斯。奥斯曼帝国在地中海东部地区维持着一支强大的海军，直到16世纪还在印度洋拥有相当数量的海军据点。然而，不同于欧洲列强，土耳其人从未在海外建立殖民地。

在整个18世纪里，欧洲强国没停止过互相混战，这些战争大多发生在欧洲本土，但也波及北美和加勒比地区，以及他们刚踏足的亚洲。从18世纪中期开始，英国东印度公司在印度的小块领地上建立正式统治，在随后一个世纪里趁着次大陆上当地统治者间无休止的冲突，将英国的控制慢慢扩展到几乎整个印度。1858年，英国在印度确立正式的官方统治。在此之前，几乎整个拉丁美洲都已摆脱西班牙和葡萄牙的统治，获得独立。葡萄牙只在非洲东南部和西南部海岸一小块狭窄的区域里保持优势，荷兰控制了印度尼西亚部分地区和非洲南部海岸，西班牙的殖民地较为分散，而法国在非洲沿岸有一些据点。只有英国拥有最庞大海外殖民地，从加拿大延伸到新西兰。

来自欧洲的大量移民涌入英国曾经和现在的殖民地，还有南美。这或许是人类历史上规模最大的迁徙，仅19世纪就有大约5000万到 6000 万人参与其中。他们建设了阿尔弗雷德·克罗斯比所称的新欧洲——这些地区只有很少的原住民，而且在生态环境上与欧洲也比较相像，如美国、加拿大、澳大利亚、新西兰、乌拉圭和阿根廷。在这些地区的大多数地方，入侵的人种、植物和动物取代本土的人群或物种，建立起世界农业生产的新基地。1982 年，这些国家的农产品出口占据全世界农产品贸易的 30%，而诸如小麦之类的主要粮食的出口占比更是高得多（72%）。

到了 18 世纪晚期，欧洲人开始相信科学与技术拉开了他们与其他民族的差距。成千上万的慈善家和传教士热忱地希望将科学、技术、文学、卫生和整体文明带给非西方人。生活在维多利亚时代的英国人在世纪中期看到自己的成功——从 1851 年到 1878 年间，他们的真实收入年增长高达 27% 到 30%——故而乐观地相信凭借自由贸易、私有企业和基督教道德，他们能将文明和富足带向全世界。就像一位学者的观点："从 19 世纪早期开始，大家就持有一种观念，即开发全球资源就是欧洲人的目标和义务。这种观念被包含在由人道主义情绪、文化自大和自利的合理化构成的混合物中，鼓吹混入文明和宗教理想传播之中的帝国主义扩张。"

稳步提高的技术精度和效率让西方人能够越来越有技术地控制时间、空间、人自身和自然界。几十年前还给欧洲旅行家留下深刻印象的外国文化成就现在看来落后而又微不足道。19 世纪晚期，许多欧洲人开始相信，即便自己在生物学上并不具备特殊优越性，至少在内在文化上是高人一等的。理论家和研究者用所谓科学证据来支撑有关种族的刻板偏见，例如现在已被认为是无稽之谈的颅相学。

可悲的是，人们总是倾向于排斥甚至攻击与自己有所不同的人。最成功的社会总是相信自己优于其他人。几百年时间里，中国精英认为他们的文明是世界领导者，其他国家、民族和部落都是谦卑的朝贡者。当 1793 年英国使者拒绝在乾隆皇帝面前行跪拜礼时，中国宫廷怒火冲天。许多穆斯林也相信他们的文明比其他文明更伟大。直到 1949 年，埃及穆斯林兄弟会的奠基人哈桑 · 班纳（1906 ～ 1949）还坚称伊斯兰信仰“与社会理论家和改革者至今为止所有发现相比，依然更先进，更纯粹，更宏大，更完善，也更美丽，而且差距是无限的”。因此，文化上的自大并非西方独有。

西方最无可争议的优越领域是军事。从 18 世纪开始，没有一个西方强国再为来自任何非西方国家或宗教的军事威胁担心。相反，在随后一个世纪里，很少有人能够抵挡西方列强的入侵。从 19 世纪后期开始狂热接纳西方技术和实践的日本大概是上述定律的唯一例外，它在 1904 年到 1905 年的战争中击败沙俄。西方（或西方化的）社会，组织成民族国家这一种革命性的新政体后，能够获得将意愿强加给几乎所有地球居民的能力，而且随着时间流逝，这种能力变得越来越无法抗拒。在英国海军称霸世界的不列颠治世（*Pax Britannica*）里，英国试图在欧洲列强之间维持一种地缘政治平衡，在整整一个世纪时间里（1815 ～ 1914）防止了欧洲大规模战争爆发。

但他们的尚武精神并未退却，恰恰相反，根植于人类存在本身核心地位的意识形态和世界观之争充斥整个 19 世纪后半叶。关于人类发展的西方理论，在黑格尔（1770 ～ 1831）处到达巅峰，他强调存在一种超越性的力量，促使着世界向更高的层次发展。1848 年，卡尔 · 马克思更是在《共产党宣言》中升华出一种全新的世界观：“所有迄今存在过的社会历史就是阶级斗争的历史”。在接下来的几十年里，社会达尔文主义者将人类生命看作生存竞争。弗里德里希 · 尼采（1844 ～ 1900）拒绝基督教，认为它是奴隶的宗教，为即将来临的“超人”美德而欢呼。优生学家鼓吹利用科学来保持“种族纯净”。所有欧洲强国里的军国主义者都鼓吹军备竞赛，将自己的同胞推向战争。

西方探险家争先恐后地尝试征服尚未被测绘的处女地。苏格兰传教士大卫 · 利文斯通（1813 ～ 1873）从 1841 年到 1873 年去世前，步行几千英里，探索整个非洲，一路建立修道院，与奴隶贸易斗争。他去世后，那些忠心耿耿的随从携带他的遗体穿越 1500 英里送到海边。利文斯通和其他人竞争谁更先发现尼罗河的源头。探险家试图探访世界最遥远角落和发现最壮观地理地貌的努力让公众着迷不已。几十年来，数十名无畏的旅行家你争我抢，想要成为第一个到达极点的人。1909 年 4 月 6 日，美国人罗伯特·皮尔里将几面旗帜插在了北极极点上（后来有人对他的声明提出质疑）。挪威人罗尔德·阿蒙森曾经航行穿过西北通道，他的下一个目标本是北极点，但在听到这个消息后，迅速将精力转投到南极点上。1911 年 12 月，他冒着地球上最严酷的天气环境深入南极大陆，经过 900 英里的长途跋涉并在海拔上爬升 1 万英尺之后，最终到达南极点。一个月后，英国海军军官罗伯特·斯科特和他的团队也到达极点，却发现自己在竞争中落败。失败彻底击垮了这支探险队，所有队员在返回船只的途中死去。这个故事展示出那些勇敢的西方人在此类探险活动中致命的严肃态度。

其他人则致力于扩张领土，理由多种多样——军方需要战略据点、废奴主义者期待彻底禁绝奴隶制、传教士需要拥有更多布道自由、人道主义者希望能够传播教育和医疗服务、新闻记者则热衷于寻找戏剧化的事件、商人想要囊括某处市场、政府官员看到了提升地位的前景等等。相较之下，经济远远不是主要推动力，仅仅是在事后分析中支持占有殖民地的理由。然而殖民地并不会自行建立，也只是让某些个人或公司发了财，而且也没有魔力让商人获得某种在自由贸易之下得不到的商品。（印度是一个例外，这是一个自给自足的殖民地，并通过税收真正让英国政府赚到了钱。）例如，与针对海外殖民地的风险投资相比，英国投资者通常能在国内贸易和工业中获得更多收益。因此，欧洲政府通常不会直接发起帝国主义行动。

这种倾向在 19 世纪末发生变化。政客变得热衷于获取殖民地，部分是因为“强国必须拥有殖民地”的观念。德国、意大利、法国、美国和日本都在某种程度上因为这个原因争夺海外领土，奥匈帝国和沙皇俄国也努力维持或扩张自己的领土，避免落在人后。西方主要强权（包括日本）之间的竞争导致严重的紧张情绪，常常在领土或殖民地边界处引发冲突。从历史角度看，这种状况并没有什么特别之处，约翰·达尔文写道："世界历史就是一部皇帝的历史，帝国的历史。"构建国家所必需的资源没有平均分布，因此将人类和自然资源聚集到一起，以低效率交换系统为特征的人类社会在早期时具有巨大的合理性。然而，到了 19 世纪晚期，现代化的技术和高效率的市场已经让西方列强有能力通过正常商业关系获得自己所需要的一切。可是，险恶的国际等级让各国担心失去自己的位置，再加上"传播文明"的理想激励，各国都争先恐后地对外殖民，这就是"新帝国主义"。

瓜分非洲是这场运动的顶峰。1869 年，南非发现金矿和钻石矿，这加深了英国与非洲人民之间的敌对关系。19 世纪 70 年代发生了世界范围内的经济发展放缓，更加剧欧洲列强之间的商业竞争。1876 年，比利时国王利奥波德二世（1835 ～ 1909）刚开始将刚果转变成比利时独占的殖民地，法国立刻就宣示对邻近地区的权利。意大利和德国在当时都刚统一不久，在建立殖民地帝国的愿望上却一点也不甘人后。当时已经摆脱奥斯曼帝国统治、获得独立的埃及欠下欧洲投资者巨额债务。为了还债，它在 1875 年将苏伊士运河（1869 年开通）的大部分股份售予英国政府。法国和英国为了获得对苏伊士运河周围的埃及领土的控制相争不下。英国于 1882 年入侵埃及，镇压因失去运河权利而暴动和抗议的当地人，导致与法国的冲突。所有这些利益冲突激发了列强对非洲——这个最无力抵挡欧洲入侵的大陆——控制权的争夺。

19 世纪 80 年代殖民帝国互相之间以及与非洲地方首领之间签订数以百计的双边协议和条约，（人为）划定各种边界。在许多例子里，非洲领导人并未意识到自己所放弃的主权的范围之广。1884 年到 1885 年，柏林会议召开，建立起殖民者需要遵守的基本规则。例如，他们必须展示"有效管治"，才能让自己的征服和条约合法。他们还必须承诺在非洲废除奴隶制和奴隶贸易（尽管如此，利奥波德的公司对员工的虐待程度让比利时议会都看不下去，议会于 1908 年从国王手里买下该殖民地）。对于几乎整个非洲的划分和正式统治带来当地经济、基础建设、行政管理等方面的发展，但同时也将西方关于人权、法治和促进人类进步的理念排在殖民统治的需求之后。几乎没有几个非洲国家在经历殖民并获得独立后，具备在现代世界取得成功的条件。

在非洲国家中，只有阿比西尼亚（今埃塞俄比亚）一直保持独立，这归功于其精明地维持地域政治强权的平衡关系和采用现代技术制度。在 1896 年发生的阿杜瓦战役中，埃塞俄比亚军队粉碎了意大利军队的进攻，现代西方强国第一次被非西方人击败。

1894 年到 1895 年间，中国在与日本的甲午战争中战败，却没有导致“瓜分中国”，主要缘于美国对中国和太平洋地区日益增长的兴趣，及其对要求平等进入中国市场的门户开放政策的成功坚持。随着 1911 年清帝国的灭亡，长期以来官方对于日本式全盘现代化改革的抵制也很快冰消瓦解，但当时中国处于军阀割据状态，随之而来的内战导致发展和改革遭遇停滞。与此同时，帝国主义列强继续蚕食中国的边界领土和属国。1884 年到 1885 年的中法战争，法国获得胜利，得以在中南半岛建立殖民统治。类似地，英国夺取中国的属国缅甸，而沙皇俄国在将自己的领土急剧扩张到中亚和远东的同时，也加入到蚕食中国的队列之中。

殖民扩张带来许多邪恶的暴力行径。此类事件不胜枚举，此处举出一二：1898 年英国军队在恩图曼战役中使用机关枪屠杀了约 1.1 万名苏丹人；在 1888 年到 1902 年间，美国征服者杀死超过 2 万名菲律宾反叛士兵（还不包括大约 20 万名死于饥馑、疾病和其他原因的平民）；1904 年一位明显有着精神问题的德国军官在西南非洲（今天的纳米比亚）残酷地屠杀了多达 5 万名赫雷罗人。对于许多西方人来说，尊重和人道原则这些西方文明的基本价值并不适用于非西方人。

如第十二章所说，日本是唯一采用西方技术和制度，并且确实发展到主要西方列强同等水平的非西方国家。这场进步的开端充满不幸。1853 年，美国炮舰驶入东京湾，要求日本开放商业贸易。1867 年，在经历了剧烈的国内斗争之后，武士军阀推翻了当时的日本政府，将天皇迎回权力中心，这就是后世所称的明治维新。仅仅 40 年后，日本就占领中国台湾和朝鲜，废除西方列强强加在自己身上的不平等条约，重新获得制定自己经济政策的主权。

当然，与主要的欧洲帝国主义国家相比，日本只能算小打小闹。据计算，1913 年时，称霸世界的各大帝国的面积中，英国是 3200 万平方公里，法国是 1100 万平方公里，而日本只有区区 29.7 万平方公里。欧洲的八个殖民大国虽然本土只占地球陆地面积的 1.6%，但其控制的殖民地面积却将近地球其余陆地面积的一半——41.3%。

欧洲是如何做到这一点的？这又给欧洲带来什么好处？按照杰克·戈德斯通的说法："并非是殖民主义和世界征服造成西方的崛起，恰恰相反，是西方（技术层面上）的崛起和其他地区的衰落让欧洲将自己的力量延伸到整个世界成为可能。"导致帝国主义和整个西方兴起有众多因素，但戈德斯通似乎只列出了其中一条。其他因素还包括史无前例的管理和分享信息的能力、解锁和揭秘大自然、协调人类活动、利用和强化个人能动性、发现并适应迥异的思想观念和资源，以及建设并维护有利于这些因素发展的制度。

正如我们在第九章内所讨论过的，所有这些狂热的帝国主义努力几乎没有给那些野心勃勃的强权带来什么正面的价值回报，这一点颇具讽刺意味并令人悲哀。仅举一例，欧洲投资者觉得殖民地是最不值得投资的地方。例如，从 1865 年到 1914 年间，英国的海外投资总额只有大约 40 亿镑，其中超过 30% 投向了美国和加拿大，将近 19% 去了拉丁美洲。四个位于发展中世界的英属殖民地（印度、南非、埃及和罗德西亚[*]）获得约17%，其余投资（大约34%）中只有微乎其微的比例投入到其他几十个国家之中。其中主要问题在于，大多数亚洲、非洲甚至大部分拉丁美洲地区的国家都缺乏承接大量资本投资所必需的基本交通、通讯、法律和市场等基础设施。

1871年到1913年间，英国全国总收入的约三分之一来自海外，其中一半来自非服务性出口。同样，这些贸易中几乎没有多少来自通过瓜分非洲所获得的领地。事实上，所有的海外领地只吸收了来自英国出口的15%到21%。印度棉纺业自19世纪70年代开始快速机械化，到了1910年已经对英国本土纺织业的统治地位造成相当威胁。而且，英国与印度之间的贸易远不如英国与法国、德国或美国之间的，出口到印度这颗“王冠上的明珠”的产品只占英国总出口额的14%。英国在殖民地的投资回报比在本土投资略高一点，但如果将其投入到非英属国家，例如美国和南美，收益还能更高。

对于其他殖民大国，帝国主义似乎同样没有带来太多财富，虽然这方面的学者研究远不如对英国的详尽。我们知道欧洲殖民地总共只吸收了欧洲大陆总出口的15%，但对大多数帝国主义列强控制下的殖民地总体上的收益是正还是负并不清楚。显然，殖民社会中的某些部分——军事部门和投资者（但未必是企业家）——得到了好处，但更广泛的群体几乎没有从中得到什么明显益处。

换句话说，全世界范围内对殖民地的激烈争夺甚至都没带给竞争者什么好处。那么新帝国主义的兴起是不是还有什么更深层次的理由？西方粗野的物质力量、对自然的科学掌控、高效而蓬勃的经济和各种令人眼花缭乱的技术进步，导致广泛的道德危机，如对激进意识形态的合理化、赞美暴力与斗争在人类本性中所占据的中心地位。被第一次世界大战的杀戮所震惊的西格蒙德·弗洛伊德认为欧洲已经陷入“集体疯狂”。在世纪之交，的确像是某种精神错乱驱使

* 即今天的津巴布韦。

着欧洲人民走向帝国主义和战争。

第一次世界大战

史诗战役，滥杀平民，人口锐减——有史以来，这些都是人类交往中的重要场景。中世纪欧洲的政治碎片化和公众秩序的彻底崩溃，为几乎从不停歇的战争和军事革新提供肥沃的土壤，但军队人数或军事冲突的规模却并未随之增长。许多古代军队的人数远超10万，如公元前220年罗马军队人数为75万。在一些大战役中，参战双方投入多达40万士兵，如公元前202年奠定中国汉王朝基础的垓下之战。将近2000年后的路易十四统治后期，欧洲军队才达到过这种规模。即便是七年战争——世界上第一次跨洲冲突——与先前的战争相比，双方所投入的兵力也没有大规模增加。只有拿破仑战争、第一次世界大战和第二次世界大战在规模、火力和对人类生命的破坏上超过以往战争，当中又以二战为甚。

曾被称为“大战”的第一次世界大战是一场荒唐的冲突。主要交战方有着相似的社会、经济和政治体系。1000万人在此战争中丧生，威胁到整个西方文明，终结了奥斯曼、沙俄、奥匈和德意志四个帝国，让极权政权特别是希特勒领导下的政权获得上台的可能。而这位致力于领土扩张的独裁者让第二次世界大战成为必然。在这个意义上说，第一次世界大战影响了整个20世纪的走向。

英国对海外贸易的依赖是它维持规模巨大的王家海军和全世界战略港口的主要理由。在欧洲大陆，德国拥有最强大的军队。特别是当时扩张性的地理政治环境和日益增长的军国主义思潮，使两国成为天然对手。1870年到1871年的普法战争在时间上可谓一闪而过，却成为德国统一的由头，还让法国受尽屈辱、对不知何时再来的新一轮打击惶恐不安。法国对此威胁的应对之策是在1894年与沙俄结成姗姗来迟的共同防御同盟。奥地利和德国是天然盟友，两国

（还有俄国）刚刚完成对君主专制并不彻底的改革，但由许多希望获得政治自治的少数民族组成的奥地利十分虚弱，作为盟友并不可靠。更何况，奥地利还深陷在巴尔干半岛复杂而紧张的冲突之中。如果德国领导人知道英国与法国已经秘密签署共同防卫条约，这次灾难或许能够避免。

发生在欧洲外围的大量事件加剧欧洲强国之间的紧张摩擦。1903 年发生在贝尔格莱德的政变让一个致力于领土扩张的政权登上政治舞台。*1904 年到 1905 年的日俄战争激起一场革命，进一步暴露出沙俄地缘政治上的弱点。1905 和 1911 年德法两国为争夺摩洛哥的控制权而发生的冲突也将英国和法国拉得更近。1908 年，奥匈帝国机智地诱使沙俄同意奥地利无视塞尔维亚的抗议吞并波斯尼亚。面对被羞辱的塞尔维亚，俄国觉得自己有义务在未来冲突中站在塞尔维亚这边。1912 年，当奥斯曼帝国忙着在利比亚抵抗意大利入侵时，巴尔干联盟（保加利亚、塞尔维亚、希腊和黑山）几乎将土耳其人完全逐出巴尔干。联盟成员为争夺胜利果实在第二年爆发的第二次巴尔干战争中互相打了起来。

世界大战前夕，法国、德国、沙俄甚至奥匈帝国都拥有大规模陆军、持续快速上涨的军费、长期军事训练和实战，以及广泛的公众支持。这些军队都装备有射程 500 米的带瞄准器步枪，能够每分钟发射 20 枚爆炸弹头、射程 5 英里的野战火炮，射程超过 25 英里的可移动攻城火炮和 1 分钟能发射 600 发子弹的机关枪。事实上，1914 年时，一个野战火炮团 1 小时的齐射就能耗去整个拿破仑战争时所有交战方所使用的弹药。军事战略家和政客都认为凭借如此精良的武器打一场持久战是不可想象的，大家都以为面对的将是一场短暂的冲突。当政者中几乎没有人预料到这场战争会比美国南北战争规模更大、伤亡更多。可悲的是，事与愿违。

*　1903 年 6 月 11 日，塞尔维亚国王与王后遭军方密谋刺杀。

战争始于1914年6月末，一名恐怖分子在萨拉热窝刺杀了奥地利皇位继承人。刺杀事件背后的组织与塞尔维亚当局有着说不清道不明的联系，奥地利政府给后者下了一道侮辱性的最后通牒。德国在外交上给奥地利开出臭名昭著的“空白支票”——他们愿意支持奥地利，即使后者对塞尔维亚宣战。7月28日，宣战如期而至。沙俄面临的政治压力使它无法忽视塞尔维亚的主权被挑战，沙皇动员了俄国军队。两天后，德皇动员了德国军队，并在8月3日，通过保持中立的比利时领土侵入法国。作为比利时中立的担保方，英国在第二天对德国宣战。

看起来大多数欧洲人自愿接受长年累月军国主义和适者生存的社会达尔文主义宣传。为什么不呢？大多数人都相信，圣诞节之前，军队就会凯旋。在现实中，德国在法国东北部陷入胶着状态，未来四年里，双方实实在在地泥足深陷。敌对双方沿着一条延伸400英里长的战线修筑战壕，数以百万计的士兵在暴雨、大雪、老鼠、虱子和泥泞中经历生死。一次又一次，指挥官派他们冲向敌人的铁丝网、地雷阵和机关枪。他们也组织过多次规模巨大、互相配合、精心计划的进攻，射出几百万发爆炸性炮弹，然而战线几乎纹丝不动。这还仅仅只是战争的一幕。在900英里长的东部战线，沙俄军队几次大规模突破奥地利防线，直到德国投入更多军队将他们赶回原处。从1915年中直到接近战争结束，德国人深入俄国领土的速度越来越快。东西线上演着主要和决定性战役，但到处都有战斗发生，包括中东（奥斯曼帝国选择与同盟国并肩作战）、整个巴尔干半岛、奥匈帝国与意大利（意大利于1915年5月参战）之间以及德国在非洲和太平洋的殖民地。

这样的全面战争对参战的每个国家和社会都带来巨大的压力。几乎每个政府都限制自由，管制或直接控制经济，动员大量国内资源支援前线。数百万妇女涌入工厂和办公室开始工作。志愿组织帮助协调后勤、供应、公共卫生和军人服务。税负变重，通货膨胀高企。

到了1916年，厌战情绪弥漫在所有参战国的社会中。

德国（和同盟国）或许本可以成为这场战争的赢家，但在击沉载有美国人的轮船并承诺将美国西南各州划给墨西哥以换取军事支持后，美国加入了战局，德国的失败在所难免。首先，美国建造商船的速度快过德国潜艇击沉它们的速度，其次，养精蓄锐的美国军队从1918年初开始以每月30万人的速度大规模进入欧洲。德国努力在中东煽动反英圣战，如果这种努力得以成功，或许也能将战争的天平拨回原先的平衡状态。德国统帅部还支持布尔什维克在俄国的革命，后者上台后立刻在1917年寻求停战，次年3月让俄军撤离战场。无疑，这个变化帮了德国大忙。《布列斯特－立陶夫斯克和约》将俄国欧洲部分的三分之一划给德国，但仅仅半年之后，战争结束，同盟国完全崩溃。

1919年6月签署的《凡尔赛和约》让德国失去包括海外殖民地在内所有征服得来的国土，还将德国长期占有的土地划给波兰和丹麦等国，要求德国支付高昂的战争赔款，在德国西部边界的莱茵河两岸设置非军事区，并严格限制其军事能力。奥匈帝国则被完全拆分成三个新国家（奥地利、国土大大缩小的匈牙利和捷克斯洛伐克），其余领土则被划入其他四国（波兰、意大利、南斯拉夫和罗马尼亚）。奥斯曼帝国则失去除安纳托利亚和马尔马拉海峡之外的所有领地。

多年以来，学者一直在争论交战国中哪些国家更应对战争的发生负责。他们指责德国、英国，近来也批评沙俄。德国的军国主义——尤其是德皇威廉二世——是将欧洲带入世界大战的最重要的因素。然而，我们必须考虑到当时更广泛的政治历史环境。在短短几十年里面，引领世界的西方人民重新刻画整个欧洲大陆和另一大陆的部分版图，进行激进的军备竞赛，正面讴歌斗争精神，四处征伐，然后在三个大陆无情地打了整整四年战争。可怕的战争破坏并非没有先例——大约2500万人死于太平天国运动，这场叛乱只是在1850年到1873年间发生在中国的一系列民众起义中的一个，叛乱几乎灭亡清王朝。然而，同样是巨大的损失，世界大战让人质疑西方文化和价值观，而发生在中国的动荡似乎没有受到类似的拷问。

欧洲帝国，特别是英国在大战中和大战后保持扩张势头，例如在中东和非洲。但总体来看，欧洲在这方面是失败的。战争中失去的 1000 万条生命几乎全部来自欧洲。建筑环境受到极大破坏，特别是法国，大约有 85 万栋房屋被夷为平地或严重损坏。欧洲国家的经济失血严重，贸易中断。日本及美国（尤其是后者），上升为以前被主要欧洲强国垄断的全球市场的有力竞争者，同时也成为世界上重要的债权国，美国一跃成为世界上最大的债权国。

无数战争幸存者在身体或心理上遭受永久伤害。社会发生多种形式的变化，特别是欧洲。风俗习惯变得更为放纵；政府开始更多地干涉经济生活；政客变得更世俗化；福利国家迅速发展。

残杀、破坏、无意义的战斗和显然毫无益处的战争让许多西方知识分子对文化产生质疑：对科学技术的追捧，关于进步的观念，西方人声称所具备的道德优越，人类对于自身命运的理性控制，欧洲人已经从“野蛮人”中脱胎而出的想法，以及西方文明总体的基石。艺术家也表达同样的疑惑，他们创作出抽象表现主义、达达主义和超现实主义等风格的作品。可以认为这场战争悲剧性地应验了类似伊戈尔·斯特拉文斯基这样的艺术家的预言——他 1913 年的异教主题的《春之祭》震惊了巴黎的芭蕾舞圈——技术和经济的飞速发展正将欧洲文化推向末日。其他知识分子，如赫尔曼·黑塞则希望在东方文化和神秘主义中为“‘受伤’的欧洲文化寻找一种替代”。

然而，英国、法国和德国的大多数普通民众、受过教育的精英甚至知识分子从回归传统中找到面对受损的精神和文化方式，令他们对文化和价值观保持希望。而且，至少在英国，大多数文学作品在风格、内容和前景上依然保持着爱国主义和传统。从欧洲到美国，战争在电影中被以英雄主义甚至浪漫主义的方式呈现，至少维持到 1930 年影响深远的反战电影《西线无战事》的出现。欧洲主要国家几千万人所经历的悲剧性损失让大多数人相信，人们无论如何都会避免另一场大战再度发生。成立于1919年的国际联盟旨在维护世界和平，它的出现就是这种决心的表现之一。可悲的是那些被上一场战争带上台的政权领导人似乎有另一种想法。

第二次世界大战

如果说第一次世界大战在哲学上根本说不通，那么第二次世界大战则属于无法避免的必然。一战交战方相对来说没有什么值得大打出手的利益，就算有也显然不值得为此付出1000万条生命的代价。相反，1939年的欧洲出现了在军事上与西方价值观为敌的政府，而且，在意识形态上，他们一心一意想要扩张领土。他们无法想象自己与西方民主国家的人民和平共处、相互协作进行非暴力的经济竞争，因为他们各自的政治体制和生活方式已经决定了西方民主是意识形态上的敌人。醉心于建立帝国的墨索里尼也为希特勒提供助力，虽然程度有限。不顾一切扩张领土的日本帝国也推波助澜。后者在1931年入侵中国东北，1937年发动对中国的全面战争，还在1938年到1939年间袭击了苏俄的远东地区，尽管未获成功。这些行动导致美国主导的经济制裁。另一个有趣的扭结是斯大林与希特勒的相互仰慕，尽管两个国家官方间充满敌意。

在这个背景下，1939年8月，苏德签署的互不侵犯条约其实并不像世人所想的那样难以理解。该条约还有一份秘密的附加协议书，约定两国瓜分处于两国间的波兰、波罗的海国家和芬兰。9月1日，希特勒立即入侵波兰。两天后，法国和英国向德国宣战。两个星期之后，苏联从东面进攻，侵入波兰。到月底，这两个侵略者就完成对波兰的占领。冬季，苏联军队经过苦战击败芬兰。几个月后，德国轻松占领丹麦、挪威、比利时、荷兰、卢森堡和法国。尤其是法国，在6月22日将其北半部直接割让给德国，然后在南部建立听命于德国的傀儡政府。（前一天，意大利也侵入法国南部的一小块区域。）这些胜利大大增加德国民众对纳粹的支持，包括以前对纳粹持怀疑态度、现在变得热情高涨的德国军队领导层。德国从占领区获得大量资源、劳力和工业产能，增加自己的作战能力，并在原德国境内保持较高的生活水准。瑞士、瑞典、西班牙、葡萄牙和爱尔兰保持中立，唯一能够抵抗德国的欧洲强国就只剩英国了。纳粹对英国发动持续三个月的空袭，史称“不列颠之战”，这一次，德国没能占到上风，欧洲留下一个孤悬的自由和民主堡垒。

战争很快就蔓延到欧洲周边甚至更远地区。意大利分别在 1936 年和 1939 年征服阿比西尼亚和阿尔巴尼亚。1940 年 9 月，墨索里尼以利比亚为基地（德国军队在春季时登陆北非）攻击埃及。同一个月晚些时候，德国、意大利和日本结成军事联盟。10 月，意大利进攻希腊。捷报频传，接下来的几个月里，斯洛伐克、匈牙利、罗马尼亚和保加利亚都加入到轴心国阵营之中。4 月，德国参加了对希腊的攻势，并带领盟国入侵南斯拉夫。6 月 22 日，希特勒集合 350 万军力发动对苏联的大规模袭击，进攻部队被分成三个主力方向突破长达 1800 英里的前线。仅在两天时间里，德国军队就击毁苏军 3922 架飞机。在两个月时间内，他们俘虏或杀死超过 200 万苏联军人，兵临列宁格勒、莫斯科和南部罗斯托夫。随着轴心国几乎完全控制欧洲，英国被彻底孤立，其资源已经消耗殆尽，纳粹称霸世界的宏大目标似乎即将完全实现。

随着战争越来越激烈，希特勒“纯化雅利安人种”的谋杀计划也进入高潮。再一次，两个计划相互关联。领土扩张的目的是释放生存空间，消灭“劣等”种族人口则为实现该目标提供了进一步帮助。

1939 年战争爆发后不久，纳粹就开始执行他们机密的 T-4 计划，目标是谋杀残疾孩童，后来又延伸到成年残疾人（既包括身体上也包括精神上）。随着 1940 年到 1941 年公众对该计划的不安，尤其是宗教领袖带头抗议，这项计划的推进变得更加隐秘，但同时又更为激进。在当时，此项计划就已造成大约7万人死亡，随后三年里显然还有更多受害者。在执行该计划时所发展出的一些杀人方式后来被再次用于最终方案之中。

占领波兰西部之后，那里大量的犹太人口让纳粹面对更大的“犹太人问题”。犹太人被要求穿着带有黄色大卫星标记的衣服（1941年8月，该政策被延伸到整个第三帝国）。除了常规军事部队（如同1938年在捷克时），德国还出动了特殊的党卫军别动队，与“反德国元素”进行作战。他们收到的命令是消灭反抗力量、受过教育的精英分子、贵族、教士和犹太人。常规军队偶尔也会参加，并在通常情况下为此类工作提供协助。当地的少数民族也常常提供帮助。别动队典型的做法是枪杀受害者，尽管后来最早用于T-4计划的毒气车厢也开始用于此目的。

这些特殊部队在苏联造成的伤害最为严重。遵循希特勒事先制订的计划，他们在一开始时杀害成年男性，随后在8月和9月将目标转向妇女和儿童，在9月与10月屠杀整个犹太社群。到1941年底，他们杀害了50万犹太人。整个战争期间，他们共杀害约200万人，其中包括130万犹太人。该政策，再加上入侵后不久采用的三项新政策，导致了大屠杀。首先，部署在波罗的海国家和波兰东部的个别纳粹军官，出于自身的动机，但显然也得到来自柏林的鼓励，开始大规模谋杀整个犹太社群，包括妇女和儿童；其次，1941年9月，在奥斯维辛，600名苏联战俘被以杀虫剂齐克隆B毒杀；最后，大量犹太人，包括一些“部分犹太人”和“与雅利安人结婚的犹太人”被从德国送到东部，一部分被公开杀害，大多数被秘密处决，并且显然柏林事先对此并不知情。到秋季末，在卢布林附近的贝乌热茨和罗兹附近的海乌姆诺开始建造灭绝营。从12月8日开始，一小部分犹太人在海乌姆诺营地被谋杀。

1941年12月中期，在发生多起戏剧性事件的背景下，纳粹德国作出要将欧洲犹太人彻底消灭的最终决定。第一件事是德国遭受他们开战以来的第一次真正挫败——撤出罗斯托夫战场。几天之后，12 月 5 日和 6 日，苏联军队在莫斯科城外发起成功的反击。在利比亚，12 月 7 日到 8 日，英国军队击退隆美尔的非洲军团。1941 年 12 月 7 日，日本海军轰炸美国在夏威夷珍珠港的海军基地——导致超过 2000 人丧生，击沉或毁坏五艘战舰。（随后日本在东南亚疯狂扩张，在几个月内占领菲律宾、中南半岛、泰国、缅甸、马来亚、荷属东印度群岛和新加坡。）12 月 11 日，意大利和德国跟着自己的盟友向美国宣战。（希特勒一直计划对美作战，但需要强有力的海军支持，日本正好能够提供。）

1941 年 12 月 12 日举行的会议上，面对纳粹高层领导人，希特勒回顾了自己关于消灭犹太人的"预言"。现在，他说"那些应该对这次流血冲突负责的人必须付出生命的代价"。纳粹的高级官员在随后几天里细化了这个政策。纳粹党和国家官员出席的万湖会议原定于 12 月 9 日召开，后来改到 1 月 20 日，很可能就是为了将在各地已经开始付诸实施的行动和努力协调起来，并为它们下达最高指示。外交部实际上早已同意将欧洲各地的犹太人集中起来，送往东部进行处决的方案，只要这些动作不会带来外交抗议。决定中最重要的部分是德国犹太人（不包括"部分犹太人"或与非犹太人通婚的犹太人）的命运，在此之前他们还算是一个在犹太人总体中大体受保护的群体。两个月内，那些已经身处里加或明斯克的犹太人就被处决。到 5 月，更多到达东部的犹太人被灭绝。

这种制度化杀戮之所以成为可能，全在于灭绝营的建造，1942 年初，纳粹在已有集中营中又加建了五座灭绝营，所有灭绝设施都建在波兰境内。（无疑，出于对民众反对和良心尚存的军官干预的恐惧，这些设施被建在德国之外。）在六座死亡集中营里——海乌姆诺、贝乌热茨、索比堡、特雷布林卡、马伊达内克和奥斯维辛－比尔克瑙——共有大约 300 万犹太人和数万名吉普赛人以及其他非犹太人失去生命。这些仅仅是死在战争期间德国控制的土地上数千座集中营里的1100万人（其中包括多达600万犹太人）中的一部分。即便在军事撤退迫使他们放弃这些屠杀中心时，残暴的纳粹守卫依然押解着几十万被监禁者向西行进，以作奴工，多达三分之一的人命丧途中。

许多欧洲人对犹太人有强烈反感，因为犹太人有着不同的文化背景、在现代取得巨大成功（很大程度上应归功于他们对学习的专注）以及同时具备与资本主义和社会主义的紧密联系。甚至数以千计的受过高等教育的德国专业人士——医生、律师、工程师和科学家——都主动参与灭绝行动，事实上，如果没有他们的支持，大屠杀不可能发生。那些实施屠杀的人大多受种族主义、个人野心、同僚压力、上级劝诱和对更好物质生活向往的驱使。大肆酗酒也降低了许多行刑者的道德障碍。

大屠杀如火如荼地进行的同时，纳粹德国的战事则停滞不前，紧接着就开始崩溃。来自英国和美国的轰炸在战争的最后两年带给德国极大破坏，毁坏了大约500万座住宅。1943年5月，盟军军队将轴心国赶出北非，并在7月开始登陆西西里。两周后，意大利国王解除墨索里尼的职务，并于9月投降。于是德国将这位前独裁者扶成意大利北部傀儡政权首脑(1945年4月被游击队员枪决)。现在，苏联军队迅速向西推进。1944年6月，西方盟军解放罗马，随后在法国西北部展开一场规模宏大的两栖登陆进攻——诺曼底登陆，出动5000艘船只、5万辆车辆、1.1万架飞机和15万士兵（很快又跟进近20万名士兵）。8月下旬，美国和英国联军解放巴黎。9月，他们到达德国边界，苏联军队也推进到华沙城外。1945年4月，盟军包围柏林。4月30日，希特勒和几个最亲密同伙自杀身亡。德国在5月初投降。

但是，太平洋的战争还远未结束。一场接一场激烈的战斗在岛屿上进行。2月，美国海军陆战队在硫磺岛上伤亡了7000人，终于，美国军队到达位于日本本岛南方几百英里之遥的冲绳。4月1日，他们发动一场规模巨大的进攻，超过10万名日本士兵接到血战到死的命令后在此战中丧生，包括1900名驾机发动自杀攻击的神风突击队队员。经过6星期激战，现在又得到英国王家海军增援的美国人，蒙受超过1万名士兵阵亡的损失。日本遭受大规模空袭，大约33万人在轰炸中丧生,但这些都没有动摇日本领导人继续战斗的决心。相反，他们竭尽全力地准备即将到来的登陆作战，发誓战至最后一人。美国情报机关已经破解了日本的主要通讯密码，因此对该计划了如指掌。官方报告估计登陆作战将导致至少10万名美国士兵阵亡——甚至有达到100万的可能——还将有多得多的日本人丧生，高层统帅开始对登陆作战犹豫不决。

自从4月接替去世的罗斯福总统的杜鲁门手上有一种新武器，其爆炸威力相当于1000架B-29轰炸机所能携带的弹药总量，能够在夏季中期用到对日战争中去。唯一的问题是，当时能够投放的原子弹数量只有两颗。如果它们还不能迫使日本投降的话，怎么办？杜鲁门决定赌一赌，暗示美国还有无穷无尽的这种新式武器。他还面临第二个困难。2月时，罗斯福总统答应斯大林，如果苏联人帮助美国进行太平洋战争，就在战后将部分日本领土划归苏联。现在既然德国已经战败，而且原子弹已经被发明，这种让步就显得多余。按某位历史学家的说法，防止苏联占领日本，或许是杜鲁门决定在1945年8月6日使用其中一颗原子弹的部分动因，尽管能够拯救许多美国士兵的性命是更主要的原因。第一座目标城市广岛被彻底摧毁——同时还有大约7万名日本居民当场死亡——但日本政府的立场却依然坚定。两天后，苏联向日本宣战。按长谷川的说法，这个消息比原子弹本身更令日本领导层害怕。然而，他们依然没有投降。8月9日，一架美国B-29轰炸机投下仅剩的一枚原子弹（另一枚能在8月21日投入使用）。终于，日本领导人开启对话。8月11日，美国停止对日本的常规打击。8月14日，日本天皇原则上同意投降。（当晚一群军官试图通过政变阻止投降，但未能成功。）尽管在东南亚和中国还有一些残余战斗，但第二次世界大战终于结束了。

共有约 6000 万人丧生，包括近 2600 万苏联人（大多数是平民）和至少 1500 万中国人。另外，战争结束时，仅仅在欧洲，就有大约 2100 万人流离失所。大约 200 万苏联战俘回到祖国，在那里，他们受到进一步不公对待，包括处决和流放到劳改营。在德国，2000 万人失去家园，苏联有 2500 万人无家可归，大约有 7 万个村庄、1700 座城镇和 3.2 万家工厂被毁。历史上从未有其他任何事件能在短短 6 年时间里造成这么大的破坏。

冷战

然而，硝烟未尽，一场新的冲突就已经开始。对于苏联占领日本领土的恐惧只是紧张关系的源头之一。西方盟国显然愿意给斯大林位于苏联原西部边界附近的大片土地，甚至也默许他对东欧六七个国家施加巨大的影响，作为对苏联人民所遭受的巨大苦难以及军队的英勇表现的补偿。但他们不愿让步的是苏维埃式专政。在如此情形下，似乎很难相信这些前盟友依然能够保持亲密关系。

学者对于冷战如何开始仍有不同见解。有些人将战后的对立归因到先前的敌意，最早可以追溯到布尔什维克在一战时提前脱离战争，置自己的盟友于不顾，随后，盟军的军队进入苏联领土，既是为了防止军械落入德国人之手，同时也是为了支持反布尔什维克武装。从那时开始，直到双方在第二次世界大战中合作，西方民主世界和苏联即便称不上敌人，至少也不是朋友。人们能够在双方的政策和举动中找出几十甚至数百个负面因素。即便在战争已经爆发之后，盟国之间的矛盾也会突然爆发和升级，例如斯大林指责西方盟友一直拖到 1944 年 6 月才登陆法国作战，让自己的国家在东部战线上独自苦撑。

其他学者则认为外交上的失误、时不时地武力威胁和机会的错失扮演了更重要的角色。譬如，1945 年 9 月，美国终止租借法案，该项目在整个战争期间向苏联提供了价值一百亿美元的供应和装备。斯大林觉得自己受到侮辱，毕竟，他的国家一片废墟，本该利用这项帮助进行重建。

第二次世界大战之后，美国能够与不久之前的两个死敌——日本和德国——和平竞争，而日本和德国，凭借其自由市场经济，仅仅几十年后，就成为世界上第二和第三富裕的社会。与之对比的是，苏联几乎生产不出任何能够在国际市场上出售的商品或服务。因此，经济上的竞争变得毫无可能，但是，苏联领导人在意识形态上又不得不与西方资本主义争夺世界领导地位，仅剩的竞争方式，除了那些苏联能够获得巨大成功的诸如体育竞赛或高雅文化之类相对琐碎的目标之外，就只剩下军事。正是这个原因，苏联才不计代价地朝向超级军事大国努力。

苏联政府稳步提高其军费开支，到了 70 年代末，几乎在金额上赶上美国——不仅在常规军备上——自从战争开始以来，这方面一直就是苏联的强项，同样快速发展的还包括弹道导弹、大规模远洋海军、空军和核武器。在其存在的最后十年里，苏联军费总和至少占据其国民生产总值的 25%，甚至 40%（作为对比，美国的军费开支占比低于 10%）。除此之外，大约 30% 到 40% 的劳动力被用于军事目的。军事文化无处不在。几乎所有苏联儿童在小学阶段就接受民兵防御训练，并在中学阶段接受其他基本甚至某些专门方面的军事训练。（通常情况下，女孩会学习一套略有不同的军事技术。）作为他们军事和爱国主义教育的一部分，大多数学生——男孩与女孩都一样——还参加一种由真正军人教官组织的名为“扎尼察”的竞争性“战争游戏”，随着年级升高，该游戏变得越来越严肃和真实。毕业后，大多数青年男性需要服两年义务兵役。那些进入大学的通常还要接受预备役军官训练。几乎所有五十岁以下男性都是潜在的预备役征召对象。另外，数以千万计的 14 岁以上苏联青年加入准军事运动俱乐部，与苏联的三个军事分支紧密合作。换句话说，苏联军队几乎已经成为每个普通苏联公民生活中不可缺少的一部分。

每年，在莫斯科红场都会举办规模宏大的阅兵式来庆祝十月革命和5月9日对纳粹的胜利，以展示强大的苏联军事实力。首先，军乐队和成千上万的现役士兵和退伍老兵气宇轩昂地正步走过列宁墓前的苏联领导人面前，数以百计的坦克、野战炮、火箭发射筒、大大小小的导弹车、吉普车和装甲运兵车紧随其后。显然，这种游行的目的是震慑苏联国民（除非获得特别许可，他们甚至不能到现场观看游行），向全世界展示苏联超级大国的地位，并最终强调苏联体系唯一确实的伟大成就。（尽管尽了如此努力，苏联军队还是从未在质量上赶上西方。）

整个冷战可以看作是双方不间断的僵持。美国试验和使用原子弹让斯大林大为震惊，仅仅用了四年时间，苏联也拥有了原子弹。接下来，1953年，只比美国晚一年他们就引爆了自己的氢弹。战争刚结束的那几年，苏联的军事实力在欧洲占据绝对优势，西方只有依靠美国的“核保护伞”才能获得均势。随着苏联扩大自己的核武库，大多数西欧国家对拥有小型“战术”核武器持欢迎态度。

世界大战结束后多年，莫斯科和华盛顿针对西欧和东欧间某些特殊政策的不同观点有时候会逼近爆发点。因为害怕希腊和土耳其落入苏联控制，杜鲁门在1947年3月宣布支持“自由人民，他们正在抵抗少数武装分子或外来压力的征服企图”。杜鲁门主义暗示美国愿意通过军事干预和经济援助的方式抵抗共产主义的传播。斯大林想要德国保持肢解状态，考虑到德国在过去30年间两次入侵俄国，这本可以理解。但西方却希望德国保持军事弱小但经济强大，同样也很合理，因为正是经济困难帮助希特勒上台。苏联反对美国在1947年宣布发起旨在重建欧洲经济的马歇尔计划，也禁止东欧国家参与其中。该计划几乎不带任何附加条件，在20世纪50年代带给西欧巨大的经济繁荣。

1948年初，西方开始讨论建立一个军事联盟，6月18日西德设立了一种单独货币，这两件事导致斯大林于6天后封锁西柏林。将近一年时间里，美国和英国通过空运向这座孤城提供补给，一共出动277569架次，运送的物资从食物到煤炭无所不包。对苏联敌意的恐惧让许多欧洲国家加入成立于1949年4月的北大西洋公约组织，一个由美国领导的大西洋防御组织——这是斯大林想要竭力避免的发展，尽管“苏联集团”的对应物华沙条约组织直到1955年才成立，但自那时起，势不两立的对峙就已主导欧洲的地缘政治。

因为核武器的出现，两个超级大国兵戎相见必然酿成难以想象的灾难，因此，在接下来的40年里，全世界各处爆发了一系列“代理人战争”。第一场此类冲突发生在朝鲜。1950年6月，朝鲜在苏联的后勤和军事支持下进攻亲美国的韩国。联合国授权由美国领导的联军帮助韩国。9月份，联军反被压缩并包围在朝鲜半岛南部的一小块区域里。但不到一个月，一次成功的反攻将朝鲜军队向北赶到接近中国边境处，导致中国的强力干预。这场冲突对于交战双方都极为血腥。美军投下了63.5万吨炸弹（加上32557吨凝固汽油弹），比在第二次世界大战整个太平洋战场上使用的还多。几乎每个主要朝鲜城市都遭受巨大破坏。韩方受到的财产损失同样惊人：51%的工业、五分之一的房屋、47%的铁路和80%的发电厂被夷为平地。更加悲剧的是生命损失——大约60万中国军人和超过200万朝鲜人丧生。*

这场战争带来两个积极后果：首先，惨烈的伤亡和离世界末日的一线之遥——杜鲁门总统显然考虑使用原子弹，然后明确拒绝了该想法——让双方都清醒地认识到必须不惜一切代价避免“热战”；其次，虽然经历可怕的战争破坏，韩国还是在政治上和经济上稳定地存在下来。短短几十年后，实现经济上的自足，贸易上保持健康的顺差，尊重公民权利，还建立起民主制度。2005年，它已成为12个

---

* 数据来源于《大英百科全书》。

最发达、最富裕和技术上最为进步的国家之一，还是世界上最“连通”的国家——72% 的家庭享有宽带连接。对比之下，朝鲜依然停留在贫穷、闭塞的状态之下，工业设施价值仅 20 亿美元（对比韩国的 4890 亿美元）。几十年里，美国为韩国以及前敌人日本提供“核保护伞”，让两个国家都以有限的军事花费实现经济繁荣。这是西方反共军事干预取得非凡成功的故事。可悲的是，军事干预越来越多，成功却越来越少。

出于恐惧，美国在几乎所有大陆都支持反共产主义斗争，同时，一心想给西方制造麻烦的苏联则在所有发展中国家中支持反殖民和其他独立运动。1953 年，美国代理人帮助推翻经过民主选举上台的伊朗改革派总理穆罕默德 · 摩萨台，因为他领导下的伊朗政府在 1951 年将原先英国控制的石油工业国有化。美国政府害怕苏联可能插手其中,不惜亲手断送一个本来很有潜力的民主政治进程。类似地，一年后，美国通过秘密行动推翻危地马拉的民选总统哈科沃·阿本斯，尽管他只是一个接收了非常有限的苏联援助的社会改革家。但并非在每个第三世界国家改革或独立运动中，美国都扮演镇压者的角色。譬如，1956 年，埃及总统加麦尔 · 阿卜杜勒 · 纳赛尔将苏伊士运河国有化，美国施压以色列、法国和英国放弃试图夺回运河控制权的努力。

整个 50 年代，苏联并未全面介入全球此起彼伏的颠覆活动。相反，它的大部分精力都被集中在再造苏联最初所营造的小环境中，努力加强对东欧各国的控制，粉碎偶尔出现在那里的反抗或解放企图。1953 年，发生在东德的抗议被残酷镇压，1956 年，波兰和匈牙利受到同样对待。

从 1957 年开始。东方阵营和西方阵营之间的对抗达到临界点。苏联将第一颗人造卫星“伴侣号”成功送入地球轨道。第二年，北约开始实施强化德国军事力量的计划，希望以此应对在欧洲占有优势的东方阵营的常规军事力量。1959 年，菲德尔 · 卡斯特罗在离美国海岸只有 90 英里的附庸国古巴领导了一场革命，夺得政权。他系统地对商业和土地财产实行国有化，并在 1960 年与苏联建立紧密的贸易与外交关系，让美国总统艾森豪威尔深感焦虑。同样在 1960 年，苏联军队射下一架进入其领空的美国 U-2 侦察机，让两国间的外交关系变得更糟。在 1961 年 1 月莫斯科举行的共产党集会上，尼基塔·赫鲁晓夫誓言为“民族解放战争”提供苏联支持，他坚信这将帮助共产主义赢得全世界范围的胜利。4 月，美国为一群试图推翻卡斯特罗政府的古巴移民提供帮助。猪湾入侵行动遭到惨败。1961 年 8 月开始，显然在苏联的支持下，东德政府建造了一座厚厚的围墙，将整个西柏林围起，以阻止东德居民源源不断地逃去西方（从 1949 年算起，逃亡人数达 300 万之多）。

1962 年，这些对立和冲突达到高潮。10 月，柏林的冲突尚未缓和，苏联军队又开始在古巴的岛屿上部署核导弹。美国很快就发现了这个举动，肯尼迪总统开始对古巴实施禁运，并要求移除导弹。赫鲁晓夫在美国承诺不会入侵古巴并且同意从土耳其撤出美国部署的导弹的条件下同意了美国的要求。

此后，两个超级大国再也没有如此接近第三次世界大战，双方领导人都惧怕核毁灭，然而，两国之间激烈的“太空竞赛”的脚步并未停止——1969 年，美国的登月行动赢了一局——同时，双方还在奥运会比赛中激烈竞争，在从 1948 年到 1988 年的 11 届赛事里，苏联的奖牌总数 6 次占据第一，而美国有 5 次。

间接的军事对峙也此起彼伏。其中规模最大、最惨烈、对于美国来说也是最具灾难性的莫过于越南战争。第二次世界大战之后，这块前法国殖民地被分裂成苏联支持的北方以及西方支持的南方。和朝鲜一样，北越领导人想要控制南越，最初起来反对的是法国，随后美国也加入进来。从 1964 年开始，美国的干预开始升级。参战兵力在 1968 年达到最高 50 万人。在整个战争过程中，美国空军共在中南半岛投下 780 万吨炸弹——比第二次世界大战时整个西方盟军在德国投下炸弹的总数多 5 倍。（美国竭力避免伤亡，二次大战时的轰炸杀死将近60万德国人，但在越战中北越大概只有5万人死于轰炸）。美国总共花费2000亿美元并损失了5.8万条生命；而南北越一共有超过100万人死于该场战争。1973年，美国签署和平协议并撤离越南，至今仍有学者争论当时美国政府作出如此决定背后的原因。

两年后，北越征服南越，开始实行专政。超过100万人被送入“再教育营”，后来又爆发越南与柬埔寨以及越南与中国之间的战争，在柬埔寨，波尔布特以种族灭绝的方式屠杀了大约160万人，更有超过200万人逃离该地区，成为难民流落到世界各地。

70年代的西方自身也同样面临国内问题。美国在越南的大量军费开支导致经济危机，同时又碰上自1973年开始的油价上涨。西方所有国家都经历了“滞涨”，高通货膨胀与高失业率同时出现。在美国，1974年水门事件的丑闻导致尼克松总统在违法行为被难以置信地披露后被迫下台。同时，苏联急剧扩张自己的军事存在，支持各地的反西方运动，包括安哥拉、莫桑比克、萨尔瓦多、尼加拉瓜、菲律宾、埃塞俄比亚和其他地区。反美革命政府在埃塞俄比亚、阿富汗、尼加拉瓜和伊朗夺得政权。为了支持其傀儡政权，苏联军队入侵阿富汗。显然，在苏联领导人和克格勃特工眼中，世界正“朝他们所希望的方向发展”。

事实却恰恰相反——胜利方不是苏联，仅仅10年之后，苏联解体。没遭受军事失败或内战，甚至连特别严重的内部危机都谈不上，世界两个超级大国之一就突然崩塌，就像一座纸牌屋。这一切是如何发生的正反映出苏联系统的本质，它恰恰是自己想要挑战的西方文明截然相反的镜像。

最重要的是，苏联并非通过自然演化而成，它没有通过其国民之间的交流和与外部世界的接触得到持续的成长和发展。在西方，各种企业和独立组织互相直接交流，无论在国内，还是国际上，都不需要过多政府干涉，而在苏联，很少有独立组织存在，大多数正式交流需要政府部门的管理，实际上甚至只有依赖政府部门才能够实现。与苏联社会的其他元素相比，学者和文化精英与外界的接触会多一些，但就是这些接触也被秘密警察严密管控甚至监视。另外，苏联也无法从被自己颐指气使对待的大量盟友处得到多少帮助。譬如，苏联和东方集团国家为了维持与古巴的关系花费巨额补贴。（讽刺的是，当卡斯特罗政府国有化百加得公司时，他们没收了工厂，却没有得到商标，而后者与工厂相比，价值高得多。）

苏联经济上的低效、对个人追求和对无法控制的创新的压制导致 80 年代初期苏联在人口、生态和经济各方面面临巨大问题。婴儿和成年人死亡率都在升高。各种健康问题不断出现。空气和水污染日益严重——比所有西方国家都严重得多。苏联的经济也日益萎缩。70 年代开始的东西方之间的关系缓和让苏联和东方集团国家能够借入数十亿美元用以进口大量西方商品，但他们出口到西方的大多只是原材料，提供给更大范围世界的也只是极为有限的商品和原料。其后果就是当西方稳步走向繁荣的时候，苏联集团却停滞不前。

斯大林死后，政治恐怖结束，压迫也放松了，但社会的自我演化依然不被允许。宗教压制让教会改革无法进行。官方“民族间的兄弟情谊”政策让人们不再学习如何应对偏执的民族矛盾，即便在解体之后，大多数俄罗斯人依然对少数民族抱有深切的敌意。妇女在布尔什维克统治早期享有巨大的解放，但在沉重的传统家务负担之外还必须工作。苏联的早期领导人实行激进的西方解放与变革理想，但几十年后，苏联的政治、经济和文化被时间封冻，因此，直到 1990 年，访问苏联的人依然能够感觉到生活的许多方面与 50 年代末期相比似乎没有发生多少变化。

1985 年米哈伊尔·戈尔巴乔夫上台，希望能够改革苏联的政治和经济体系。他发现，采用那些带领西方走向繁荣的政策——信息、结社、良心、言论、迁移和经济追求的自由化，以及公民政治参与和私有财产的保障——极大地弱化了苏联体系，因为后者完全建立在中央控制、严密的信息限制和密闭的社会之上。一旦人们亲眼看见别人在西方生活得如何富足、自己的经济如何低效和腐败、本国领导人所享受的特权如此之多，以及人民和环境遭受了多大的恐怖和破坏之后，大多数人完全丧失了对苏联的信心。很快就出现新的领导人来挑战现有体制。因为戈尔巴乔夫自己都已经不再相信用武力来维护苏联，苏联随即解体。冷战就此结束。

作为对比，西方世界吸纳并采用大量源自共产主义社会的全新思想、价值观、制度、进步。即便是那些看起来对西方文化最具威胁的部分也常常能够带给灵活的西方国家积极收益。西方国家采纳这些社会、政治、法律和制度革新的名单可以很长（虽然未必在美国得到完美实行），常常是为了不落在看起来咄咄逼人的共产主义阵营之后。值得一提的是关于劳动保护、儿童抚养、带薪生育假期、全民医疗、堕胎合法化、性别平等、住房补贴和简化离婚程序等等一系列法律和政策。西方国家还接纳了苏联在国际法上的创新，例如对国家领导人进行战争罪行审判、将民兵和游击队战士视作正规军士兵、定义侵略战争为非法，以及规定距海岸线十二海里之内属于国家领海范围。同样，来自苏联对西方殖民主义和美国种族歧视持续不断的批判成为驱动欧洲政策制定者解放殖民地和美国提高黑人待遇的原因之一（虽然在第一个例子中来自美国的批评、殖民地的反抗和经济上的不可持续起了更大作用）。西方国家从这些政策改变中获得好处。前殖民强国的真实人均收入在放弃殖民地后显著上升。美国公然种族歧视的降低令社会具备更高的道德水准，同时也提高了数百万黑人和其他少数族裔的生活水平（虽然他们的地位和成功离合理目标仍有很大距离）。

* * *

本书一直认为所有人内在和本质上都是富有创新精神的。生命的每一刻——无论是清醒还是睡眠——我们都从各种感官信息和记忆里创造出独一无二的个人体验。换句话说，我们的创新就像呼吸一样自然。但创新在构成我们自身体验之外还能走多远取决于我们自由表达的空间有多宽泛。各种因素都会限制这个空间，包括个人天赋、传统、社会或政治压迫、同行压力和文化正统。这个空间的范围越开放，行动的自由度越大，我们的创造也就越丰富。西方国家的人民并没有在本质上更具创造性，但他们所建立并生活其中的社会给了他们更宽广的创造力空间——使他们能够尝试新事物、创新。而他们的创新又带给自己社会和周围世界巨大的转变。我们创造与革新的范围越广、程度越深，带来收益与伤害的机会也越大。两种结局并未被事先决定。为了防止类似希特勒那样的人物出现而限制人们自由表达的空间是行不通的，因为这些限制同时也很可能阻止了爱因斯坦、特蕾莎嬷嬷或马丁·路德·金的出现。事实上，过去两百年来发生在西方最伟大的故事就是逐渐将越来越多的社会成员融入到公共、文化、经济和政治生活之中，从而发展出一个更公正和富裕的社会，我们将在下一章里详述这个故事。

第十四章　社会革命

1600 年	欧洲达到前所未有的城市化水平
19 世纪初	共同利益志愿社团风行
1824 年	英国废除《联合法》允许志愿社团成立
1833 年	英国议会在英国和其领地废除奴隶制
1847 年	美国医学会成立
1849 年	伊丽莎白·布莱克威尔成为世界上第一位女医师
19 世纪 50 年代	西方女性获准进入大学
1865 年	美国宪法第十三修正案正式废除奴隶制并强调权利平等
1869 年	美国第一个工会组织劳动骑士团成立
1870 年	《美国归化法案》只允许白人与黑人移民
1878 年	美国律师协会成立
1886 年	美国劳工联合会成立
1900 年	西方识字率达到 90%
1919 年	美国宪法第十九修正案赋予妇女投票权
1940 年	美国 93.5% 的城市住宅有自来水，83% 有私人卫生间
1943 年	《手臂计划》让大量墨西哥移民进入美国
1950 年	半数美国住宅安装中央取暖设施；全国平均工作时长为每周 40 小时
1952 年	美国国会废除《排华法案》
1954 年	布朗诉教育部案推翻 1896 年普莱西诉弗格森案的判决
1960 年	与 20 年前相比，美国大学毕业人口比例翻了一番
1963 年	美国 200 家规模最大的非金融行业公司全部是上市公司
1964 年	《民权法案》规定种族歧视与隔离非法

1896 年 1 月，65 岁的伊莎贝拉·伯德从上海出发，开始自己沿长江而上，探访中国西部的旅行，那是一个很少有外国人涉足的地方。她来自英国，是一个对于旅行上瘾到无可救药地步的女子，熟悉她的人曾说她压根“就从来没有意识到过危险是什么”，在此之前，

她早已访问过加拿大和美国（那是她22岁时的第一次旅行），澳大利亚和新西兰、埃及和波斯、日本和朝鲜、库尔德斯坦和摩洛哥。她常常与当地人混在一起，刻意避开西方人，游历了许多地方，伊莎贝拉还系统化地测量各地气温、海拔高度和气压，并详细记录自己关于地理、植被、政治和文化方面的观察。这些材料成为十几本畅销游记的素材，并令她成为伦敦王家地理学会的第一名女性会员。而且，除她之外，18和19世纪还有几十位来自英国和美国的女性旅行家探访了地球的各个角落。她们可以说是本书所描述的种种革命带给西方社会和文化各方面转化的最好象征。

革命的中产阶级

许多知识分子会觉得“革命的中产阶级”这一提法荒唐可笑。在将近两个世纪时间里，西方学者和社会批评家对卑微的“布尔乔亚”阶层充满鄙视，认为他们市侩庸俗，而且常常是社会进步的反动力量，对他们的拜金主义、享乐主义价值观和社会良心缺失更是大加鞭挞。有些思想家，虽然为数不少，却常常并不占据统治地位，典型性地将下层阶级成员理想化，特别是对那些出苦力者和工厂工人（有时候也包括农民），赞赏他们显而易见的天真纯良、贴近自然、物质性，或者按马克思主义者关于“无产阶级”的说法——他们掌握世界历史的方向。或许，这些脑力劳动者轻视中产阶级的根源在于试图转移他人对于他们自身资产阶级根源的注意？甚至可能是他们深藏不露的对几百年来为西方文化定下基调的贵族阶层的仰慕？贵族身上的特殊品质——教养、不以物喜、为信仰甘愿献身——与市民在追求商业利益时的蝇营狗苟相比，不是更光彩夺目吗？

直到最近，农民构成每个欧洲国家——事实上也是世界上所有国家——的核心人口。他们对每种文化和文明的现实存在作出巨大奉献，但他们之中却很少有人能够作出创新，提出强有力的思想，或发展出促进人类进步的成就。在社会阶层的另一端，贵族，与农民一样，仅仅因为出身，就获得固定的社会位置，但与农民不同的是，从历史最早期开始直到最近，贵族一直构成欧洲的统治精英阶级。发生在欧洲过去1000年里的转型中，他们至少起了次要作用。他们自然而然地深度参与教廷革命（虽然格里高利七世本人是铁匠的儿子）和军事革命（虽然是市民和富裕的农场主带来步兵革命）。我们还能在那些深刻影响欧洲走向世界上最强大文明进程的重要人物中找到几十甚至几百位贵族出身者，从托马斯·阿奎那到第谷·布拉赫、从孟德斯鸠男爵到查尔斯·阿尔杰农·帕森斯爵士（蒸汽涡轮机的发明者）。

但真正决定现代西方——也因此决定现代世界——走向的人是从生到死都处在社会阶层中段，介于土里刨食者和拥有家族徽章者之间的那群人，他们的影响远超过任何其他社会阶层。从中世纪商业革命中的商人、工匠和银行家到几乎每一次重大社会转型——城镇兴起、印刷、宗教改革、现代科学、宪制政府、工业化，以及技术革命——的推动者。绝大多数创新和革命的动力和源头，都来自市民、中产阶级、布尔乔亚。

正是他们的社会地位让这一切成为可能。农民们挣扎在生存边缘，被牢牢地禁锢在土地和传统农业耕作之中，出于对饥饿的恐惧，很少从事实验。与之对比，贵族享受着足够物资和闲暇。他们中的许多人具有冒险精神，不少著名探险家具有贵族血统。然而大多数欧洲创新与冒险精神没有太大关系，更多的是埋头苦干，不辞辛劳地开发新工艺，发明新器械，收集信息，系统性地掌握和分享知识，以及绞尽脑汁地实验——只有很少贵族能够忍受这种辛苦。沉浸在城市和商业生活中的资产阶级天然地具备这类热情。传统、贵族责任和重要的贵族美德——荣誉——并不妨碍他们尝试新事物的愿望和热情。就这样，一个又一个世纪，当绝大多数欧洲人在田地里劳作，以及数量微小但实力强大的统治精英佩戴族徽的同时，还有一些缓慢增长的城镇人口正为西方伟大文明的出现打下基础。

在其他伟大文明里，与社会其他阶层成员相比，工匠、商人和城镇居民似乎也更具创新精神，因为他们更脚踏实地，拥有或能够获得资本和其他资源，能与各式志趣相投者交流，善于发现赚钱的机会，相对不那么受到抑制发明的传统和价值观束缚。欧洲社会最终能够脱颖而出，最重要的原因可能在于它的城市和城镇人口享有更多政治和经济自治，因而能够收获更丰富的创新成果。以市场为导向的脑力劳动者和工匠的数量大大增加，很快占据社会中更大比重。到了 1600 年，大多数欧洲国家的城市化水平已经超过中国，直到 200 年后，中国的城市化才达到类似规模。事实上，从近代开始，世界上没有一个国家的城市化水平能与欧洲相比。（日本的城市化虽然比不上欧洲，但可能是最接近的，这可能也是它能够在 19 世纪后期迅速获得物质成功的重要因素之一。）

毫无疑问，欧洲（和北美）的中产阶级在 19 世纪末的西方社会中扮演了重要角色。其中有钱人的影响可能更大一些。但在整个 20 世纪里，至少在美国，大比例男性（以及越来越多的女性）商业领袖出自中产阶级。更重要的是，甚至大多数工厂工人都认为自己属于中产阶级的一部分。从统计角度看，那些 100 年前超出普通人想象、只有非常富有的人才能享受的舒适与方便，现在已经走进越来越多美国和范围更广的西方人的日常生活。

至少从近代开始，社交性就成为西方社会的一个重要特点。如我们在第十一章中所述，从 18 世纪后期开始，满脑子创新思想的知识分子、实业家、工程师和机械工匠——很多时候不分社会阶层或财富差异——不时聚在一起交换想法或筹划项目。这类聚会的组织者几乎都是中产阶级成员，很少例外。著名的巴黎社交女主人玛丽·乔弗林夫人（1699 ～ 1777）就毫无疑问有布尔乔亚背景，她的客厅吸引了数十名法国知识分子，在那里，他们进行涉猎广泛而且成果丰富的讨论。事实上，在欧洲和美国的每个角落，尤其从 19 世纪初开始，出现最初上百个，后来慢慢发展到成千上万个志愿社团，聚集各种各样背景的成员，只要他们具有某个共同的兴趣。（因为贫穷和歧视，较低阶级成员较少参与此类活动，而权贵之士又不需要借助人数众多的社团来推进自己的项目或实现自己的想法。）这些社团的宗旨分布广泛，从纯学术和文化到实用和经济、从理想主义和追求享乐到寻求政治改革。

共济会集会所是最早出现的知名志愿社团之一，在18世纪初期至中期拥有大量会员。它除了具有类似社会俱乐部的功能，还成为出席教堂的合理替代，举办各种固定仪式和其他虔诚信仰活动。该世纪下半叶，成百上千个阅读俱乐部在欧洲出现。最早出现的一些社团的宗旨是传播福音，譬如伦敦传道会（1795）、纽约圣经公会（1809）和美国浸礼会家庭布道协会（1832）。许多社团的初衷是传播基督教，但活动的重心被更多地置于为他人提供帮助之上，譬如基督教青年会（1844）和救世军（1865）。有些组织旨在提高全世界范围的卫生医疗，譬如红十字国际委员会（1863），还有一些以互助友爱和自我帮助为目标，譬如驯鹿兄弟会（1868）。还有许多社团以改善某一具体社会目标为己任，譬如戒酒、废奴、停止虐待动物、禁止卖淫、扶贫和提倡几乎所有方面的美德。这些就是被学者称为民间团体，而普通人常简称为社团的组织。

加入各种俱乐部或社团组织的男人（较罕见情况下也包括妇女），甚至在其他领域互相敌对，或至少具有不相容的宗教信仰、政治观点、种族背景和社会阶级，他们会经常性地聚会，承担在社团中相应的活动和义务。事实上，这些社团之所以广受欢迎，部分原因或许就在于它们能在那个飞速发展的时代明显提升社会的和谐度。

现代志愿组织的发源可以追溯到当年的互助协会或类似“怪物会社”之类的团体，该组织产生于中世纪时的行业公会，在18世纪时变得相当流行。这些社团的产生或许也从作为同道中人非正式聚会场所的咖啡馆中获得灵感。此类社团涌现的速度相当惊人。许多评论者认为他们在美国建国初期尤为成功。1831 年至 1833 年间游历美国的托克维尔（1805 ～ 1859）就这么认为。他列出成立志愿社团的各种理由——包括成立学校、医院、神学院、教堂和监狱。他还注意到:“每一个新出现行当的领头者，在法国永远是政府，在英国永远是地区权贵，而在美国，总是某个社团。”通常情况下，这些团体的数量超过国家机构。仅在马萨诸塞州和缅因州，19 世纪 20 年代的每个年头，普通民众新成立 70 个社团组织。至少在某些地区，中小城镇人口中的三分之一或更多参加这个或那个社团。

作为杰出的社会分析家和历史学家，托克维尔相信自从中世纪之后，西方历史的发展方向就是社会和政治平等化。事实上，他撰写对美国人生活调查的两卷本巨著来更好地揭示该趋势，因为他确信美国就是西方的未来。如果在一个社会中，人们在经济与政治上能够保持大致平等，他们就比生活在其他社会形态里的人更需要为共同目标结合起来，不然他们就会被强大的中央政府所控制。面对这个挑战，美国人的应对之道是发起一个人类历史上最大规模的在社会、政治和经济上的基层运动。他在评论中说:“现在世界上最民主的国家中的人民将通过共同努力追求共同希望下的共同目标这一技艺发展到历史极致，并将该新技能应用到最大数量的目标之中。”

志愿团体在大多数欧洲国家都没有获得像在美国那样的成功，部分原因是来自政府的压制，但即便如此，它们依然大量出现并扩散。大多数此类团体将大量人群排除在外，例如妇女、较低阶级、犹太人，或在美国的例子里，黑人。然而，这一西方社会的标志性特点再一次显露出其顽强性，这些被主流社会排除在外的少数人群中的许多自己成立了社团协会。譬如，美国妇女成立了一个人数众多的组织，旨在促进妇女自立和社会服务。

西方社会的成员组织了一大批社会机构为人们生活的各个方面提供理性、组织、效率和实用性，同时也满足了人们自身的社交和互助属性。历史上，人们对于社会生活的贡献往往局限于自己狭窄的专业领域。农民春种秋收、战士拼杀疆场、工匠修修补补、法官判案。大多数纺织工无法帮助改进水车，但任何领域都有可能从任何人那里获得帮助，现代西方社会的一项天才机制就是确保数以千万计的人参与解决社会问题，并提供思想自由交流的渠道。无疑，比其他社会更能从成员中汲取智慧、创造力和灵感的社会，能在几乎所有行业具备更多创新能力，也更成功。即便是那些仅仅为了自我提升、娱乐或友谊而组建的社团——例如合唱团、体操俱乐部和文学社之类的——也能够通过提升人际交流而增加整个社会资本。

专业协会也值得一提。19 世纪后期整个欧洲的大学教育——特别是研究生院和职业学院——变得更系统化和正规化。研究生院往往具备确定的研究进程、同行评议的学术制度和职业的方法学训练，它们已经成为学术研究的标准。与任何其他国家相比，美国的大学教育更倾向于向中产阶级敞开大门，由此获得自身在美国社会中的支配性地位。专业化的科学与技术专家享有高工资、社会地位，以及在文化与政治上的影响力。他们建立的学术协会——例如美国医学会（1847）和美国律师协会（1878）——进一步强化并合法化该行业的自身地位，同时也增强了西方社会中中产阶级的地位。

同样在这几年时间里，遍布西方各地的产业工人通常面对严苛的劳动环境，他们也以志愿结社的方式组织起来，因为反工会法律的压迫，许多此类组织处于地下和秘密状态。英国于 1824 年废除《联合法》成为第一个实现工会合法化的国家，虽然依然保留了关于工会的许多法律限制。但铁路的发展让全国甚至国际范围的工会组织发展变得更为容易。美国第一个大规模劳工组织，劳动骑士团于 1869 年在费城出现，一开始是一个秘密社团，接受妇女入会，并且从 1878 年开始也接受黑人会员，并寻求向所有雇佣工人灌输阶级团结的思想。同时，美国劳工联合会于 1886 年成立，精心组织工人，回避暴力斗争，注重集体谈判合同和建设性政治运动，并大获成功。（可惜，大多数美国劳工组织歧视黑人。）强大的劳工政党分别在

1875 年和 1900 年出现在德国和英国。所有这些组织都逐渐将越来越大比例的人口纳入社会、经济和政治生活之中。

所有西方国家的社团活动都持续深化和扩张，到了 1900 年，它们已经渗入社会生活的几乎每个方面，从乡村地区到城市劳工甚至欧洲殖民地。许多在 1900 年到 1920 年间成立的组织直到今天依然在西方社会起着重要作用，包括德国的重返自然青年会（1901）、童子军（1907）、扶轮会（1905）、同济会（1915）和狮子会（1917）等俱乐部。据估计，1900 年时，每 5 个（也有说 3 个）美国男人中就有 1 个加入该国超过 7 万个的友爱组织之一。我们不得不惊叹在那个甚至大多数欧洲男子尚未拥有选举权的年代，那么多西方人原本应该在自己国家的社会、经济和文化事务中起积极作用，而他们却能以民主的方式管理无数社团。人类历史上从来就没有正式的政治生活能够像这样涵盖几乎全部人口。

那些年发生在西方的其他进步也帮助人们分享信息，建立联系。19 世纪 30 年代开始出现大规模流通的出版物。例如，1840 年纽约《太阳报》平均每天卖出 4 万份。电报通讯让这些报纸在提供信息方面相当出色。体育报道、犯罪调查、社会新闻和其他令人感兴趣的主题使订阅人数增加。第十二章中描述过的技术发展——滚动印刷机、莱诺整行铸排机和廉价的木质纸浆所造的新闻纸——让出版商能够向饥渴的读者源源不断地输送新闻报道。针对 1876 年充满争议的总统选举的报道让《太阳报》的日销量达到 22 万份。英国、法国和美国（只算出生在美国的白人）的识字率在这几十年间大为增加，超过 90%。1904 年时，美国有 2452 家日报，每天总流通份数将近 2000 万。将近 600 个美国城市拥有一份以上日报。伦敦的《每日邮报》是当时世界上发行量最大的报纸，在 1902 年卖出 100 万份。

电话也成为连接中产阶级成员并最终促进民主的工具。确实，贝尔公司的创始人和首任董事长伽迪尼·赫巴德（1822～1897）有如此愿望。从 19 世纪 60 年代后期开始，他就想打破以商业为导向的西联公司电报系统的统治。他相信电话将成为一种能够被中产阶级和上层阶级掌握的革命性技术。他是对的，在1880年，美国只有300部电话交换机。直到世纪之交，该服务才获得爆炸性发展，但赫巴德的期望已经开始实现。

撑起半边天

如第二章中所讨论，与其他文明中的女性相比，自中世纪时起，欧洲妇女就享有较高的社会地位。她们不像传统中国妇女那样因缠足而柔弱不堪，也不像印度妇女那样在自己丈夫去世后投入火葬堆中自焚。类似克里斯蒂娜·德·皮桑（1363～约1434）那样经常性地对大群男性学者讲演的想法，直到近代对任何其他社会受过教育的精英阶层来说还是一种彻头彻尾的荒谬。的确，一名在1665年访问维也纳的土耳其外交官难以理解皇帝居然向素不相识的女人行礼。在接下来的200年里，西北欧和美洲殖民地的妇女识字率虽然总体上还是大大低于男性——三分之一与三分之二的差别——但在西北欧之外更是天壤之别，欧洲以外的情形更糟：在近代中国，即便权贵人家中的女性都未接受阅读教育。

近代欧洲很少有女性学习拉丁语，没有女性进入大学学习，但许多上流社会女子在家接受良好教育，并在相当程度上参与精神生活。英国女子玛格丽特·卡文迪什（1623～1673）能够流利写作，著有自然哲学著作和传奇故事《燃烧的世界》（1666），这是世界上最早的科学幻想小说之一。在德国，1650年到1710年间的天文学家中有约14%是女性，虽然没有一名女性获邀加入欧洲科学组织，直到1835年玛丽·萨默维尔（1780～1821）和卡罗琳·赫歇尔（1750～1848）入选伦敦王家天文学会才终结了这个状态。有意思的是，早在半个多世纪之前，叶卡捷琳娜大帝（1762～1796年在位）就任命充满活力的叶卡捷琳娜·达什科娃（1743～1810）公爵夫人担任圣彼得堡科学院和俄罗斯学院院长，达什科娃曾在苏格兰生活过六年，深受苏格兰启蒙运动先驱的影响。在她的领导下，俄国在 1789 到 1794 年间出版了第一部语源学词典（共六卷）。

西方历史发展到这个节点，争取妇女政治权利的运动开始出现。英国哲学家和早期女权运动者玛莉·渥斯顿克雷福特（1759 ～ 1797）在自己的著作《女权辩》（1792）中提出，妇女应享有与男性一样的权利，包括教育平等，因为男女具有同等的智力水平。由于英国女作家在 19 世纪上半叶事实上发明了现代小说——想想简·奥斯汀（1775 ～ 1817）、乔治·艾略特（1819 ～ 1880 原名玛丽·安·伊万斯）和勃朗特三姐妹吧——不用多久，她们就为渥斯顿克雷福特的观点提供了有力证明。自 19 世纪 50 年代开始，整个社会也开始意识到这一点。在整个欧洲和美国，女性得以进入大学（虽然常常只限于特殊的“女子课程”）。数所女子大学成立，譬如瓦萨学院（1865）和剑桥大学吉顿学院（1869）。自 1862 年开始在美国成立的赠地学院也招收女生。1870 年，美国所有大学学生中 21% 为女性，到了 1910 年，该数字飞速增加到接近 40%，1920 年更是超过 47%。（欧洲女性进入大学的步伐较慢。）

高等教育向女性打开了更多全新的职场大门，同样作出贡献的还包括社会态度和经济的进一步快速发展。自 19 世纪 20 年代开始，数千名“正经的”年轻女性在新英格兰的纺织业工作。许多在马萨诸塞州洛厄尔的“纺织女工”向《洛厄尔荟萃》（1840 ～ 1845）之类的文学杂志投稿或担任编辑。19 世纪中期，妇女，尤其是美国女性，热情高涨地致力于打破性别藩篱。例如，一位名叫伊丽莎白·布莱克威尔（1821 ～ 1910）的英国移民自学医学，向各个医学院发出一份又一份申请，直到位于纽约的日内瓦医学院录取了她。1849 年，她以班级第一名的成绩毕业，成为世界上第一名完成正式培训的女性医生。她在纽约市建立起一家私立诊所、一家穷人医院、一所护士培训学校和一所女子医学院（1886）。

虽然日益发展的技术吸引了相当数量的女性工人，但她们并未蜂拥进入劳动大军。1890 年，美国劳工中女性占比只有 18%（1930 年该数字也仅为 25%）。1900 年，随着打字机的普及，数以千计的女性进入打字员和速记员行业。10 年后，又有几千名女工成为电话接线员，这个行业几乎完全被女性占领。这些技术进步让“正经”女孩能够找到受尊敬的工作养活自己，不用再依靠丈夫或父亲的资助。随着这些技术工作向女性敞开大门，越来越多的女性进入高中学习。（到 2010 年，妇女占美国劳动力比例超过 50%，在几个发达国家中更占据专业工作者中的大多数。）来自这么多女性才能的贡献进一步激发经济增长，同时也让中产阶级规模进一步扩大。一些女性还在经济的不同部分起了革命性作用。例如加布里埃·“可可”·香奈儿（1883 ～ 1971）彻底改变了时尚和高级女式时装世界，并且成为第一个建立国际商业帝国的女性。

长期志愿社团热情而又富有创意的工作让女性在开展经济与政治活动时相当得心应手。在 30 年时间里，数以千计的热忱基督教废奴主义女性成为募款、撰写并传播反奴隶制宣传品、组织讲演和公开辩论、征集请愿签名、倡导“自由产品”运动和游说立法者等活动的主力军。废奴运动或许是世界上第一场女性在其中扮演关键角色的有组织社会运动。

女性改良主义者——最初发源于 19 世纪初期，随后在英伦三岛和斯堪的纳维亚——找到其他斗争目标，例如反对卖淫，改善公共卫生和健康，尤其是倡导禁酒——该运动在美国南北战争结束后实力大增，成立了诸如基督教妇女禁酒联合会（1873 年成立于伊利诺伊州）和英国妇女禁酒协会（1876）。妇女组织抗议集会、巡回演讲、守夜祈祷、请愿运动，甚至捣毁行动。

禁酒运动在 1919 年美国 48 个州中的 36 个获得通过，因此美国宪法第十八修正案得以生效，该修正案禁止“生产、销售或运输致醉类饮料”。与彻底禁止奴隶贸易（英国，1807 年）和奴隶制（美国，

1865年）的法案不同，该禁酒法案在1933年被另一条宪法修正案推翻。这场圣战中所投入的理想主义情绪被证明是一种失误。但对于女权运动的最伟大成就——争取投票权的斗争——我们无法作出同样评价。

中世纪和文艺复兴时期的欧洲妇女享有相当的政治和公民权利。在英国，她们能够担任城堡的监护人或治安官、出席国王咨政会议，或在城镇代表大会上及一些地方官员（譬如县骑士）选举中投票——尽管在通常情况下她们是以庄园主人或家族首领的身份行使该权利。她们还同样以大修道院的女修道院长身份拥有巨大的影响力和权力。确实，自16世纪起，英国妇女的财产权被逐渐限制，因为普通法逐渐取代了其他法律体系（教会法、庄园和市镇法、衡平法）。（从1848年纽约州颁布的《已婚妇女财产法案》开始，美国和英国一系列法律结束了这类歧视性实践。）1776年《新泽西州宪法》颁布并实施后，女性财产所有者第一次获得现代政治权利，因为该法定义拥有超过50英镑财产的"成年定居者"享有投票权。这些女性踊跃参与新泽西州的政治生活，直到1807年，立法者将为投票权添加限制，只限于男性财产所有者。类似法律和习俗也流行于欧洲。例如，《英国1832年改革法案》明确规定只有男性财产所有者才能参加投票。

19世纪中期，妇女争取投票权的运动开始在英国和美国出现，这场运动的主要引领者是贵格派废奴主义和禁酒运动的领导者。

外国访问者多次将美国妇女描写成"独立""自足"和"有主见"。托克维尔写道："如果有人问我造就这个国家无与伦比的繁荣和快速增长的实力背后的主要原因是什么，我的回答是那里出众的女性。"换句话说，19世纪时如果世界上有哪个国家的妇女能够获得投票权，那么美国妇女就是最可能的候选人。法律的确给予怀俄明（1869）、犹他（1870）、华盛顿（1883）、科罗拉多（1893）和爱达荷（1896）的妇女投票权。在接下来的20年里，几乎每个州都给了妇女部分甚至全部投票权（总统、市镇和基层选举）。但她们依然缺乏全国性的完全投票权。

知识分子，男女都有，积极参与到争取投票权的立法运动中去并最终获得胜利。例如，哲学家约翰·斯图亚特·穆勒（1806～1873）就在整个19世纪60年代用自己有力的文笔和议会成员身份争取妇女权利。仅仅几十年后，各国法律就开始赋予女性投票权，新西兰（1893）、澳大利亚（1902）、芬兰（1906）、挪威（1913），第一次世界大战结束后不久，西方其他大多数国家都顺应了时代潮流（虽然法国直到1944年才实现此目标）。

社会与文化的变化带来女性地位与角色缓慢但根本的转变。随着工业化经济带来财富增长，导致工厂工人工资增加，整个西方世界中越来越多的男性一个人工作就足以养活全家，让他们的妻子能够专注于家务和成为全职妈妈。机械化技术让许多传统上由女性从事的工作如家庭纺纱被机器取代，也加强了这个趋势，同样起作用的还有对“家庭生活”的理想化。此想法主张女性能够营造一个安全和纯粹的港湾，免受外面艰难的公共和商业生活冲击。同时，早已普遍化和公立化的教育，在19世纪的最后十年变成孩童的义务教育，对于这种理想生活的期待和向往在大多数西方社会从上层阶级向更下层阶级扩散，虽然进程缓慢。

所有这些改变给家庭生活带来巨大影响。其中之一就是，妇女生育了更少孩子。在整个西北欧地区，生育率从1890年到1920年下降超过10%。同样，小家庭稳步成为西方社会主流。我们在第十二章中提起过，电力与其他节省劳力的设备加上加工过的食品和家用产品让家务活变得不那么繁重。1892年出现的安全电熨斗和1899年首先在英国市场上市的洗衣粉让主妇从两项最烦人的家务负担中解放出来——用火加热笨重的铁块并以此熨烫衣物，以及用滚烫的开水溶化洗衣皂并搓洗衣服。电炉的发明消灭了讨厌的煤灰，让清洁家庭变得更方便。保持整洁成为大多数中产阶级主妇的头等优先之事。事实上，随着技术进步让家务负担变得日益轻松后，勤劳的西方家庭主妇找到许多新任务填充自己的闲暇时间，包括志愿活动。

从19世纪后期开始，女性杂志开始出现，它们帮助西方女性获得对家庭生活的全新视角，充斥着光彩照人的关于时尚、化妆品、缝纫、烹饪、营养、养育孩子、清洁技巧、室内装饰、预算、管家和其他家庭经济所有方面的建议。从这些杂志中我们能够看出女性家务杂事的广度与深度在稳步增加，虽然体力要求或许减少了。主妇需要准备婴儿辅食、为宝宝的奶瓶消毒、准备平衡而营养的三餐、遵循宗教和道德价值观、监控孩子的体重、教他们礼仪，并为他们报名参加名目繁多的课外活动。主妇还需要精明的头脑才能穿行在现代化的市场里，面对日新月异种类繁多的新产品作出正确选择。新增加的科学知识，例如细菌理论，就要求主妇致力于保持比她们上一代更为干净的生活环境。很有可能，这些更高的期望带给现代主妇某种负疚感。同样很可能的是，她也或许从中获得了更大的自我能力肯定——作为一个通才，必然掌握能够处理上百种不同问题的能力。

在过去历史上，没有普通夫妇甚至扩大的家庭组成能够获得如此高水平的教育、生产力、物质舒适度、社会影响力或可支配收入。在马达驱动、以电力为能源的电子和燃烧煤气的器具帮助下，家庭的所有成年成员都能在各自的活动领域中——家庭、职场、志愿活动和基层政治——为社会作出比自己祖先所能想象得到的多得多的贡献。他们同样从这飞速成长的消费品繁荣中收获了巨大的物质回报。

贵族般的生活

流行杂志和广告激发出中产阶级对新产品越来越强的欲望，帮助消费文化的发展。越来越大比例的人口所能选择的商品种类之多范围之广会让生活在以前时代的人惊到掉了下巴。百货商场提供可爱甚至豪华的购物环境、细致的服务以及品类繁多且固定标价的商品——因此不需要讨价还价。人们能够像以前的贵族那样装饰自己的屋子，尽管所用的是大规模生产的壁纸、陶瓷、家具和其他配件。自 1900 年始，几乎每个欧洲人或美国人都买得起柯达公司生产的一键式布朗尼相机，售价只有 1 美元。摄下周围环境、爱人和某个精彩瞬间给了每个拥有相机的人一种稳定感，让他们觉得能够把握所处世界并将其影像传给后世，这在从前是有钱人才能享有的特权。

消费文化还带来娱乐业的繁荣。从 19 世纪 90 年代至今美国发明的音乐风格之多使人称奇。非裔美国人对此贡献巨大，包括爵士乐（及其相近形式如雷格泰姆、迪克西兰爵士乐和摇摆乐）、蓝调音乐、大萧条时期的抗议歌曲、摇滚乐。这些音乐风格大多跨越种族界限，或许最明显的莫过于活跃在 20 世纪 50 年代的“猫王”埃尔维斯·普雷斯利（1935 ～ 1977），他将非裔美国人的音乐演绎成白人听众的最爱（种族歧视让黑人音乐家难以获得商业上的巨大成功）。非裔美国人还独立发展了其他几种音乐风格，包括福音音乐、灵魂乐、摩城音乐、精神音乐和嘻哈。其他美国人发明了乡村音乐、蓝草音乐、音乐剧、民谣摇滚、流行音乐、垃圾摇滚、另类音乐和其他许多音乐形式。几百年来，西方精英统治音乐创作和欣赏，令其变得越来越复杂和抽象。20 世纪开始时，欧洲作曲家开始实验不和谐音和野蛮复调，让许多古典音乐听众远离音乐厅，与此同时，恰逢大众音乐开始腾飞。自那时起，通过越来越精巧的制作和推广技术，美国（和英国）的大众音乐开始在广阔而充满活力的世界流行音乐市场上占据统治地位。

同样席卷世界的还有电影。19 世纪后期电影摄影机和放映机的发明在 20 世纪初期催生欧洲和美国的电影工业。当第一次世界大战中断欧洲电影制造后，好莱坞抓住机会获得统治地位。到 20 年代中期，好莱坞 20 家制片厂每年出产约 800 部电影，占全球电影产量的四分之三。全世界的电影业者要么自称“反好莱坞者”——其中包括许多欧洲电影人，要么是“好莱坞模仿者”——譬如印度的“宝莱坞”。加在一起，他们娱乐了数十亿观众。

生活在西方的人还开始享受下水管道和电力系统的巨大进步，特别是在美国。20 世纪 20 年代结束时，相当比例的美国住宅——例如 1926 年位于俄亥俄州的曾斯维尔的住宅中的 61%——安装有热水和冷水管道，而且经过过滤和氯化消毒，还有装有搪瓷凹形浴缸、瓷砖地板与墙壁、一体式马桶和搪瓷水槽的卫生间。1940 年，全美国 44% 的家庭拥有电冰箱，54% 的家庭拥有煤气炉或电炉。1950 年，拥有冷热自来水管道的家庭比例达到 70%。（与之对比，直到 50 年代中期，大多数欧洲家庭甚至都没有冷水自来水管道。）在过去几千年时间里，只有富人才能享有室内水管和冷热水供应，而多数普通民众则与此无缘。

古代罗马人发明中央取暖系统，让热空气循环在浴池、主要公共建筑和富人住宅的地板底下。罗马衰退和陷落之后，该设计依然在中东地区被使用，虽然常常被简化，而且规模有限。早期中国和朝鲜显然也出现过类似设施。18 世纪晚期和 19 世纪初期，在欧洲和稍后的美国，先是温室，随后是医院和公共建筑开始安装热水管道取暖系统。接下来出现了蒸汽取暖系统。慢慢地，这些系统开始传播开去，于 1924 年进入印第安纳州曼西的大多数中产阶级上层家庭。10 年之后，曼西的几乎所有中产阶级家庭都开始享受这项奢侈设施。1950 年的人口调查显示所有美国家庭中约一半享有中央取暖。（而以法国为例，只有很小比例住宅装有该设施。）历史上从来没有如此多人享受这项舒适。

照明系统在质量和普遍程度上的巨大进步进一步改善了人们的生活。从 18 世纪时的鲸油取代蜡烛，到 19 世纪时的煤气和煤油灯，再到 20 世纪时的电灯，人造照明装置的价格大大降低，而效率提升数千倍。仅举一例，在今天，英国人使用的照明指数比 1800 年时高 2.5 万倍。

郊区，作为市中心周围大量低密度居民住宅区的出现，带来许多严厉的批评。大房子、宽阔的草坪和漫长的通勤时间都是自然资源的浪费。物质主义、以购物主导的消费文化蒙塞心智，腐蚀了精神。郊区的居民逃离不如自己幸运的同胞，让后者深陷在滞涨和各种社会问题中自生自灭。但显然那些郊区的住户通常只在力所能及的范围内为自己打造某种样式的幸福生活。更何况，古代以来，人们渴望远离城市噪音、拥堵、污染和危险的喧嚣，投身拥有自然美景、慢节奏生活和足够空间以舒缓神经的田园牧歌式生活。不幸的是，在大多数历史时期，只有富人才能享受这种奢侈。

在英国这一工业化的发源地，1840 年时将近一半人口住在城市，欧洲其余地区和美国直到几十年后才达到类似城市化水平。这样的生产力大集中导致持续数代的财富聚集和技术创新——最初是电力火车和有轨电车，随后是汽车——这些发展让许多西方国家的居民能够居住在由相对较大并且拥有不规整花园的独栋房子所构成的社区之中。

该进程始于英国，首先在伦敦，随后扩展到其他工业中心如曼彻斯特和利物浦，最早是中产阶级成员，随后工厂工人也走向郊区和更远的远郊居住带。欧洲大陆以及更晚一些的美国大城市周围也都见证了类似的趋势。进入 20 世纪后，该转变速度明显加快，在美国犹如潮涌，特别是“咆哮的 20 年代”时的美国西部。到 20 年代结束时，洛杉矶周围地区的大多数居民都住在独栋别墅之中，并拥有汽车。底特律地区的居民紧随其后。这些新社区拥有丰富的购物中心和其他便利设施——到 1935 年，芝加哥地区所有零售中心中的将近 75% 位于中心城区之外。在随后的几十年时间里这些趋势一直持续，尤其是在第二次世界大战之后，美国为最，欧洲也没差多少。

一场管理上的革命帮助郊区发展并提高在遍布整个西方世界的以工业和服务业为主导的公司中工作的数以百万计中上层职员的收入与社会地位。19 世纪末期的商业巨子——譬如石油大王约翰·洛克菲勒、铁路大王科尼利尔斯·范德比尔特和钢铁大王安德鲁·卡内基——建立起规模经济，利用速度和广度来压缩生产成本，降低售价，逼迫竞争者也采用同样的商业模式——垂直整合和多部门组织。这种组织架构需要更多接受过高等教育的经理人才。没有一个天才企业家，不管其天赋如何之高，能够有效控制一个牵涉到成千上万员工、复杂的技术和大量金融业务的现代化大公司的所有部门。

多部门公司有着模块化结构：它能够迅速为管理一个新产品、新服务或新业务设立新部门。大家为商业运营的开发、协同和合理化改进投入越来越多的思考和分析。公司间的竞争变得更激烈。经过细致的调查和分析，公司常常为了应对新出现的问题成立新的部门——例如市场研究、品牌管理和员工激励。

“白领”工人从实际工作或越来越多的商学院获取的专业知识让他们的工资大幅增加。这些“公司人”在社会中形成一个新的精英阶层。“穿灰色法兰绒西装”、白衬衫加领带、严格的职场规范和对公司忠心耿耿的人们为美国的精英管理制度设立了新标准。他们也构成了工业化资本主义头脑的大多数。虽然知识分子对他们带有恶意的偏见，认为他们头脑狭隘并热衷于对物质的追求，美国经理还是为自己建立了强大的中产阶级堡垒，更是在20世纪中间那几十年帮助他们所服务的公司赢得在全世界经济力量中的支配性地位。到1963年，美国最大的200家非金融企业都是上市公司，其中只有五家企业的大多数股份被某个家族或某个小团体控制。数以十万计的经理人管理着它们和成千上万家其他公司。在大多数例子里，他们拥有无可挑剔的学历、发展出复杂而精妙的职场技能，并且积累下组织才能，令所在的公司能与同行展开竞争，开发出全新的产品和服务，在更普遍的意义上适应经济、社会和政治环境一刻不停的变化。

几千万白领工人年复一年地持续增进自我实现，同时也对社会作出巨大贡献。至少接受过一年大学教育的美国人从1940年时的约800万——男女大致各占一半，虽然毕业人数中男性比例更高——增加到 1960 年时的 1700 万。（在有关高等教育的统计数字上，美国远超其他任何一个西方国家。）然而，进入职场的女性——即便是大学毕业者——比男性少。在 1960 年，只有 39% 的女性近期毕业生被雇用，其中将近一半当了教师。当然，那些留在家庭里又受过高等教育的人对自己家庭和社会环境的影响肯定也大过没接受过高等教育的人。

前几十年，美国人，事实上整个西方世界的人加入了各种俱乐部、积极参与社区生活，为慈善事业的发展奉献自己的时间，尤其是通过教会或犹太教会堂。她们还从家庭内部学到专长。许多女性上课（或遵循家政书籍的指导）学习缝纫、园艺、编织、烹饪和其他家政才艺。她们购买并使用各种厨房设备。数百万人学会利用模板做衣服，使用出现在越来越多家庭里的电动缝纫机。许多人深谙待客之道，仔细学习礼仪规则。有些人在当地大学修习课程。几乎所有母亲都辅导孩子功课。男人通常都学会如何对房屋或汽车进行至少简单修理，常常购买各种各样的手动或电动工具。通常情况下，夫妻中至少一人负责全家的财务和投资，虽然后者相对没有那么普遍。美国平均每周工作时间从 1850 年的 66 小时缩减到 1909 年时的 50 小时，并在 1950 年进一步缩短到 40 小时。随着人们享受到大幅增加的节假日，他们花在兴趣爱好、旅行和其他休闲活动上的时间也大大增加，其中许多活动还受到雇主和宗教组织赞助。这些活动中有一部分需要训练和学习。总体说来，人们在相当广泛的领域里，水平都有长足的进步，尤其是在战后那些年。

一些学者从白领工人中看到逐渐发展的“无产阶级化”倾向。毫无疑问，随着越来越多的人进入以前较为上层的中产阶级后，中产阶级的独立性、职场创新能力和在经济层级中相对高的回报必然会下降。但这些简单的批评显然忽视了这是历史上第一次许多国家相对大量——甚至或许可以说是大多数——人口获得物质上的舒适生活、休闲时间、能力提升和社会地位，而这一切，即便在相对很短时间之前，只有很少数人——而且在整个人类历史上的大多数时间里，只有极少数人——才能享受的。这是彻头彻尾的革命。

另一些人发愁，认为教育的扩大和文化接触的拓展造成的后果之一是普遍性的话语“低能化”和某种程度上的生活浅薄化。例如，报纸从高度文学化媒介蜕化成半视觉化的仅一句两句话构成的段落，交响乐团也常常忽略严肃表演，歌剧被加入字幕投影。但这些文化深度上的损失或许只是为了让为数更多的人参与这些心灵生活所必须支付的较小代价。

规模大增的中产阶级为现代西方社会的政治发展作出宝贵贡献。在传统的社会结构里，通常情况下极少数精英控制大多数财富和权力，而几乎所有其他人只能勉强糊口。在整个人类历史中，大多数人只能挣扎在存活的边缘，因而社会秩序对于他们就没有什么意义，也必然因此造成政治与社会制度的不稳定。作为对比，在现代成熟社会中，大多数人，即便与富人相比，他们的财富与权力看起来微不足道，依然有着强烈的社会存在感，因此在政治上忠于既存秩序。西方社会对公民和政治权利的广泛保护进一步加强这种归属感，让暴力性的社会反抗与其他社会形态相比大为减少。

当然，人类生活中的满足与快乐常常夹杂着痛苦。无疑，一些白领工人和他们的太太——随着时间推进数量上或许越来越多——遗憾错失的机会或为被限制的独立性与自我意识愤恨不已。在通常意义上说，在事关自己生活时，人们一直行使着一些自由权利。即便是农奴或奴隶都能够选择是接受命运还是起来反抗，过道德的生活还是堕落，待人大方还是恶语相向，但同时，规则、习俗、习惯和传统限制了生活在地球上大多数人的选择范围。然而，西方的社会革命开始摧毁这些桎梏。那些被父辈看作自然甚至是必须的理所当然开始变成可选项，职业选择和生活方式的可能性慢慢扩展和多样化。“代沟”在父母和子女之间或年轻人与权威之间形成。之前忠心耿耿的公司人现在开始更多考虑自己的利益。妻子与女儿们开始挑战在家庭和社会中次一等的地位，女性在大学录取比例中追平男性，并提高进入职场的比例（1989年，年龄在35岁到44岁之间的女性工作比例达到77%）。到2010年，美国女性占据劳动力比例超过一半，大学和职业学校毕业人数也远远高于男性，并且占据多数管理岗位，在大公司总裁职位上，女性工资高于男性。

与女性一样，其他被压迫和轻视的民族、种族和宗教少数派都要求平权。基于许多本书中讨论过的带给西方社会一系列革命的相同理由，他们也成功地征服各种挑战，或至少相对成功地经受了这些挑战。

结束歧视

人类社会似乎没有可能完全避免基于不同宗教、民族、文化或种族背景的歧视行为。就看“奴隶”一词，在苏美尔语中意思是“来自另一国家的人”，而“野蛮人”一词在古希腊则专指那些不说希腊语的人。人类历史的绝大多数时期，在地球上生活的绝大多数人都栖身于由部落构成的社区中，这种社区对于其边界和成员有着严格定义。那些属于这个社区的人系统性地将那些不属于自己社区的人排除在外。1994年在非洲国家卢旺达就发生了一起近年来最残酷和悲剧性的事件，在此事件里，胡图族人杀死大约80万无辜民众，只因其中大多数是图西族人。

罗马帝国完成世界上第一次对该古老常态重大而持久的背离，其部分源头是希腊斯多葛学派（成立于公元前3世纪）的哲学传统，该学派认为所有事物都具备普遍的理性，罗马法学家以此为基础发展出一套复杂而精妙的法律体系，涵盖罗马帝国统治下的各种人口，甚至还阐述了“万民法”适用于那些在自己管辖范围之外的人。罗马哲学家和政治家西塞罗充满希望地写道：“在罗马与雅典之间没有不同的法律……只有一部永恒且不可更改的法律适用于所有国家，所有时间。”当然，罗马军团同样给这些国家中的一部分带去可怕的暴行，然而，罗马公民这一概念适用于帝国的大量居民，其影响力至少维持了数百年。希腊化犹太裔帐篷匠人和宗教领袖圣保罗来自现在土耳其中南部的塔索斯——当时是罗马帝国一个行省的首府，在公元 58 年到 60 年间的某个时间，保罗基于罗马公民身份向巴勒斯坦的凯撒里亚当局提出申请并获得迁居许可。

该传统，结合了犹太教普救论预言的倾向，让圣保罗开始通过传道旅程传播基督教，他宣扬世人“并不分犹太人、希腊人、自主的、为奴的，或男或女，因为你们在基督耶稣里，都成为一了”（加拉太书 3：28）。这个承诺帮助基督教在短短几百年时间里，传遍地中海地区，并进入欧洲，甚至传到撒哈拉以南和波斯。基督教宣扬的是普世拯救，虽然只限于那些相信基督的人。类似信仰在 500 年后同样让伊斯兰教兴起并席卷周围大片区域。《古兰经》的齐米（*dhimma*）传统，即对其他被承认宗教（最初是犹太教和基督教，后来又包括拜火教和其他宗教）信徒提供的法律保护，虽然没有完全根除法律和社会意义上的不平等，但至少还是建立起有限程度的宗教容忍。在整个伊斯兰世界，大量非穆斯林人口可以通过支付一笔年度税金获得正常生活，甚至还能为地方统治者服务，在大多数情况下不必面对非基督徒在中世纪和近代早期西方所面对的毁灭性宗教迫害。

然而，主动好奇与被动容忍在接受他者方面至少同样重要。在这方面，从中世纪时期开始，欧洲基督徒就比除了古希腊人之外的其他人群表现得更出色。早在 1143 年，英国学者凯顿的罗伯特就将《古兰经》翻译成拉丁语。我们在第五章中讨论过，在此之前，欧洲学者就已经在伊斯兰世界生活和学习了超过 100 年。而他们的穆斯林同代人却没有类似举动，甚至直到中世纪后期欧洲人在知识领域开始成为自己的竞争者并实现超越之后也依然如此。

没有穆斯林实际上进入基督教欧洲、学习其语言、对欧洲文学表现出一丝兴趣，或撰写出关于欧洲政治、社会或经济生活的论文——而欧洲人在这方面则可谓乐此不疲。一些穆斯林地理学家对西欧的某些方面有部分描述，但很少得自真正的第一手体验，10世纪时的作者易卜拉欣·伊本·雅各布·伊斯雷利算得一位。大多数穆斯林旅行家喜欢逗留在东部，因此公元10世纪时，伊本·法甸探访了居住在伏尔加河上的保加利亚穆斯林，并留下关于他们及与他们做生意的维京人甚至斯拉夫人的详细记载，但他没有再往西去。另一个有趣的例子是摩洛哥人哈桑·瓦赞，他在1518年被绑架并被带到罗马。在那里，他皈依基督教，以“利奥·阿非利加努斯”为名，用意大利语撰写了一部900页的书，描述非洲的风土人情。该书出版于1550年，迅速成为畅销书并被翻译成好几种欧洲语言。然而，当瓦赞回到非洲后，显然并未撰写关于自己在欧洲的旅行经历。在穆斯林统治部分伊比利亚（西班牙和葡萄牙）的近800百年时间里，很少有穆斯林表现出对欧洲其余地方文化、语言或历史的详细学术兴趣。即便是一位名叫皮瑞·雷斯的奥斯曼海军将领绘制的当时世界地图（1513），虽然让人赞叹，却一直搁置在苏丹的宫殿里无人问津，没有完整的复制件留存至今。探索更广阔的世界从来不是穆斯林的热情所在。（直到19世纪才有穆斯林作者表现出对西方的兴趣。）

至少早在16世纪初，许多欧洲知识分子就开始利用自己对其他文化的广博知识和经验作为批评自己社会的弹药。从皮特·马特·德安吉拉（1457～1526）到巴托洛梅·德·拉斯·卡萨斯就谴责西班牙征服者在新世界所表现出的贪婪、残暴和思想狭隘。其他人，譬如皮埃尔·贝隆和米歇尔·蒙田更是把其他地区的习俗和制度想象得远比欧洲的美好——更少不公正而且更纯粹。17世纪和18世纪，类似莱布尼兹和伏尔泰等许多知识分子对富于理性而又秩序井然的中国君主制度充满向往。

欧洲的高等学府在巴黎（1538）和剑桥（1633）成立专门针对阿拉伯世界进行学术研究的院系。对伊斯兰书籍的收集从15世纪开始就得到系统性发展，最初开始于欧洲主要国家，随后扩展到各个小国。部分原因是为“了解你的敌人”，但其成果则是详细的知识。欧洲人对其他文化与文明的严肃学术兴趣同样不断变得更为广泛和深入。流行作家也常常充满同情地撰写出许多描绘那些伟大的非西方文化的书籍，然而这些孜孜不倦的知识好奇的对象却没有反过来研究欧洲的兴趣。

欧洲人对知识的渴望、对自身的批评态度和宗教战争后开始呈现的宗教容忍导致一些知识分子在启蒙运动中热切地推动所有人甚至所有民族的平等，无论其信仰、族群、性别和种族差别。

该进程开始于某些特定地区，譬如 17 世纪时的荷兰共和国，在那里天主教徒、犹太人和激进的新教徒都能正常生活，几乎不会受到任何骚扰。荷兰的影响又随之让新阿姆斯特丹（即后来的纽约市）从一开始就成为一个高度多样化而且充满容忍度的城市。其他英国殖民地也出现了高容忍度，特别是我们在第十章中提到过的罗德岛，它原本就是罗杰·威廉姆斯在 1636 年为宗教异见者而设立的庇护区。或许更重要的是 1649 年马里兰州颁布《马里兰容忍法案》，确立所有基督徒——甚至包括天主教徒——宗教信仰自由，只要他们相信三位一体就行。虽然该法案有效时间只持续 40 年不到，它却是历史上第一次以法律保障的形式确立宗教信仰自由——并非仅仅出于统治者或权贵人物的善意为弱势人群所提供的庇护。就这样，该法案成为第一条美国宪法修正案的先声。这些以及在西方各处相继出现的此类法律在根本上超越伊斯兰世界的“齐米”，因为后者对于宗教少数派只提供保护，而并未施以平权。慢慢地，生活在西方国家的其他少数族群也获得保护和权利。

基督教对信徒“互相友爱”并成为“他人的仆人”的教导在争取将人权延伸到被压迫少数人群的斗争中发挥巨大作用，尤其是在废奴运动中。

在几乎整个人类历史中，大多数人类社会接受并合理化奴隶制度。古代和中世纪时最伟大的宗教和哲学思想家都视其为理所当然。

奴隶制在伊斯兰和中国文明中都根深蒂固，虽然奴隶制在古希腊、罗马或佛教统治时期的印度相对不那么普遍。尽管中世纪时期欧洲封建制度的兴起取代并大规模缓和奴隶制的残酷程度，但在伊比利亚，奴隶制依然盛行，交战中的基督徒和穆斯林都将残酷冲突中抓到的战俘禁锢成奴隶。在君士坦丁堡，奴隶制也十分繁荣。中世纪晚期和文艺复兴初期，热那亚和威尼斯商人控制了东地中海地区的奴隶贸易，黑死病（1347 ～ 1351）导致的劳动力严重短缺更是让蓄奴现象再次增多，尤其是在意大利北部。最终，大约 1600 年左右，在整个欧洲范围内，奴隶贸易总体上停止了。然而，自 15 世纪中期，葡萄牙人在马德拉、亚速尔群岛和其他大西洋岛屿上建立起以奴隶制为基础的种植园。那个时期，许多欧洲城镇和整个国家（特别是法国和英国）已经确立了一个原则，任何居住在本国的奴隶都立刻获得自由身份。在北美，人们看到与该实践全然不同的对比，以及自由人和奴隶之间的巨大差别——那里成为历史上最伟大的反奴隶制斗争的舞台。

这场斗争的序幕由法国政治哲学家让·博丹（1530 ～ 1596）从知识界拉开序幕，他是历史上第一个在哲学基础上谴责奴隶制的主要思想家。他在发展关于国家本质的理论时，拒绝接受需要将某些社会成员排除在政治体制之外因而不在国家主权统治之下的想法。他借用由彼得·拉莫斯（1515 ～ 1572）发展出来的强大逻辑，驳斥每一条支持奴隶制的论点。他还以自己的博闻强记展示出在历史的任何时段，世界的任何角落，奴隶制都带来不人道的对待、社会的堕落、不和以及最终的奴隶反抗。然而，在近代思想家中，博丹几乎没有盟友。胡果·格劳秀斯、托马斯·霍布斯和约翰·洛克都没有从制度上反对奴隶制，虽然他们都对其持续存在给出了相对严苛的基础。即便是许多启蒙运动思想家——包括伏尔泰、康德和休谟——都拒绝谴责奴隶制，虽然孟德斯鸠认为禁锢人类不合自然法，亚当·斯密则认为奴隶制阻碍人类社会道德和经济进步。尽管 18 世纪时持废奴思想的人数依然很少，但这些欧洲思想家为废除这个古已有之却又糟糕透顶的制度所作的努力依然值得被后人称道。

福音派基督教的影响力，特别是在英国和美国，被证实远超任何哲学论证，因为它激励着信徒对奴隶制无比热情的反抗。贵格会是其中最忠实的反奴隶制斗士。1775 年在费城，安东尼·贝尼泽（1713 ～ 1784），一位来自法国的贵格派移民，组织了世界上第一个反奴隶制社团——非法拘禁自由黑人救济会。美洲殖民地的贵格派活动家劝说奴隶主给名下的奴隶自由、禁止教派成员参与任何形式的奴隶活动、组织废奴协会、向殖民地立法机构提交反奴隶制请愿，还在英国施加同样压力。在英国和美国，贵格派都保持着堪称世界上最可靠的通讯网络，这得归功于持续且重复性的传教活动和无与伦比的商业成功，这个特点为废奴努力带来极大助益。学者还指出工业化的发展与废奴运动同时兴起，因为工业家需要劳动力市场的扩张为自己的工厂提供工人，但看上去大多数废奴运动活动家纯粹出于道德动机。其他基督教派别的信徒，特别是循道宗和门诺派也加入进来，与贵格派一起成为废奴运动的骨干。

1794 废奴运动实现第一个法律上的里程碑：来自法国的革命者出于纯粹的人道主义理想颁布法律，在本国和法国殖民地彻底废除奴隶制。然而这部法律只维持到 1802 年就作废了。能言善辩口才了得的福音派基督徒威廉 · 威伯福斯和他的同伴终于说服英国议会于 1807 年通过法律禁止奴隶贸易，并在 1811 年进一步将参与奴隶贸易定为重罪，获得第一次永久性的胜利。1833 年，就在威伯福斯去世前，英国议会颁法规定在大英帝国的绝大多数地方，蓄奴为非法。随后 50 年，新世界所有现存和前欧洲殖民地都废除奴隶制。就这样，欧洲人将这一古老、普遍但又邪恶的制度，贬损为人们能够想象的最大程度的不人道和堕落，随后又从哲学与宗教两方面入手将其连根拔起，彻底摧毁。

如同我们在第十章中所讨论的，美国与法国的革命传统确认了法国 1789 年的《人权宣言》中所宣称的：每个人都天生具有“天然的、不可剥夺的神圣权利”。没有任何其他文明或文化曾经作出过如此广泛和大胆的宣称。虽然西方社会并没有马上实现这一宣言，但每一个西方国家都寻求向该理想逐渐靠拢。

近几十年里，许多学者将国家表述为“想象的共同体”，对于某些人来说，这就暗含着对其合法性的质疑。在现实中，这一概念表述仅仅是将所有人类关系中的一个重要特征明确表达出来。在某种意义上，即便是夫妻、兄弟姐妹、同事和朋友之间也只能通过想象和希冀，来获得他们所体验或经历到的关系所代表的真诚和不可动摇的感情与忠诚。因此，当国家意识和国家精神将一种涵盖广阔地理区域的想象出来的强烈关系合法化之后，尤其是从 18 世纪后期开始，这种关系变得更为强烈，那些从未会面、拥有不同信仰、说不同语言，甚至外貌上也完全不同的人们之间建立了一种联系，而且这种联系逐渐加深，足以媲美从前人们只能在自然关系中（如血缘、亲友）获得的体验。换句话说，普遍存在的兄弟之情的理想，来自基督教信仰和启蒙运动理性思考的融合，导致一个新型社会的产生，这个社会的发展前景和价值观都要求推翻那些经由传统、习俗和偏见强加在其中一部分成员上的所有限制和不平等。

从历史角度看，即便是很小的罪行都会面对严酷的刑罚。在大多数传统司法理论中，犯罪意味着对统治者权威的挑战和不尊，显然，只有通过公开处决或鞭打才能再次确认统治者的权威。直到 19 世纪前，世界上不存在经过严格训练的警察，因此罪犯很少真正面对公诉。被指控的罪犯只在偶尔的情况下被抓获，一旦被抓，常常面对可怕的惩罚——阻吓其他人，从而降低犯罪率。作为审讯进程组成部分的司法酷刑在欧洲被广泛应用，直到 1754 年在普鲁士被首先禁止，然后在接下来几十年中被其他地区逐渐废止。

启蒙运动总体上带来更理性、实用和人道的与犯罪斗争的手段。在 1764 年出版的《论犯罪与刑罚》一书中，切萨雷·贝卡里亚认为每次刑罚必须与罪行相当，并且证据确凿，前后一致，有罪必罚。因为只有经过训练的警察力量才能系统性地捕获罪犯，自19世纪20年代的英国开始，现代西方国家纷纷成立警察部门。随着刑罚越来越确定，它也变得越来越宽大。在1770年到1870年之间，公开处决几乎从欧洲所有地区消失，到了1820年，美国废除重大罪行之外的死刑。西方改革者常常在福音派基督徒的影响下设计出旨在改造罪犯的监禁方式。美国成为监狱改革的圣地,吸引来自欧洲的参观者。改革者实验了各种创新，譬如单人牢房、禁闭、卫生和其他文明生活元素的指导、强制性身体锻炼、禁言、严格纪律、生产劳动，以及职业和学术培训。由纳税人自愿支持的全新的监狱管理并未如改革者满心希望的那样根除社会上的犯罪，但在某种程度上以更人道的方式对待罪犯。

在对待精神病人方面也发生类似的事情。在从19世纪后期开始的改革时期前，精神疾病患者被束缚、殴打，他们往往营养不良，很少接受对症治疗。法国医生菲利普·皮内尔（1745～1826）率先在巴黎的两家大医院建立具有相对人道环境的精神病院——譬如，去除了住院病人的镣铐。西方各国的立法机关的努力——例如由虔诚的基督徒第七任沙夫茨伯里伯爵（1801～1885）领头提出的《1845年英国精神病法案》——导致精神病院、专业医护人员和治疗方案在西方获得极大发展。在几十年时间里，这些机构依然过于拥挤并且条件严酷，但它们的出现代表着一种将面临着最棘手问题的人群纳入人类共同体的人道主义精神。

20世纪中期的制药革命（如第十二章中所述）终于相对有效地使治疗精神疾病成为可能。到了60年代，“社区精神病学”使得药物控制下的精神病人能够独自或在小组家庭中过上相对有益的生活。

发生在西方国家的公共改革运动开始于19世纪上半叶，其目标是保护弱势群体（特别是妇女和儿童）、通过提供干净饮水和排污系统改善公共卫生、改善劳工条件、扩展教育和为穷人创造机会提供支持以帮助他们自立。在几乎所有这些目标上，他们都遭遇失败。穷人依然生活艰难，工人依然长时间在苛刻的条件下工作，工作环境往往很不安全，他们喝的水中依然常常带有致病细菌。然而，在每一个方面，这些努力都很高尚，并最终在长期努力之后到达相当高度。

西方国家——特别是美国——的移民，逐渐地，虽然常常非常缓慢，在自己新的祖国获得接纳。2200 万移往美国之外国家的欧洲人——通常按国别形成移民浪潮：西班牙人和意大利人常去巴西和阿根廷，英国人则选择加拿大和澳大利亚。他们中的大多数都能迅速融入当地。而进入美国的移民——从 1820 年到 1920 年间的大约 3500 万人的分布则可谓天差地别。1860 年之前，爱尔兰和德国移民占据统治地位，在此之后则是意大利人和大量中欧与东欧移民，包括许多犹太人。在这些浪潮之中，还有超过 200 万斯堪的纳维亚人和另约 200 万希腊人、荷兰人、葡萄牙人、法国人、瑞士人和土耳其人。新来者通常会面对系统性地歧视和敌意，特别是爱尔兰人和那些来自西北欧以外地区的移民。他们之间冲突不断，尤其是在爱尔兰移民和德国移民之间。几乎每一次，冲突都从社会最底层开始爆发，然后慢慢向上扩散。大多数人最终习惯了新环境——虽然在 1880 年到 1930 年间，来自欧洲地区的移民中有四分之一到三分之一又永久性地回到欧洲。

不幸的是，习惯新环境、热爱美国和获得相当程度的物质成功并不意味着一定能获得接纳。因此，从 20 世纪 20 年代到 50 年代，常春藤联盟在本科录取中为犹太人设置专门配额，直到 40 年代后期都拒绝聘任犹太人做教授。直到进入 70 年代，许多地方的限制性居民公约依然将犹太人排除在各种社区之外。即便是今天，反犹倾向依然没有完全消失。然而，渐渐地，比例极少但相当成功的美国犹太少数民族获得许多胜利，为科学、艺术、商业、创业和生活中几乎所有领域贡献他们无与伦比的才能。事实上，犹太人在美国享受到比世界上其他任何地方都多的成功，也同时对美国贡献良多。为什么？因为美国最终将西方对于不同背景的人的极度开放与包容展现到一个罕见的高度。

来自亚洲的移民受到最糟糕的对待。从淘金热年代到19世纪后期，大约37万名中国人进入美国。他们遭受来自白人劳工的敌意甚至暴力对待，因为后者常常认为中国人是自己不公平的竞争者。当时大多数美国精英视中国人为“低等种族”，因为中国移民具有与西方完全不同的风俗和习惯，让他们难以融入美国生活方式。相应地，1870年颁布的《归化法案》明确规定只有“白人或非洲人后裔”才能申请成为美国公民。虽然该法案的目标是为了针对中国移民，但随着时间流逝，它也被用来阻止土耳其人、日本人和东印度人入籍。12年后，又颁布了《排华法案》，禁止中国劳工移民美国（但教师、学生、商人和旅行者除外）。1892年的《盖瑞法案》进一步限制来自中国居民的权利，尤其是，要求他们随身携带居住证明。在美华裔人口数量从1890年高峰时的107488持续滑落。（当中国在第二次世界大战时成为美国盟友后，国会废除了《排华法案》。）

从1880年到1920年这40年里，大约有27.5万名日本移民进入美国，他们同样面对类似的歧视和不公对待。在外交压力下，日本政府同意不向计划前往美国大陆地区工作的劳工发放护照。（许多日本人依然移民夏威夷。）在日本帝国对珍珠港发动袭击后，联邦政府视超过10万名日裔美国人为潜在叛国者，将他们关入集中营。（1988年，美国国会道歉，并向每一个被关押者作出赔偿。）

20世纪20年代早期建立起来的低配额挡住了大多数非欧洲移民。唯一的例外是依据《手臂计划》几十万名墨西哥人在1943年到1964年间被允许进入美国从事临时性的低技术工作。但他们中的许多人面对极为糟糕的歧视。

1965年通过的《移民和归化法案》让美国的大门再次向非欧洲人打开。随后35年里，大约1000万移民从地球上几乎每一个国家进入美国，其中大约有一半来自墨西哥。歧视和轻视依然伴随着他们，尤其是那些外貌和习俗迥异于大多数美国出生者的人群。然而，再一次，随着时间推移，大多数移民的地位与成功获得提升——尤以墨西哥裔为甚，他们建立起规模较大、语言上自立，但在商业上常常处于弱势地位的社区。

整个人类历史中，各个社会都会歧视新来者。西方国家，尤其是美国的补偿进步虽然缓慢到令人痛苦，而且依然没有完成，但仍然是一种人道、理性和最终必将带来丰硕成果的发展。本书多次指出，西方社会成功的重要资源之一就是能够拥有一个越来越大的人类才能储备库。最成功的社会，或许也是在道德上最好的社会，总能够利用不停演化中的原则最有秩序地将最大可能的多样化人口整合到一起。因此，西方的移民进程是一种繁荣和胜利，虽然，我们不能以同样的态度来评价美国对印第安原住民和非裔美国人等少数人群的所作所为。

学者对前哥伦布时代居住在北美的原住民人口估计为 100 万到 1800 万之间。他们说着将近 200 种不同语言，并形成数以百计的部落和社群，其中有些相对复杂和发达，例如易洛魁部落联盟。欧洲人无意间带入的传染病让原住民人口受到毁灭性打击，到 1800 年下降到仅剩 60 万人，到 1890 年更是进一步下降到 23.7 万人。美国白人对原住民的态度有很大差异。詹姆斯·费尼莫尔·库柏（1789～1851）在自己的许多作品中对他们的描述充满尊严，虽然很少有其他作家跟随他的脚步。相当多的虔诚基督教徒对他们满怀同情，还有一些试图帮助他们适应美国生活。但大多数人，包括乔治·华盛顿和托马斯·杰斐逊都把他们看作“野蛮人”，认为他们没有能力开发所占据的大片土地。

面对白人们的敌意，原住民文化几乎没有什么存活的机会，更不用说繁荣了。最高法院在 1823 年约翰逊诉迈金托什案的诉讼中判定，美国政府有权迫使原住民部落通过近似被征用的流程出售自己的土地。1830 年的《印第安人迁移法案》为迫使成千上万印第安原住民向西迁移铺平道路。数以千计的人被杀或死于途中。从 1851 年开始，政府逐渐将原住民重新安置到最初几十个，最终数百个保留地中，部分原因是为了保存他们祖先的生活方式，同时也保护他们免受其他定居者的蚕食。可悲的是，到处流动的欧洲定居者依然携带着对于原住民来说致命的病原体，将原住民的猎物猎杀到近乎灭绝，并挑起一系列血腥的“印第安战争”。

从 19 世纪后期开始，联邦政府尝试改善美国印第安原住民的生活，却收效甚微。例如，1887 年颁布的《道斯法案》试图将原住民同化进入美国主流生活方式，承诺给每个印第安家庭一座面积可观的农场（160 英亩）并为他们的孩子提供教育。然而，在实践中，他们获得的土地通常十分贫瘠，许多原住民不会或不愿耕作，况且他们也缺乏必要的资本和农具。原住民的生活水平持续下降。1934 年的《印第安人重组法案》强化针对原住民的社会服务，但依然没有给他们生活的水平带来显著提高。2000 年，主管印第安事务司的美国内务部副部长代表该机构（但并非联邦政府）发布了一份正式道歉，为将近 200 年来对印第安原住民的不公对待和“种族清洗”表示歉意。澳大利亚、加拿大和新西兰对类似历史事实作出过彻底道歉并给予在形式上更有意义的赔偿。如果西方社会能够更早展现出对原住民的欢迎之情，他们数百万人口所具备的才能，又能为社会作出多少贡献！

非裔美国人的境遇又大为不同。在超过两个世纪时间里，在北美的欧洲定居者将非洲人禁锢为奴，残酷压迫。19 世纪上半叶，废奴主义者对此展开斗争。然而，用和平手段根除奴隶制并不可行，一场美国历史上最血腥和破坏力最大的战争打响，战争的双方是衰落中的以农业经济和蓄奴为特征的南方以及最终实力远为强大的工业化北方。

冲突之后，从 1865 年的第十三修正案开始，美国通过三个重建修正案，废除奴隶制，给予非裔美国人完全公民权，平等权利——包括选举权——覆盖所有美国人。1867 年。南方各州在美国军队的监督下进行州一级选举，获得自由的黑人同时以选举人和参选人的身份参加选举。选出的包括双种族的州政府扩大公共教育、发展铁路、促进经济发展。美国蓄奴制度的“原罪”在将近一个世纪的时间里让《独立宣言》中荡气回肠的“人人生而平等”的名言蒙羞，现在似乎终于走上救赎之路。呜呼，随着 1877 年联邦军队离开南方，南方民主党人逐渐利用一个名为“吉姆·克劳”的规则系统限制非裔美国人的公民自由权利。借助政策和习俗，或明或暗地，几乎所有南方黑人都失去选举、居住地选择、将孩子送入更好学校、按自己意愿购物、用餐甚至进教堂祷告、进入大多数大学、凭借自己能力获得职业晋升，以及在普遍意义上成为美国社会正常成员的权利。

非裔美国人在美国北方的境遇稍好，在 1910 年到 1930 年间，大约有 150 万人移入北方，但即便在北方，他们依然受到可怕的歧视，被更好的社区（因此也代表着更好的学校）排除在外，也与许多职业和晋升无缘，同样被拒绝的还有加入许多俱乐部和社团的权利。很少有黑人被最好的大学录取。白人至上主义充斥着美国社会。

苏格拉底和亚里士多德的观点分歧导致一场关于道德哲学的重要辩论。冒着过度简化的风险来说，就是苏格拉底相信一个人只要能够把握真相，就能在任何情况下作出合乎道德的行动，在这个逻辑下，他鼓励每个人“认识你自己”并时时反省。作为对比，亚里士多德则认为道德行为的关键是从年轻时就受到正确的道德教育。发展一个公正的社会或许两种方式缺一不可。美国运动史上的几个例子或许就是这种观点的明证。

当白人拳手拒绝对阵非裔美国拳手杰克·约翰逊（1878～1946），他们就相当于承认自己害怕黑人比任何白人挑战者或许都要强。当 1908 年约翰逊满脸微笑并充满幽默感地赢得世界重量级拳击冠军，并在 1910 年一场备受关注的比赛中击败前冠军吉姆·杰弗里斯（1875～1953）成功卫冕后，他粉碎了任何怀疑，确证上述观点。自此之后，整个西方世界的白人在苏格拉底的意义上理性地认识到，所谓自己在人类所有成就上都比其他人种高一等的想法没有根据。然而，吸取这个教训并融入白人的自我认知需要长时期的亚里士多德式的训练。

第二次世界大战期间，社会结构开始发生巨大变化。超过100万非裔美国人进入军队服役，一些军事基地打破种族隔离传统——譬如，位于乔治亚州的班宁堡——虽然彻底的种族融合只有在朝鲜战争期间和之后才实现。逐渐地，美国军队成为美国种族融合程度最高的机构之一。在1947年杰基·罗宾森（1919～1972）加入布鲁克林道奇队成为美国19世纪后第一位进入大联盟的黑人运动员后，职业运动也成为种族相当融合的行业。从20世纪50年代开始，黑人运动员成为每个职业球队的超级明星——棒球明星威利·梅斯、美式足球明星吉姆·布朗和篮球明星比尔·拉塞尔只是几位最具革命性的球员代表。球迷满心激动地观看这些运动天才比赛，虽然许多美国白人在内心里并未完全接受他们。

法律也开始发生转变。1896年最高法院在普莱西诉弗格森案的判决中维持种族隔离符合宪法，明确否认“推行种族隔离会给有色人种贴上低人一等的标签”。这项来自最高层次的种族歧视法律解释导致遍布美国南方的几乎所有公共设施都实行了种族隔离政策，那些专供非裔美国人使用的设施几乎无一例外地都比白人设施低一等。在第二次世界大战之中和之后，民权组织在法院对该法提出挑战。在其中的一个案件——1954年布朗诉教育部案中，最高法院全票确认“隔离教育在先天上具有不平等性”。然而，尽管部署经过专门训练的美国联邦法警，十年之后还是只有很少南方黑人进入黑白同校的学校学习。

南方的民权活动家也开始拒绝遵守歧视性的习俗与法律。其中最为著名的，莫过于罗莎·帕克斯（1913～2005）于1955年在阿拉巴马州蒙哥马利的一辆公车上拒绝向一位白人让座，结果因此置身囹圄。第二天，包括马丁·路德·金（1929～1968）在内的活动家组织了一场针对城市公车系统的罢乘活动。该活动持续超过一年，该市4万名非裔居民大多参与其中，最终导致公车隔离法律的废除，但直到最高法院对1956年布劳德诉盖尔案作出判决，此类种族隔离法律才被正式确认为违宪。公民权利立法，尤其是1964年的《民权法案》确认，在教育、雇佣和公共住宿中实行基于“种族、肤色、宗教、性别或原住国”的隔离行为非法。第二年通过的《选举权法案》规定，通过投票税或文化测试等方式进行基于种族的投票权利限制为非法。其后果是，到1969年，前邦联州的黑人选举登记人口比例从24.4%上升到60.7%。一位学者如此评价：“黑人选票成为政治因素之一，尤其是在深南各州的黑人环带区域，而他们在《选举权法案》通过之前是一股没有人注意的力量。”

所有这些努力都给社会带来深远影响。例如，1960年时，哈佛、普林斯顿和耶鲁三所大学加在一起才录取15名黑人学生，但当肯尼迪总统在1962年敦促它们“作出改变”之后，1970年时的黑人学生录取数上升到284名。在整个美国，大学的黑人录取人数在1967年后的5年内翻了一番，达到72.7万，或者说，大学年龄段的黑人人口中18%得以进入大学学习（在白人中的比例是26%）。渐渐地，歧视逐渐改善，越来越多的非裔美国人加入到中产阶级行列。1960年时非裔美国人中只有20%的适龄青年高中毕业，到了1980年，该数字已上升到50%。1990年时，43%的非裔美国人拥有自己的房屋，与之对比，1950年时该数字只有34.5%。每一个十年过去，非裔美国人在专业职位以及政府或商业中领导位置的比例都在提高，直到科林·鲍威尔在2001年至2005年间担任国务卿，并且随后被另一位非裔康多莉扎·赖斯接任，再后来，2008年，大多数美国选民，包括54%的年轻白人和43%的白人选民对巴拉克·奥巴马怀有足够敬意，选举他为总统。种族歧视并未从美国完全消失，但与上世纪相比，白人对非裔美国人态度的转变可谓巨大。

或许列举所有这些成功只是提出了一个问题，那些早期民权立法原本可以带来多大程度的进步——多少痛苦、灾难、挫败、损失和其他种种不幸原本都能避免。这些问题不仅关系到非裔美国人，更与整个美国社会息息相关。在最普遍意义上，本书一直认为，开放、多元、对知识的渴望和信息分享、忠于理性以及法治、尊重他人以及个人动机正是确保西方崛起的价值观。将最广阔范围内的人类才能、动机、能力和热情包括进来并动员起来是一张确保提高社会和谐和成功的处方。美国在这方面的欠缺给自己原本在其他各方面令人仰慕的发展投下阴影，也构成障碍。在其他涉及针对处于少数地位的种族和民族的歧视和不公对待的事例中，上述结论一样成立。例如，考虑到近几十年来亚裔在社会、文化、经济和政治上的巨大贡献，我们不能不怀着深切的遗憾想象如果当年国会没有通过《排华法案》，现状将会有多好。

同样的道理也适用于所有欧洲和其他西方国家。它们中的一些，在自己历史的某个时期，在基于种族的歧视和对原住民的待遇方面比其他国家做得稍好，或与美国相比更欢迎外来移民。但它们都将居于少数地位的民族、文化、宗教和种族排除在主流体制和机会之外——或更差——也因而浪费了宝贵的人类才能。

权利的爆炸

上个千年的最后十年见证了西方社会给予从前斥责或拒绝的人群、行为以及生活方式范围广泛的自由权利、补偿以及接受，这可能是出于责任感，也可能是出于面对他人对过去错误情有可原的抱怨时未能及时纠正的痛苦意识，或者是出于抗议者和持不同意见者的压力。与此同时，社会成员不断地尝试、推动并挑战社会容忍的界限。

一种被称为“后现代主义”的哲学思潮成为这些发展的重要动力。就像第一次世界大战之后出现的超现实主义，后现代主义思想家向西方文化中的重要原则提出质疑。他们的先驱在上世纪六七十年代的巴黎大放异彩。雅克·德里达认为人类生活其中并体验到的并非客观真实，而仅仅是一个用语言织成的紧密网络。我们的所思所言都是比喻，而非现实。我们的故事，以及我们互相之间的交谈——甚至最伟大的小说作品——都不是我们自己的。没有一种毋庸置疑的标准能让我们评估某一专门解释,因此,人们应该采用“游戏”和“开放”的态度。然而,按米歇尔·福柯的看法,存在一种深层的知识结构,决定我们如何看待这个世界，通常情况下，强势的观点将获得优势。虽然我们是谁这一问题的答案是有条件的，并且被各种“权力话语”所限制。现代社会并非真正自由，福柯宣称，因为各种规则和法律无不细致入微地规范着人们的行为。大多数公民假设这些常态令人口密集的现代西方社会变得更宜居，而且这样的社会依然比大多数其他社会形态更自由。生活在西方社会的人依然更倾向于认为自己是相对自治的个体，对自己的行为负责。后现代主义者拒绝接受所谓科学结论的客观性和政治中立性，这令他们很难被公众所接受。但他们对于压迫少数派以及社会边缘人群的社会常态和结构的批评触动了原本就在朝向结束歧视方向稳步前进的敏感神经。近几十年来发生在西方社会的“个体政治”和广泛的自由化运动在很大程度上要归功于“后现代主义转折”。

高效的人工避孕方法，尤其是1960年在美国上市的避孕药片的发明和推广成为一场“性革命”发生的部分原因，该革命就像暴风雨般迅速席卷整个西方世界。数以百万计的人们选择无视或拒绝那些维系了几十年甚至数百年的道德与常态，尝试全新的生活方式。常常以与陌生人发生性爱为特征的“性自由”在上世纪60年代被作为美丽、自然和自我表达的有力形式而被广泛提倡。性爱进入公共领域并激发出无穷无尽的讨论和实验。例如，威廉·马斯特斯和弗吉尼亚·约翰逊领导的对于人类性行为的研究显示大多数女性也能体验性高潮并且在某些例子中能够连续多次发生。法庭判例和立法机构允许以前因淫秽而禁止发行的书籍和杂志出版。读者争相购买数十种性爱“指南”——譬如1969年出版的《感性女人》。70年代开了几千家单身酒吧，让搭识陌生人变成易事。

在整个西方社会，人们很快建立起对于性的全新态度，并且迅速改变家庭生活、流行文化和求偶方式。每年离婚人数大幅上升，美国的离婚率从1960年时的每1000名已婚妇女中不到10人飙升到70年代后期时的超过22人，部分原因是大多数州都采用的无过错离婚法律。在同样这些年里，大多数其他西方国家的离婚率也都上升了2到5倍。在美国婚外生子的数量也飞速上升，从1940年时所有新出生婴儿中的不到4%上升到1994年时的接近34%。

同性恋者也开始要求社会在更广泛的社区中认可自己的生活方式，并与各种禁止同性性行为的法律作斗争。这些努力很快结出硕果，例如，1973年，美国精神病学会将同性恋正式从精神疾病名单中移除。到了80年代，大多数西方社会对同性恋采用至少相对接受的态度。就在接下来的十年左右时间里，他们还至少容忍那些选择接受变性手术的人群。

经过一段时间，活动家要求废除每一种形式的歧视。有些人宣传反对“性别歧视”，即以不同方式对待男性与女性。因此，在大多数西方国家，女性获得参军或成为消防队员的权利。关于种族的笑话变得不被接受，被认为缺乏同情心。另一些人拒绝“年龄歧视”——也就是对因衰老导致的不便的歧视。更有人宣扬动物的权利。反动物虐待和动物保护主义的运动和组织早在1822年就已在英国出现，从类似亨利·史蒂文斯·索尔特这样的作家处获得哲学上的力量，并在60年代推动重要立法，保护动物权益。追求确保类人猿生命和自由权的活动家在西班牙议会赢得了他们的第一个重要胜利，2008年，西班牙议会通过法案确保类人猿获得该权利保护。

年轻人是这些斗争的主力。他们在60年代后期成为一支重要的政治力量，正是他们的抗议弱化了美国民众对越南战争的支持，同样，1968年5月，他们与一场大罢工协力合作，几乎推翻法国政府。战后西方社会的极度富裕常常意味着年轻人拥有可以自由支配的财富，带给他们能够独立和自足的感觉。青年质疑传统、习俗、制度和权威。数百万人谴责军事竞争、环境恶化和经济剥削，把这些问题都归罪于“老一辈”。

儿童和青年人的地位获得巨大改变。战后出现在整个西方的婴儿潮让这支大军人数众多。他们成为商业的主要营销对象，因为人们拥有日益增长的可支配收入并且他们的父母也愿意在他们身上花越来越多的钱。流行娱乐业的各种元素——音乐、电视和电影——在越来越大的程度上专门迎合他们的口味。数百年来父母和教师教育孩子的重要方法——体罚——在许多西方国家中被视为非法，在几乎所有社会形态中至少已不被接受。父母、教师和其他社会人物在年轻人面前的权威被大大削弱，从前一直维系的社会层级变得更加扁平化。

权威与层级的弱化令整个西方社会变得更非正式。礼仪式的称呼，例如“先生”或“阁下”常被弃用。甚至语言和文化中自身携带的具有正式性质的敬辞也随着习俗（相对而言）迅速被非正式名词所取代。在许多国家，同事之间或服务人员与顾客之间常以名相称。甚至官方和身居高位的政治人物也逐渐适应这种新方式，就像2006年美国总统乔治·W. 布什就对英国首相（托尼·布莱尔）以“唷，布莱尔！”相称，同样，戈登·布朗首相也在2009年以“巴拉克”称呼美国总统（巴拉克·奥巴马）。两者都没有激起任何重大批评，而在几十年前，这几乎是难以想象的事，即便是今天，如果在“盎格鲁圈”之外，依然很难被接受。个人化称呼“夫人”和“小姐”已经过时，虽然它们的取代者“女士”的流行程度还远不如前者。在某些国家里，例如德国，正式称呼依然保持着更重要地位，但即便在那里，人们也开始比以前更快地转用名和更亲近的代词“你”(du)。北欧国家和大多数其余欧洲国家也具有同样的趋势。

人们的穿着也变得更不正式。上世纪 60 年代几乎是强制性的男人的帽子和女人的手套逐渐消失，并且再也没有回归。一些女权主义者不再穿着胸罩，虽然这种反抗性行为在某些社会中成为新风尚，但在大多数社会并未成为主流。许多商业人士和政府雇员依然遵守正式的着装要求——对男性来说西装领带或至少夹克领带，而女性则穿商业套装，但“商务休闲”，即宽松长裤加衬衫或裙子加女式衬衫也逐渐占领美国职场——根据一项 2007 年进行的盖洛普统计，占了 43%，相对比的是着正装的比例只有 9%。在上世纪 90 年代互联网泡沫时代，位于美国旧金山附近硅谷的雇主，引领着更非正式着装要求的潮流。就算是曾经的世界首富、规模宏大的商业帝国微软公司的创始人比尔·盖茨，也常常不戴领带出席非常正式的场合。

* * *

看起来，一个全新的世界出现在地平线上，在这个新世界里：人类行为不再正式，但同时又能极便利地接触过去有组织的信息和知识，对他人有着过去难以想象的容忍度，人们具备重新定义自身和自己身边环境的能力，与地球上数十亿人不断交流，但同时又具备对自然和人类社会潜在的物理破坏能力，以及对于科学和技术发展能够解决这些和其他作为人类必然面对的问题的无止境希望。西方文明的强大转化能力令这一切成为可能，无论是正面还是负面。

结论　新型社会

1976 年，两名大学辍学生——史蒂夫·乔布斯和史蒂夫·沃兹尼亚克，在乔布斯父母家的车库里成立了一家公司，其创业资本来自卖掉一辆二手大众牌小面包车和两台惠普计算器的收入。4 年后，他们实现了自福特汽车在 1956 年上市之后最大规模的首次公开募股。那一天，他们让自己和其他 300 名投资者一起成为百万富翁。他们的公司——苹果公司，是个人电脑生产的先驱，苹果 II 型计算机（1977 年推出）价格便宜，采用人性化设计，体积小但功能强大，便于使用，带有高分辨率的彩色图形界面、软盘驱动器、键盘和内置软件。第二年，IBM 成功地挑战苹果公司在个人电脑市场中的统治地位。然而苹果公司的这两位远见者——富有魅力的乔布斯和内向又杰出的工程师与发明家沃兹尼亚克，两个天生顽皮的人——改变了整个技术世界，赋予每个普通人强大的信息处理能力。不是大公司——IBM——而是两个年轻的计算机天才。

从一开始，创新就在人类进步中起关键作用。从学会用火到互联网络，对于持续变化的环境的不断努力适应让人类不断增加自己的掌控力。在每一个事例中，我们知识宝库中的财富都得以增加。早期人类用事例和随着进化带来的心智能力提高而逐渐发展的语言手段相互教导。我们更近一些的祖先则学会计数、书写文字、组建远距离贸易网络、进行哲学探讨、建立与超越性实在的联系。从所有这些努力中，他们建立起描述、解释、论断、预言、劝诫以及他们觉得有价值的知识纲要。然而，人们有时没能保存这些财富，有时创新的脚步停滞不前。

伟大的文明之所以能够繁盛，是因为它们发展出重要的技能或掌握强有力的知识，而导致它们衰落或停滞不前的原因，则是无法适应新环境。而且最强有力的知识未必就是最复杂或最深刻的。当蒙古人在 1258 年劫掠巴格达时，他们所掌握的各方面知识与技能远不如被征服者，除了骑术与作战。人类发展并无一个清晰的模式可循。任何领域的知识或行动都有可能是进步的关键。因此，在所有方向追求知识都会对社会带来益处。很有可能，如果没有对气体性质的科学了解，工匠就不可能设计出高效的蒸汽机。正是出于这个原因，与其他相似社会形态相比，那些在最大程度上鼓励学术追求、信息分享、人际交流、反思、出版、科学研究和学术调查的社会注定能够实现更多创新、更高生活水平和更强的实力积聚。

苹果公司并非美国历史上第一个成立于车库的大公司，半个世纪前，比尔·休利特与戴维·帕卡德在帕卡德的车库里成立了至今依然是世界上最大的信息技术公司之一的惠普公司。其他许多创业家也遵循他们的脚步。比尔·盖茨在大学期间退学创业，继续自己十几岁时的梦想——编写程序，建立一家软件公司。事实上，整个互联网革命就是由那些资本不足却又极具发明性的创业家想出各种利用信息技术的力量与前景而催生的。更近一些的例子包括谢尔盖·布林与拉里·佩奇搭档——他们大学毕业，但从博士课程中休学——开发出世界上最强大的信息处理系统——谷歌。布林在少年时代离开苏联，如果他留在自己父母所在的祖国，几乎可以确定不可能帮助建立这个影响深远的公司。苏联或俄国并不缺乏天才和具有创新精神的头脑，但不幸的是，那里的政治和经济环境常常让它们难以开花结果。

所有这些网络创业者都有与爱迪生在天才、恒心和个人动力方面的相似之处，但与爱迪生不同的是他们都接受过更高层次的正式教育，而且在大多数事例中，他们有着更广阔的视野。同样，就像当年激励爱迪生的拓荒精神，类似乔布斯这样的创业者——他曾去印度旅行并皈依佛教——受到过上世纪六七十年代的各种反文化运动影响。许多当时的“计算机天才”希望信息技术的发展能够转化世界，赋予每个个体更多权利，打破人与人之间的藩篱，带来社会政治革命，给穷人、普通劳工、老年人、学生和少数人群以力量。许多程序员不断设计开源程序，开放给所有用户免费使用，最终互联网络平台将变成公共服务平台，无所不包和极其强大的维基百科就是很好的例证。

他们和其他计算机产业的先驱带来的革命实现甚至超越所有这些目标。作为以营利为目标的生意，信息技术超越最大胆的梦想家的梦想。同时，任何普通人，只要能连上互联网，就能接触比过去最伟大学者所了解的多得多的知识内容。

对于知识或至少是信息的如此巨大的掌控能力是西方几百年来发展的巅峰。从 12 世纪时的法学纲要，到 13 世纪时的神学和哲学总结；从 15 世纪时覆盖了所有能够被想象得到的主题的机械印刷书籍到一个世纪后专门化的手册和论文集；从 17 世纪时以数学语言进行的科学研究到 18 世纪时包罗万象的百科全书和报纸，再到近 200 年来建造机器以利用自然力量所凭借的科学与技术知识——西方的崛起就是一场 1000 年来信息流动越来越顺畅的革命进程。

这场革命推动着越来越多的技术突破。除了各个领域的科学家拥有不断增长的计算能力来处理实验数据并验证假说，有些研究领域还开始出现类似于信息技术本身的加速变革。科学家用了 7 年半完成人类基因组第一个 1% 的测序，但剩下的 99% 只用了不到一半时间。引起艾滋病的 HIV 逆转录病毒测序花了 5 年时间，而 SARS 病毒测序则只用了 31 天。换句话说，技术进步已经呈指数增长。按发明家、创业家和未来学家雷蒙德·库兹韦尔的说法，生命科学中的重要元素已经成为信息技术。他预言能源技术将是下一个爆炸性成长的领域。即便他的观点最后被证实过于乐观，我们也无法否认技术变革的脚步正在迅速加快。

信息革命改变了人们生活大大小小各个方面。任何拥有摄像机——甚至那些自带摄像功能的手机——的人都能获得爆炸性的新闻故事，并且能够通过将其上传到网络上影响政治进程。现在，数以百万计的人能够利用网络连接在家工作，实现“远程办公”。雇主，尤其在西欧地区，愿意与雇员达成“弹性工作时间”的协议。强大而廉价的计算机让人们更容易成为自由职业者，并因此获得更多自主，更好地把控自己的生活。2006 年，在美国有 2100 万人拥有自己的企业，占所有工作人口的17%。其中许多是“微型企业”，没有其他雇员，但常常沿袭好莱坞模式，为开展某一特定项目而将各种专门化人才招到一起搭建临时团队。一个想要开发自己徽标的创业者今天能够在一个类似Logo My Way之类的商业平台上搜集投标，或许在七天时间里从来自全球各地的上百个不同设计方案中挑选自己中意的。灵活性是这一切的要点，而它又是信息革命和互联网内在的特性。事实上，近几年最成功的公司中有不少并不制造任何产品，并不拥有物质上的厂房，有些甚至连店面和柜台都没有。批评者尽管去抱怨这些新产业缺乏人情味，然而它们中的一部分——例如聚友网、脸书、推特、Ning以及其他许多类似产品——事实上让数以亿计的人们建立并保持互相之间的联系。这些联系当然不同于面对面的交流，但依然具有相当重要的社会文化意义与价值。

最终，西方——尤其是美国——的发展让人们能够定义自我、创建自身个性，并以各种全新方式审视世界：“编写你自己的生活脚本。”历史的大多数时期，甚至就在今天的地球大多数地方，一个人的出身、部落、家庭地位、性别和大量传统和社会规范规定了其生活轨迹的界限。尽管有着这些障碍，人们还是成就了许多伟业，许多人无疑完全实现了自己的潜能。然而西方所提供的条件和可能性让与从前相比的更多人实现这个目标。我们可以举出无数类似谢尔盖·布林那样的例子。1946年到2009年间美国有62名移民获得诺贝尔奖。如果他们留在自己的祖国，其中有多少人能获得如此成就？当然，美国大量的研究经费是一个重要因素，但同样重要的是数量众多的各种研究机会。2005年到2009年间，（总数为37人中的）21位诺贝尔奖得主的主要研究工作在美国完成。这21位得主在18个不同机构中工作，包括7所公立大学（位于5个州里）、7所私立大学、2所公立研究院和2家私立实验室。世界上没有任何其他国家能提供哪怕四分之一数量的相对独立的科学研究机构。

有众多特质能够帮助解释西方文明在过去1000年中所展现出

来的无与伦比的创新能力和令人惊异的成就，如果一定要在其中找出一条最重要的因素，那么分权大概是最保险的答案。我所指的不仅仅是政治或政府权威，还同样包括经济、社会和文化权威。如果要换一种方式来阐述这个观点，我们可以说西方展现了无比广泛和有效的对个人奋斗的推崇。人类历史上所有大大小小的文明的中央权威都有能力推进巨大和复杂的计划——埃及和阿兹特克的金字塔、中国的长城和郑和舰队、亚历山大大帝的征服或伊斯兰世界在地域辽阔区域中保持的宗教统一。然而，只有西方文化，主要通过个人奋斗和企业努力实现了同样大规模的目标。人们可以举出各种例子：近代的地理大发现、印刷革命、成立难以计数的宗教组织、结出非凡硕果的科学技术合作、工业革命、铺设覆盖整个地球的电话与电报网、搭建连结这个星球上每一座城市和村镇的商业贸易网络。世界体系论者强调此类活动需要公共与私人的通力合作，甚至需要私人利益笼络国家机关。这一说法或许在不少例子中都能应验。然而，就像受人尊敬的经济历史学家乔尔·莫基尔所指出的，英国政府在推动工业革命的进程中所起的作用十分有限。就算是在西方国家驱动经济发展的经典案例——建造德国铁路系统——中，私有动机也起了相当重要的作用。没有一种其他文明具备比西方文明更好地实现个人自我表达与通力协作完成某计划的能力。

历史上两个广泛发生的进展解释了为什么西方缺乏中央控制。首先，罗马陷落后，没有任何统治者建立起长期政治支配；其次，整个西方的个人、社区、社团、机构和社会成为对抗军阀主义、专制主义、威权主义、独裁主义和极权主义的秩序堡垒和行动者，带来政治上的相持以及权力相当程度上的平衡和牵制。其后果就是，没有一个欧洲政治实体能够完全控制整个社会。

导致欧洲政治势力平衡的因素有十余种之多：中世纪带来教会与国家争夺道德权威的斗争、半自治状态的城镇社区的出现，以及步兵革命带给之前较弱小政治参与者更强的实力；进入近代后有印刷出版业的兴起、基督教世界的分裂、跨国公司的出现和科学研究机构的成立；现代社会则给独立运动和自我管制斗争带来哲学上的曙光、自我组织的社团与政党大量涌现、旨在改造世界的社会运动、极其高效的市场这一“看不见的手”，以及独立的创业者收获了各种令人眼花缭乱的新机器和新系统——直到今天，互联网空前活跃并在西方国家大体上摆脱中央控制。在几百年时间里，换句话说，西方社会的十几种离心力量给数以百万计的人进行创新和自我实现的巨大机会。

所有这些并非否认精英赞助人和政府资助的功绩，从古代到现在的晶体管、互联网和人类基因组计划，它们的帮助让许多科学与技术上的进步成为可能。然而，最重要的差异在于与其他地方和其他时期的人相比，生活在现代西方社会中的创新者所能享受到的自由空间之大。确实，是美国国会在 1844 年为美国第一台电报机原型的成功测试提供了大部分资助，但发明该装置的是摩尔斯和其他电报业的奠基者，也是他们列出自己的计划，并在政府很少干预的情况下建立起自己的系统。国会甚至还拒绝购买摩尔斯的电报系统，令后者大为失望，但这也同样没有阻碍电报成为获得广泛成功的私有产业。

公元 1000 年后的 500 年时间里，欧洲人从伟大的欧亚文明中学得宝贵的知识和智慧。随后几百年里，全世界几乎所有重要技术创新都来自西方。非西方文化并非完全没有开发出在社会、政治和经济方面有效和理性的发展方式。诺贝尔经济学奖得主阿马蒂亚·森就举出过许多过去文明中有见地的历史人物。只是现代西方非凡成就的光芒似乎完全掩盖了他们。然而，在最近大约半个世纪时间里，天平再一次发生转移，虽然较为缓慢。战后的日本在相当程度上完成西方化，它的创业者开始通过“精益制造”、消费品的超高质量，以及技术突破等方式挑战西方制造业。通过将人数高达一亿的新顾客和潜在创新者带入与发达国家的对话之中，此类交流与相互影响为两种文化都带来益处。现在，随着我们进入第三个千年，又有 20

亿到30亿人口准备将自己的才干、努力、创造性和对更好生活的向往，投入到寻求更高效的资源利用方式的全球努力之中。整个世界将从中获益。

2006年到2008年间，位列《金融时报》世界500强名单的巴西、印度、中国和俄罗斯的公司数目就从15跃升到62。因为这些国家的市场如此巨大，它们的人才储备如此丰富，西方跨国公司争先恐后地进入那里，不仅开设工厂，更建立几十个巨大的研发中心和分部，雇用几十万“脑力劳动者”，甚至还将全球总部移往那里——例如位于印度班加罗尔的思科东方。这些国家的创业者和创新家开发出全新的商业实践、适应或改进西方模式、发明新技术，或改善现有技术。这样的借鉴（就像西方早期对其他文明所做的）能让这些社会实现“跨阶段发展”，今天正让中国实现历史上最快速度的经济增长。

我们可以看看一个印度创新开发的特例：戴维·谢蒂医生通过采用类似亨利·福特革命化汽车制造产业那样的革新性流程戏剧化地降低心脏手术和其他复杂医学手术的成本。他的新流程的效果甚至超过美国医院以传统方式进行的同样手术的平均效果，因为大量手术让谢蒂医生团队获得大量专门经验。他在班加罗尔医院收取的开胸手术的平均费用是2000美元，而在美国，相同手术的收费是他的10到50倍。西方商业理论家给这种方式取名为“节约创新”，它风靡迅速成长中的新兴市场，降低成本，提高效率。发达国家的经理和商学院教授现在都绞尽脑汁将其原则运用到自己的工作之中。因此东方与西方、南方与北方通过互相交流和学习得到卓有成效的进步，这恰恰与当年促使西方崛起的去中心化进程异曲同工。

如此广泛的合作显然是导致近来军事冲突减少的因素之一，乔舒亚·戈登斯坦认为现在的武装冲突处于“历史最低水平”。他还举出另外几个原因，包括冷战结束、民主化制度的传播，以及联合国维和部队的成功努力。同样重要的还包括西方对战争态度的改变。大多数欧洲人拒绝接受利用战争作为“与其他方式混合的政治交往之延续”的想法，该说法出自常常被错误引用的卡尔·冯·克劳塞维茨（1780 ～ 1831），事实上欧洲人更愿意不惜一切代价避免战争。美国在所有参加过的战争中所牺牲的人数尚不到法国在一战中所失去生命的一半，因而美国人更愿意使用武力。2003 年，美国的军费开支占据全世界军费开支总额的 40.6%。然而该数字在美国国民生产总值中占比只有 4%——比在越战高峰时期占比少了一半不止——主要用于支付复杂的军事技术，而非军队（只占世界总数的 8%）费用。在过去几十年时间里，所有西方人民都变得不那么好战，并且在处理国际关系时显得更人道。

西方的创新让近代以来几乎所有发展和成长成为可能，同时又让占据地球七分之六人口的生活水平得以戏剧性的提高，但同时也导致巨大的环境灾难。令绝大多数人类享受舒适物质生活对于这颗星球所能提供的资源来说是个难以承受的负担吗？

最近几十年见证每年数万种生物从地球上灭绝。海洋捕鱼业严重伤害居于食物链中层的鱼类，将几十种原本生活在近岸水域的重要大型海洋生物推到濒临灭绝的状态——包括大多数海龟、鲸、海牛、鳕鱼、鲨鱼、鳐和其他许多物种。这些灾难，加上化合物泄漏导致规模巨大的海藻过剩和数以百计因此形成的“死亡区域”，譬如密西西比三角洲外面积超过 8000 平方英里的巨大区域。人类对自然栖居地的破坏威胁到全球数十万甚至上百万物种的生存。

人类活动造成全球变暖的理论——排入大气的二氧化碳和其他温室气体将让地球温度快速升高——值得一提。大气中的碳浓度从前工业化时期的大约 280ppm 上升到现在的接近 400ppm。* 大气中碳浓度的升高很有可能就是地球表面温度在上世纪上升 1 摄氏度的罪魁祸首。许多科学家预测随着碳浓度的继续上升，温度升高速度将急剧加快，每当大气碳浓度翻一倍，气温将升高 6 到 7 摄氏度。这

* 1ppm=1/1000000。

样的变化会给生态系统带来灾难性转变。然而最近的证据——例如过去 15 年地球表面温度基本稳定——显示今后几十年的气温增长可能比较温和，或许不会超过 3 摄氏度，即便如此，这样的改变依然有可能导致严重的环境浩劫。教训显而易见：人类行为与技术进步相结合或许会带来生态创伤。

在许多发展中国家里，环境条件已经相当糟糕。过度放牧、人口剧增和干旱联合在一起，让非洲与亚洲的沙漠面积大大增加。乍得湖和咸海与其他许多曾经生机勃勃的水体，几近消失。森林覆盖率迅速下降——巴西从 1990 年到 2005 年间下降了 8.1%，海地下降了 9.5%，同时，整个非洲地区仅仅在上世纪 90 年代就失去了 8% 的森林。该问题又倒过来导致水土流失、滑坡和生物多样化的破坏。

有意思的是，进一步的经济与技术发展或许将是解决这些危机的唯一答案。例如，生物技术提供了不以危险的化学毒物污染环境的方式向作物提供肥料并控制虫害的方法。同样，先进的发达国家引领着环境保护的道路。例如，美国从 1976 年到 1997 年，汽车尾气带来的大气污染物排放急剧下降，从二氧化氮（下降了 29%）到铅（下降了 97%），尽管同样这段时间里汽油的生产和消耗戏剧性上升。1980 年到 2006 之间美国的碳与能量强度（生产一美元国民生产总值所需要的碳和能量）比大多数欧洲国家下降得更快：分别是 43.6% 和 42%。因此，美国人在使用能量上变得更有效，但欧洲人（和日本人）人均消耗更少。他们更少开车，车也更小，更多地使用公共交通。他们还更多地利用再生能源（例如太阳能、风能、地热和生物能源）。例如，2007 年德国 14% 的电力来自再生能源（与之相比，美国只有 6%）。最后，经济发展让中国——自 2009 年以来，中国是世界上最大的能源消费国——成为再生能源的世界领导者。除此之外，如上所述，发展中国家的创业家正通过“节约创新”为可持续发展作出贡献。

最好的消息是，地球是一个弹性的系统，能够从生态灾难中恢复。

大多数发达国家在最近几十年中实现了森林覆盖增长。因此，从1990年到2005年，美国的森林覆盖总量增加了1.5%，在瑞士更是增加了6%。现在世界的许多水域已经有国际公约和各国国内法律对捕鱼作业作出限制，在某些地区实现了部分物种的回归，包括黑线鳕、黄鳍石首鱼和扇贝。全球养鱼场的鱼产量预期从2000年的3500万吨——当年全球捕鱼量的四分之一——增加到2015年的7000万吨，无疑将会进一步减轻我们海洋所面临的压力。而归功于政府政策和工业生产模式的改变，许多死亡区域或者缩小，或者完全消失，例如在黑海、旧金山湾和北海。

这些进步极为重要，地球上极其丰富的物种——估计共有500万到1亿种，至今只有200万种被描述——不仅具有美学和科学意义。所有这些生物，其中大多数是微生物，互相依赖。其中的一些，就像许多细菌，显然在整个星球范围内分享各自的DNA，因此形成所谓“超级生命体”。所有其他生物，除了人类，都只在栖息地地方性或区域性交互作用。而且，它们还依赖于复杂的生态环境，每一个都牵涉到数百个因素——土壤、有机质、疾病和病原体、水、气候、天气、自然灾害、海拔高度、大气化学成分，以及由数十亿生命体构成的联系紧密而又相互依赖的食物网络。任何一个因素和生命形式的改变或破坏会自动对其他许多甚至全部带来影响，虽然有时候不会被迅速察觉。在一个越来越相互依赖的世界，生态模型或许也是研究人类发展和交流的最佳工具。

我们在前言中就已提到，促进西方文明发展的因素包括：它与环境的自然交流，通过自己对外界影响不同寻常的开放态度，以及允许个体和社群在其界限之内以比其他文明所允许的更彻底程度表达自身的创造潜能，它注重发展个人权利与自由，演化出民族容忍，强调法律规则，发展政治参与和自我管理制度，赋予个人与社团精神权威，创建积累和分享信息的机制和程序，以及其他一系列分权方式。（最终西方社会开始帮助儿童和动物，就算不能赋予其充分权利，但至少提供了广泛的保护。）我以为，正是这些特点，也只有这些特点，才能解释现代西方社会的成功。

这些特性为什么能够出现，又是如何出现的呢？考虑到基督教信仰在西方文明中深刻的核心地位，我们一直猜测它是一个重要因素。然而近几十年来，遍布各处——特别是欧洲——的西方人不认为自己具有某一宗教信仰。美国人对宗教依然保持着更大热情，他们的这种热情显然已经保持了至少200年，即便如此，在美国，高比例的受过教育的精英选择无神论或不可知论，例如，1998年，美国科学院院士中只有极微小比例相信上帝。如我们在这整本书中所展示的，基督教信仰、精神运动和宗教组织贡献巨大，但其贡献往往体现在它们带来的重要抗争以及催生的今天大多数人认为是西方繁荣至关重要的价值观——容忍、开放、创新精神、坚信个体的神圣价值，以及对与科学和经验相合的真理的追求。

这些西方价值观现在被牢固地建立在各种制度里——宪法、独立司法体系、分权与制衡、法治、明确界定的财产权和代议民主制度——保护着个人与社群的权利以及多数人和少数人的利益。自由企业系统的出现部分归功于上述价值观和制度的确立，也让社会“家庭化”成为可能，并招安了许多原本最严厉的批评家。上世纪六七十年代激进的政治活动家杰里·鲁宾后来成为一位成功的商人。类似地，黑豹党主席博比·西尔写了一本烹饪书并销售自制的烤肉酱。发财的期望对于许多人来说都有吸引力，特别是对那些胸怀雄心大志的人，更是一种难以抗拒的力量。

然而并非每一个激进者都能被驯化。希特勒就充分利用西方制度，完全颠覆西方价值观。避免此类陷阱并维护非同凡响的西方绿洲无疑需要一个比良好的制度与价值观更牢固的基石。

传统宗教着重于神秘主义和童话般的幼稚信仰让数百万接受过良好教育的西方人无法接受。他们相信，任何无法在科学上证明或在实验中观察到的东西都没有意义或价值。然而有些他们自己所珍视的东西也属于此列。我们怎么通过科学证明每个生命，或至少人类生命具备内在价值？我怎样证明我的太太或最好的朋友忠诚于我？有人能够明白无误地展示出人类生命是有意义的吗？事实上，没有人能够通过科学手段证明上述任何一个判断。然而几乎每个人，甚至无神论最坚定的信徒，都强烈相信它们。既然如此，每个人，至少每个致力于心灵生活的人，不应该寻求理解自己所作所为的依据吗？难道我们寻找一个超自然的基础，将其看作我们的价值观和制度借以立足的基础，就真的毫无意义吗？

作为一个历史学者和哲学学生，我对于过往的解释受隐藏其下的历史哲学所指引，这也是每一个历史学者都具有的特征，无论是有意识的还是无意识的。我相信自己的哲学观应该符合三条标准。它不能与科学或人类经验相冲突（因此必须是自洽的），必须赋予所有事物特别是所有生命以内在价值（因此是完全或普遍的），还必须让人类所提出的关于自身在世界位置这一最大道德和哲学问题有个合理答案（因此形而上）。

作为历史学者，倡导某一哲学或宗教观点非我的本职，但我觉得对下述问题做些讨论还是合适的，这个重要问题就是，如果没有某种方式能够使以下三个根本方面自洽，人类文明是否还能持续繁荣：我们对生命意义无法逃避的信仰，我们关于所有自然物——特别是有生命之物——具备内在价值并值得被保护的道德直觉，以及最终我们应该持续对万事万物进行理性探索。我们从犹太－基督教和希腊传统中继承了这些价值观和理念，作为一个文明，这些信念存在了数百年。如果没有一个自洽的宗教和哲学视野，西方还有没有可能获得在可持续框架下发展所需要的激励和支持？

近年来，学者激烈地辩论当今哪个全球性的力量中心能够在这个正在出现的多极世界中获得（或重拾）霸权（尽管有些思想家认为一个“去西方化”进程将会导致权力的急剧去中心化）。主要候选人包括美国、欧盟和中国。美国和欧洲在至少200年时间里一直是世界最大的经济力量，至少在最近 500 年里是主要技术创新者。2010 年，我们地球上人均国民生产总值最高的那些国家几乎每一个都在该区域（中国排名第 121）。他们之间也存在相当有趣的差别，欧洲的社会保障网络更严密，而美国的创新则更胜一筹。在西方崛起之前，中国在几百年时间里一直是世界最大经济体，更是在此之前的将近 2000 年里最伟大的技术创新者。今天，它拥有的人口数是美国的 4 倍，它还是世界第二大经济体，并预期将在 2027 年成为世界最大经济体。

然而，每一个竞争者都有各自严重的问题需要面对。中国被一些实力强大而又并非总是那么友好的邻居包围，它的生活水平还不高。欧洲同样在东方和南方面临不稳定的邻里关系，并且在大陆上面对来自民族和宗教问题的敌意蔓延。而且，主要欧洲国家对企业都不那么友好。不同于中国的大政府和巨大的财政盈余，大多数欧洲国家和美国深受政府债务之苦。美国还有着大到异乎寻常比例的人口在监狱里服刑。最后，曾经深受全世界艳羡的美国的小学与中学教育水平，现在已经退步得令人吃惊，尤其在黑人人口中。因此，对每个竞争者来说，想要保持当前地位或甚至获得进一步成功和富足都不是确定无疑之事。

本书多次指出，如果各世界最大经济体能够创造一个有利于个体和集体能动性、自我表达能力、创新和想象力的环境，其自身和实际上整个人类文明都能获得最大程度的繁荣。因此，如果它们中的每一个都能保持、采纳、适应或改写西方的成功经验——分权、保障个人权利和自由、追求所有形式的真理、容忍差异、法治、尊重财产、对创新保持开放心态以及对获取信息与知识不施加限制，哪个国家或地区成为领头者或统治者并不重要。

图书在版编目（CIP）数据

现代西方的兴起 /（美）乔纳森·戴利 (Jonathan Daly) 著；
童文煦译. -- 上海：文汇出版社，2021.4
ISBN 978-7-5496-3424-8

Ⅰ. ①现… Ⅱ. ①乔… ②童… Ⅲ. ①西方经济－经
济史－研究 Ⅳ. ① F150.9

中国版本图书馆 CIP 数据核字 (2021) 第 032598 号

The Rise of Western Power: A Comparative History of Western Civilization
by Jonathan Daly
Copyright © 2013 by Jonathan Daly
This translation is published by arrangement with Bloomsbury Publishing Plc.

版权登记图字 09-2020-1046

现代西方的兴起

作　　者／〔美〕乔纳森·戴利
译　　者／童文煦
责任编辑／何　璟
特邀编辑／唐　涛
装帧设计／人马艺术设计·储平
内文制作／王春雪
出　　版／**文匯**出版社
上海市威海路 755 号
（邮政编码 200041）
发　　行／新经典发行有限公司
电　　话／010-68423599　邮　　箱／editor@readinglife.com
印刷装订／山东韵杰文化科技有限公司
版　　次／2021 年 4 月第 1 版
印　　次／2021 年 4 月第 1 次印刷
开　　本／640×960　1/16
字　　数／450 千
印　　张／33

ISBN 978-7-5496-3424-8
定　　价／128.00 元